Hello! Baby & Kids

改訂新版

この1冊であんしん

はじめての妊娠・出産事典

監修
竹内正人 産科医

朝日新聞出版

CONTENTS 目次

巻頭とじ込み 赤ちゃんの成長がわかる
マタニティライフ10カ月カレンダー
はじめに 7
この本の使い方 10

Part 1 おなかの赤ちゃんとママの10カ月

妊娠初期

妊娠1カ月（0〜3週）まだ妊娠した実感はないけれど、赤ちゃんの成長は始まっています 12
知っておきたい **排卵・受精・妊娠のしくみ** 14
妊娠2カ月（4〜7週）妊娠に気がつき、心と体にも変化が。赤ちゃんの成長も急ピッチで進みます 16
現れる症状は十人十色 **さまざまな妊娠のサイン** 18
妊娠を確認しよう **はじめての産婦人科・妊婦健診** 20
確認しておこう **各種検査でわかること** 22
正しい数え方を知ろう **妊娠週数と出産予定日** 24
● 妊娠がわかったら、注意するもの・こと 25
妊娠3カ月（8〜11週）つわりがピーク。ママは不調でも赤ちゃんは順調に育っています 26
不快症状をやり過ごそう **つわりと上手に付き合う方法** 28

くれぐれも無理は禁物！ **気をつけたい日常生活のポイント** 30
掃除／買いもの／性生活／引っ越し／料理
ママと赤ちゃんの大切な記録 **母子健康手帳を上手に使おう** 32
● 妊娠届の提出によって受けられるサービス 33
それぞれの特色を知ろう **自分にぴったりな病産院の選び方** 36
赤ちゃんの先天性疾患を知る **出生前診断の種類と検査内容** 38
子宮内の様子がわかる！ **超音波写真の見方** 40
妊娠4カ月（12〜15週）つわりがいち段落。胎盤が完成し、ママも赤ちゃんも安定し始めます 42
体型の変化に気を配って **おなかが膨らみ始めたら** 44
● 妊娠線のケア 45
やっていいこと、悪いことは？ **妊娠中のOK／NG** 46
自転車／車／飛行機／海水浴／温泉／旅行／映画／ライブ・スポーツ観戦／ショッピング／遊園地／水族館・動物園／ダンス・ヨガ
専門用語がよくわからない…… **健診でいわれた〝気になる言葉〟**（初期） 48

妊娠中期

妊娠5カ月（16〜19週）おなかがふっくら、妊婦らしい体型に。少しずつママになる準備を始めましょう 50
いつから？どんな感じ？ **胎動のことを知りたい！** 52
出産準備あれこれ **5カ月になったらやっておきたいこと** 53

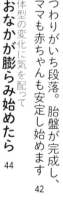

戌の日のお参り／母親学級・両親学級に参加／里帰りするかどうか決める

妊娠6カ月（20〜23週） いよいよ胎動を感じられるように！ 赤ちゃんの性別もはっきりしてきます 54

妊娠7カ月（24〜27週） 手足のむくみや妊娠線など、体の変化をゆったり受け止めましょう 56

注意深く行動して
大きなおなかでの日常動作 58

妊娠後期

妊娠8カ月（28〜31週） いよいよ妊娠後期！ 無理せず油断せず出産・産後の準備を始めましょう 60

赤ちゃんの成長は大丈夫？
健診でいわれた〝気になる言葉〟（中・後期） 62

赤ちゃんが頭を上にしている状態
どうして「逆子」になってしまうの？ 64

妊娠9カ月（32〜35週） 赤ちゃんが出てくる準備はほぼOK！ 出産対応の体にどんどん変化します 66

妊娠10カ月（36週以降） 感動の対面まであとわずか！ 赤ちゃんは〝タイミング〟を探っています 68

いよいよ赤ちゃんに会える！
お産が始まる合図 70
おしるし／破水／陣痛

直前準備を万全に！
入院前の最終チェック 72

心が不安定になりやすい時期
産前・産後はメンタルに注意 73

双子を妊娠するということ
多胎妊娠のママへ 74

35歳以上のはじめてのお産
高年出産のママへ 76

●妊娠後期の不安Q&A 78

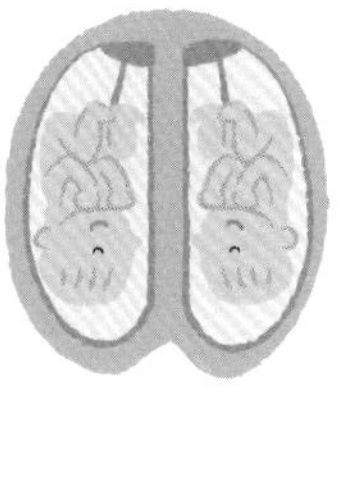

Part 2 目指そう、安産ボディ！

おいしく安全に！
妊娠中の食事と栄養 80
食生活のポイント 81
1日に必要な食事量とバランス 82
積極的にとりたい栄養素 85
簡単に手早くできる調理のコツ 86
注意すべき食品・飲みもの 87

安全な出産のために
体重管理が必要なワケ 90

運動して元気なママに
マタニティエクササイズをしよう！ 92
股関節をやわらかくしておくといいことがいっぱい！ 92
背中や肩のこり、どうにかならない？ 93
腰が痛くてたまらない！ 94
どうしてろっ骨が痛むの？ 95
手足がむくんでパンパン！ 96
頻繁に足がつってつらい… 96
手軽で気楽なウォーキング 97

出産しやすい体づくり
安産エクササイズで準備OK！ 98
Lesson❶ 腹筋を鍛える 99
Lesson❷ 骨盤底筋を鍛える 100
エクササイズの後や疲れたときは 101

妊娠中もきれいに！
気になる美容ケア 102

Part 3 妊娠中にやっておきたいこと

出産の不安を取り除く
母親学級・両親学級へ行ってみよう 106

生まれる前からの絆
赤ちゃんと「胎教」コミュニケーション 108

祝福される妊娠報告
知っておきたい妊婦のマナー 110

ひとりで悩まず
夫、両親、友人にお願い 112

今の間取りを活かした
赤ちゃんのための環境づくり 114

人の手を借りることも大切!
支援サービスを事前にチェック 116

パパとママが贈る
最初のプレゼント「名前」を考えよう 117

コラム● 妊娠・出産のウソ? ホント? 118

Part 4 産後あわてないための準備をしておこう

自分に合った方法で
授乳は母乳? 混合? ミルク? 120

●おっぱいケアをしよう! 121

無駄なく上手に!
準備しておきたい出産&育児グッズ 122

陣痛乗り切りグッズ/入院グッズ
肌着・ウエア/おむつグッズ/授乳グッズ/ねんねグッズ

沐浴グッズ/衛生グッズ/抱っこグッズ/ベビーカー/チャイルドシート
内祝い/出産報告

●育児グッズ ちょっと迷うものたち 127

コラム● どちらを選ぶ? 里帰りする? しない? 128

Part 5 きちんと知っておけば怖くない! 妊娠中の気がかり

妊婦さんを悩ます
時期別 マイナートラブル 130

妊娠初期
便秘・痔/貧血/眠気 130
口内の不快/歯のトラブル/わきの痛み/耳鳴り 131

妊娠中期
頭痛/腰痛/肩こり/おりものが増える 132
動悸、息切れ/足のつけ根が痛む/のどの渇き 133

妊娠後期
おなかの張り 133
頻尿、尿もれ/足がつる/眠れない/手がしびれる 134
恥骨痛/手足のむくみ/静脈瘤/出べそ 135

妊娠中のリスクとは?
心配なトラブル 136

流産・切迫流産 136
子宮頸管無力症 137
異所性妊娠(子宮外妊娠) 138
胞状奇胎/妊娠悪阻 139
妊娠高血圧症候群 140
妊娠糖尿病 141
早産・切迫早産 142
前置胎盤/低置胎盤 144

常位胎盤早期剥離／胎盤機能不全／羊水過多・過少 145
前期破水／血液型不適合 146

妊娠時に悪化させない
持病の影響 147
子宮筋腫／子宮内膜症 147
子宮奇形 148
卵巣の腫れ・卵巣腫瘍・卵巣嚢腫 149
甲状腺の病気／心疾患／腎疾患／膠原病 150
ぜんそく／アレルギー体質 151

妊娠中の感染を予防！
気をつけたい感染症 152
風疹／B型肝炎／C型肝炎 152
ATL／GBS／クラミジア 153
梅毒／トキソプラズマ／サイトメガロウイルス／AIDS／インフルエンザ 154
新型コロナウイルス感染症／水痘／帯状疱疹／麻疹 155
流行性耳下腺炎／伝染性紅斑／カンジダ腟炎／リステリア 156
性器ヘルペス／淋病／尖圭コンジローマ／トリコモナス腟炎 157
●チェックしておきたい市販薬のこと 159

胎児への影響が心配
薬との付き合い方 158

意外と大事！
妊娠中の歯の治療とケア 160

Part 6 いよいよ出産！本番に備えて

事前にチェック！
出産の方法＆スタイル 162
経腟分娩 163
医療が介入する経腟分娩 164
帝王切開 166
立ち会い出産 168

私が描く「理想のお産」
バースプランを立ててみよう 169

いざ！という日に備えて確認
お産のサインから入院・出産の流れ 170

知っておくと心強い
陣痛を乗り切るコツ 174

ラストスパート！
分娩台でのいきみ方 177

どんなことをする？
出産のための医療処置 178
剃毛／導尿／浣腸・坐薬 178
点滴／子宮口を開く処置／吸引分娩・鉗子分娩／分娩監視装置 179
陣痛促進剤（誘発剤） 180
会陰切開 181

誰にでも起こり得る
出産のトラブル 182
微弱陣痛／遷延分娩 182
児頭骨盤不均衡／過強陣痛／回旋異常 183
軟産道強靭／胎盤機能不全／胎児機能不全／臍帯のトラブル 184
常位胎盤早期剥離／切迫子宮破裂 185
弛緩出血／癒着胎盤／子宮頸管裂傷・会陰裂傷 186
●お産の不安Q＆A 187

ママ生活のスタート！
出産から退院までの入院生活 188

先輩ママの妊娠・出産体験記
イラストレーター・HYPかなこさんの場合 190
自然分娩 個人産院で出産 192
自然分娩 個人産院で出産 194
自然分娩 助産院で出産 196
無痛分娩 産科専門病院で出産 198
帝王切開 大学病院で出産 200

コラム●出生届の書き方・出し方 202

Part7
ドキドキ！はじめての赤ちゃんのお世話

気になるあれこれ！
新生児の体と特徴 204
お産という大仕事を終えて
産後の母体の変化 206
●産後の体のトラブル 207
子宮復古不全／悪露／産褥熱／会陰切開の傷／尿もれ／乳房・乳頭のトラブル／恥骨痛／手首の痛み／抜け毛／便秘・痔／肩こり・腰痛
無理せず、始めよう
産後の体形戻し 208
●産褥運動で体を整えよう！ 209
赤ちゃんの基本的なお世話
❶抱っこする 210
❷おむつ替え 212
❸授乳（母乳） 214
❹授乳（ミルク） 216
❺沐浴 218
❻体のお手入れ 220
❼服の調整 222
●赤ちゃんのお世話Q＆A 223
悪化する前に対処したい
おっぱいのトラブル 224
二人目どうする？ 225
コラム●どうすれば乗り切れる!? 産後クライシス 226

Part8
妊娠・出産・育児にまつわるお金の話

焦らないよう事前にチェック
妊娠・出産・育児でかかるお金 228
とっても助かる！
妊娠・出産・育児でもらえるお金 230
産前
妊婦健診費の助成／出産準備金／傷病手当金 231
産後
出産育児一時金 232
医療費控除／児童手当 233
乳幼児医療費助成／出産手当金／育児休業給付金 234
未熟児養育医療制度／高額療養費制度／児童扶養手当 235

インデックス●索引 236

※この本の情報は2023年1月現在のものです。

監修●竹内正人（たけうち　まさと）

産科医、医学博士。日本医科大学卒業。米国ロマリンダ大学で胎児生理学を学び、日本医科大学大学院（産婦人科学、免疫学）修了。葛飾赤十字産院（現・東京かつしか赤十字母子医療センター）では産科部長として周産期医療に力を注ぎながら、ＪＩＣＡ（国際協力機構）母子保健専門家として、ベトナム、アルメニア、ニカラグア、パレスチナ、マダガスカルなどの母子医療にもかかわる。現在も、お産と向き合いながら、「子宮的に生きよう ― Accept & Start」をテーマに、100年後の優しい世界につなげようと、国・地域・医療の枠をこえて活動を展開している。著書に「マイマタニティーダイアリー」ほか多数あり。
公式HP「産科医　竹内正人」
http://www.takeuchimasato.com/

はじめに

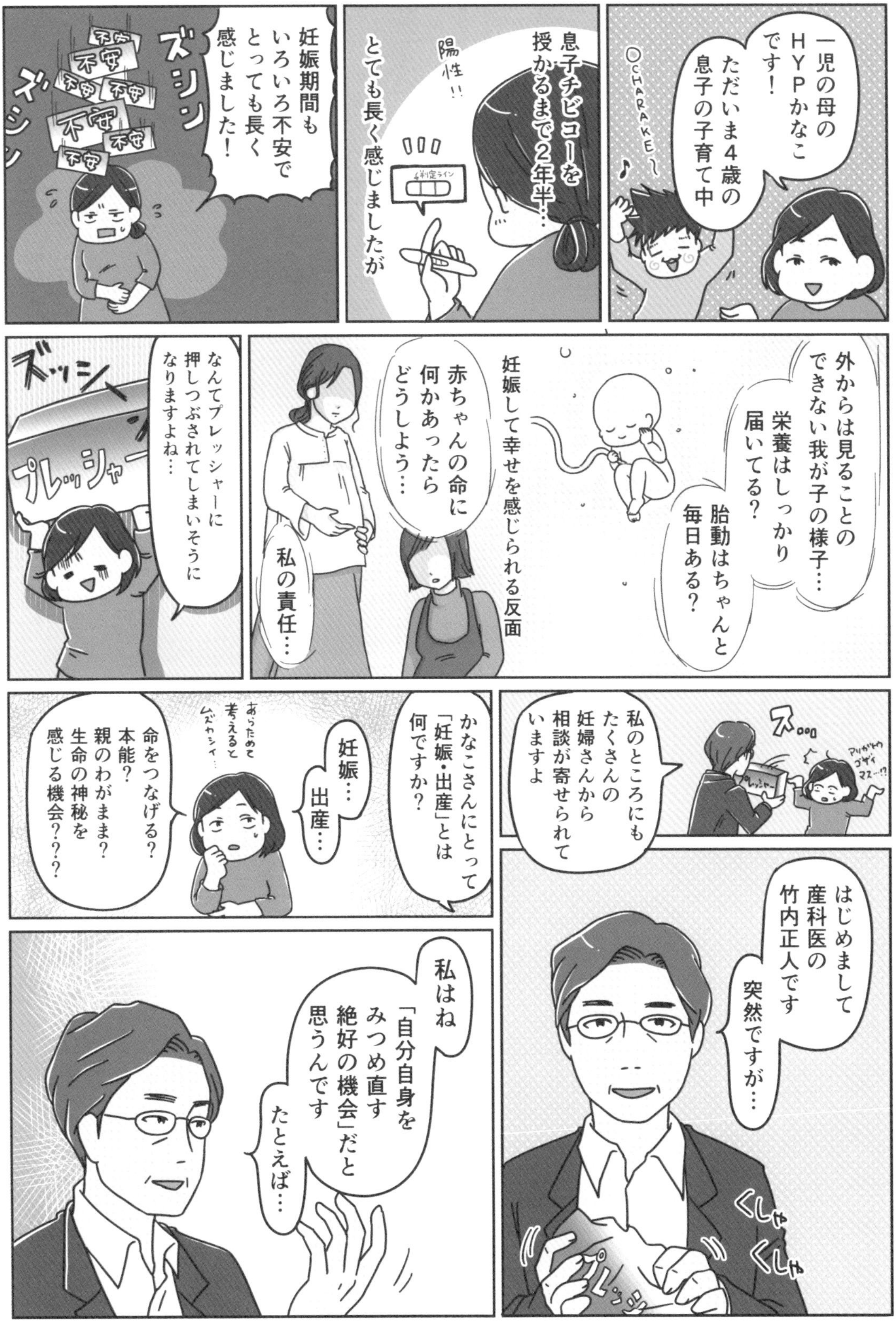
一児の母のHYPかなこです！
ただいま4歳の息子の子育て中
CHARAKE～♪
息子チビコーを授かるまで2年半…
陽性!!
判定ライン
とても長く感じましたが
妊娠期間もいろいろ不安でとっても長く感じました！
ズシン
ズシン
不安
外からは見ることのできない我が子の様子…
栄養はしっかり届いてる？
胎動はちゃんと毎日ある？
妊娠して幸せを感じられる反面
赤ちゃんの命に何かあったらどうしよう…
私の責任…
なんてプレッシャーに押しつぶされてしまいそうになりますよね…
ズッシ
プレッシャー
私のところにもたくさんの妊婦さんから相談が寄せられていますよ
ズ…
アリガトウゴザイマス…!?
プレッシャー
かなこさんにとって「妊娠・出産」とは何ですか？
妊娠…
出産…
あらためて考えるとムズカシイ…
命をつなげる？本能？親のわがまま？生命の神秘を感じる機会？？？
はじめまして産科医の竹内正人です
突然ですが…
くしゃ
くしゃ
私はね「自分自身をみつめ直す絶好の機会」だと思うんです
たとえば…

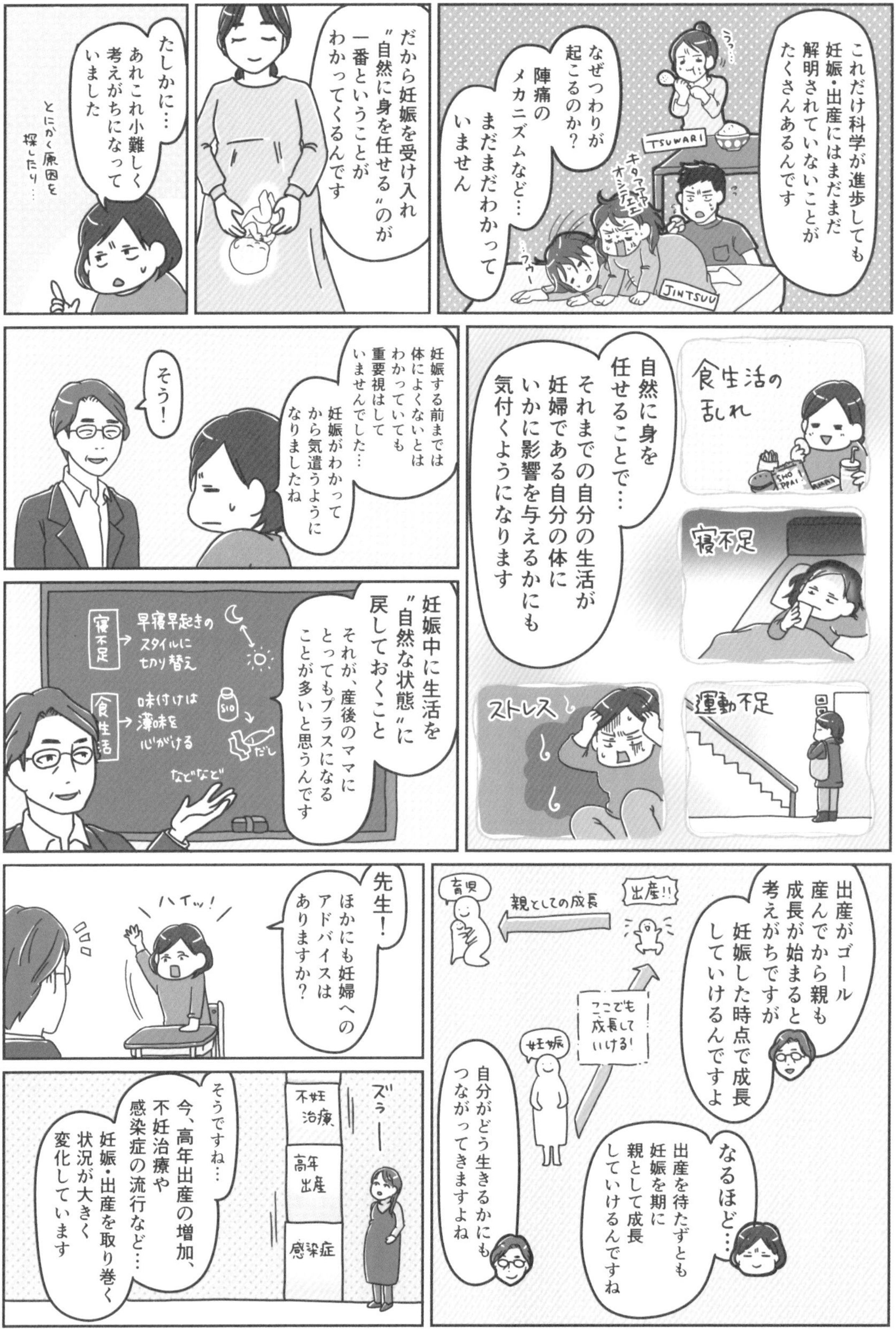

これだけ科学が進歩しても妊娠・出産にはまだまだ解明されていないことがたくさんあるんです
うっ…
TSUWARI
なぜつわりが起こるのか？
陣痛のメカニズムなど…
まだまだわかっていません
JINTSUU
だから妊娠を受け入れ"自然に身を任せる"のが一番ということがわかってくるんです
たしかに…あれこれ小難しく考えがちになっていました
とにかく原因を探したり…
自然に身を任せることで…
それまでの自分の生活が妊婦である自分の体にいかに影響を与えるかにも気付くようになります
食生活の乱れ
寝不足
運動不足
ストレス
妊娠する前までは体によくないとはわかっていても重要視はしていませんでした…
妊娠がわかってから気遣うようになりましたね
そう！
妊娠中に生活を"自然な状態"に戻しておくこと
それが、産後のママにとってもプラスになることが多いと思うんです
寝不足 → 早寝早起きのスタイルに切り替え
食生活 → 味付けは薄味を心がける
SIO
だし
などなど
出産がゴール
産んでから親も成長が始まると考えがちですが
妊娠した時点で成長していけるんですよ
育児
親としての成長
出産!!
ここでも成長していける！
妊娠
なるほど…
出産を待たずとも妊娠を期に親として成長していけるんですね
自分がどう生きるかにもつながってきますよね
先生！
ほかにも妊婦へのアドバイスはありますか？
ハイッ！
そうですね…
今、高年出産の増加、不妊治療や感染症の流行など…
妊娠・出産を取り巻く状況が大きく変化しています
ズラー
不妊治療
高年出産
感染症

そんな中なので病産院の選択から産み方まで…
いろいろ悩む方が多いように思います
そうなんです！
私も、どの病産院を選んだらいいのかわからなくて悩みました！
ではかなこさん赤ちゃんがどうやったら安心して生まれると思いますか？
え…赤ちゃんの安心…
自然分娩？
フリースタイル？
無痛分娩？？？
No.1
私の経験上ママが精神的にも安心して体がリラックスしている出産が一番いいですね
ママのメンタル的な不安も受け止めてくれる病産院を選ぶことが大切！
ママが安心できる病産院
なるほど、ママの安心は赤ちゃんの安心なのか……
医師や助産師さんとの相性も重要ですね！
先生、それと…
私は出産までに不安がいっぱいでネットで情報を探してしまって…
よくないんだろうなぁとは思いつつ、やめられずでした
どれが正しいの!?
ダメ
NG
正しい
ホント
たくさんの情報に振り回されて余計に不安にならないためにも「正しい知識を得る！」
ビシッ
そしてもっと〝自分の体の声〟に耳を澄ませてみることが大切です
人は人
自分は自分
です！
簡単にいろいろと調べられるから不安になっちゃうけど…
自分の体のありのままを受け入れるって大事なんですね
過剰に不安にならず「赤ちゃんの生き抜く力」「自分自身の産む力」を信じて
ハッピーな妊娠・出産を迎えてくださいね

この本の使い方

本書には、妊娠・出産に関する知っておきたい情報が満載。わかりやすく丁寧に解説しています。

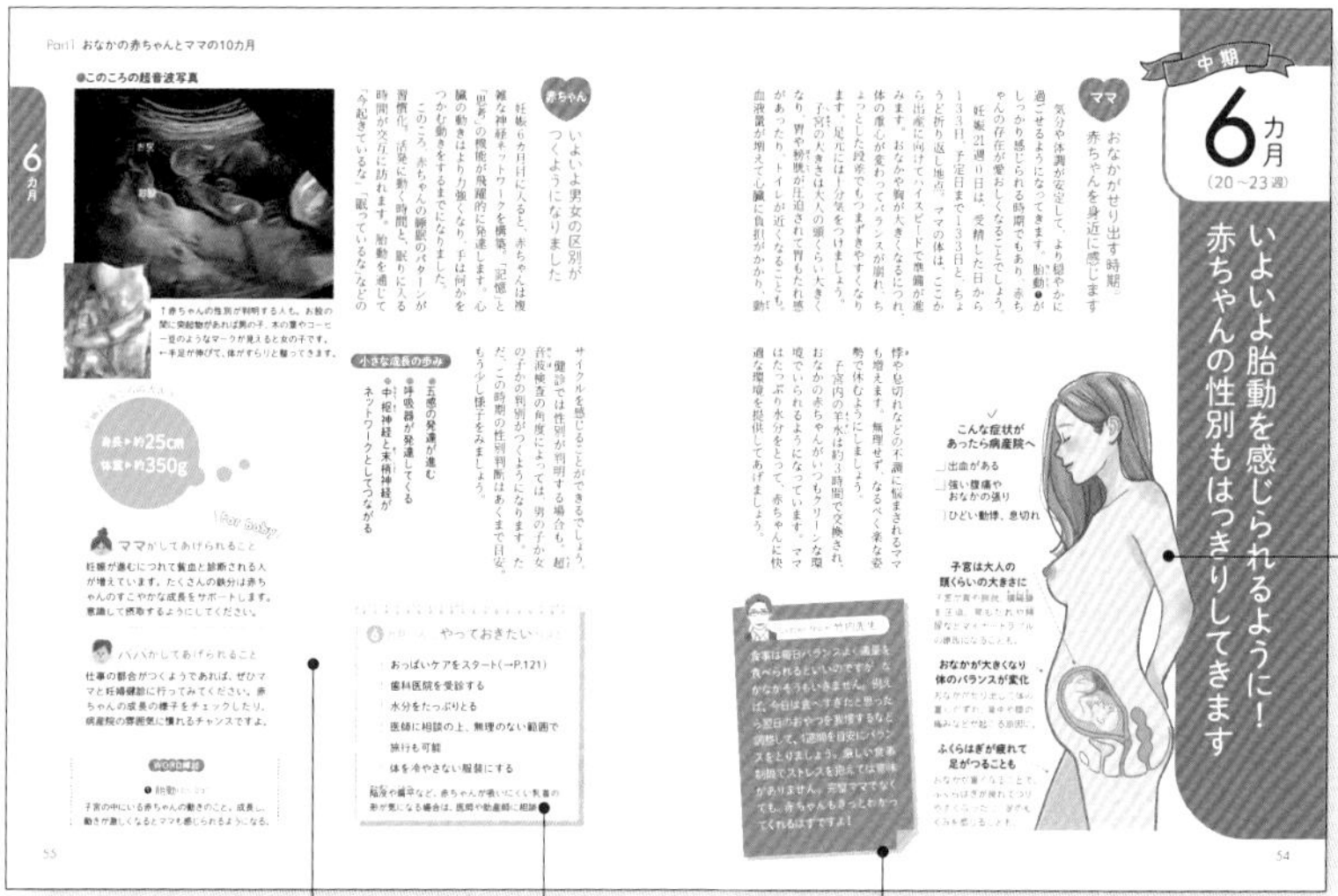

✓
妊娠中の体の変化と赤ちゃんの成長をわかりやすく紹介

ママの体の変化がわかる

イラストと簡潔な文章で、妊娠10カ月の変化を解説。注意すべき体の不調も記載してあるので、気になるときはチェックしてみて。

赤ちゃんの成長がわかる実物大イラスト

妊娠10カ月の赤ちゃんの成長をイラストで再現。本書をおなかにあててみると、より実感がわきます。

便利なチェックリスト

この時期にやっておきたいことをリストにまとめました。さまざまなページに掲載しているので、備忘録として活用して。

監修者・竹内正人先生からのメッセージ

竹内先生からママへのアドバイスを掲載。心温まる言葉から元気と勇気をもらえます。

✓
産後すぐに役立つお世話のいろはも掲載

はじめての育児に手間取らないように、お世話の基本をおさえておきましょう。体のケアや必要な育児グッズなどを紹介しています。

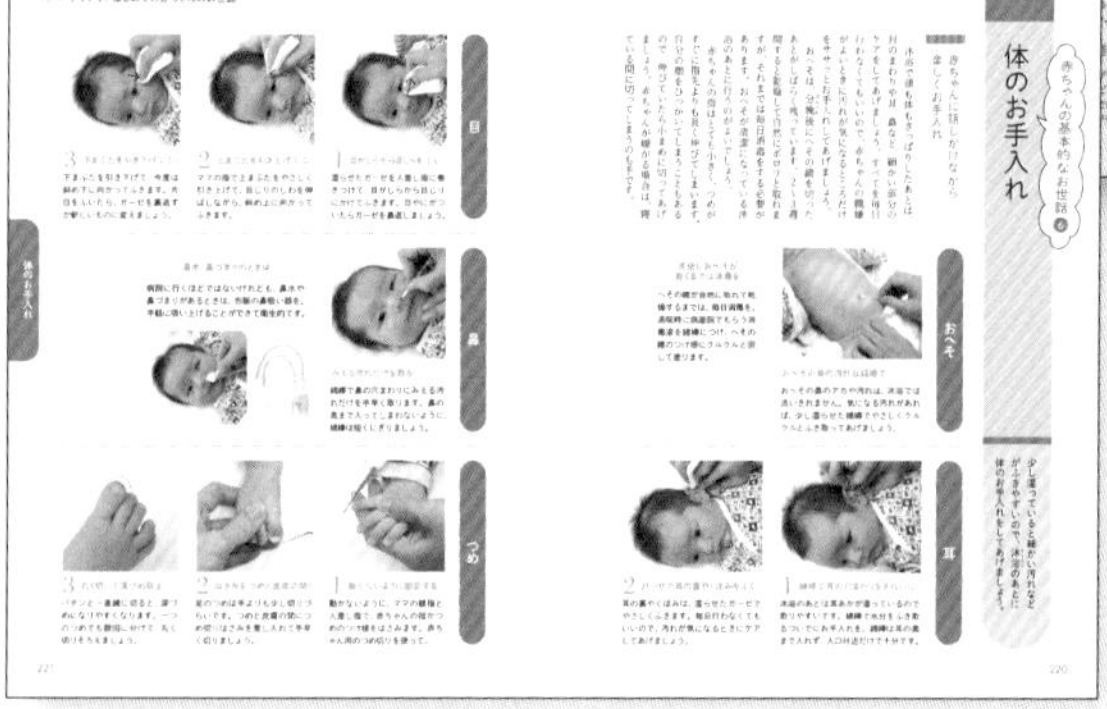

✓
心配なトラブルや病気についても丁寧に解説

妊娠中や出産時に起こるトラブルや病気をやさしく解説。予防法や治療についても掲載しています。

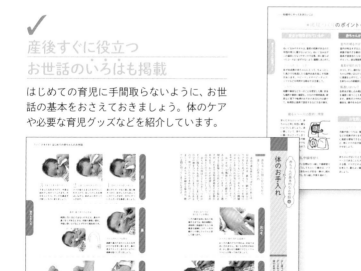

Part 1

おなかの赤ちゃんとママの10カ月

新しい命を授かり、訪れる変化と成長にとまどうこともありますが、
正しい知識を持って、状況を受け入れていきましょう。

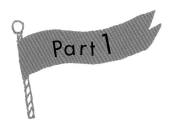

初期

1カ月（0〜3週）

まだ妊娠した実感はないけれど、赤ちゃんの成長は始まっています

ママ

大きな変化はなくとも、赤ちゃんを育む準備は開始

妊娠1カ月目(妊娠0〜3週)のうち、前半の妊娠2週目までは、おなかの中にまだ赤ちゃんはいません。後半の2週間も、受精、着床しているものの、まだ妊娠には気づきにくい時期です。

妊娠週数は、最後の月経の第1日目から「0週0日」と数え始めるので、実際に精子《せいし》と卵子《らんし》が出会って受精《じゅせい》をするのは、妊娠2週目ごろ。受精卵《じゅせいらん》が子宮《しきゅう》内に着《ちゃく》床《しょう》して妊娠が成立するのは、妊娠3週目ごろになります。ですから、次の月経予定日のころにあたる妊娠4週目は、すでに妊娠2カ月になっているのです。

受精卵が着床しても、ママが妊娠の自覚症状を感じることはほとんどありません。ただ、受精卵が着床するときに赤茶色のおりもののような出血が1〜2日ほど続く「着床出血《ちゃくしょうしゅっけつ》❶」があったり、高温期が続くことで眠さや熱っぽさを感じる人もいます。早い人では、吐き気やむかつきなど、つわりのような症状が現れることも。妊娠の可能性がある場合は、おなかに小さな命が宿っていることを意識して、リラックスして過ごしましょう。

こんな症状があったら妊娠かも!?

- □ 基礎体温は高温期(→P.18)が続く
- □ 眠さ、熱っぽさがある
- □ 赤茶色のおりもの(着床出血)があった

乳房全体が張り、乳首が黒ずむ

妊娠すると女性ホルモンの影響で乳房が張ったり、乳首が黒ずむことも。

子宮が赤ちゃんを迎える準備をスタート

みた目だけではわかりませんが、おなかの中の環境は急激に変化しています。受精卵が着床すると子宮内膜《ないまく》が厚くなり、胎《たい》盤《ばん》の基礎ができ始めます。体調面では、吐き気やむかつきなど、人によってはつわりのような症状も。

Letter from 竹内先生

妊娠1カ月目は、新しい命がおなかに宿る大切な時期。薬の服用や飲酒、たばこを避けるなど、赤ちゃんを迎えるための体づくりをしておきましょう。前もって基礎体温をつけて排卵《はいらん》日を把握しておくと、妊娠可能時期がわかり、体調の変化も把握しやすくなりますよ。妊娠反応はまだ出ない超初期ですが、ゆったり、のんびりと過ごしてくださいね。

赤ちゃん

細胞分裂を繰り返して着床。胎嚢《たいのう》に包まれています

妊娠0週は、ママの体はまだ月経中。月経が終わると約1週間後に、卵巣《らんそう》から排卵します。そして卵管の中で卵子と精子が結びついて受精すると、大きさ約0.2㎜の受精卵になります。

受精卵は、ゆっくり子宮へと進みながら細胞分裂を繰り返します。そして数日かけて子宮にたどり着き、子宮内膜にもぐり込んで着床。妊娠が成立します。

このころの赤ちゃんは、まだ「胎児《たいじ》」とは呼ばれず、「胎芽《たいが》」という状態で、胎嚢という袋に入っています。大きさは、妊娠3週でわずか約1㎜。超音波《ちょうおんぱ》検査でも確認できないほどの小さな存在です。

小さな成長の歩み

- 精子と卵子が受精する
- 受精卵が細胞分裂する
- 受精卵が子宮内膜に着床する
- 胎芽が急速に成長する

For Baby

ママがしてあげられること

受精卵が着床して赤ちゃんが急速に育つこの時期は、健康的な生活を送ることが第一です。栄養バランスのとれた食事、適度な運動、十分な睡眠を心がけましょう。

パパがしてあげられること

まだ妊娠に気づかないママが多い一方、早くから体調が悪くなるママも。家事を積極的にこなすなど、ママの負担を少なくして支えてあげましょう。

1カ月ごろにやっておきたいリスト

- [ ] バランスのよい食生活を心がける
- [ ] 飲酒・喫煙を控える
- [ ] レントゲン撮影や薬の服用は、医師や薬剤師に相談してから
- [ ] カフェインの摂取を控える

赤ちゃんの細胞の成長を助けるビタミンBや葉酸《ようさん》❷などの栄養素を、意識してとるようにしましょう。

WORD解説

❶着床出血（ちゃくしょうしゅっけつ）
受精卵が着床したときに起こる出血。月経様出血とも呼ばれる。妊娠に気が付いていない場合、月経と間違えやすい。

❷葉酸（ようさん）
ビタミンB群の一種。胎児の神経管閉鎖障害のリスク低減のため、妊娠を希望する女性に摂取がすすめられている。

知っておきたい

排卵・受精・妊娠のしくみ

卵子《らんし》と精子《せいし》が出会ってはじめて成立する妊娠。それは天文学的確率によって導かれた「命のドラマ」です。

奇跡的な出会いから始まる、命の物語

妊娠は、たった24時間未満しか生存できない一つの卵子と、数億分の1もの確率で卵子に受け入れられた一つの精子が出会い、受精して「受精卵《じゅせいらん》」になることから始まります。

妊娠までのプロセスは、さまざまな偶然が重なり合う、奇跡的でドラマチックなストーリー。ほんの少しタイミングが違っていたら、おなかの中にいる赤ちゃんは存在していなかったかもしれません。

❶排卵

月経開始から約2週間後に、卵巣❶から飛び出した1個の卵子は、卵管《らんかん》の奥にある卵管采《さい》にキャッチされて、卵管の中に運ばれていきます。

❷精子と出会う

卵管に入った卵子は卵管膨大部に移動します。そこで精子と出会います。排卵後、24時間以内に精子と出会わないと、妊娠は成立しません。

❸受精

性行為で数億もの精子が膣内《ちつない》に放出されますが、膣内は強い酸性のため、多くが息絶えます。生命力の強い精子が生き残り、卵子を目指して泳ぎます。

卵子は、たどり着いた精子のうちたった一つにだけ信号を送り、殻《から》を壊して精子を招き入れ、受精卵ができます。

❹細胞分裂

受精卵は子宮へと進みながらどんどん細胞分裂を繰り返し、桑《くわ》の実のような「桑実胚《そうじつはい》」から「胞胚《ほうはい》」へと変化して、着床《ちゃくしょう》する準備を整えます。

❺着床

受精卵は4～5日ほどかけて子宮内《しきゅうない》腔《くう》に到着します。子宮内を移動しながら、一番居心地のよさそうなフカフカの子宮内膜《ないまく》を探し出して、そこにもぐりこんで着床。こうして妊娠が成立します。

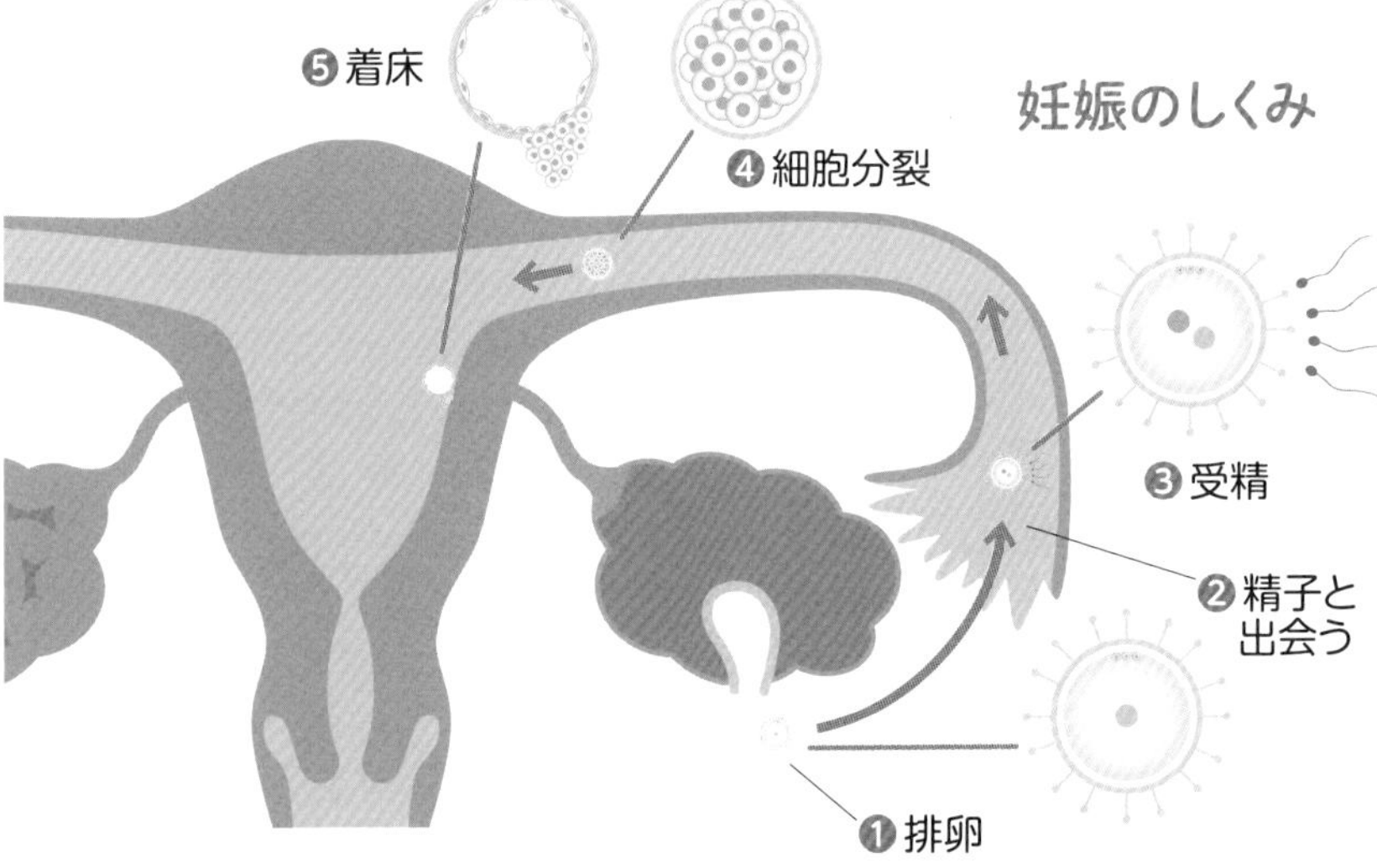

子宮の中の赤ちゃんの様子

羊水《ようすい》

おなかを快適空間にする温かい水

卵膜の中を満たす約38度の水。外からの衝撃を吸収して、赤ちゃんを快適な状態に維持します。出産時には外に流れ出し（破水《はすい》）、赤ちゃんがスムーズに生まれやすくします。

胎盤《たいばん》

栄養素や老廃物《ろうはいぶつ》をやりとりする係

赤ちゃんがすくすく育つために必要な栄養分や酸素と、いらなくなった老廃物や二酸化炭素を交換して、未熟な赤ちゃんの内臓の働きをサポートしてくれる頼もしい存在。

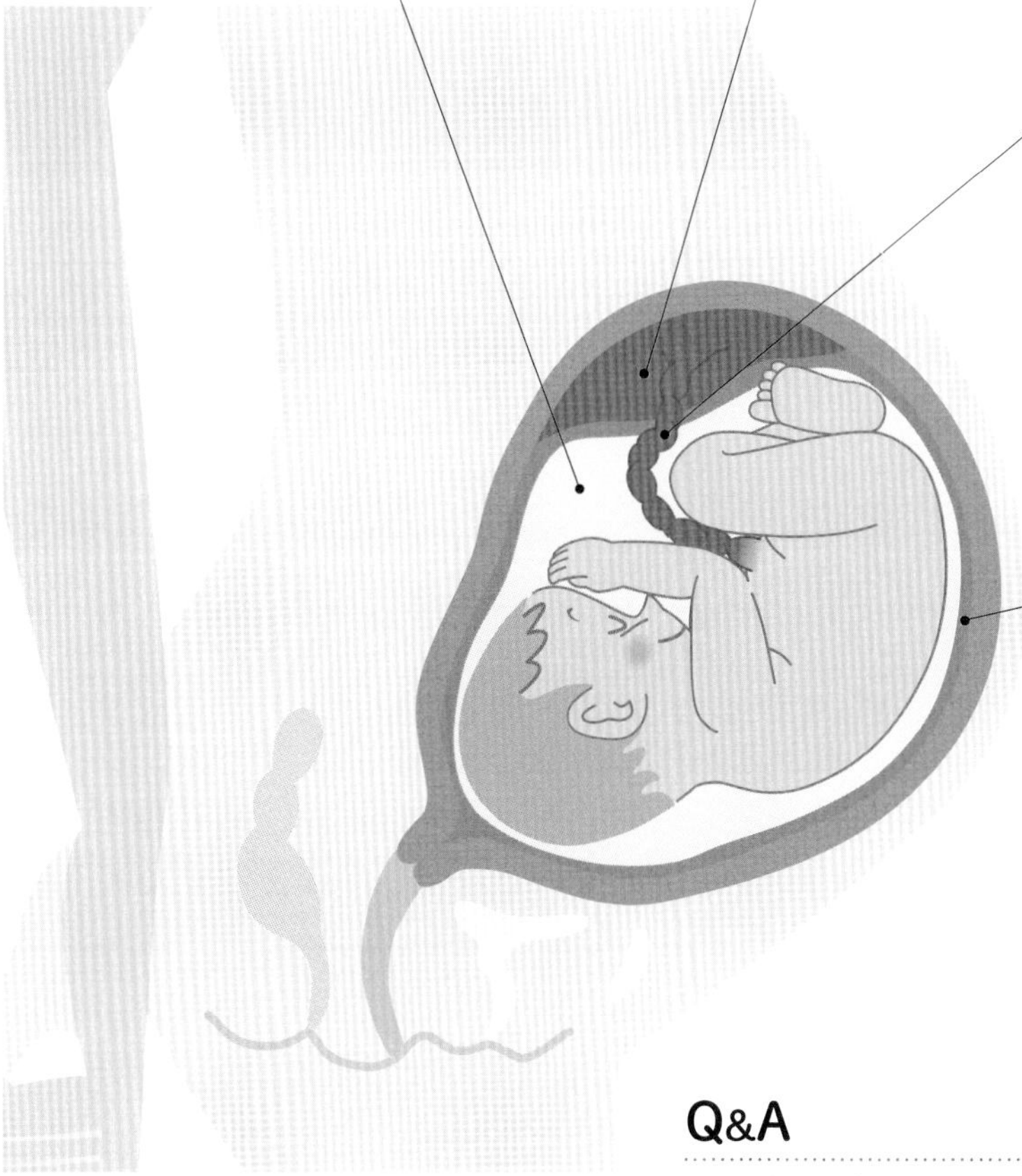

へその緒《お》（臍帯《さいたい》）

胎盤と赤ちゃんをつなぐひも状の組織

２本の動脈《どうみゃく》と１本の静脈《じょうみゃく》からなる、ひも状の組織。胎盤と赤ちゃんをつなぎます。栄養分や酸素は静脈経由で赤ちゃんに送られ、老廃物や二酸化炭素は動脈経由で胎盤に戻されます。

卵膜《らんまく》

外界の脅威《きょうい》から赤ちゃんを守る膜

赤ちゃんと羊水、へその緒を包みこんでいる薄い膜。外界の細菌やウイルスなどから赤ちゃんを守ってくれます。通常はお産が始まると破れて、羊水が外に流れ出てきます。

Q&A

Q 羊水は何色なの？

A きれいな透明です。約3時間ですべて入れ替わり、約38度の温度に保たれ、出産まで赤ちゃんを保護します。

Q へその緒は、ママのおへそとつながっている？

A いいえ、へその緒は、子宮内の胎盤につながっていて、出産まで赤ちゃんに栄養を届ける役目を果たします。

Q 羊水や胎盤は、若い妊婦さんほどきれいって本当？

A そんなことはありません。高齢になるにつれ、妊娠に伴うリスクがいくらか高くなるため生まれた誤解です。

WORD解説

❶ **卵巣**（らんそう）

子宮の左右両側にある、親指くらいの大きさの器官。思春期になると卵巣内にある原子卵胞《げんしらんぽう》が「成熟卵胞《せいじゅくらんぽう》」になり、月経が起こって、月に1個ずつ卵子が放出されるようになる。

初期

2カ月（4～7週）

妊娠に気がつき、心と体にも変化が。赤ちゃんの成長も急ピッチで進みます

ママ

月経が遅れ、吐き気やだるさなど体調の変化も

おなかの中の赤ちゃんが成長するにつれ、ママの心や体にも、妊娠による変化が少しずつ訪れます。多くのママがこのころ「妊娠？」と気がつきます。

おなかの大きさにまだ変化はありませんが、子宮《しきゅう》の中では赤ちゃんがすくすくと育ち、子宮は非妊娠時よりもひとまわり大きくなります。子宮に膀胱《ぼうこう》を圧迫されて、おしっこが近くなる人も。起床時や空腹時などに吐き気や胸のむかつきがあったり、においに敏感になったりなど、つわり症状が現れることもあります。

こうしたさまざまな体の変化やつわり症状は、受精卵《じゅせいらん》が着床《ちゃくしょう》して以降、主に妊娠を維持するためのホルモンが体内で活発に分泌《ぶんぴつ》されるために起こります。月経予定日の1週間後から、妊娠検査薬❶を使って、このホルモンの分泌を調べて妊娠しているかどうかを判定できます。

ただし、妊娠検査薬の場合、異所性妊娠《いしょせいにんしん》や流産《りゅうざん》など、正常な妊娠ではない場合でも陽性《ようせい》の判定が出ます。月経予定日から2週間前後を目安に産婦人科を受診して、医師に妊娠を確認してもらって。

こんな症状があったら病産院へ

- □ 出血がある
- □ 下腹部痛がある
- □ 妊娠検査薬で陽性判定が出た

皮膚トラブルがある人も

妊娠を機に、乾燥肌の体質になる人も。かゆみが出たり、吹き出ものができる皮膚トラブルも起こりやすくなります。

早い人はつわりがスタート

月経が遅れ、吐き気や胸やけなど、つわり症状が出る人も。食事がとれなくなるなど、ひどいときは早めに受診を。

子宮がひとまわり大きくなります

子宮内で赤ちゃんが育ち、ひとまわり大きくなりますが、おなかの大きさはまだ変化しません。

Letter from 竹内先生

さあ、いよいよつわりや体調の変化など、これまで経験したことのない新たな世界がスタートしました。時には、いつもと違う自分に戸惑うこともあるかもしれません。でも、そのすべてが、赤ちゃんを育むための大事な大事な変化です。リラックスして、自分のペースでゆっくりと、体調と付き合っていきましょう。

2カ月

赤ちゃん

0.2㎜から1㎝に成長！ 体の基礎が形づくられる

妊娠1カ月のころはわずか1㎜以下だった小さな赤ちゃんは、妊娠2カ月の終わりには頭殿長《とうでんちょう》(座高)がおよそ1㎝に成長します。妊娠7週ごろまでは「胎芽《たいが》」と呼ばれる状態で、魚のようにエラやしっぽがある時期ですが、妊娠7週末には2頭身になり、手足の区別もつきます。

このころの赤ちゃんは、主な器官の基礎が形づくられる大切な時期(器官形成《きかんけいせい》期《き》)。脳や脊髄《せきずい》、目や耳の神経が猛スピードで発達。胎盤❷のもとになる組織が形成されて、へその緒《お》も発達します。まぶたや眼球がつくられ始め、体には心臓や肝臓《かんぞう》、胃などの臓器が形成されます。

小さな成長の歩み

- 脳や脊髄、目や耳の神経が発達
- 胎盤、へその緒が形成
- 目、耳、鼻がつくられ始める
- 妊娠6週ごろから心音が聞こえる

このころの超音波写真

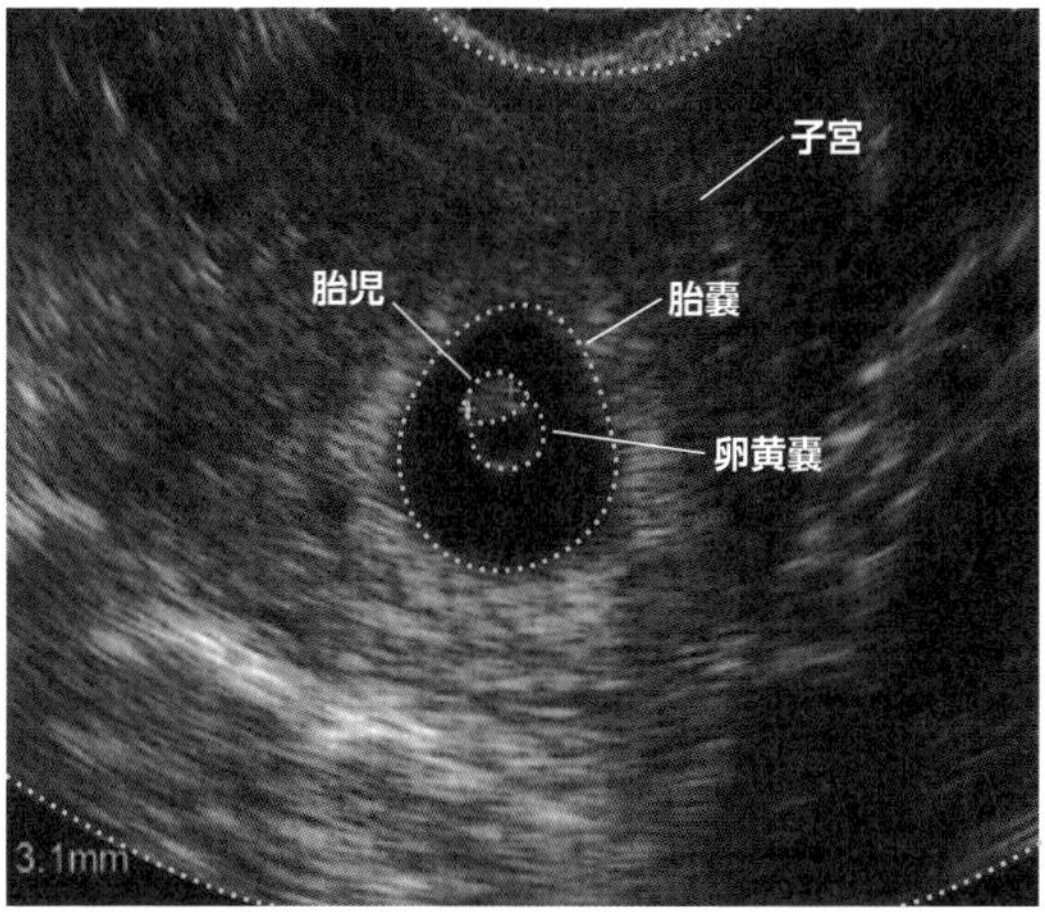

胎盤ができて、へその緒が発達するまで、胎児は「卵黄嚢《らんおう》」という袋から栄養を受け取って成長します。

妊娠7週ごろの大きさ

身長▶約1cm
体重▶約2g
※身長は、頭殿長で示しています。

For Baby

ママがしてあげられること

産婦人科に行き、妊娠の確定診断を受けましょう。体調が変化するので、重い荷物を持ったり、ヒールの高い靴を履くのは避けて。下半身の冷えにも注意を。

パパがしてあげられること

最初はパパになることに戸惑うかもしれません。でも、赤ちゃんが来てくれた素直な喜びをママに伝えましょう。パパが喜ぶ姿がママの一番の心の栄養です。

WORD解説

❶**妊娠検査薬**(にんしんけんさやく)
妊娠しているかどうかを確認するために、尿中のhCG(ヒト絨毛性ゴナドトロピン)の反応を調べる薬。

❷**胎盤**(たいばん)
子宮の内側の壁にできる器官。ママの体と赤ちゃんをへその緒でつなぎ、酸素や栄養、老廃物の受け渡しを行う。

2カ月ごろにやっておきたいリスト

- [ ] 月経予定日2週間後を目安に病産院へ
- [ ] バランスのとれた食事を心がける
- [ ] 葉酸《ようさん》の摂取、減塩《げんえん》を意識する
- [ ] 薬の服用に注意する
- [ ] ヒールの高い靴は避ける

赤ちゃんの器官が形成・発達する大事な時期なので、栄養バランスに配慮して。薬の服用には慎重になって、医師に相談しましょう。

現れる症状は十人十色 さまざまな妊娠のサイン

妊娠すると、心と体がさまざまなサインを出して教えてくれます。サインは人によって千差万別《せんさばんべつ》です。

熱っぽさ、イライラ、吐き気など不快な症状が多く出る

突然「うっ……」と吐き気がこみあげて妊娠に気づくシーンはテレビドラマの定番ですが、実際に多くの人が「妊娠かも？」と思うのは、来るはずの月経が1週間以上遅れていることに気がついたとき。そのころには妊娠2カ月目に入っています。

ストレスや生活の変化などで月経周期《しゅうき》が乱れることはありますが、規則正しい月経周期なのに1週間以上遅れている場合は、妊娠の可能性が高いでしょう。

妊娠成立直後の自覚症状は、ほとんどありません。一般的には、早い人で妊娠3週ごろから、基礎体温の高さによるだるさや熱っぽさ、イライラ、乳房の違和感などを覚えることがあります。

妊娠のサインは人それぞれ。前もって基礎体温を測っていれば、妊娠などの変化にも気づきやすいのでおすすめです。

月経がこない

受精卵《じゅせいらん》が子宮《しきゅう》に着床《ちゃくしょう》すると、いつもは月経時にはがれ落ちる子宮内膜《ないまく》がそのまま成長するので、月経が止まります。月経周期が規則正しい人は、妊娠に気がつくのも早いでしょう。

おりものの量が増える

妊娠すると、女性ホルモンの一つである黄体《おうたい》ホルモンの働きで、腟《ちつ》から分泌《ぶんぴつ》されるおりものの量が増えます。おりものは透明か白色でさらっとした状態。においは強くありません。

基礎体温が高いまま

朝目覚めた直後に、安静な状態で、目盛りの細かい基礎体温計で測る温度が基礎体温です。毎日測ることで、微妙な体調の変化がグラフから読み取れます。

基礎体温の変化例（28日型の場合）

●妊娠していないとき

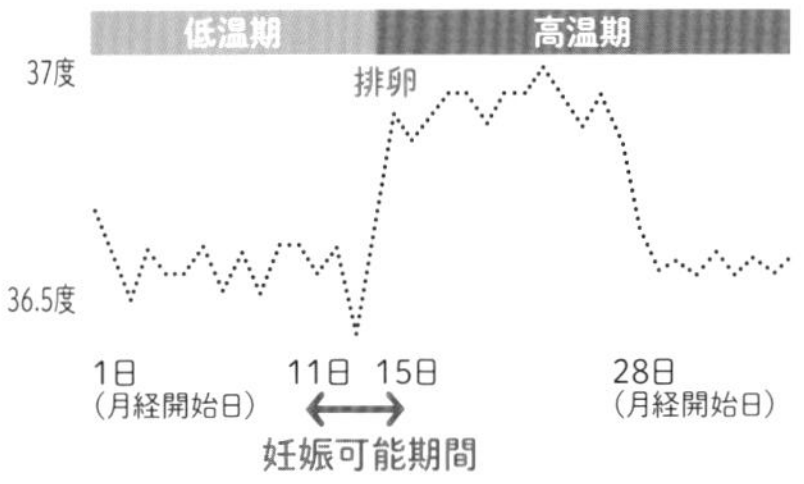

月経から排卵日までが低温期。排卵後約2週間高温期が続き、月経が始まるころ低温期になります。

●妊娠したとき

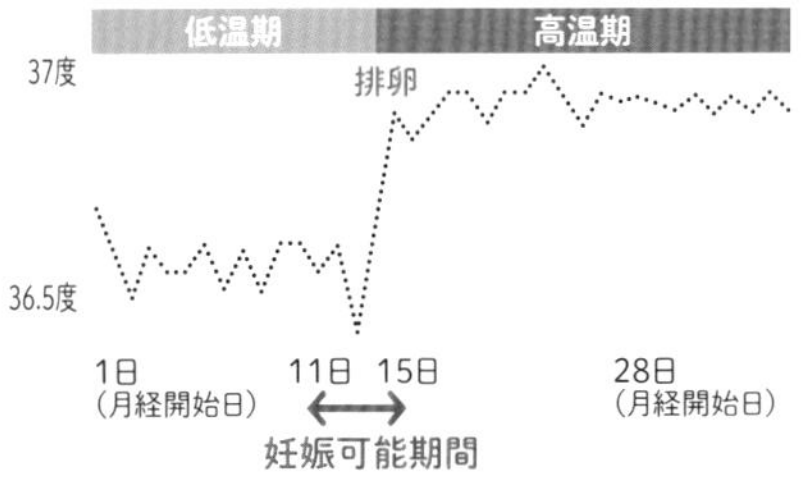

妊娠すると、体温を上げる黄体ホルモンの働きで、排卵後の高温期がそのままずっと続きます。

イライラする

ホルモンバランスが乱れるため、ささいなことでイライラしたり、涙が出てきたり、何気ない一言に傷ついたりと、不安定な精神状態に悩まされることも。

肌が荒れる

ホルモンバランスが乱れ、肌荒れやニキビが気になったり、シミ・そばかすができやすくなったり、化粧ののりが悪くなることがあります。

食の好みが変わる

つわり症状を早くから感じる人も。起床後や空腹時などに、吐き気やむかつきがあり、普段の食べものの好みとはまったく別のものが食べたくなることがあります。

乳首がチクチク痛む

個人差はありますが、妊娠の初期症状として乳首が黒ずんだり、乳首が敏感になって洋服や下着に触れてチクチクと痛みを感じたりする人もいます。

だるい、眠い

通常なら月経が来ると高温期から低温期に移行しますが、妊娠後しばらく高温期が続くので、眠さやだるさ、熱っぽさなどを感じる人もいます。

おっぱいが張る

妊娠成立後は女性ホルモンが乳腺《にゅうせん》を刺激して、乳房が張ってきます。月経予定日前から乳房の張りによる痛みやかゆみなどの違和感を訴える人も。

便秘がち

腸の働きを抑制する黄体ホルモンの影響で、便秘に悩まされる人もいます。ホルモンバランスの変化により自律神経《じりつしんけい》が乱れることが原因ともいわれています。

おなかや腰が張る

妊娠に伴う子宮の拡大やホルモンバランスの変化で、おなかや腰が張る初期症状が現れます。便秘によりおなかにガスがたまりやすくなるのも一因です。

妊娠を確認しよう

はじめての産婦人科・妊婦健診

「妊娠かも」と思ったら、確定診断のために産婦人科を受診しましょう。健診の流れを紹介します。

定期的な妊婦健診で妊娠経過を見守ります

月経予定日から約2週間後を目安に、産婦人科を受診しましょう。月経予定日から間をおかずに受診すると、子宮内の胎嚢《たいのう》(↓P.41)の有無が確認できず、確定診断を受けられない場合があります。

産婦人科では、尿検査と超音波《ちょうおんぱ》検査、内診をして、妊娠しているか検査します。正常な妊娠が確認できたら、出産まで定期的に妊婦健診を受けて、ママの体調と赤ちゃんの成長を見守っていきます。

妊婦健診で気になる症状がみつかった場合は、医師による指導や、妊娠中でも服用できる薬を使っての治療などを行います。症状を見逃さないためにも、健診は毎回欠かさず受けるようにしましょう。

妊娠・出産には健康保険が適用されませんが、合併症などに適用される場合もあります。保険証は毎回持参しましょう。

妊婦健診スケジュール例

時期	月	頻度	健診内容
初期	妊娠2カ月 妊娠3カ月	2週に1回	問診 内診 体重測定 血圧測定 尿検査 経膣超音波検査 (12週以降は腹部超音波に) 血液検査
	妊娠4カ月	4週に1回	
中期	妊娠5カ月 妊娠6カ月		問診 体重測定 血圧測定 尿検査 腹部超音波検査 (経膣超音波検査) 浮腫検査 腹囲・子宮底長測定 血液検査
	妊娠7カ月	2週に1回	
後期	妊娠8カ月 妊娠9カ月		問診 体重測定 血圧測定 尿検査 腹部超音波検査 浮腫検査 腹囲・子宮底長測定 血液検査 内診* ノンストレステスト*
	妊娠10カ月	1週に1回	

*妊娠10カ月時のみ

内診を受けやすいように
脱ぎ着が簡単な上下セパレート
の服装がおすすめです!

持ちものリスト

- 健康保険証
- 生理用ナプキン(内診で少し出血したときに使用)
- 基礎体温表、または最終月経開始日のメモ(初診のみ)
- 母子健康手帳(心拍確認以降)
- 筆記用具
- 現金

健診の流れと検査の項目

①尿検査

尿の中に尿タンパクや尿糖《にょうとう》が出ていないかを確認します。尿タンパクが多く出ていれば妊娠高血圧症候群(→P.140)を、尿糖が続けて出れば妊娠糖尿病(→P.141)を疑います。

②体重測定

妊娠中の体重増加をチェックします。つわりが原因の一時的な減少なら心配いりませんが、急激な体重の増加は妊娠高血圧症候群などのリスクにつながるため、毎回必ず計測します。

③血圧測定

最高血圧140mmHg以上、最低血圧90mmHg以上の場合は、妊娠高血圧症候群を疑います。高血圧は自覚症状がないため、毎回計測して、兆候がないかどうかを必ずチェックします。

④腹囲・子宮底長《しきゅうていちょう》測定※

妊娠中期ごろから始まる検査。おなかの大きさを測定して赤ちゃんが順調に育っているかチェックします。子宮底長とは、恥骨《ちこつ》のすぐ上から子宮のいちばん上(子宮底《しきゅうてい》)までの長さ。

⑤浮腫《ふしゅ》(むくみ)検査

足のすねや甲《こう》を指で押して、むくんでいるかどうかを調べます。むくみは妊娠中に現れやすく、通常は問題のない症状ですが、妊娠中期以降にむくみがひどくなる場合は妊娠高血圧症候群の可能性があります。

※最近では、胸囲、子宮底長を測定しない病産院が増えています。

⑥内診

内診台に上がって、医師が子宮の大きさやかたさ、子宮口の開き具合などをチェックします。内診が行われる回数は病産院ごとに異なります。

⑦外診

おなか越しに、子宮のかたさ、赤ちゃんの位置や大きさなどを確認します。また、乳首を診て授乳《じゅにゅう》に向けたケアを指導します。

⑧超音波検査

超音波を子宮にあて、子宮の中の様子を画面越しに確かめる検査。妊娠初期は膣《ちつ》から、妊娠12週ごろからはおなかの上から超音波をあてます。

⑨問診

検査がすべて終わると、医師との問診です。つわりの状態や出血、おなかの張りなど、気になることや不安なことを質問しましょう。

こんな検査が行われることも

胎児スクリーニング検査

主に妊娠中期や後期に、超音波検査士によって行われる有料の検査。通常の超音波検査よりも時間をかけ、詳しく胎児に異常がないかを調べます。

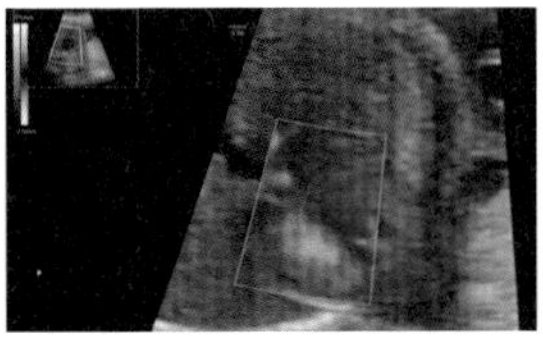

心臓など、各臓器も詳しく検査します。

各種検査でわかること

確認しておこう

赤ちゃんとママが無事に出産を迎えるために、病気やリスク要因の有無を調べる検査はとても大切です。

病気の有無などを調べて安心して出産に臨んで

妊娠確定後はさまざまな検査を行い、感染症などの病気にかかっていないか、各種の数値は正常かについて調べます。検査には、「公費補助券《こうひほじょけん》」を使って公費負担で受けられるものと、自費で受けるオプション検査があります。公費補助券が使える検査は自治体によって異なるので、自分の住んでいる自治体に、前もって確認しておきましょう。

\ Check! /

公費補助券

妊婦健診の公費補助券は、出産予定日の確定後、自治体で母子健康手帳を受け取るときにもらえます。健診のときに病産院の受付に提出することで、健診費用の補助が受けられます。

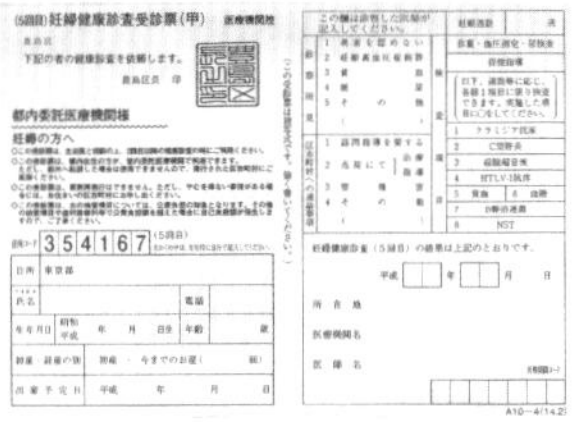
(5回目)妊婦健康診査受診票(甲)　医療機関控
下記の者の健康診査を依頼します。
都内委託医療機関様
妊婦の方へ
354167 (5回目)
住所 東京都
氏名　電話
生年月日 昭和 平成 年 月 日生　年齢 歳
出産予定日 平成 年 月 日
この欄は診察した医師が記入してください。
妊娠週数 週
1 クラミジア抗原
2 C型肝炎
4 HTLV-1抗体
8 NST
妊婦健康診査(5回目)の結果は上記のとおりです。
平成 年 月 日
所在地
医療機関名
医師名
A10－4(14.2)

オプション検査の一例 (医療機関によって異なります)

トキソプラズマ

ペット経由や、加熱が不十分な肉を食べることで感染する寄生虫《きせいちゅう》トキソプラズマへの感染の有無を調べます。感染したら治療を行います。

風疹《ふうしん》

妊娠初期に風疹にかかると、赤ちゃんが視力や聴力に障害を持つ「先天性《せんてんせい》風疹症候群」になるリスクがあるので、風疹の抗体の有無を調べます。

血液型・不規則抗体《ふきそくこうたい》

緊急時に輸血が必要になったときに備えて、ABO型とRh型を判定します。また、まれにあるママと赤ちゃんの血液型不適合《ふてきごう》の可能性も調べます。

サイトメガロウイルス

ヘルペスウイルスの仲間のウイルスで、子どもの唾液《だえき》や尿に多く含まれます。妊娠中に初感染すると赤ちゃんに悪影響を及ぼすことがあります。

子宮頸《けい》がん

子宮頸部《けいぶ》の組織を採取して検査します。検査時の痛みや出血はほとんどありません。がんがみつかった場合は、進行度に応じた治療を行います。

HIV（エイズウイルス）

HIV感染を調べる検査。万が一ママがHIVに感染していた場合、分娩《ぶんべん》時の出血で赤ちゃんに感染する危険性があるため、予定帝王切開となります。

甲状腺《こうじょうせん》機能

女性に多い甲状腺機能異常(亢進《こうしん》が低下)は、妊娠中に悪化したり、赤ちゃんが異常を起こしやすくなるため、数値が大丈夫かどうか検査します。

オプション項目と料金は病産院ごとに違うので事前に確認しましょう。

2
カ月

公費補助券で受けられる検査例

血糖値

妊娠糖尿病のリスクを確認

ママの血糖値(血液中に含まれているブドウ糖の値)を調べる検査。妊婦は妊娠糖尿病になりやすいので、妊娠中期に糖負荷検査を実施。妊娠糖尿病の場合は、食事療法などで血糖コントロールを行います。

梅毒《ばいどく》

先天性障害を起こす病気

性感染症の一種。ママが感染していると赤ちゃんが先天性の梅毒になることがあるため、妊娠初期に採血による検査をして感染の有無を調べます。感染していても、妊娠初期に治療すれば赤ちゃんへの感染を予防できます。

貧血

妊娠初期と後期に検査

ママの血液は、赤ちゃんに酸素や栄養を送る大事な役割があります。貧血だと赤ちゃんの成長が遅れたり、ママが疲れやすくなったり、分娩時の出血が多くなることも。検査は初期、中期、後期の3回。貧血ぎみのママには鉄剤《てつざい》を処方します。

ATL(成人T細胞白血病《はっけつびょう》)

血液のがんの一種

ATLとは、成人T細胞白血病の略語で、血液のがんの一種。白血球の中のT細胞にHTLV-1ウイルスが感染すると長年かけて発症することがあります。母乳を介して感染するので、発見されれば母乳をやめる可能性があります。

HBs抗原

B型肝炎ウイルスを調べる

HBs抗原《こうげん》を調べると、B型肝炎ウイルス(HBV)に現在または過去に感染したことがあるかどうかがわかります。検査で陽性《ようせい》が出た場合は、赤ちゃんに感染しないように、産後すぐに免疫グロブリンとB型肝炎ワクチンを投与します。

HCV(C型肝炎ウイルス)

慢性肝炎《まんせいかんえん》の原因ウイルス

慢性肝炎などを引き起こすC型肝炎ウイルスへの感染の有無を知る検査です。ウイルスに感染していても、大部分は症状が軽いため、感染に気づかないママも。分娩時に赤ちゃんに感染するおそれがあるため、検査が必須です。

ノンストレステスト(NST)

赤ちゃんの状態をチェック

妊娠後期に行われる検査。「分娩監視装置《ぶんべんかんしそうち》」という機器を使い、ママのおなかに2種類のセンサーをつけて、おなかの赤ちゃんの心音や胎動、ママの子宮収縮の様子をチェックします。これにより、赤ちゃんの元気度を確認できます。

GBS(B群溶血性連鎖球菌《ようけつせいれんさきゅうきん》)

おりものを採取して検査

膣内《ちつない》のおりものを採取して、B群溶血性連鎖球菌の有無を検査します。通常は問題のない細菌ですが、分娩時に赤ちゃんに感染して肺炎や敗血症《はいけつしょう》、髄膜炎《ずいまくえん》を起こすこともあるので、感染している場合は分娩時に抗生物質の点滴をします。

クラミジア

早産《そうざん》などを引き起こす細菌

ママがクラミジアに感染していると、早産を引き起こしやすく、また出産時に赤ちゃんに感染してクラミジア結膜炎《けつまくえん》や肺炎《はいえん》などを発症する場合があります。検査して、出産前に治療することでこれらを予防できます。

正しい数え方を知ろう
妊娠週数と出産予定日

赤ちゃんの週数は、発育を見守る大事な情報です。最終月経日から数えて280日目を出産予定日とします。

勘違いしがちな妊娠週数しっかりチェックを

正常な妊娠が確認されると、医師が「妊娠○週です」と伝えます。妊娠週数は、最終月経の開始日を基準(妊娠0週0日)に数えるので、妊娠が確認されるころには、すでに妊娠5週以降になっています。

出産予定日は、最終月経日から数えて妊娠40週0日にあたります。妊娠37週から41週の間を「正期産《せいきさん》」といい、この時期に生まれる赤ちゃんは体が十分にできあがっています。42週以降は「過期産《かきさん》」となり、その前に人工的に陣痛を起こすことも。計画的な無痛分娩《むつうぶんべん》や帝王切開《ていおうせっかい》を行う場合は、妊娠38週前後に予定します。

次の月経予定日2日前だけどフライング検査しちゃえ！
陽性でた!!
ん、でも線が薄い…？
病院いかなきゃ！
早く赤ちゃんがみたい！
いやでもフライングだし早いかも…
ソワソワ
妊娠検査薬は月経予定日1週間後からね！

妊娠週数の数え方

時期	月数	週数	状況
初期	1カ月	0	最終月経の開始日を0週0日とカウントする
		1	
		2	平均的な排卵日は2週0日
		3	受精卵が着床し、妊娠成立
	2カ月	4	4週0日が来るはずだった次の月経予定日
		5	妊娠検査薬で妊娠反応が出始める
		6	赤ちゃんの心拍を確認できるようになる
		7	
	3カ月	8	
		9	
		10	3カ月までに正確な予定日と妊娠週数を決定する
		11	
	4カ月	12	
		13	
		14	
		15	
中期	5カ月	16	胎盤が完成し、安定期に入る
		17	
		18	
		19	
	6カ月	20	
		21	21週までに妊娠が終了することを流産という
		22	22週～36週に赤ちゃんが生まれることを早産という
		23	
	7カ月	24	
		25	
		26	
		27	
後期	8カ月	28	28週～30週に、羊水の量がピークとなる
		29	
		30	
		31	
	9カ月	32	
		33	
		34	
		35	
	10カ月	36	
		37	37週～41週6日目の間にお産することを「正期産」という
		38	
		39	
		40	40週0日が出産予定日
		41	
		42	42週以降のお産を「過期産」という

妊娠がわかったら、注意するもの・こと

✕ ダイエット

自己流ダイエットはNG。必ず医師と相談して

体重増加を気にするあまり、食事を抜いたり、炭水化物を抜いたりなどのダイエット方法を実行するのは赤ちゃんに悪影響。必ず医師や助産師《じょさんし》に、体重管理について相談しましょう。

✕ タバコ

赤ちゃんの成長を阻害するので絶対にNG！

たばこに含まれるニコチンは血管収縮作用があり、赤ちゃんへの栄養や酸素が届きにくくなり、早産《そうざん》や低出生体重児《ていしゅっしょうたいじゅうじ》になるリスクを高めます。受動喫煙を防ぐために、パパもぜひ禁煙を。

△ お酒

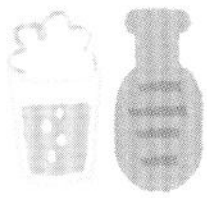

赤ちゃんの発育リスクがあるので避けて

お酒は発育《はついく》障害を起こす「胎児《たいじ》性アルコール症候群」のリスクを高めますが、たまにビールをコップ1杯程度飲むなら許容範囲。でも、やはり妊娠中の飲酒はなるべく我慢するべきです。

△ 薬・サプリメント

つらい症状は我慢せず医師と相談して服薬を

薬やサプリメントを摂取する場合は、必ず医師の指示のもとに服用してください。ママの症状に応じて、解熱剤《げねつざい》や鉄剤《てつざい》など、妊婦が服用しても問題ないものを処方してもらえます。

✕ ヒールの高い靴

転倒の危険性がありおすすめできません

妊娠すると注意力が散漫になるほか、体のバランスが崩れて不安定になりがちです。ヒールの高い靴やミュール、脱げやすいサンダルは転倒の危険だけでなく、腰にも負担がかかります。

○ レントゲン検査

1回の撮影のX線量はごくわずか

レントゲン撮影時の線量はごくわずかなので、医師に妊娠中であることを告げた上で許可された検査なら、心配しなくても大丈夫です。心配なときは腹部にプロテクターをつけてもらって。

△ 車・自転車

体調と相談して運転を。臨月間近は避けて

とくに禁止する必要はありませんが、だるい、疲れやすいなど体調がすぐれないときは控えましょう。また、臨月近くなるとおなかが大きくなり運転しづらくなるので、避けた方が無難です。

○ スポーツ・旅行

妊娠経過が順調ならいずれも可能です

ウォーキングや水泳などのスポーツなら、妊娠経過が順調であれば問題ありません。旅行は医師の許可を得てから出かけましょう。いずれも無理をしないこと。できれば妊娠5〜8カ月にして。

△ カフェイン

1日1〜2杯程度なら息抜きに楽しんでも

コーヒーや紅茶などのカフェインは胎盤《たいばん》を通って赤ちゃんの体に届きますが、我慢はママのストレスに。1日1〜2杯程度なら大丈夫。それ以外は麦茶やハーブティー（→P.88）などで代用を。

○ 電磁波《でんじは》

影響ありませんが長時間利用は避けて

パソコンや携帯電話、スマートフォンの電磁波は、赤ちゃんへの影響はとくにありません。ただ、画面を見続けると眼精疲労《がんせいひろう》や肩こりなどの原因になるので、長時間の使用は避けましょう。

○ パーマ・カラーリング

つわりなどの体調が問題なければOK

パーマやカラーリングの薬剤は、頭皮《とうひ》から吸収されてもごく微量なので、とくに問題ありません。ただ、頭皮がピリピリしたり、においがきつい場合もあるので、体調をみて美容院へ行きましょう。

△ ペット

過度な接触を避ければ問題ありません

ペットから感染しやすいトキソプラズマ症は便の処理後に手を洗う、口移しを避けるなど、過度な接触を避ければOK。ただ、生後2カ月以内の子猫の便は感染リスクが高いので接触を避けて。

初期

3カ月（8〜11週）

つわりがピーク。ママは不調でも赤ちゃんは順調に育っています

ママ 体の不調がありますが無理せず乗り切って

この時期、つわりがピークのママも多いことでしょう。もし食事がとれないとしても、「水分がとれている」「おしっこが出ている」の2つが、つわりを乗り切れるかどうかの基準です。もし水分がとれず、かつ吐き続けてしまう場合は、「妊娠《にんしん》悪阻《おそ》❶」という病名がつきます。すみやかに病院を受診しましょう。

子宮《しきゅう》ではまだ胎盤《たいばん》は完成していません。そのため、ママは無意識のうちに、体のさまざまな機能を使って全力で赤ちゃんを支えています。体調を崩したり、心が不安定になりがちですが、それはママが赤ちゃんを守っている証拠でもあります。

子宮の大きさは小ぶりなグレープフルーツ大になりました。赤ちゃんの急成長をサポートするべく、ママの体内では多くの血液がつくられ、赤ちゃんのいる子宮に送り込まれています。ママへの血液循環が減少し、立ちくらみやめまいでクラッとするかもしれません。そんなときは無理せず、横になって休みましょう。この時期を乗り越えれば、あともう少しでつわりのピークは終わります。

こんな症状があったら病産院へ

- □ 出血がある
- □ 下腹部に痛みがある
- □ つわりがひどくて水分がとれない
- □ 体重が5kg以上減った

立ちくらみやめまいがしやすい
血液が赤ちゃんのいる子宮に集中するので、立ちくらみやめまいが起こりやすくなります。横になって休むようにして。

おなかまわりなどに血管が浮くことも
全身の血液量が増えることで、おなかまわりや足、乳房の皮膚に血管が浮き上がることがあります。

子宮のサイズがグレープフルーツ大に
妊娠前は鶏の卵くらいのサイズだった子宮が、グレープフルーツ大の大きさになりました。

Letter from 竹内先生

つわり症状がつらくても、赤ちゃんはおなかの中ですくすく育っているので安心して。ママの体や心の変化は、自分の存在を知らせるための、赤ちゃんの「サイン」でもあるんです。赤ちゃんからのサイン、受け止めてあげてくださいね。つわりがない人も、健診で心拍《しんぱく》が確認できていれば、不安にならなくても大丈夫です！

赤ちゃん

胎芽《たいが》から胎児《たいじ》へと成長。2頭身になり、人間らしく

妊娠2カ月まで「胎芽」と呼ばれていた赤ちゃんは、妊娠3カ月目以降は「胎児」と呼ばれます。胴が伸びて2頭身になり、体の形はより人間らしくなります。骨と筋肉が急成長して、手足の指が見分けられるようになりました。心臓、脳、肝臓《かんぞう》、肺、腎臓《じんぞう》など、ほとんどの内臓の基本的な形もできあがっています。

そして、体や手足が自発的に動き出しますが、胎動を感じるのは妊娠5カ月以降です。また、このころ、赤ちゃんの頭《とう》殿長《でんちょう》❷(座高)の長さを測って妊娠週数を改めて確認して、出産予定日を修正することもあります。

小さな成長の歩み

- 心臓、脳、肝臓などほとんどの内臓が形成
- まぶたやくちびる、乳歯の芽が形成
- 膣《ちつ》、睾丸《こうがん》など性器の発達がスタート
- 手足の指ができる

このころの超音波写真

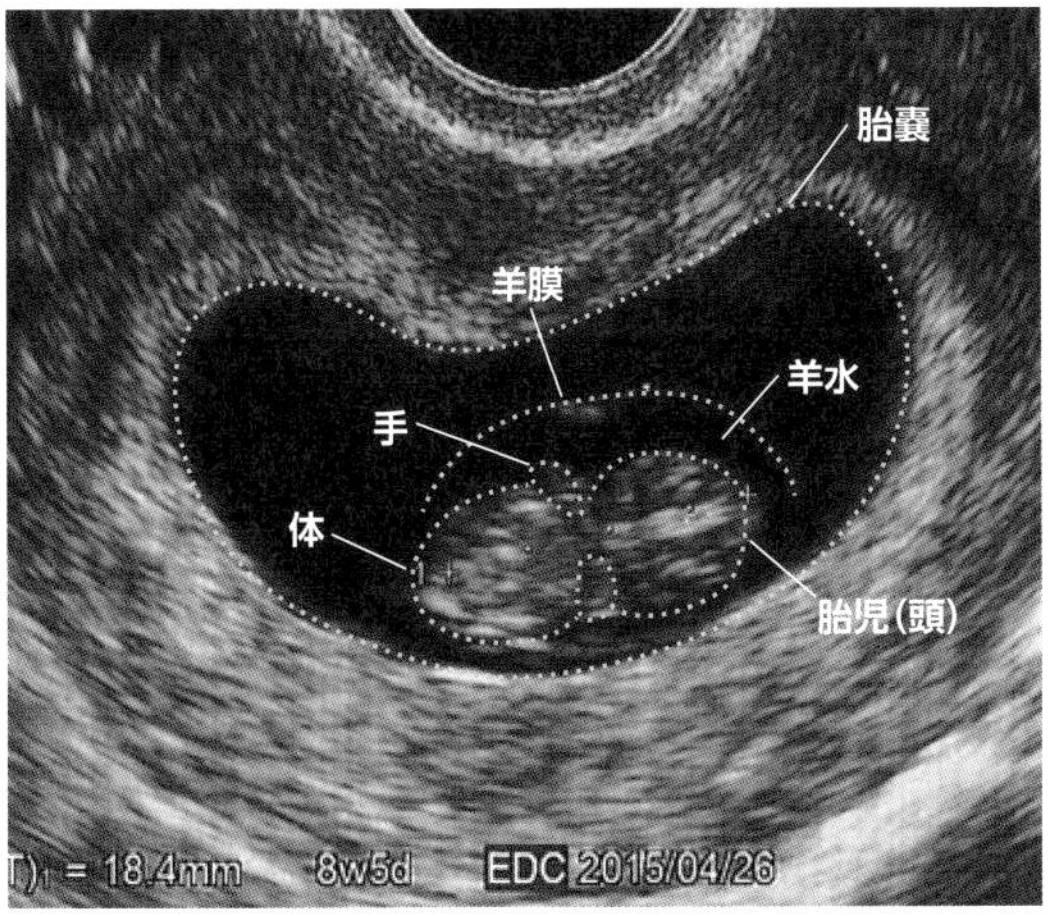

顔や体、手の位置がはっきりとわかるようになりました。内臓がしっかり機能し始め、心拍も確認できます。

妊娠11週ごろの大きさ

身長▶約4～6cm
体重▶約20g
※身長は、頭殿長で示しています。

For Baby

ママがしてあげられること

やたらと眠気やだるさを感じることがありますが、大丈夫。「無理しないで」という赤ちゃんからのメッセージだと考えて、状況の許す限り休息をとるようにして。

パパがしてあげられること

ママはつわりで朝起き上がれなかったり、においに敏感になって料理がつくれなくなることも。体調を気づかい、やさしい言葉をかけたり、家事を引き受けてあげて。

WORD解説

❶**妊娠悪阻**(にんしんおそ)
吐き気、嘔吐《おうと》などつわり症状が強く、治療が必要な状態のこと。場合によっては入院して点滴治療を行う。

❷**頭殿長**(とうでんちょう)
赤ちゃんの頭からお尻までの長さ(座高)のこと。この長さによって妊娠週数を割り出すことができる。

3カ月ごろにやっておきたいリスト

- □ 母子健康手帳をもらう
- □ 職場の上司に妊娠を報告
- □ 里帰り出産するかどうか家族と相談
- □ 出産する病産院を決定、分娩《ぶんべん》予約

順調な妊娠が確認できて、医師から正式に出産予定日を聞いたら、自治体に母子健康手帳を取りに行きましょう。

不快症状をやり過ごそう

つわりと上手に付き合う方法

つわりの症状は、人によってさまざま。つらい日々を少しでも快適に過ごせるよう、対処法を学びましょう。

ピークは妊娠7〜11週 水分がとれなければ受診を

つわりは、主に妊娠初期に起こるママの不快症状のこと。妊娠して最初に訪れる、ママへの試練といえるでしょう。

つわりのピークは妊娠7〜11週ごろで、妊娠12週〜17週ごろに自然と落ち着くケースが多いようです。症状は個人差が大きく、つわりがまったくないママもいれば、食べものを受け付けずに点滴治療を受けるママ、出産の日まで長く不快症状に悩まされるママまで、さまざまです。

どうしてつわりが起こるのか、はっきりした原因はわかっていません。ホルモンの影響で嘔吐中枢《おうとちゅうすう》が刺激される説、赤ちゃんを異物《いぶつ》とみなして拒絶反応を起こす説などが有力です。つわりは病気ではないので治療対象ではありませんが、脱水症状が重い場合などは妊娠悪阻《にんしんおそ》(↓P.139)という病気になるので、すぐに受診を。

つわりの主な症状

食べものの好みが変わる

妊娠前まで大好きだったものが急に食べられなくなったり、嫌いだったものをむしょうに食べたくなったりします。脂っこいものやすっぱい果物、味付けの濃いものなど、特定の食べものばかり食べたくなるのもつわりの特徴です。

吐く、吐き気がする

吐き気や胸やけ、食欲不振など消化器系の症状は、つわりの代表格。空腹時や朝起きたときの胃のむかつきのほか、何か食べていないと気持ちが悪い「食べづわり」、食べたあと吐いてしまう「吐きづわり」の症状を訴える人が多いようです。

頭痛、イライラする、のどが渇く、げっぷが出る、便秘、頻尿《ひんにょう》、肌荒れなど

眠い、だるい

妊娠初期はホルモンバランスの影響で、眠さ、だるさがとくに強くなります。昼夜問わず絶えず眠くなり、どれだけ寝ても寝足りないような感覚を覚えたり、だるさのあまり何をするにも気が乗らなくなったりします。

こんなときは病産院へ つわり症状CHECK!

- □ 1日に何度も吐いてしまう
- □ 尿の量が極端に減った
- □ 体重が週に1〜2kg以上減った
- □ ほとんど何も食べられない
- □ 水分をほとんどとれない
- □ 肌や唇がガサガサ
- □ 布団から起き上がれない

においに敏感になる

ごはんが炊けるにおい、おかずのにおい、香水のにおい、パパのにおい……。いつもは大丈夫なにおいが、つわりの時期はつらくなり吐き気がこみあげることも。自律神経《じりつしんけい》のバランスが崩れ、嗅覚《きゅうかく》が過敏になることで起こるといわれます。

つわりのおすすめ対処法

炭酸水や氷、ハーブティーでさっぱり

シュワシュワの炭酸飲料、さっぱりしたハーブティー（→P.88）、口の中を冷やす氷などは、水分をとるのがつらいときでも摂取できるママが多いようです。ただし、炭酸飲料は糖分がかなり含まれている商品が多いので、カロリーゼロの炭酸水がおすすめです。

ゆったりした服装

服や下着の締め付けがきつくて気持ち悪くなってしまうママは、ゆったりしたマタニティウェアや、ノンワイヤーのブラジャーなどを用意しましょう。締め付けがきつい衣服は血行が悪くなる原因にもなるので注意を。

好きな香りを嗅《か》ぐ

トイレの芳香剤《ほうこうざい》やきつい香水など、気持ち悪くなるにおいを遠ざけて、好きな香りをそばに漂わせるようにしましょう。お気に入りのアロマオイルを部屋で焚《た》いたり、ハンカチや首筋につけたりと、手軽に楽しんで。

注意したいアロマ

アロマオイルには、子宮収縮《しゅうしゅく》を促すものがあるので注意して。シナモン、ジャスミン、セージ、フェンネル、レモングラスなどは妊娠中の使用に適さないといわれています。購入するときにお店の人に相談しましょう。

食べられるときに食べられるものを

つわりがひどくてあまり食べられなくても、おなかの赤ちゃんへの栄養はちゃんと届いています。今はママが、食べたいときに少量でもいいので口にするようにして。いつでもすぐつまめるパンやおにぎり、クッキーなどを手元に用意しましょう。

食べ方にひと工夫

水分がとれるならスープやみそ汁を飲んだり、食欲がないならレモン汁やポン酢で味付けしたり、好きなフルーツを凍らせて食べるなど、ちょっとしたひと工夫を。炊きたてのごはんなど、食べもののにおいが苦手でも、冷ませば大丈夫になることも。

ゆとりを持った時差通勤

働くママにとって通勤ラッシュの電車ほどつらいものはありません。妊娠中、つわりなどで体調が悪いときの時差通勤や勤務時間の短縮は法律で認められています。つらいときは会社に相談してみましょう。

ストレッチやヨガをする

呼吸を整えてゆっくりとストレッチやヨガをすることで、全身の血行がよくなり、つわりの気持ち悪さが軽減されるママが多いようです。リラックス効果も高いので、ぜひ毎日の日課にしましょう。朝の起床後や夜寝る前の時間がおすすめです。

小まめに水分補給

吐きづわりの人は脱水《だっすい》症状を起こしやすいので小まめに水分補給をしましょう。食べられなくても水分をまめにとっていれば安心です。スポーツドリンクやジュースなど飲めそうなものを少しずつ飲みましょう。どうしても飲めない場合は受診を。

アメやガムを携帯する

胃がむかむかして気持ち悪いときや、口の中をさっぱりさせたいときは、酸味のあるアメや、すっきりするミント系のタブレット、ガムがおすすめ。バッグの中に常備しておきましょう。

くれぐれも無理は禁物！

気をつけたい日常生活のポイント

大事な赤ちゃんがおなかにいる妊娠中は、なるべく無理せず余裕を持って行動するようにしましょう。

日常生活のキーワードは「ゆっくり、ゆったり」

妊娠中は、おなかの赤ちゃんに負担がかからない行動を心がけましょう。つわりがほとんどないママや、つわりが終わったママも、調子がいいからといって妊娠前と同じように動いてはいけません。妊娠前の7～8割くらい動ければOKという感覚でいましょう。

いまはホルモンの影響で注意力が散漫になるのも仕方がないことです。「どうしてこんなこともできないんだろう」などとイライラしてしまうと、おなかの赤ちゃんにもよくありませんので、少しくらい時間がかかったり、うまくいかなかったりしたときも、「まあ、いいか」とのんびり構えましょう。

パパや周りの人たち、各種サービスの力も借りつつ、なるべく無理をしない「ゆったり手抜き生活」で大丈夫です！

性生活

ママの体調次第。ふれあいを楽しんで

妊娠初期は出血しやすいので、妊娠12週くらいまでは、ふれあいを楽しむ程度がいいかもしれません。それ以降は出産直前まで、切迫流産《せっぱくりゅうざん》・早産《そうざん》のリスクがあったり、安静を指示されていないかぎり大丈夫です。無理のない体位を心がけましょう。

掃除

おなかに負担がかかる作業はパパの出番

医師の安静指示などがなければ、いつも通りに掃除をしてかまいません。おなかが張ってきたときはすぐに横になりましょう。お風呂掃除や床拭きなど、おなかに負担がかかる家事はパパの出番。汚れがひどい場所の掃除や大がかりな掃除は、クリーニング業者の利用も検討しましょう。

引っ越し

引っ越し業者にすべておまかせ！

妊娠中の引っ越しは、心身に想像以上に負担がかかります。おすすめしませんが、やむをえない場合は、パパや引っ越し業者にすべておまかせして、ママはくれぐれも荷物を持ったり運んだりしないこと。座っているだけの状態で引っ越しに臨んでください。

買いもの

近場で済ませ、宅配サービスも活用して

食料品や日用雑貨の買いものは、すぐ近くのスーパーやドラッグストアで済ませましょう。米や飲料のまとめ買いなど重いものはパパに頼んで。定期的に配送してくれる生協などの宅配サービスやネットスーパーは、商品を玄関で受け取れるので便利です。

料理

手間を省いた調理でなるべく楽をして

妊娠中は、キッチンに立ちっぱなしだとおなかや腰に負担がかかります。つわりがひどいママは、調理中のにおいにダウンしてしまうことも。キッチンにイスを用意して休み休み調理したり、パパにお願いしたり、なるべく手間を省いた調理法にするなどの方法で対処しましょう。

手間なし料理のアイデア

スープジャーを使って

スープジャーは、スープやシチューを温かい状態にキープする保温容器。米と湯を入れておくだけでおかゆができるなど、調理にも使えます。市販のスープやパスタ、具材を入れるとバリエーションが広がります。

火を使わず電子レンジで調理

電子レンジ調理なら、スピーディーで後片付けも簡単。野菜は、お湯でゆでるよりも電子レンジで調理した方が栄養分が流れ出さずに済みます。パスタも、専用の容器を使えば鍋でお湯を沸かさなくても簡単にゆでられます。

野菜と調味料をシリコンスチーマーに入れ、電子レンジに数分かければホットサラダのできあがり。ほかにもオムレツやパスタ、肉・魚料理など、豊富なメニューを簡単につくれます。油も抑えられるのでヘルシーです。

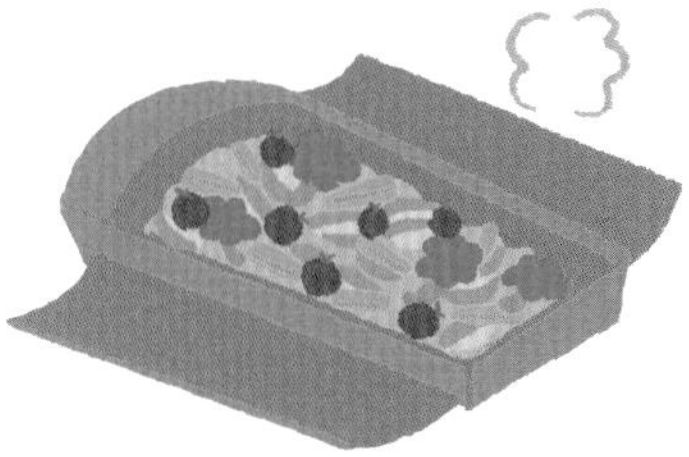

缶詰をフル活用

鮭の缶詰をお米と一緒に炊飯器で炊いて簡単炊き込みごはん、せん切り大根とかに缶をマヨネーズであえて大根サラダなど、缶詰を使って立派な一品のできあがり。惣菜やカレーの缶詰も非常に手軽で、体調が悪いときなど重宝します。

キッチンばさみで楽ちん

包丁とまな板を取り出すのも面倒なときは、キッチンばさみで代用しましょう。例えば小松菜をキッチンばさみでチョキチョキ切って、電子レンジでチンして3分。めんつゆとちりめんじゃこを混ぜると、簡単小松菜あえの完成です。

カット野菜で手軽に一品

スーパーやコンビニで売っているカット野菜を使ってお手軽に一品。カットキャベツまたはカットレタスにドレッシングをかけるだけでサラダの完成です。最近は野菜炒め用や豚汁用のミックス野菜も売られているので、活用しましょう。

ママと赤ちゃんの大切な記録

母子健康手帳を上手に使おう

手に取った瞬間、ママになる実感がこみあげる母子健康手帳。使い方や見方を知っておきましょう。

子どもの成長を記す大事なツール

病産院で出産予定日が決定し、母子健康手帳をもらうようにいわれたら、役所や保健所へ受け取りに行きましょう。

母子健康手帳は、ママと赤ちゃんのための大事な健康管理アイテムです。ママの妊娠や出産の経過、赤ちゃんが生まれてからの成長過程、予防接種や乳幼児健診の情報などがすべて記録され、小学校に入学するくらいまで使われます。

妊婦健診のときに医師が妊娠経過を書き込むので、毎回持参するのを忘れずに。体調や今の気持ちなど、ママが記入する欄もあるので、気がついたことなどをそのつど何でも記録しておきましょう。

母子健康手帳は、赤ちゃんが成長してから「自分が生まれたときにこんなことがあったんだ」と振り返る大事な記録でもあります。大切に保管しましょう。

外出時は必ず持ち歩きましょう

母子健康手帳は、妊婦健診のときはもちろん、外出時には必ずバッグに入れて持ち歩くようにしましょう。外出先で急にかかりつけ医以外の医師にかかる場合でも、母子健康手帳で妊娠の経過がわかれば、適切に対応してもらえます。

また、何かあったときのために、母子健康手帳の保管場所を夫や家族にも伝えておくと安心です。

自治体ごとに母子健康手帳のデザインや記載欄が異なりますが、内容は全国共通です。

注意! 母子健康手帳の受け取りの際は、自治体によって印鑑や医師の証明書が必要なこともあります。事前に自治体または病産院に確認しておきましょう。

母子健康手帳の受け取り方

市区町村の役所か保健所に行き、「妊娠届」を提出して交付を受けましょう。母子健康手帳のほか、妊婦健診を公費で受けられる受診票、出生通知票、母親学級・両親学級のお知らせなど、さまざまな必要書類や自治体のサービスの案内をもらえます。早めに手続きすることで、いろいろなサポートを受けられます。

ママが記入する欄

(株)母子保健事業団「母子健康手帳」より転載

妊婦自身の記録（1）

ご自身の体調や妊婦健康診査の際に尋ねたいこと、
赤ちゃんを迎える両親の気持ちなどを書き留めておきましょう。

〈妊娠3か月〉妊娠8週〜妊娠11週　（ 5 月27日 〜 6 月23 日）

吐きづわりでフルーツとトマトしか食べられなくて、4キロ痩せてしまって、赤ちゃんがちゃんと成長できているか心配だった。でも、10週に入ってからつわりがおさまってきた。これから少しずつ体力をつけていかなくちゃ。

※妊娠・出産について気軽に相談できる人を見つけておくと安心です。

〈妊娠4か月〉妊娠12週〜妊娠15週　（ 6 月 24日 〜 7 月 21 日）

だいぶつわりが落ち着いてきて、楽になってきた。ちょっと便秘気味なので、医師に相談して便秘の薬を処方してもらったけど、徐々に運動もして、便秘解消したい！

※妊娠初期の血液検査結果を確認しましょう（以降も各種検査結果について確認しましょう。）。
※里帰り出産を予定している場合は、医師や助産師、家族と話し合い、準備しましょう。

最終月経開始日	20×× 年 3 月 31 日
この妊娠の初診日	20×× 年 5 月 12 日
胎動を感じた日	20×× 年 8 月 3 日
分娩《べん》予定日	20×× 年 1 月 6 日

※働く女性は、妊婦健康診査で医師等から指導（予防措置も含みます。）があった際は、「母性健康管理指導事項連絡カード」を活用しましょう。

4

妊婦自身の記録

ママが自由に書き込む欄。いまの体調や気になること、赤ちゃんへの思いなどを書きましょう。医師や助産師《じょさんし》に質問したいことを前もって書いておくと、健診のときに忘れずに質問できます。

最終月経開始日

妊娠初期に、妊娠週数や分娩（出産）予定日を算出する上での目安になるので、忘れずに記載しておきましょう。正確な妊娠週数・分娩予定日は超音波検査で診断します。

胎動を感じた日

おなかの赤ちゃんがはじめて動いたと感じた日を記入。個人差はありますが初産のママはおよそ妊娠18〜20週、2人目以降は妊娠16〜18週に胎動を感じることが多いようです。

分娩予定日

最終月経開始日から算出、または超音波《ちょうおんぱ》検査の結果によって、医師から伝えられます。

この妊娠の初診日

病産院を受診して、はじめてこの妊娠の確定診断を受けた日を記します。

Q 本人以外が母子健康手帳を受け取れる？

A ママがつわりで体調が悪かったり、仕事で忙しかったりしてなかなか役所に行けないときは、夫や親などの代理人が交付してもらうことも可能です。

\ Check! /

父子手帳

自治体によっては父子手帳を発行しているところも。妊娠から出産までの母体の変化やママへの接し方、子育てのアドバイスなどが記されています。

妊娠届の提出によって受けられるサービス

※母親学級・両親学級はP.106を参照

療養援助

妊娠高血圧症候群や妊娠糖尿病、重度の貧血などで入院・治療費がかかった場合、所得に応じて療養援助費が支給される自治体もあります。

ハンドブックの配布

多くの自治体で、母子健康手帳と一緒に、妊娠・出産・育児に役立つ知識や地域情報などが記載されたハンドブックを配っています。

妊婦訪問指導

体調を崩していたり、育児に不安があるママが安心して出産に臨めるよう、保健師や助産師による自宅への訪問指導が受けられる自治体も。

マタニティマークの配布

マタニティマーク（→P.110）は、緊急事態の際に妊娠中だと気づいてもらうための手段です。おなかの赤ちゃんを守るためにもカバンなどに付けましょう。

公費補助券《こうひほじょけん》

ほとんどの自治体で、妊婦健診の費用の一部を補助してくれる「公費補助券」を配布しています（→P.22）。補助額は自治体により異なります。

病産院で記入する欄

血圧

最高血圧140mmHg以上、最低血圧90mmHg以上で高血圧と診断されます。毎回の健診で高血圧が続く場合は、妊娠高血圧症候群が疑われ、治療の対象になります。

浮腫《ふしゅ》(むくみ)

足のすねや甲《こう》を指で押して、むくんでいなければ−、むくんでいれば+、むくみがひどいときは++と表記されます。+になった場合は、同じ姿勢を続けない、塩分を控えるなどを心がけましょう。

尿蛋白《たんぱく》

尿検査でタンパクが検出されなかったときは−、タンパクが検出されたときは+、多く検出されたときは++と表記。+以上の結果が連続して出ると、妊娠高血圧症候群の可能性を疑います。

尿糖

毎回の尿検査で記入されます。糖が検出されなかったときは−、検出されたときは+、多く検出されたときは++と表記。一度だけなら様子をみますが、+が続くと妊娠糖尿病の可能性があります。

妊娠中の経過

診察月日	妊娠週数・日	子宮底長	腹囲	体重 妊娠前の体重 ( )	血圧	浮腫	尿蛋白	尿糖	その他の検査 (血液検査、血糖、超音波など)	特記事項 (安静・休業などの指示や 切迫早産等の産科疾患や合併症など)	施設名又は担当者名
6/9	9w−6	cm	cm	50.3 kg	100/61	⊖ + ++	⊖ + ++	⊖ + ++			
7/7	13w−6			51.5	94/53	⊖ + ++	⊖ + ++	⊖ + ++			
8/3	17w−5			52.3	99/61	⊖ + ++	⊖ + ++	⊖ + ++			
8/31	21w−5	20	80	53.2	101/58	⊖ + ++	⊖ + ++	⊖ + ++			
9/29	25w−6	23	81	54.4	99/53	⊖ + ++	⊖ + ++	⊖ + ++			
10/20	28w−6	28	86	55.5	86/58	⊖ + ++	⊖ + ++	⊖ + ++			
11/2	30w−5	29	87	56.0	89/60	⊖ + ++	⊖ + ++	⊖ + ++			
11/17	32w−6	28	87	56.8	104/61	⊖ + ++	⊖ + ++	⊖ + ++			
12/1	34w−6	31	91	57.8	105/59	⊖ + ++	⊖ + ++	⊖ + ++			
12/17	37w−1	29	89	58.0	95/60	⊖ + ++	⊖ + ++	⊖ + ++			
12/25	38w−2	30	89	58.8	118/71	⊖ + ++	⊖ + ++	⊖ + ++			
1/5	39w−6	32	90	59.7	121/65	⊖ + ++	⊖ + ++	⊖ + ++			
/	−				/	− + ++	− + ++	− + ++			
/	−				/	− + ++	− + ++	− + ++			
/	−				/	− + ++	− + ++	− + ++			
/	−				/	− + ++	− + ++	− + ++			

8

＊妊婦健康診査を受けるときはもちろん、外出時はいつも持参しましょう。

9

妊娠

腹囲

仰向けに寝て、おへその周囲の長さを測って記録します※。ママの脂肪のつき方をチェックします。

※病産院によって子宮底長と腹囲を測定しない場合があります。

体重

妊娠期間を通じて、1週間に500g未満、1カ月に2kg未満の体重増加が理想(BMIが18.5以上25.0未満の場合)。急激な体重増加は妊娠高血圧症候群や難産のリスクを高めるので注意深く見守ります。(→P.91)

その他の検査

超音波《ちょうおんぱ》検査でわかった赤ちゃんの位置(頭位、逆子など)や、ノンストレステスト(NST)、血液検査など、必要に応じて行った検査結果が記されます。

特記事項

おなかの張りや出血、切《せっ》迫早産《ぱくそうざん》、合併症などに対して行われた治療や、医師の指示(安静・休養など)がここに記録されます。とくに異常がなければ空欄になっています。

分娩経過

赤ちゃんが生まれたときの状態を記録します。生まれたときに赤ちゃんの姿勢が正常に頭から下りてきたら「頭位」、お尻や足などから下りてきたら「骨盤位」と記します。

娩出日時

赤ちゃんが生まれた日にちと時間を記します。経《けい》膣分娩《ちつぶんべん》は産道《さんどう》から、帝王《ていおう》切開《せっかい》はママのおなかから、赤ちゃんの体が出されて取り上げられた瞬間の日時を指します。

妊娠期間

出産した日の妊娠週数を記入します。分娩予定日(40週0日)ちょうどに生まれるケースはまれで、多くの赤ちゃんは正期産《せいきさん》(妊娠37～41週)の範囲内に生まれます。

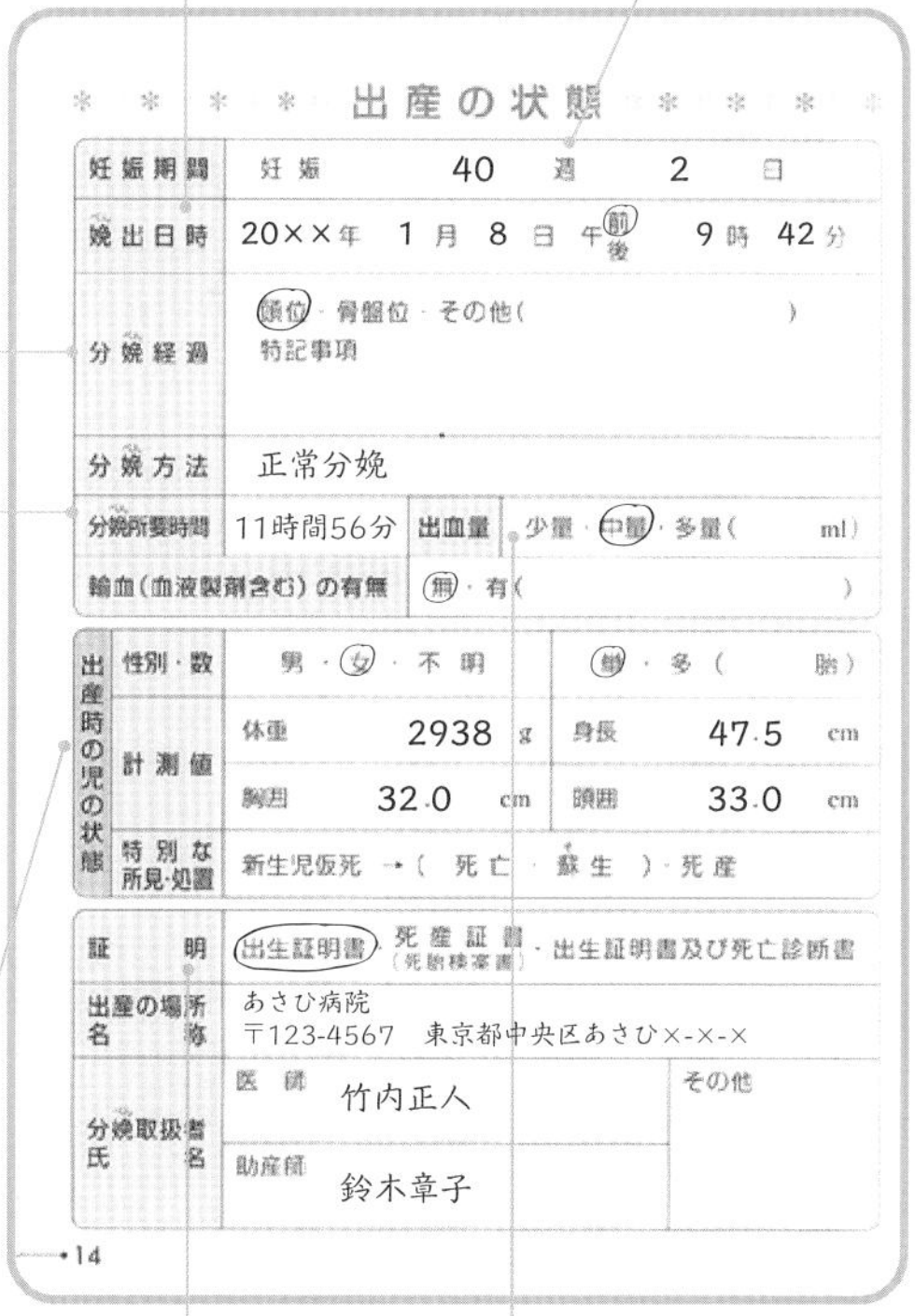

出産の状態			
妊娠期間	妊娠　40　週　2　日		
娩出日時	20××年　1月　8日　午前・後　9時　42分		
分娩経過	頭位・骨盤位・その他（　　） 特記事項		
分娩方法	正常分娩		
分娩所要時間	11時間56分	出血量	少量・中量・多量（　ml）
輸血（血液製剤含む）の有無	無・有（　　）		
出産時の児の状態　性別・数	男・女・不明	単・多（　胎）	
計測値	体重　2938 g	身長　47.5 cm	
	胸囲　32.0 cm	頭囲　33.0 cm	
特別な所見・処置	新生児仮死 →（死亡・蘇生）・死産		
証明	出生証明書・死産証書（死胎検案書）・出生証明書及び死亡診断書		
出産の場所 名称	あさひ病院 〒123-4567　東京都中央区あさひ×-×-×		
分娩取扱者 氏名	医師　竹内正人	その他	
	助産師　鈴木章子		

14

分娩所要時間

陣痛が10分間隔になってから、胎盤が娩出するまでの時間。初産なら平均11～17時間、経産なら平均5～7時間といわれます。

出産時の児の状態

誕生した赤ちゃんの性別、体のサイズ(体重・身長・胸囲・頭囲)、単胎か多《た》胎《たい》か(1人なら単胎、双子以上は多胎)など、赤ちゃんの状態を記します。

証明

赤ちゃんが生まれた証明として、病産院で「出生証明書」を発行することを記す欄。受け取った出生証明書は、生後14日以内に自治体に提出します。

出血量

出産時の出血量を記します。100ml以下は少量、100～500ml以下は中量、500ml以上は多量に○をつけます。個人差はありますが、多量でも輸血の必要がなくとくに問題ないケースがほとんどです。

Q 妊娠中に引っ越した場合、母子健康手帳は?

A 内容は共通なので、引っ越し先でも継続して使えます。ただ、妊婦健診の費用を補助する「公募補助券」は切り替えが必要な場合もあるので、自治体に相談を。

子宮底長

恥骨《ちこつ》のすぐ上から子宮のいちばん上(子宮底《しきゅうてい》)までの長さを測ります※。赤ちゃんが成長するにつれて長くなりますが、測り方によって誤差があるので、あくまでも目安の一つとしてとらえます。

妊娠週数

妊婦健診のときの妊娠週数を記します。例えばその日が15週2日なら、「15W2D」「15-2」などのように記入されます。

Q 双子を妊娠した場合、母子健康手帳も2冊?

A はい。母子健康手帳は赤ちゃん1人につき1冊なので、双子なら2冊、三つ子なら3冊配布されます。もし途中で多胎妊娠が判明したら、追加で受け取りに行きましょう。

それぞれの特色を知ろう

自分にぴったりな病産院の選び方

妊娠期間中から産後まで、ずっとお世話になる病産院。下調べを万全に、納得のいくところを選びましょう。

病産院にはさまざまな種類と条件があります

正常な妊娠が確認できたら、次に、出産したい病産院を探します。

病産院には、総合病院・大学病院、産科専門病院、個人産院・クリニック、助産院があります。ひと言で病産院といっても、施設ごとに出産のプロセスや考え方、設備、技術などは大きく異なります。

家から病産院までの距離はどうか、自然分娩《ぶんべん》か計画分娩か、費用はどのくらいか、立ち会い出産が可能か、大部屋か個室か、母子同室か……。自分のイメージする出産を叶えるためにも、本やインターネット、周囲の口コミなどで、下調べを念入りにしておきましょう。

最近では少子化の影響で、お産ができる病産院が限られているほか、人気の病産院は予約がいっぱいで受け付けてもらえないことも。早めに決めましょう。

病産院の種類と特徴

産科専門病院

お産を専門に扱う、入院ベッド数20床以上の病院。妊娠・出産専門の医師と助産師、看護師が常駐しています。障害児や低体重児などに対応できるNICUが整備されているところも。

特徴 妊娠・出産の専門医が集まっており、設備が充実。妊娠中や出産時のトラブルにもスムーズに対応してくれます。マタニティビクスや栄養指導などを実施するところが多く、ママ同士のつながりも期待できます。ベビーマッサージや育児サークルを実施するなど、産後の支援が充実しているところも。出産方法やサービスには施設ごとの特色があるので、事前に確認しましょう。

こんな人に向いている

・妊娠中のトラブルが心配
・ママ同士のつながりをつくりたい
・高年出産　など

総合病院・大学病院

産科医のほか、各科の専門医が常駐。入院ベッド数は100床以上。出産リスクを抱えているママにも対応。出産時にトラブルがあった場合の、他院からの緊急搬送先にもなります。

特徴 産科以外の診療科目が多く、NICU（新生児集中治療室）などの施設も充実しているので、双子以上の多胎《たたい》妊娠、高年出産、切迫《せっぱく》早産《そうざん》などでリスクが高いママも、安心して高水準の医療を受けることができます。一方で、出産方法の自由がきかなかったり、立ち会い出産が認められていなかったり制限があることも。来院患者が多いだけに、健診時の待ち時間も長くなりがちです。

こんな人に向いている

・高血圧や糖尿病、子宮筋腫など持病がある　・切迫早産、前置胎盤　・高年出産　・多胎妊娠　など

病産院選びチェックリスト

場所

- ☐ 自宅から通院しやすい
- ☐ 自宅から病産院まで車で1時間以内
- ☐ 緊急時に搬送される病院が近い

産み方

- ☐ 立ち会い出産が可能
- ☐ カンガルーケアができる
- ☐ 無痛分娩ができる
- ☐ 計画分娩ができる
- ☐ フリースタイル分娩ができる

設備

- ☐ 個室／大部屋
- ☐ 産後は母子別室／母子同室
- ☐ 産後は家族も病室に泊まれる
- ☐ LDR(陣痛室兼分娩室)がある
- ☐ NICU(新生児集中治療室)がある

スタッフ・ケア

- ☐ スタッフの応対がいい
- ☐ 担当医師がずっと同じ
- ☐ 栄養士の栄養指導がある
- ☐ 出産時に手厚くケアしてもらえる
- ☐ 母乳育児をすすめている
- ☐ 小児科医がいる

その他サービス

- ☐ マタニティビクスやヨガなどの講座がある
- ☐ 入院中の食事がおいしい
- ☐ 産後にマッサージなどのリラクゼーションサービスがある

個人産院・クリニック

特徴 地域密着型の産院が多く、無痛分娩《むつうぶんべん》やフリースタイル分娩(好きな体位で産む)などを選べたり、産後に家族が一緒に泊まれるプランを用意しているところもあります。

産科医が個人で開業。入院ベッド数19床以下。出産方法や施設、サービスなどが個性的。緊急時に備えて高度医療が可能な病院とのネットワークがあります。

こんな人に向いている
・アットホームな出産がしたい　・ママ同士のつながりをつくりたい　・出産方法にこだわりがある　など

助産院

特徴 家庭的な雰囲気の中、自分の望むスタイルで出産できることが、助産院のいちばんの特徴です。出産時に医師の立ち会いがないため、トラブルが起こったときは提携先の病産院に搬送されます。

助産師が正常分娩を介助する施設。入院ベッド数9床以下。助産師は医療行為を行えないため、妊娠経過が順調であり、かつ正常分娩の可能性が高いママに限られます。

こんな人に向いている
・アットホームな出産がしたい　・出産方法にこだわりがある　・妊娠経過が順調　など

\ Check! /

分娩施設のない婦人科クリニック

婦人科のみのクリニックでも、妊婦健診を行っているところがありますが、クリニックで出産はできません。出産ができる病産院と提携している場合もありますので、事前に確認しておきましょう。里帰り出産を予定しているママが利用するケースもあります。

自宅出産

助産院の中には、自宅出産に対応するところも。病産院に移動しなくて済む、産後すぐ自宅で過ごせるなどの理由で希望するママもいますが、誰でも可能な出産方法ではなく、母子ともに健康であることが大前提。助産師さんとよく相談の上、納得してからにしましょう。

赤ちゃんの先天性疾患を知る

出生前診断の種類と検査内容

胎児《たいじ》の異常を知るために行う出生前診断。夫婦でよく話し合って、検査を受けるか決めましょう。

胎児の先天的な病気のすべてがわかるわけではない

出生前診断《しゅっしょうまえしんだん》とは、おなかの赤ちゃんの先天的な病気や健康状態などを診断するために、妊娠中に実施される検査のことです。高年出産する人の増加に伴い、検査を受ける人は増えています。

出産年齢が上がると、染色体異常の赤ちゃんが生まれるリスクが高くなります。ダウン症候群❶に関していえば、20代は約0・1％、35歳は0・3％、40歳は1％の確率です。

出生前診断を受けるメリットは、治療が必要な先天的な病気を早期発見し、事前に対応できること。また、障害を持つ場合の準備や心構えができることです。

その一方で、検査によっては、まれではありますが、検査を受けることで流産するリスクがあるほか、先天的な病気のすべてを発見できるわけではありません。

仮に赤ちゃんをあきらめる選択をした場合、両親は心理的な葛藤を抱えることになる場合もあります。そのことをよく考えた上で、検査を受けるかどうか決める必要があります。

出生前診断にはいろいろな種類があり、胎児超音波《ちょうおんぱ》検査、羊水《ようすい》検査、血清《けっせい》マーカー検査、絨毛《じゅうもう》検査、NIPTが、妊娠18週ごろまでに行われます。いずれも、希望するママにのみ行われる検査です。検査を行っていない病産院もあるので、希望する場合は事前に問い合わせしましょう。

検査を受けるかどうかはパートナーと話し合って

出生前診断は、子どもを選択するという非常に繊細な問題を含んでいるため、現在の日本では病産院や医師が積極的にすすめている検査ではありません。

また、例えば羊水検査では、染色体の異常を知ることはできますが、遺伝子異常までは知ることができません。「異常がわかる検査なら、とりあえず受けておきたい」というママもいると思いますが、すべての異常がわかるわけではないので、ますます不安が募ることも考えられます。

検査を受けるにあたっては、赤ちゃんに異常がみつかったときどうするのか、あらゆる可能性について夫婦でよく話し合った上で決断することが大切です。検査を受ける・受けないにかかわらず、お互いの意見を話し合うことが、夫婦間の理解を深めるよいきっかけになるでしょう。

出生前診断の種類と検査内容

血清マーカー検査(クアトロテスト)

検査時期：15～17週

血液から染色体異常の確率を出す

ママの血液中に含まれる、赤ちゃんの情報を伝える4つの成分を調べることで、染色体異常の21トリソミー(ダウン症候群)と18トリソミー、および神経管閉鎖障害の確率を出します。確率が高いときは、確実に診断できる羊水検査を受けるかどうか検討します。

NIPT(新型出生前診断)

検査時期：10～16週

検査精度が高いことでも知られる

正式名は「無《む》侵襲的《しんしゅうてき》出生前遺伝学的検査」。ママの血液を用いて、赤ちゃんの染色体を調べる高精度の検査。採血検査なので、流産のリスクはありません。21トリソミー、18トリソミー❷、13トリソミー❸の先天性疾患が対象となります。陽性の場合は羊水検査が必要となります。

絨毛検査

検査時期：11～13週　確定検査

羊水検査よりも早期に確定診断が可能

妊娠初期に、胎盤《たいばん》になる前の組織「絨毛」を採取して、染色体異常を調べます。羊水検査よりも早期に確定診断できるので、もしも人工妊娠中絶という選択をしたときの母体への負担は軽くなりますが、羊水検査よりも流産の可能性は少し高くなります。

羊水検査

検査時期：15～19週　確定検査

赤ちゃんの染色体異常を確定診断する

羊水には赤ちゃんの細胞などの情報が含まれているので、羊水を調べることで、赤ちゃんの染色体異常や先天代謝異常、一部の遺伝子疾患を診断できます。ママのおなかに直接針を刺して羊水を抜くため、検査による流産や感染症のリスクが300分の1程度あります。

胎児超音波検査(NTなど)

検査時期：7週～

超音波で胎児の染色体異常を判断

超音波検査でわかる胎児の首の後ろの浮腫《ふしゅ》(むくみ)の厚さをNTといいます。妊娠初期にNT値が大きい場合、ダウン症などの染色体異常を疑います。超音波検査なのでママへのリスクはありませんが、確定診断ではなく、医師のスキルにも左右される検査です。

WORD解説

❶ **ダウン症候群**(だうんしょうこうぐん)
別名「21トリソミー」。21番染色体が1本多いことが原因で起こる先天性疾患。知能や運動能力の遅れ、合併症を持つ場合もあるが、症状の程度には差があり、適切な療育を行うことで、個々の能力を生かして育つことができる。

❷ **18トリソミー**
18番染色体が1本多いことが原因で起こる先天性の障害。9割以上が1歳未満で亡くなる。エドワーズ症候群ともいう。

❸ **13トリソミー**
13番染色体が1本多いことが原因で起こる先天性の障害。平均寿命は3～4カ月。パトー症候群ともいう。

赤ちゃんの様子がよくわかる超音波《ちょうおんぱ》写真。専門用語なども記載されています。写真の見方を知っておきましょう。

子宮内の様子がわかる！ 超音波写真の見方

超音波写真の意味がわかると喜びと実感が倍増します

子宮内の赤ちゃんの様子は、妊婦健診の超音波検査（エコー検査）のときに詳しくみることができます。妊婦健診では、多くの病産院が超音波検査で撮影した超音波写真や動画をママに渡しています。何が写っているか確認して、赤ちゃんの成長記録として保管しておきましょう。たくさんの記号や数値が書かれているので、その意味を確認すると、赤ちゃんの成長がさらに楽しみになります。

病産院では通常、超音波のデータを二次元画像として処理する超音波断層法（2Dエコー）を導入しています。立体的な3Dエコーや、動画でみられる4Dエコーを導入する病産院もあります。また、最近ではWEBやアプリでエコー動画をみたり、ダウンロードできるサービスを導入している産院もあります。

超音波写真の種類

超音波検査には2D、3D、4Dがあります。どの検査が行われるか、写真がもらえるかは、病産院により異なります。

3D・4D

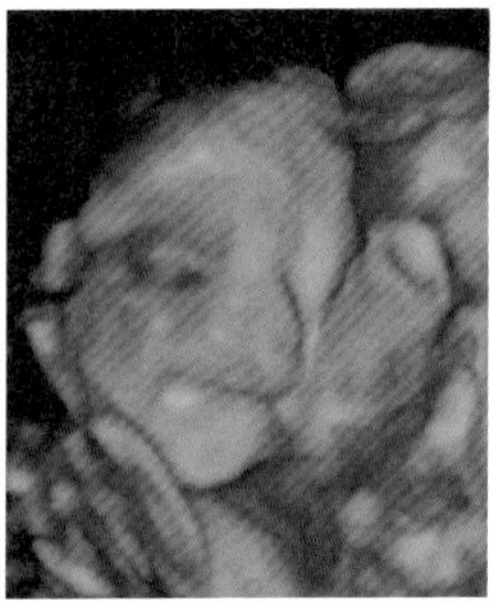

3Dは、複数の超音波の情報を立体画像にして映し出すもの。4Dは動画で赤ちゃんを観察できます。いずれも体の内部はみられませんが、表情やしぐさをリアルにみられます。

2D

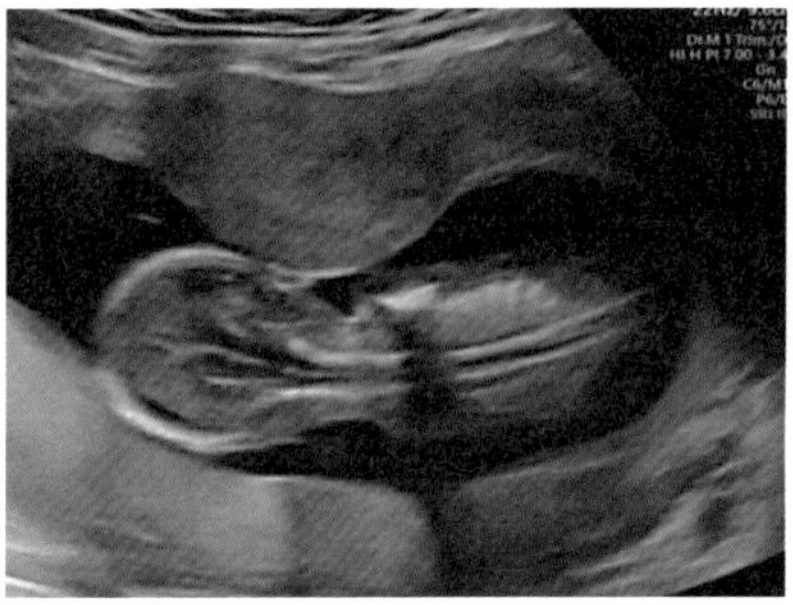

一般的な病産院の超音波写真。体の断面を映し出して、平面的(2次元)に赤ちゃんをみます。背骨や頭蓋骨《ずがいこつ》などかたい部分は白、筋肉や内臓、脂肪はグレー、羊水《ようすい》は黒に写ります。

＼ 大切な記念になる 保存方法 ／

超音波写真は感熱紙に印刷されることが多く、いずれ劣化《れっか》するので適切に保存しましょう。

コピー

最も簡単なのは自宅やコンビニのコピー機でコピーする方法です。写真モードで濃度を薄めに調整しましょう。

スキャナー

スキャナー機で取りこんだデータをパソコンやCD-ROM、USBメモリなどに落とせば、半永久的に保存できます。

フォトブック

超音波写真を紙焼き写真にして、フォトブックに加工。超音波写真を持ちこめばつくってくれる写真店もあります。

＼ 失敗談 ／

「ラミネート加工で保存しようとしたら、加工するときの熱で写真(感熱紙)が真っ黒になり台無しに！」

3カ月

＋（または×）マーク
赤ちゃんの体の大きさや長さを測定するときに使うマーク。2つのマークを結んだ距離を測定します。

経腟《けいちつ》プローブのマーク
腟に細長い器具（経腟プローブ）を入れて超音波検査したというマーク（表示がないこともあります）。

日付・時間
超音波検査を受けたときの日付と時間。右上に表示されます。

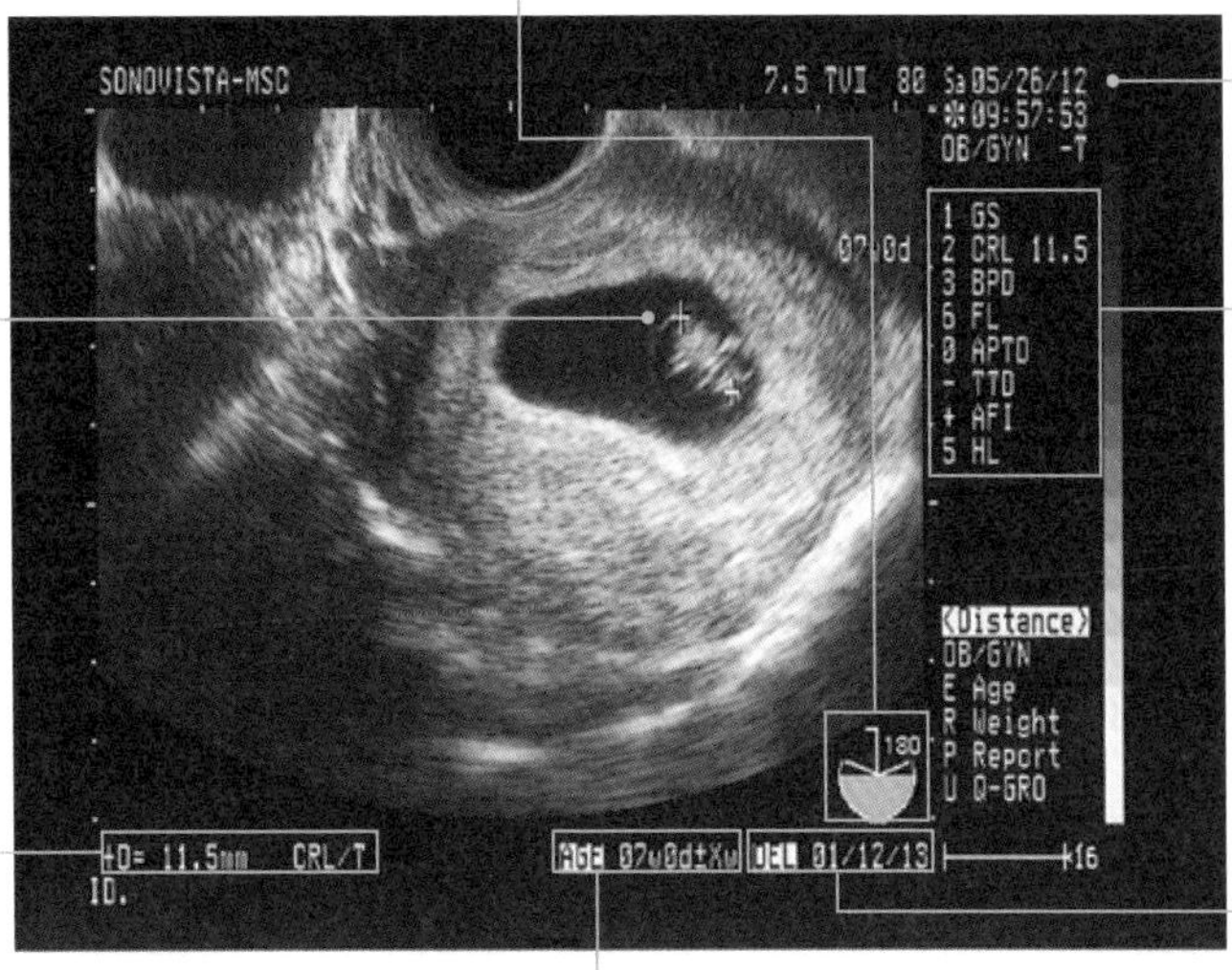

＋D=○mm
経腟プローブで計測した、赤ちゃんのだいたいの大きさ。この数値をもとに妊娠週数を確認します。

GA／AGE（妊娠週数）
赤ちゃんの大きさをもとに、検査日の妊娠週数（w＝週、d＝日）を推計した数値。
※近年はGAという呼称が一般的です。

EDD／DEL（出産予定日）
11週ごろまではCRL（頭殿長《とうでんちょう》）、12週以降はBPD（児頭大横径《じとうだいおうけい》）などから予定日が算出されます。
※近年はEDDという呼称が一般的です。

❸ FL（大腿骨長《たいたいこつ》）
赤ちゃんの大腿骨（太ももの骨）の長さ。BPD（児頭大横径）と合わせて、赤ちゃんの成長をチェックする目安の数値です。

❹ AC（体幹周囲長）
おなかまわりの長さ。BPD（児頭大横径）やFL（大腿骨長）などとともに、推定体重を測定する目安になります。

EFW（推定胎児体重）
測定の結果から算出された赤ちゃんの推定体重。妊娠週数が進むにつれ、発育曲線に沿って少しずつ増えていきます。

❶ CRL（頭殿長）
赤ちゃんの頭からお尻までの長さ。妊娠初期の個人差はほとんどありません。妊娠週数や出産予定日を確定するための目安になります。

❷ BPD（児頭大横径）
赤ちゃんの頭の左右のいちばん長い部分の直径。妊娠週数や出産予定日を算出したり、発育の具合をチェックしたりするために測定します。

GS（胎嚢《たいのう》の大きさ）
妊娠初期に赤ちゃんが入っている袋（胎嚢）の大きさ。胎嚢が子宮内にあれば子宮外妊娠の可能性がなくなり、正常な妊娠が確認されます。

初期

4カ月（12～15週）

つわりがいち段落。胎盤が完成し、ママも赤ちゃんも安定し始めます

ママ　おなかが膨らみ始め、心身ともに和らぎます

妊娠4カ月に入ると初期流産の心配も過ぎるので、妊婦健診が4週に一度になります。健診の間隔があくことで、体調や赤ちゃんの様子などが不安になるママもいるかもしれません。気がかりなことがあれば、受診をしてもよいか、医師または助産師に確認してみましょう。

妊娠4カ月の終わりごろになると、胎《たい》盤《ばん》はほぼ完成します。これで、赤ちゃんが胎盤経由でママから酸素や栄養など必要なものを受け取り、不要な老廃物《ろうはいぶつ》を送り返す循環ができました。これまでママの体が行ってきた作業を胎盤が代行してくれることで、ママの負担が大幅に減り、体の不調も軽減されていきます。赤ちゃんに十分に栄養を届けられるように、バランスのとれた食事を心がけてください。

子宮《しきゅう》は新生児の頭くらいの大きさになり、おなかの膨らみが目立ち始めます。乳房も乳腺❶が発達して、張りを感じるようになる時期。ママの体が加速度的に変化していくので、このころから妊娠期の体にフィットするマタニティウェアを用意しておきましょう。

こんな症状があったら病産院へ

- □ 出血がある
- □ 下腹部に痛みがある
- □ 規則的な張りがある

つわりが徐々に楽に
12週を過ぎたころから、だんだんつわりがおさまってくる人も。

基礎体温が下がります
妊娠からずっと続いていた高温期が低温期へと移行します。体のほてりやだるさが取れて楽に感じるでしょう。

おなかが膨らみ始めます
赤ちゃんはまだ小さいですが、子宮は新生児の頭くらいの大きさになり、おなかが少しずつ目立ってきます。

Letter from 竹内先生

妊娠期間の3分の1が過ぎました。これからママの体型もどんどん変わり、赤ちゃんをますます身近に感じられることでしょう。つわりが落ち着いてきたとしても、ママはまだまだ疲れやすい時期です。たまっていた仕事や家事などを一気に片づけようとするのはNG。必要に応じて体を休めるようにしてくださいね。

●このころの超音波写真

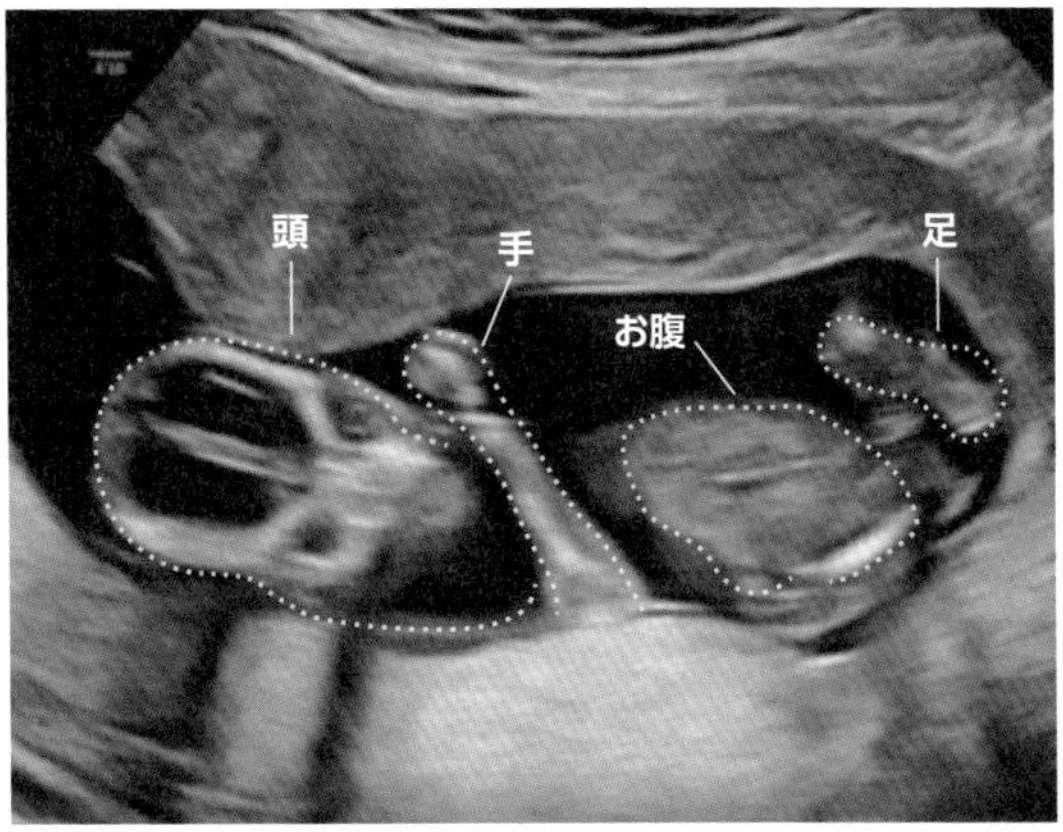

赤ちゃんの顔がふっくらして、手足が伸び、より人間らしい体つきになってきました。

妊娠15週ごろの大きさ

身長▶約15cm
体重▶約100g

赤ちゃん

内臓や骨格がほぼ完成。体の細かい部分もつくられます

胎盤を通して、ママから栄養や酸素をもらうようになった赤ちゃん。骨格や筋肉が発達して、うっすらと胎毛《たいもう》❷（産毛《うぶげ》）が生えてきました。まぶたや指紋《しもん》、足のつめなど、体の細かい部分もつくられます。まだ手のひらに乗るくらいの大きさですが、妊娠4カ月の終わりには、体のだいたいのつくりがほぼ完成します。指しゃぶりや呼吸のまねごとなど、いろいろな動きができるようになるのもこの時期。外の音もだんだん聞こえるようになっていきます。超音波《ちょうおんぱ》検査では、元気に動いている赤ちゃんの様子をみられることも多いでしょう。

小さな成長の歩み

- 動きが活発になる
- 内臓・骨格がほぼ完成する
- 産毛が生えてくる
- 消化器官が機能し始める

For Baby

ママがしてあげられること

ママがとった栄養はおなかの赤ちゃんに移行して細胞一つ一つを形づくります。食事に気を配りましょう。食事日記をつけると栄養バランスを考えやすくなります。

パパがしてあげられること

妊娠中は感情の起伏が激しくなりがち。ママの心の乱れは赤ちゃんにも伝わるもの。ママの話をよく聞いたりして、感情を吐き出せる環境をつくってあげましょう。

4カ月ごろにやっておきたいリスト

- □ 食べすぎに注意して体重管理
- □ 体の冷えに注意する
- □ カルシウムと鉄分を摂取
- □ マタニティウェアの準備
- □ 出産する病産院を決定、分娩《ぶんべん》予約
- □ 妊娠線のケアを始める（→P.45）

ママの血液が増えて、貧血になりがち。食事からカルシウムと鉄分をしっかりとりましょう。

WORD解説

❶乳腺（にゅうせん）
乳房にあり、母乳をつくって分泌《ぶんぴつ》する働きのある組織のこと。

❷胎毛（たいもう）
妊娠中、おなかの赤ちゃんの全身に生えてくる産毛。皮膚を保護する役割がある。

体型の変化に気を配って

おなかが膨らみ始めたら

妊娠中は体型が大きく変わります。マタニティウェアの選び方や妊娠線ケアのポイントをチェックして。

ママ自身のケアも大事にしましょう

妊娠4～5カ月ごろから、おなかが少しずつ目立ち始め、胸やお尻もだんだん大きくなってきます。下着や服がきついと感じてきたら、そろそろマタニティ用のものに切り替えましょう。

妊娠中のボディラインの変化は、単に太ったときの変化とは大きく異なります。ママのボディラインにフィットするマタニティウェアは、おなかや胸を締め付けず、種類豊富で機能性も抜群。おなかの赤ちゃんを気づかいながら、妊娠中もおしゃれを楽しみましょう。

マタニティ下着&ウェアを用意

マタニティウェアはデザインや色合いだけでなく、通気性に優れ肌触りのよいもの、体を冷やさず包みこむもの、締め付けの少ないものを基準に選ぶのがポイントです。

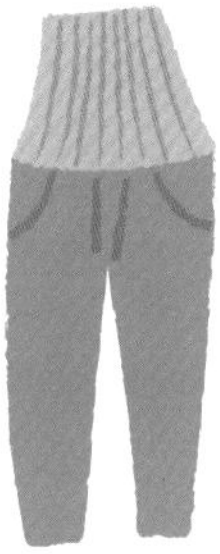

パンツ

腹部にマチが付いていたり、伸縮性のある素材を使うなど、体型の変化に配慮しているマタニティ専用のパンツを選びましょう。

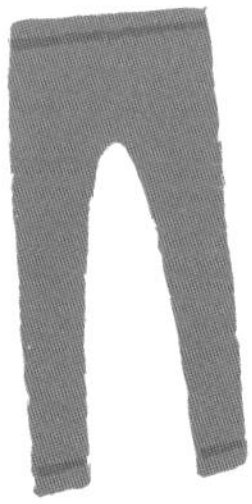

レギンス

おなかを包みこむ股上の長いマタニティ用レギンスは、丈の長いカットソーやワンピースの重ね着に便利。着回しがしやすく重宝します。

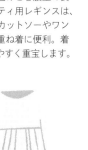

妊娠帯(右)・マタニティガードル(左)・腹帯・マタニティベルト

おなかをすっぽり包みこんで、重いおなかをやさしく支えてくれます。保温効果、腰痛防止効果があります。

ワンピース、チュニック

マタニティ用でなくとも、胸下に切り替えがあるものや脇にシャーリングがあるゆったりしたタイプなら、妊娠中を通じて使えます。

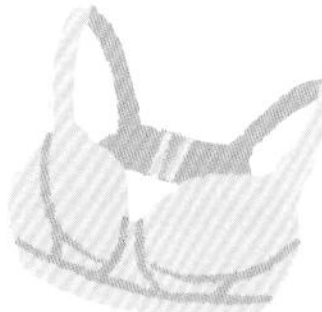

ブラジャー

乳腺《にゅうせん》の発達を邪魔しない、バストをゆったり支えるタイプを選んで。産後の授乳《じゅにゅう》期まで使えるタイプもあります。

靴

おなかが大きくなると足元がみえづらくなり、かがむのも大変。脱ぎ履きしやすいローファーやスニーカーがおすすめです。

ショーツ

普通のショーツよりも股上が長いので、大きくなるおなかをすっぽり包み、ママと赤ちゃんを冷えから守ります。

妊娠線のケア

おなかだけでなく、胸や太もも、お尻にもできます

妊娠線とは、妊娠中のママの皮膚に出現する、赤みのある線のことです。妊娠線ができる原因は、急激な体型の変化によって、皮膚の表面が引き伸ばされるため。おなか以外にも、胸やお尻、太ももなど、皮膚が引き伸ばされる部分ならどこにでもできる可能性があります。

妊娠線ができるかどうかは、体重増加のほか、体質や肌質によるものも大きいのが特徴。約7割のママに妊娠線ができるといわれ、一般的にはおなかが目立つ妊娠7カ月ごろから顕著《けんちょ》に現れます。

妊娠線を防ぐには、急激に体重増加しないように注意して、皮膚の伸びをできるだけ防ぐこと。そして、皮膚に保湿クリームなどを塗って毎日ケアして、十分なうるおいを与えることです。もし妊娠線ができてしまったとしても、拡大を防ぐために、あきらめずに続けましょう。

妊娠線が一度できてしまうと、赤みが目立つのでショックを受けるママが多いのですが、産後には赤みが消え、だんだん目立たなくなっていきます。だいたい半年後には透明な状態にまで戻るので、それほど心配しなくても大丈夫です。

妊娠線のできやすいところ

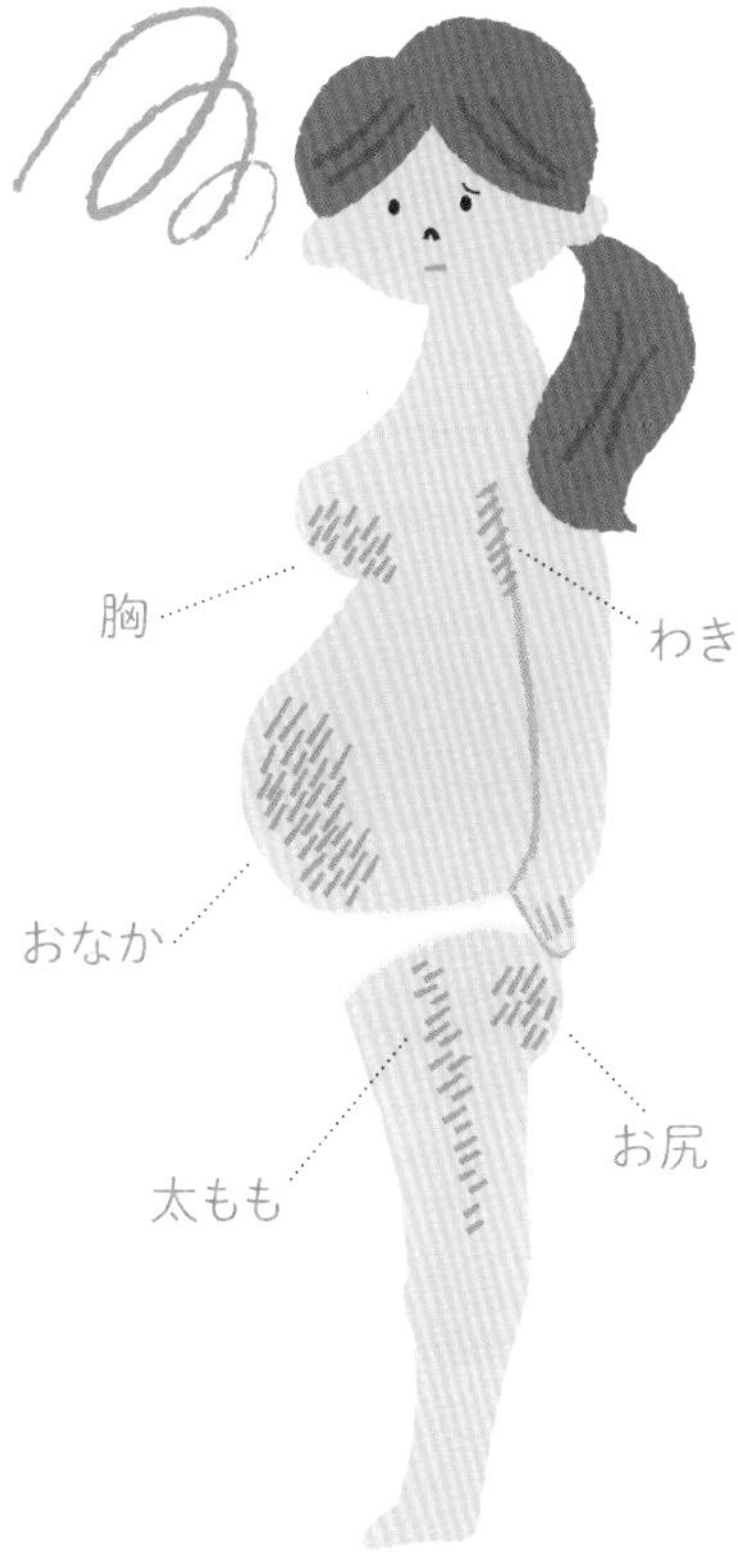

体重増加に伴い皮膚が引き伸ばされる場所なら、どこでも妊娠線ができる可能性が。下腹部や太もも、お尻、胸、わきなども注意して。

妊娠線予防のマッサージ

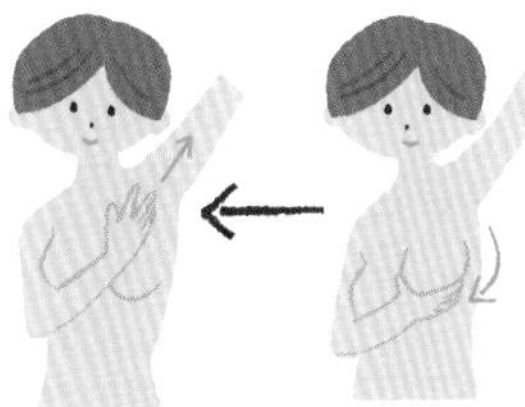

胸・わき

乳房の下に手をあてて、わきからバストトップに、わきから二の腕に向かって、それぞれマッサージします。

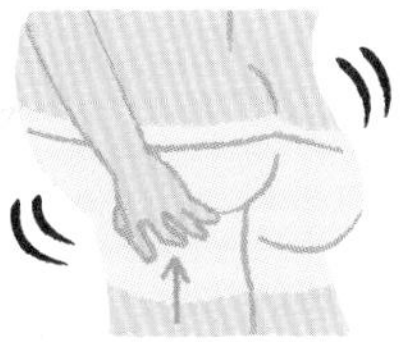

お尻

太ももの裏側に手のひらをあてて、お尻に向かってゆっくりなでることを繰り返してマッサージします。

おなか

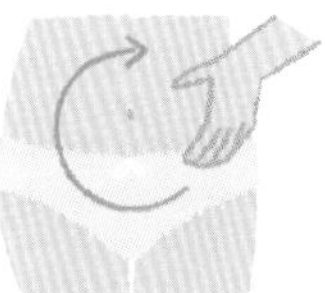

1 おなかに手のひらをそっとあてて、時計まわりにやさしくなでるようにクリームやオイルを塗りましょう。

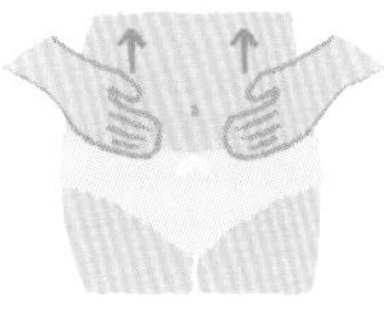

2 おなかの下から上に向かって、手のひらでゆっくりなでることを繰り返します。もしおなかが張ったらすぐにやめましょう。

やっていいこと、悪いことは？

妊娠中のOK／NG

妊娠中の生活で、やってもいいかどうか判断に迷う「旅行」「遊び」などの行動についてまとめました。

迷ったときは医師に相談しましょう

妊娠すると体型が変化していき、また赤ちゃんという守るべき大事な存在ができることで、妊娠前とまったく同じように過ごすわけにはいかなくなります。

妊娠中は何かと行動が制限されますが、おなかに赤ちゃんがいる今だからこそやっておきたいこと、やらなければいけないこともいろいろと出てくると思います。旅行やイベントは、妊娠中だからといって、そのすべてを制限する必要はありません。ママがストレスをためずに、楽しく日々を過ごすのも大事なこと。赤ちゃんを第一に、自分の体調や医師とよく相談した上で、予定を決めましょう。

ただ、トラブルが起きやすい妊娠初期と妊娠後期は慎重に。また、海外旅行や登山など、体力を消耗するハードな予定は避けた方が安心です。

乗りもの

自転車

おなかがグンと大きくなる妊娠後期は、バランスを崩して転倒の危険性があるのでやめておきましょう。初期・中期も、狭い道や未舗装の道など、転倒すると危ない場所での走行は控えて。

後期	中期	初期
×	△	△

車

車の運転によって流産《りゅうざん》・早《そう》産《ざん》が引き起こされる可能性はまずありません。ただ、妊娠中は疲れやすい、集中できないなどの弊害《へいがい》も。体調と相談して、運転がつらくなったら乗るのをやめましょう。

後期	中期	初期
△	△	○

飛行機

問題ありませんが、海外への6時間以上のフライトは、脱水や血栓症《けっせんしょう》になるリスクが少し高くなることに注意して。妊娠後期は、搭乗に医師の診断書が必要な場合があるので航空会社に確認を。

後期	中期	初期
△	○	○

レジャー

海水浴

海に入れるかどうかは妊娠経過によるので、医師に確認を。真夏のシーズン中は混雑していて転倒のリスクが高くなるため、なるべく空いている時期と場所を選びましょう。体の冷えにも注意して。

後期	中期	初期
△	△	△

温泉

妊娠前に比べてのぼせやすいので、入浴は短めに。体調に気を配りながら、湯あたりしないように楽しんでください。サウナは脱水が心配なので避けた方がいいでしょう。転倒にも注意して。

後期	中期	初期
△	○	△

旅行

体調がよければとくに問題はありませんが、妊娠初期と妊娠後期は、流産および早産の可能性があり、必要な移動以外はおすすめできません。旅行を楽しむなら妊娠16週～31週がベストでしょう。

後期	中期	初期
△	○	△

レジャー

ショッピング

体調がよければ、妊娠週数にかかわらずOK。ショッピングは散歩にもなり、ママのよいリフレッシュになります。遠出する場合は、パパに荷物を持ってもらったり、休憩場所を探してもらったりなどのサポートをお願いしましょう。

後期	中期	初期
○	○	○

ライブ・スポーツ観戦

とくに問題ありません。ただし会場で激しく動き回ったり、飛び跳ねたりするのはやめておきましょう。妊娠5カ月ごろになると赤ちゃんの聴覚も発達しているので、おなかの中はうるさくないかどうか、気づかってあげてくださいね。

後期	中期	初期
△	○	○

映画

体調がよければ映画を楽しんでも大丈夫です。ただ、長時間ずっと同じ姿勢でいるので、血流が滞らないように、たまに屈伸《くっしん》運動をして血流を促して。妊娠中はトイレが近くなるので、事前にトイレに行くか、映画の途中でも我慢せず席を立って。

後期	中期	初期
○	○	○

ダンス・ヨガ

マタニティダンスやヨガは、体を動かしたいママに最適。スポーツクラブのマタニティコースのほか、病産院でマタニティビクスやピラティスなどのクラスを設けているところもあります。産後も付き合えるママ友をつくる機会にもなります。

後期	中期	初期
○	○	○

水族館・動物園

ゆったりとしたペースで館内や園内をみて回るのなら、妊娠週数にかかわらず問題ありません。広い敷地内を歩くときは、途中でベンチに座ったり、水分をとったりするなどの休憩をはさみつつ、無理をしないように心がけましょう。

後期	中期	初期
○	○	○

遊園地

敷地内を歩き回ったり、行列に並んだりするのは、妊婦には想像以上の負担です。座ってみられるショーや観覧車などの穏やかな乗りものを楽しむ程度に。妊娠中は乗れないアトラクションもあるので、事前に確認しましょう。

後期	中期	初期
△	△	△

職場

職場への報告の内容

- ☐ 妊娠の状況（週数）
- ☐ 妊娠中の希望勤務形態
- ☐ （時差出勤など）
- ☐ 妊婦健診で休む時期
- ☐ 出産予定日
- ☐ 産休に入る予定日
- ☐ 産後も仕事に復帰するかどうか
- ☐ 産後の復帰時期

早めに妊娠を報告し、配慮してもらいましょう

妊娠がわかって心音の確認が取れたら、遠方への出張を控えるなど、業務に配慮してもらえるように直属の上司に報告しましょう。そのほかの同僚や先輩には、安定期に入ってから伝えても大丈夫。産休（産前休暇）は、予定日6週間前（多胎《たたい》妊娠は14週間前）から取得可能なので、それまで働き続けるママが多いようです。妊娠経過と体調に合わせて、産休に入る予定日を決めましょう。

専門用語がよくわからない……

健診でいわれた〝気になる言葉〟

初期

妊婦健診での医師の言葉は、よく意味がわからなかったり、不安に感じるものも。その一部を解説します。

意味がわかればモヤモヤもすっきり!

妊婦健診で医師にいわれたことの中には、「それってどういうこと?」「赤ちゃんに問題があるということ?」など、悩んでしまう言葉やいい回しがあります。限られた健診時間の中では解決することができず、次の健診までモヤモヤするというママも少なくありません。ここでは、妊婦健診で多くのママが「?」と感じた疑問にお答えしていきます。

Letter from 竹内先生

妊婦健診では、わからないことはもちろんのこと、ささいな不安や心配ごとも遠慮せずに、その場でどんどん聞いてくださいね。健診時の行き違いやモヤモヤを防ぐには、医師との信頼関係をつくることも大切です。「この先生は信頼できそう!」「お任せしたい!」と思える医師に出会えたら、次回の健診からその医師を指名することをおすすめします。

尿にケトン体が出ています

**重症のつわりの証拠
治療の対象になります**

ケトン体は、脱水や栄養不足などがひどく、体が栄養失調状態になったときに尿中に出てくる物質です。妊婦にとっては、つわりの重症度を測る基準になります。医師から「妊娠悪阻《おそ》」(→P.139)と診断されると、入院して点滴などの治療が必要です。

風疹《ふうしん》の抗体《こうたい》が少ないですね

**妊娠20週ごろまでは
人混みをなるべく避けて**

風疹(→P.152)の抗体が少ないと、感染する可能性があるので注意が必要。排卵《はいらん》前、および妊娠20週以降の発症はさほど問題ありませんが、20週未満に発症すると赤ちゃんに先天性の障害が出ることも。20週まではなるべく人混みを避けましょう。

血腫《けっしゅ》がありますね

**妊娠初期に多くみられ、
多くは自然に体内に吸収**

妊娠初期に多い血腫を「絨毛膜下血腫《じゅうもうまくかけっしゅ》」といい、子宮内で胎盤《たいばん》がつくられるときにできる血のかたまりです。赤ちゃんの心拍《しんぱく》が確認されていれば、時間はかかりますが、ゆっくりと自然に吸収されて消えていくことがほとんどです。

子宮筋腫《しきゅうきんしゅ》があるようです

**ほとんどの場合大丈夫
そのまま様子をみます**

子宮筋腫(→P.147)は、30代以上の女性の2〜3割にある良性の腫瘍《しゅよう》。妊婦健診ではじめてみつかることもあります。赤ちゃんの発育に影響することはありませんが、場所によっては経腟分娩《けいちつぶんべん》が困難になります。医師からの指示がないかぎり様子をみます。

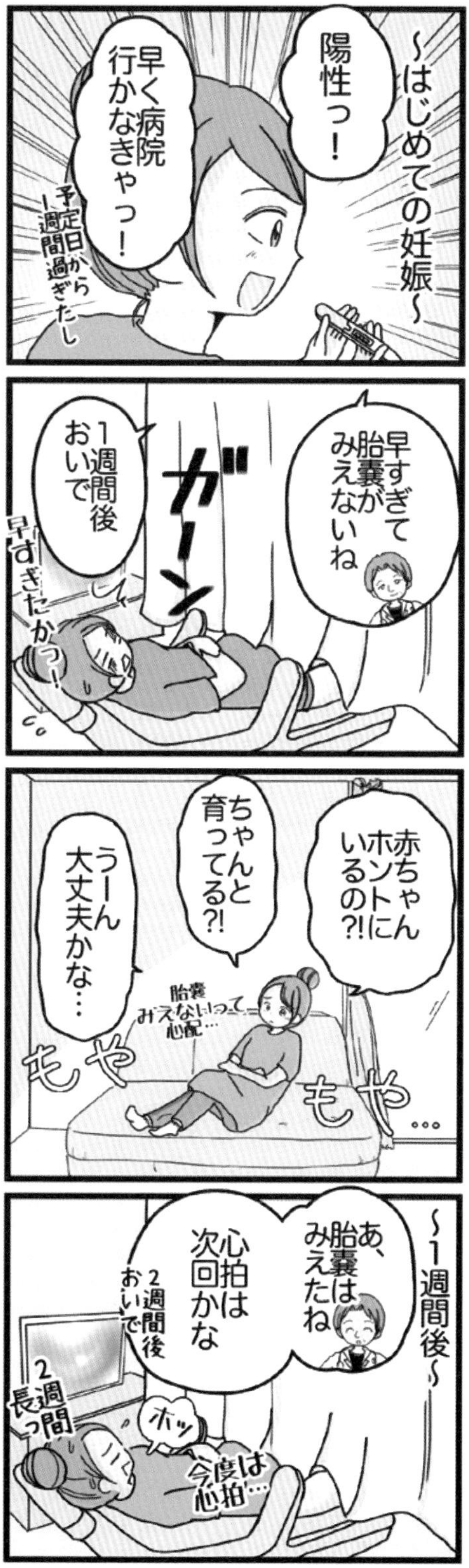

胎嚢が確認できません

妊娠週数の計算違いの場合も

妊娠判定検査で陽性《ようせい》にもかかわらず、子宮内に赤ちゃんがいる袋（胎嚢《たいのう》）が確認できない場合、卵管《らんかん》や卵巣《らんそう》などに受精卵《じゅせいらん》が着床《ちゃくしょう》する「異所性妊娠（子宮外妊娠）（→P.138）」の可能性があります。ただし、妊娠初期でまだ胎嚢がみえないだけという場合が多いです。胎嚢が見えてくる前に胎芽の発育が止まり、その後に生理のようになること（生化学的流産）もあります。

心拍が確認できません

月経予定日から2週間後に再受診を

病産院ではじめて赤ちゃんの心拍が確認できるのは、月経予定日から2週間くらい経った妊娠6〜7週に入ったころです。月経予定日前後や、1週間が経過した程度では、検査してもまだ確認できないことが多いので、少し時間をおいて受診するようにしましょう。ただ、もし心拍が確認できた後の検査で確認できなくなった場合は、とても残念ですが、流産《りゅうざん》の可能性があります。

子宮内出血していますね

問題ないケースも多々。指示に従って

妊娠初期に「子宮から出血している」と聞くと驚いてしまいますが、問題ないケースも多いので、とくに医師から治療などの話がない場合は大丈夫です。妊娠初期の子宮内出血で多いのは、胎盤ができるまでの過程で血腫になる「絨毛膜下血腫」によるものです（→P.48）。胎盤は妊娠4〜5カ月ごろに安定するため、それ以前に出血があっても、次第におさまる場合がほとんどです。

中期

5カ月（16〜19週）

おなかがふっくら、妊婦らしい体型に。少しずつママになる準備を始めましょう

ママ　おなかも乳房も大きく。体に丸みが出てくる

妊娠5カ月に入り、体調が落ち着いてきたママが多いと思います。つわりがだいぶ軽くなり、食欲が出てくる時期なので、体重管理に気を配りながらバランスのとれた食事内容を心がけましょう。

このころから、ママはふっくらと丸みを帯びた体型になっていきます。これはおなかの赤ちゃんに栄養を届けるためにも必要な変化。ママの体内の糖質が赤ちゃんの栄養源として消費される代わりに、ママのエネルギー源は脂肪になるため、皮下脂肪《ひかしぼう》がたくわえられるのです。

ママの心臓は、少しずつ重くなっていくママの体を支え、かつ赤ちゃんに栄養を届けるために、妊娠前に比べてかなり速いスピードで脈打つようになります。

そのぶん、ママはだるくなったり、疲れやすくなることも。仕事や家事は、体調と相談しながら、無理せず行いましょう。

このころから、出産に備えて骨盤《こつばん》が緩《ゆる》んでいき、腰に痛みを感じやすくなります。ウォーキングやスイミングなど、適度な運動をして、腰まわりの筋力をつけることが腰痛の防止になります。

こんな症状があったら病産院へ
強い腹痛やおなかの張り
出血がある
乳腺が発達して乳房が大きくなる
乳首の色が濃くなります。乳頭から液体がにじむことも。出産に向けた体づくりが進んでいる証拠です。
子宮が子どもの頭くらいの大きさに
おなかが少しずつ目立ってくるため、妊娠していることに気づかれるようになってきます。
胎動を感じる人も
早ければ妊娠17〜18週ごろから胎動を感じるようになります。

Letter from 竹内先生

安定期に入り、心も体もだいぶ落ち着いてきたのではないでしょうか？　赤ちゃんはおなかの中ですくすく育っています。胎動が感じられるようになったら、パパと一緒におなかをみて、さわって、どんどん語りかけてあげてください。これから家族の一員になる赤ちゃんに思いを巡らせるのは、とても大切なことなんです。

5カ月

● このころの超音波写真

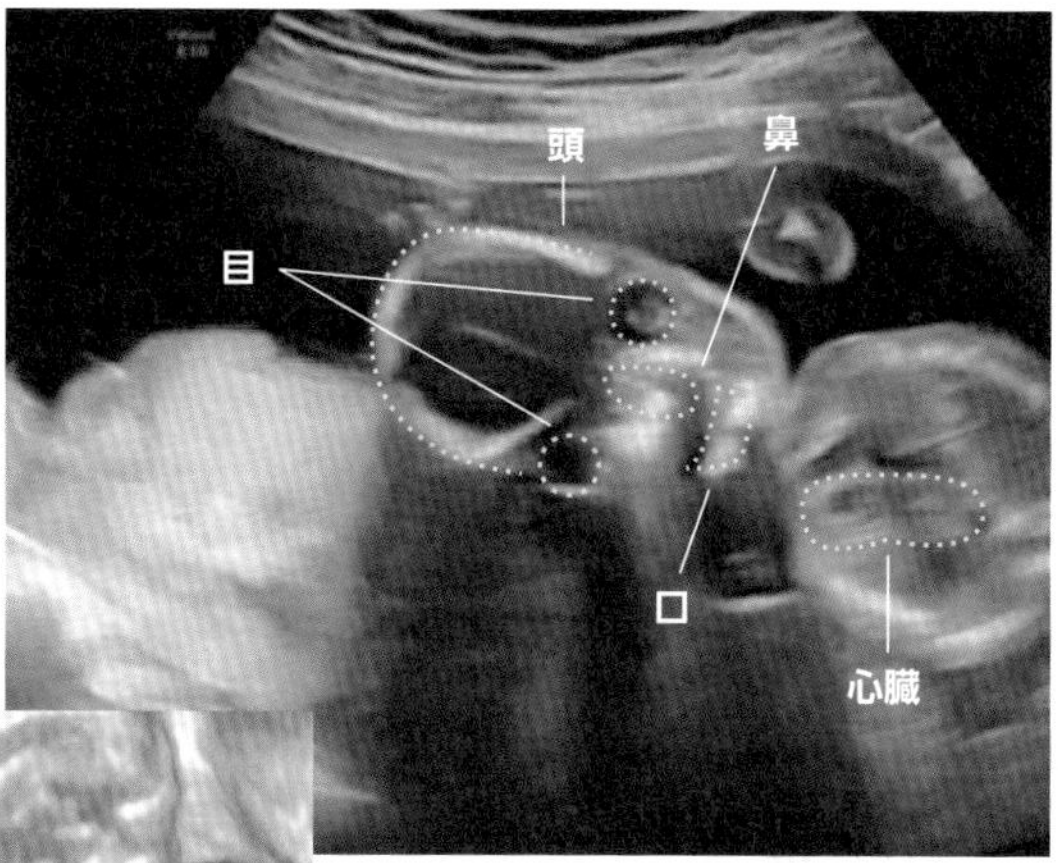

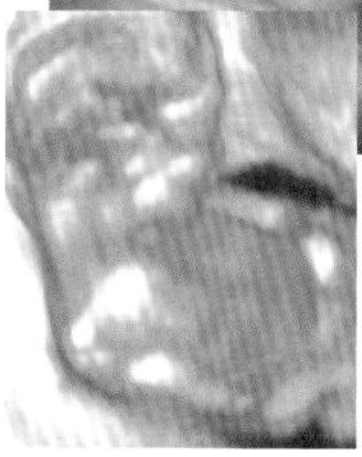

↑赤ちゃんの心臓の力強い動きがはっきりわかるようになりました。
←皮下脂肪がつき、ふっくらした体型に。

赤ちゃん

脂肪がつき始め、動きも力強くなります

妊娠5カ月の赤ちゃんは、腕や脚ができあがり、すべての関節が動くようになりました。いろいろな機能がすでに新生《しんせい》児《じ》と同じような働きを始めていて、羊水《ようすい》の中を回転したり、子宮《しきゅう》の壁を蹴ったりもできるようになります。また生殖器も整い、男女の判別がある程度つくように。

このころから、赤ちゃんは生まれたあとに体温を調節するための「褐色《かっしょく》脂肪《しぼう》」を体内にたくわえ始めます。顔にも脂肪が増え、どんどんかわいらしい顔に。

神経回路が発達して、体への刺激を感じるのもこのころ。聴覚も発達し、外の音をはっきり聞けるようになります。

小さな成長の歩み

- 毎日16～20時間眠っている
- まゆ毛やまつ毛が長くなる
- 神経回路が発達中
- 胎便❶がたまり始める

妊娠19週ごろの大きさ

身長▶約20cm
体重▶約200g

For Baby

ママがしてあげられること

イスに長時間座るなど、ずっと同じ姿勢を続けてしまうと、おなかの張りにつながります。赤ちゃんのためにも適度に休憩して、軽く体を動かすようにしましょう。

パパがしてあげられること

ママと一緒にゆっくりの速度で散歩に出てみたり、薄味のヘルシーな料理を食べたり。できるだけママと赤ちゃんの生活ペースに合わせてあげましょう。

WORD解説

❶胎便（たいべん）
生まれてきた赤ちゃんが最初に出す、緑がかった黒っぽい便。生まれる前に腸でつくられる。

5カ月ごろにやっておきたいリスト

- □ 軽い運動をスタート
- □ バランスのよい食生活
- □ 早寝早起き、規則正しい生活
- □ 腰痛の予防やケア
- □ 戌《いぬ》の日（→P.53）の安産祈願に行く
- □ 母親学級、両親学級に参加（→P.106）

体力づくりに軽い運動を。医師の許可が下りればマタニティスポーツ※を始めてもいいでしょう。

※妊娠中の体や心を整えるのに適しているスポーツのこと。ウォーキングやストレッチ、スイミングなどがある。

いつから？どんな感じ？

胎動のことを知りたい！

胎動《たいどう》を感じると、赤ちゃんとの一体感で喜びもひとしお。おなか越しのコミュニケーションを楽しんで。

赤ちゃんからのサイン、焦らず待ちましょう

胎動は、赤ちゃんが「ここにいるよ！」と、自分の存在をおなかの中からママに伝えるサインです。胎動を感じる時期は、初産で妊娠18〜20週から。2人目以降はそれより数週早く感じるようになります。胎動を感じたら、「今日も元気かな？」などと積極的に話しかけてあげましょう。

胎動に気づく時期に人それぞれ差があるのは、ママのおなかの壁の厚さや、羊《よう》水《すい》量の違いなどが原因です。胎動だと思っていたものが実は胃腸の振動だったという勘違いも、よくあること。赤ちゃんの動きは毎回の妊婦健診でチェックできているので、胎動を感じないママも過剰に心配せず、気長に待ちましょう。

妊娠36週目くらいになると、大きく成長した赤ちゃんはおなかであまり動けなくなり、胎動も控えめになります。

いつから？

個人差はありますが、ママが胎動を感じる時期は、赤ちゃんが活発に動き始める妊娠18〜20週くらいが多いようです。

どんな感じ？

胎動が激しくて夜寝られないほどだったり、静かでほとんど感じないママもいたり……。胎動の動き方や感じ方には個人差があります。赤ちゃんが足でキックしたときには「魚がぴょんと跳ねるような動き」を感じたり、赤ちゃんがぐるんと回転したときには「おなかの中をぐにょ〜っとかきまぜられる」ように感じたりしたママが多いようです。

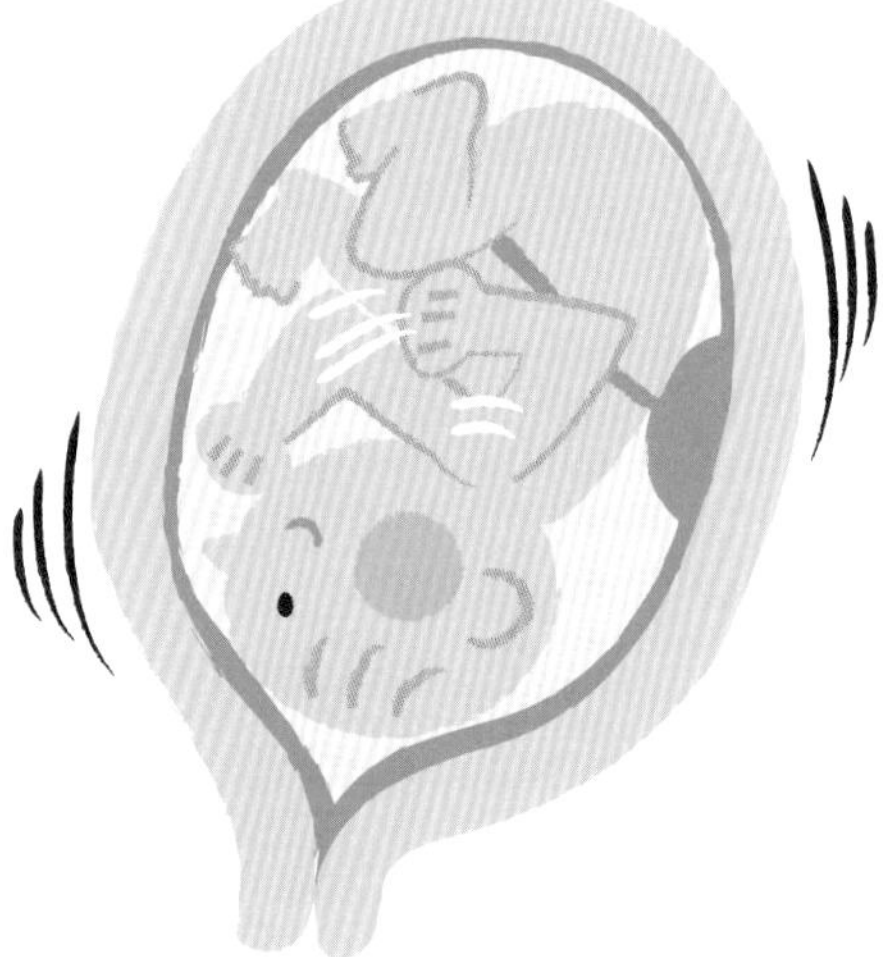

どんなときに感じる？

食事の前よりは後、昼よりは夜に胎動を感じることが多い傾向があります。ママがリラックスしていると赤ちゃんもリラックスしてよく動くので、胎動を感じやすくなります。逆に仕事や家事などで忙しくしていたり、人と接しているときには、体がこわばっていて意識もそれるため、胎動を感じにくくなります。

胎児ネームをつけよう！

胎児ネームとはおなかの赤ちゃんのニックネーム。「○○ちゃん」などと呼びかけると親近感がわき、話しかけやすくなります。

出産準備あれこれ

5カ月になったらやっておきたいこと

体調が落ち着いてくるこの時期にぜひやっておきたい出産準備についてまとめました。

戌《いぬ》の日のお参り

日本独自の風習に、「戌の日」があります。犬がたくさんの赤ちゃんを産み、安産なことにあやかって、ママが妊娠5カ月になった最初の戌の日に神社にお参りをします。ママと赤ちゃんが安定期まで無事に過ごせたことに感謝し、さらにこれからの無事を祈願するというものです。

戌の日は、ママとパパが親としてはじめて行うイベントであり、赤ちゃんのデビューの場でもあります。必ず行わなければいけないものではありませんが、赤ちゃんのはじめての儀式ですから、きっとよい思い出になることでしょう。

神社では、お清めされた「さらし」（木綿《もめん》の布）の腹帯《はらおび》を巻きます。自分たちで持参するのか、神社が用意してくれるのかは場所により異なるので、事前に確認しておきましょう。

妊娠5カ月の戌の日に行うのが昔からの習わしですが、最近ではママの体調や仕事の都合などに合わせて、妊娠6カ月以降にずらす人もいます。

また、あえて混雑する戌の日を避けて、普通の日に有名神社にお参りしたり、パパと一緒に行ける土日にお参りしたりするママもいます。みんなが気持ちよく参拝できる日を選んで行きましょう。

戌の日っていつ？

12日おきにやってくる

十二支の11番目にあたる戌の日は、12日に1回めぐってきます。月ごとに曜日や日にちが違うので、カレンダーで確認した上で神社に問い合わせると安心です。

母親学級・両親学級に参加

体調が落ち着いたこの時期、自治体や病産院で行われる母親学級や両親学級（↓P.106）に参加することをおすすめします。

とくに両親学級は、パパと一緒に参加することで、パパに妊娠中の体の変化や出産、産後の生活を知ってもらい、意識を変えてもらうよい機会になります。

里帰りするかどうか決める

里帰り出産をするママは、早めに通院している病産院の医師に伝えるとともに、里帰り先の病産院を決める必要があります。

妊娠5カ月くらいの時期に、候補先の病産院の雰囲気を知るために、一度診察してもらうと安心です。そして妊娠9カ月までには転院しましょう。（↓P.128）

中期

6カ月（20〜23週）

いよいよ胎動を感じられるように！赤ちゃんの性別もはっきりしてきます

ママ

おなかがせり出す時期。赤ちゃんを身近に感じます

気分や体調が安定して、より穏やかに過ごせるようになってきます。胎動《たいどう》❶がしっかり感じられる時期でもあり、赤ちゃんの存在が愛おしくなることでしょう。

妊娠21週0日は、受精した日から133日、予定日まで133日と、ちょうど折り返し地点。ママの体は、ここから出産に向けてハイスピードで準備が進みます。おなかや胸が大きくなるにつれ、体の重心が変わってバランスが崩れ、ちょっとした段差でもつまずきやすくなります。足元には十分気をつけましょう。

子宮《しきゅう》の大きさは大人の頭くらい大きくなり、胃や膀胱《ぼうこう》が圧迫されて胃もたれ感があったり、トイレが近くなることも。血液量が増えて心臓に負担がかかり、動《どう》悸《き》や息切れなどの不調に悩まされるママも増えます。無理せず、なるべく楽な姿勢で休むようにしましょう。

子宮内の羊水《ようすい》は約3時間で交換され、おなかの赤ちゃんがいつもクリーンな環境でいられるようになっています。ママはたっぷり水分をとって、赤ちゃんに快適な環境を提供してあげましょう。

こんな症状があったら病産院へ

- ☐ 出血がある
- ☐ 強い腹痛やおなかの張り
- ☐ ひどい動悸、息切れ

子宮は大人の頭くらいの大きさに

子宮が胃や膀胱、横隔膜《おうかくまく》を圧迫。胃もたれや頻《ひん》尿《にょう》などマイナートラブルの原因になることも。

おなかが大きくなり体のバランスが変化

おなかがせり出して体の重心がずれ、背中や腰の痛みなどが起こる原因に。

ふくらはぎが疲れて足がつることも

おなかが重くなることで、ふくらはぎが疲れてつりやすくなったり、足のむくみを感じることも。

Letter from 竹内先生

食事は毎日バランスよく適量を食べられるといいのですが、なかなかそうもいきません。例えば、今日は食べすぎたと思ったら翌日のおやつを我慢するなど調整して、1週間を目安にバランスをとりましょう。厳しい食事制限でストレスを抱えては意味がありません。完璧ママでなくても、赤ちゃんもきっとわかってくれるはずですよ！

●このころの超音波写真

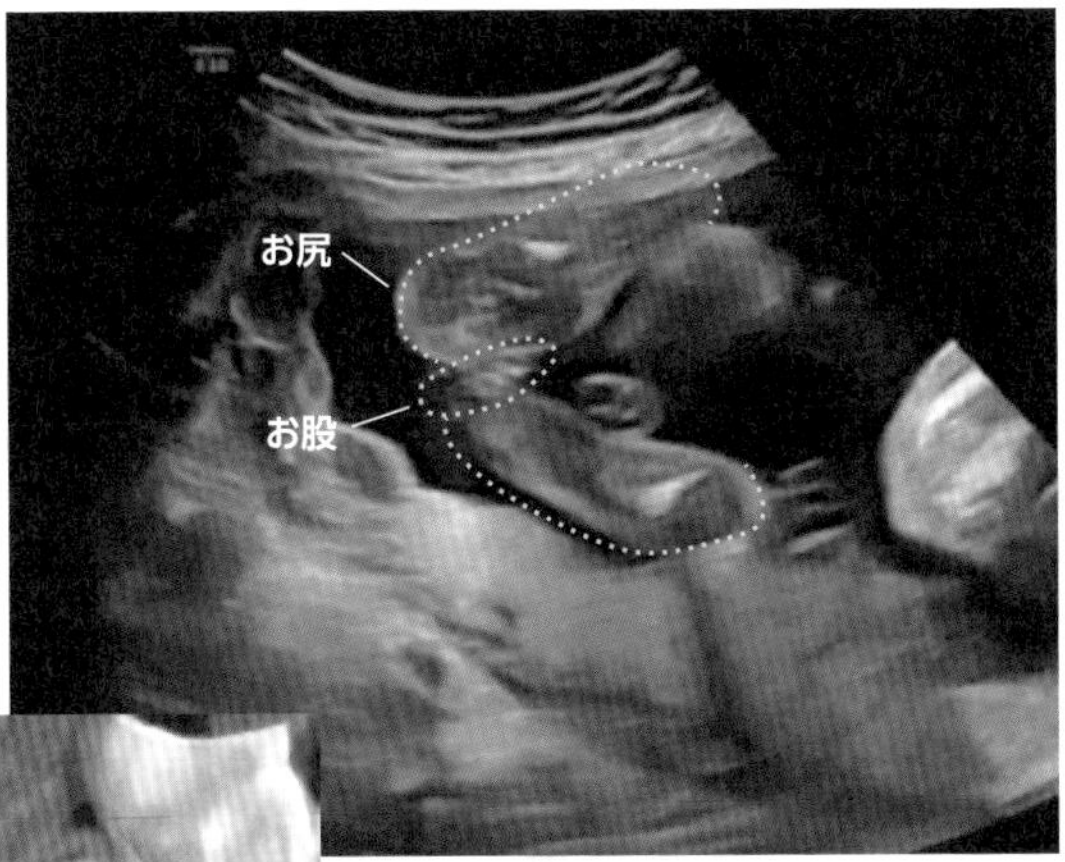

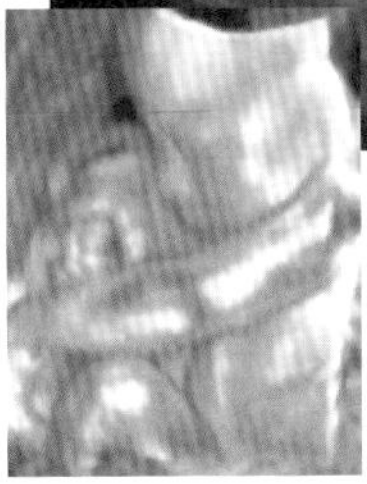

↑赤ちゃんの性別が判明する人も。お股の間に突起物があれば男の子、木の葉やコーヒー豆のようなマークが見えると女の子です。
←手足が伸びて、体がすらりと整ってきます。

赤ちゃん いよいよ男女の区別がつくようになりました

妊娠6カ月目に入ると、赤ちゃんは複雑な神経ネットワークを構築。「記憶」と「思考」の機能が飛躍的に発達します。心臓の動きはより力強くなり、手は何かをつかむ動きをするまでになりました。

このころ、赤ちゃんの睡眠のパターンが習慣化。活発に動く時間と、眠りに入る時間が交互に訪れます。胎動❶を通じて「今起きているな」「眠っているな」などのサイクルを感じることができるでしょう。

健診では性別が判明する場合も。超《ちょう》音《おん》波《ぱ》検査の角度によっては、男の子か女の子かの判別がつくようになります。ただ、この時期の性別判断はあくまで目安。もう少し様子をみましょう。

小さな成長の歩み

- 五感の発達が進む
- 呼吸器が発達してくる
- 中《ちゅう》枢《すう》神経と末《まっ》梢《しょう》神経がネットワークとしてつながる

妊娠23週ごろの大きさ

身長▶約25cm
体重▶約350g

For Baby

ママがしてあげられること

妊娠が進むにつれて貧血と診断される人が増えています。たくさんの鉄分は赤ちゃんのすこやかな成長をサポートします。意識して摂取するようにしてください。

パパがしてあげられること

仕事の都合がつくようであれば、ぜひママと妊婦健診に行ってみてください。赤ちゃんの成長の様子をチェックしたり、病産院の雰囲気に慣れるチャンスですよ。

WORD解説

❶胎動（たいどう）
子宮の中にいる赤ちゃんの動きのこと。成長し、動きが激しくなるとママも感じられるようになる。

6カ月ごろにやっておきたいリスト

- □ おっぱいケアをスタート（→P.121）
- □ 歯科医院を受診する
- □ 水分をたっぷりとる
- □ 医師に相談の上、無理のない範囲で旅行も可能
- □ 体を冷やさない服装にする

陥没《かんぼつ》や扁平《へんぺい》など、赤ちゃんが吸いにくい乳首の形が気になる場合は、医師や助産師に相談を。

中期

7カ月（24～27週）

手足のむくみや妊娠線など、体の変化をゆったり受け止めましょう

ママ　大きくなったおなかに体への負担を感じることも

妊娠7カ月ごろは、全身の血液量がさらに増え、手足がむくみやすくなっている時期です。毎回の妊婦健診で血圧の高さを指摘されなければ問題ありません。なるべく多めに休憩をとり、夜はゆっくりお風呂に入るなど、全身の血液循環をよくするように心がけましょう。

このころのおなかは、子宮《しきゅう》のいちばん上の部分(子宮底《しきゅうてい》)がおへそより上に達し、グンとせり出します。バランスを崩して階段などでつまずいて転ばないように、いっそうの注意を払いましょう。

この時期に気をつけなければいけないのは、消化不良や胸やけ、腸にガスがたまるなど、ホルモンの増加が原因で起こる胃腸の症状です。もし症状が出たら、消化のよいものを食べる、食事を小分けにとる、おなかを温めるなど、自分に合った方法でやり過ごしてください。

また、ママはこの時期、胎盤《たいばん》からのホルモンがインスリンの働きを抑えることで、糖尿《とうにょう》になりやすくなります。多くの病産院では、妊娠糖尿病《にんしんとうにょうびょう》❶かどうかのスクリーニング検査をします。

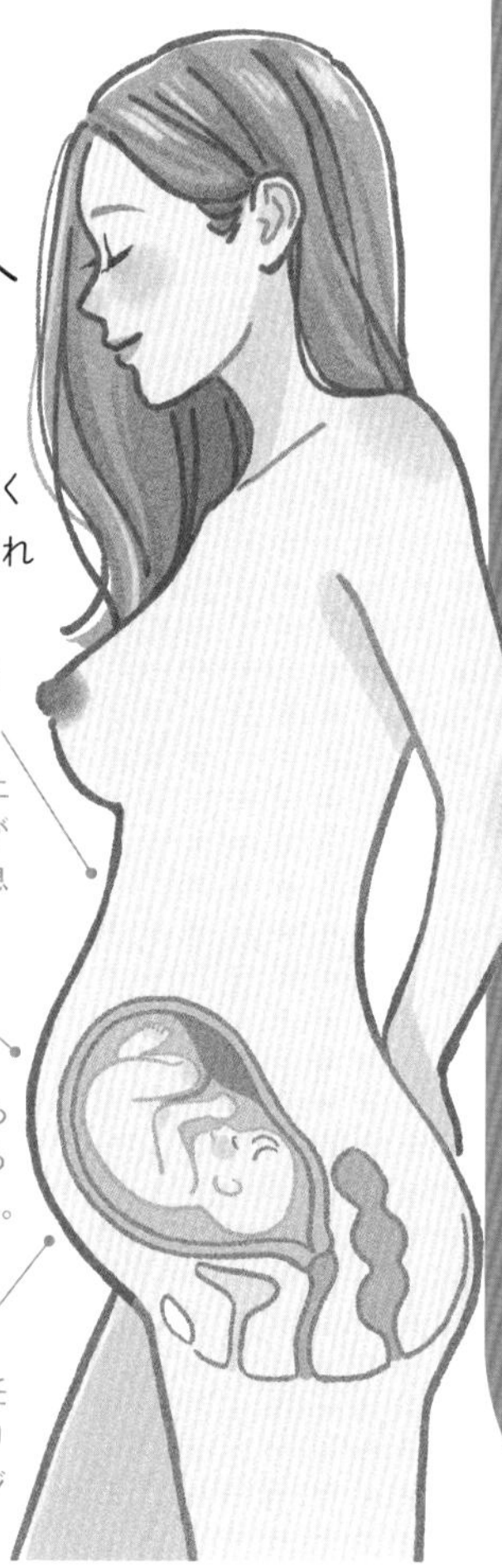

こんな症状があったら病産院へ

- □ 出血、下腹部痛
- □ 1時間に何度もおなかが張る・休んでも張りが続く
- □ ひどい動悸《どうき》、息切れ

そろそろ仰向け寝が苦しくなる

子宮の位置がおへその上までになり、心臓や肺が押し上げられて動悸や息切れがすることも。

おなかの張りを感じやすくなる

1日数回程度の張りがあっても、休んでおさまるようなら心配いりません。

そろそろ妊娠線が現れる人も

皮膚の急激な伸びで、妊娠線が出現しやすくなります。保湿とマッサージでケアして。

Letter from 竹内先生

妊娠7カ月が過ぎると、妊娠中期が終わります。あなたにとって、妊娠中期はどんな時間でしたか？ 仕事が忙しくて赤ちゃんのことをあまり考えてあげられなかったママも、切迫早産《せっぱくそうざん》(→P.142)などの理由で安静にしているママも、心配いりません。あなたの育む力、子宮の力、赤ちゃんの力を信じて、一日一日を過ごしましょう。

赤ちゃん 生命を維持する最低限の機能が備わりました

体の向きを変えたり、手足を伸ばしたり……。大脳皮質《だいのうひしつ》が発達して、自分の意思で体全体の動きをコントロールできるようになりました。目を開けたり閉じたりして、光を感じることもできます。

鼻の穴が通り、肺呼吸をする力も身についてきています。もし何らかの理由で早産《そうざん》になったとしても、NICU(新生児集中治療室)で治療を受けることで、生存できる可能性がグンと高くなりました。

このころの赤ちゃんは、反射神経を身につける練習中。ママが大きな物音を立てると、びっくりして飛び跳ねる様子が胎動《たいどう》を通じてわかるかもしれません。

小さな成長の歩み

- 反射神経が身につく
- 大脳が急成長！ 体の動きをコントロールできるようになる
- 視覚が発達して明暗を認識
- おなかでの位置が定まり始める

このころの超音波写真

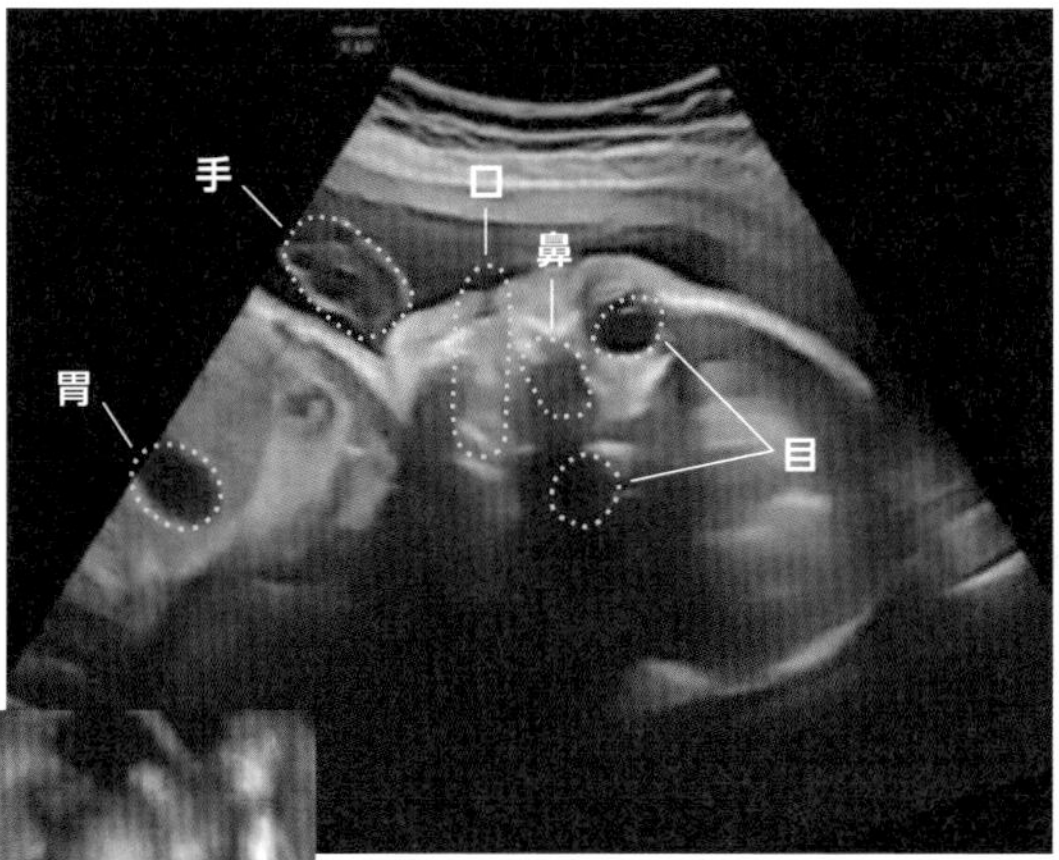

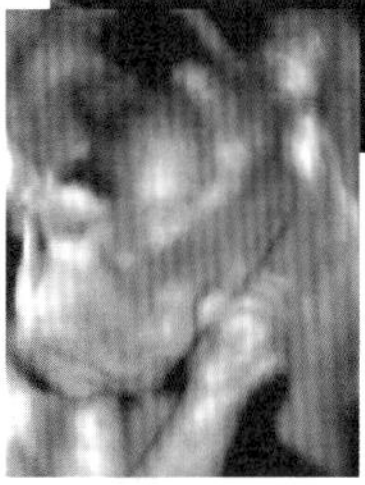

↑ほおが一段とふっくらしてきました。
←体を自分の意思で動かせるようになり、手を握ったり、体の向きを変えたりします。

妊娠27週ごろの大きさ
身長▶約30cm
体重▶約1000g

For Baby

ママがしてあげられること

太りすぎは、骨盤《こつばん》内に脂肪がついて赤ちゃんが出にくくなるなどのリスクがあります。おなかの赤ちゃんのためにも、毎日の食事や体重管理に気を配ってくださいね。

パパがしてあげられること

ママやパパがおなかに話しかけた声は、聴覚《ちょうかく》が発達した赤ちゃんにしっかり届いています。おなか越しのコミュニケーションを、たくさん楽しんでください。

7カ月ごろにやっておきたいリスト

- [ ] 体重の管理
- [ ] 塩分・糖分の制限
- [ ] 妊娠線対策(→P.45)
- [ ] 美容院に行っておく
- [ ] 赤ちゃんの名前を考え始める
- [ ] 保育園の下調べ(働くママ)

妊娠高血圧症候群(→P.140)や妊娠糖尿病(→P.141)になりやすい時期。体重増加や食事内容に注意。

WORD解説

❶妊娠糖尿病(にんしんとうにょうびょう)
妊娠中に血糖値が基準値を超える病気。約8人に1人の妊婦がかかる。食事療法などを行う。

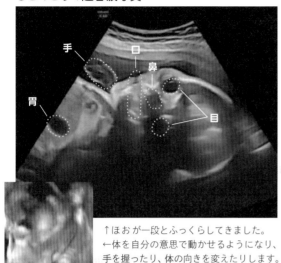

注意深く行動して

大きなおなかでの日常動作

おなかが大きくなると、それまで普通にできていたことに苦労することも。対処法を知っておきましょう。

正しい姿勢

左右の足に等しく体重をかけ背筋を伸ばして立ちましょう

おなかが出てくると、バランスが悪くなり、反《そ》る姿勢になって腰に負担がかかります。妊婦の7割が腰痛を経験するともいわれますので、腰を突き出さないように、背筋を伸ばすことを意識して腰痛を防いで。

\ POINT /

時間と心に余裕を持って

体型の変化により、ちょっとした動作でも予想以上に時間がかかります。余裕のあるスケジュールで動きましょう。

無理せず助けを求める

おなかが張りやすいときや、重い荷物を持たなければいけないときなどは、作業を中断して周りの人に頼ってください。

休む・寝る

休むときは、抱き枕やクッションで楽な姿勢をキープしましょう。足の間にクッションをはさんで「**シムスの体位**」(体の左側を下にして横向きに寝て、上になった足を軽く曲げる)をとるようにすると、楽になります。

階段の上り下り

手すりを使ったり、壁に手をついたりして、ゆっくり上り下りしましょう。妊娠中は体の重心が変わり、かつ足元がみえづらくなり不安定な状態です。なるべくエレベーターやエスカレーターを使いましょう。

起き上がる

仰向けのまま起き上がろうとすると、おなかに力が入ってしまうため、よくありません。①横に手をついて体の向きを変え、②両手と両ひざをついて上半身を起こし、③ゆっくりと起き上がります。

7カ月

重い荷物を持つ、抱っこ

重い荷物は、なるべくパパや周りの人に引き受けてもらってください。とくにおなかの張りを頻繁に感じるときは、無理しないようにしましょう。上の子を抱っこするときは、できるだけ下腹に力が入らないように。ママが床に座った状態で抱っこするなど工夫してスキンシップを。

床に座る

床に座るなら、あぐらの姿勢が最適です。あぐらは股関節《こかんせつ》の柔軟性を高くするので、出産のエクササイズにもなります。正座や、足を伸ばして座るなどでもOK。足を横に折り曲げる「横座り」は骨盤がゆがむ一因なので避けましょう。

イスに座る

背もたれのあるイスに浅めに腰かけ、スッと背筋を伸ばして座りましょう。足が床につかないときは、足元に台などを置いて安定させて。立つときは、バランスをとるために足を少し前後にずらしてから立ちましょう。

腰をひねる

おなかや腰に負担のない程度にゆっくりひねるのであればOK。息を吐きながらゆっくりと、気持ちいいところまで上半身をひねります。これを左右繰り返すと、腰痛に効果があります。

靴下やブーツをはく

立ったままはこうとすると、バランスを崩して転倒の危険性があります。妊娠中は足元が不安定になるので、必ずイスなどに腰かけて体を支えながら、靴下やブーツをはくようにしましょう。

しゃがむ

おなかが圧迫されるのを避けるため、足を伸ばしたまましゃがむのはやめましょう。上半身はまっすぐの姿勢をキープして、ひざを曲げながら腰を落とすようにすると楽にしゃがめます。

背伸びをする

「妊婦が背伸びをするのはおなかの赤ちゃんによくない」とよくいわれてきましたが、その根拠ははっきりしていません。ストレッチの一環でゆっくりと背伸びをするぶんには問題はありません。早朝に背伸びをするとこむら返りが起こりやすいので避けましょう。

掃除機をかける

前かがみにならないよう、片手で持てる柄の長い掃除機で、背中を伸ばしたままかけましょう。おなかが張るときは少し休憩をはさんだり、最低限のところのみ掃除機をかけて終わりましょう。完璧主義は禁物です。

前かがみになる

前かがみの姿勢は、おなかを圧迫して、動悸《どうき》や息切れの原因になることもあります。なるべく前かがみにならないよう、常に背中をまっすぐにするように意識してください。浴《よく》槽《そう》の掃除など、どうしても前かがみにならなければいけない動作は、パパや家族にお願いしてみましょう。

後期

8カ月（28～31週）

いよいよ妊娠後期！無理せず油断せず 出産・産後の準備を始めましょう

ママ

おなかがさらにせり出し、張りやすくなります

妊娠後期に入り、ママの体は出産に向けてラストスパートで準備が進んでいきます。これまで以上におなかが張りやすくなりますが、これは子宮《しきゅう》の筋肉が収縮《しゅうしゅく》と弛緩《しかん》を繰り返して、出産に向けての準備運動をしているためです。おなかが張ってきたら無理をせず、可能ならば横になって休むようにしましょう。

おなかが大きくなり、脂肪がついてふっくら体型になるにつれ、姿勢が反《そ》りがちになり、肩こりや腰痛に悩まされるママが増えます。腰に負担をかけないよう、できるだけ体をまっすぐにして歩くように心がけましょう。自宅で簡単にできるストレッチやマタニティヨガで、体をほぐしておくこともおすすめです。

このころ、ママの体は正常範囲内で少しずつ血圧が上がっていきます。もし頭痛や目のかすみ、急激な体重増加、全身のむくみ・しびれなどの症状が出てきたら、妊娠高血圧症候群(↓P.140)の可能性があります。軽症の場合は食事制限や自宅安静、重症では入院して治療を行います。

こんな症状があったら病産院へ

- □ 出血、下腹部痛
- □ 1時間に何度もおなかが張る・休んでも張りが続く
- □ 胎動《たいどう》の有無

子宮がおへそとみぞおちの間まで大きくなる

出産に向けて、頻繁におなかの張りが訪れます。おなかの重みで腰に負担がかかりやすくなります。

おなか以外にも妊娠線ができる

乳房や太もも、お尻にも妊娠線ができやすくなるので、保湿を心がけて。

静脈瘤《じょうみゃくりゅう》が現れる人も

ふくらはぎや太ももの内側などの血管が、こぶのように膨らんできます。

Letter from 竹内先生

さあ、妊娠後期のスタートです！出産までは、ママと赤ちゃんは一心同体。限りある残りの時間を大切に過ごせるといいですね。ママの心と体、パパや家族との関係など、出産や産後に向けて準備を進めましょう。不安だったり、自信がなくなったりしたときは、ひとりで抱え込まず、パパや母親、助産師《じょさんし》さんに相談してくださいね。

赤ちゃん
脳がぐんぐん発達！ 肺呼吸の練習も開始

赤ちゃんは日に日に、生まれてくる準備を整えています。光、音、においなどの五感が著しく発達し、横隔膜《おうかくまく》を上下させて呼吸の練習もできるようになりました。また、このころママから「免疫グロブリン❶」というタンパク質を受け継ぎ、外界で生きるための免疫力を獲得します。

脳は順調に発達して、大脳にしわができ始めます。記憶する能力や、感情も芽生えてきました。外見は、皮下脂肪がついて、よりふっくらと赤ちゃんらしい体つきに。目をぱちぱちと動かしたり、口をくちゅくちゅさせたりと、新生児のような動きをするようにもなります。

小さな成長の歩み

- 記憶力や感情が芽生える
- 体温調節の機能ができる
- 呼吸の練習を始める
- 脳、肺と消化器以外の臓器は完全に成熟

このころの超音波写真

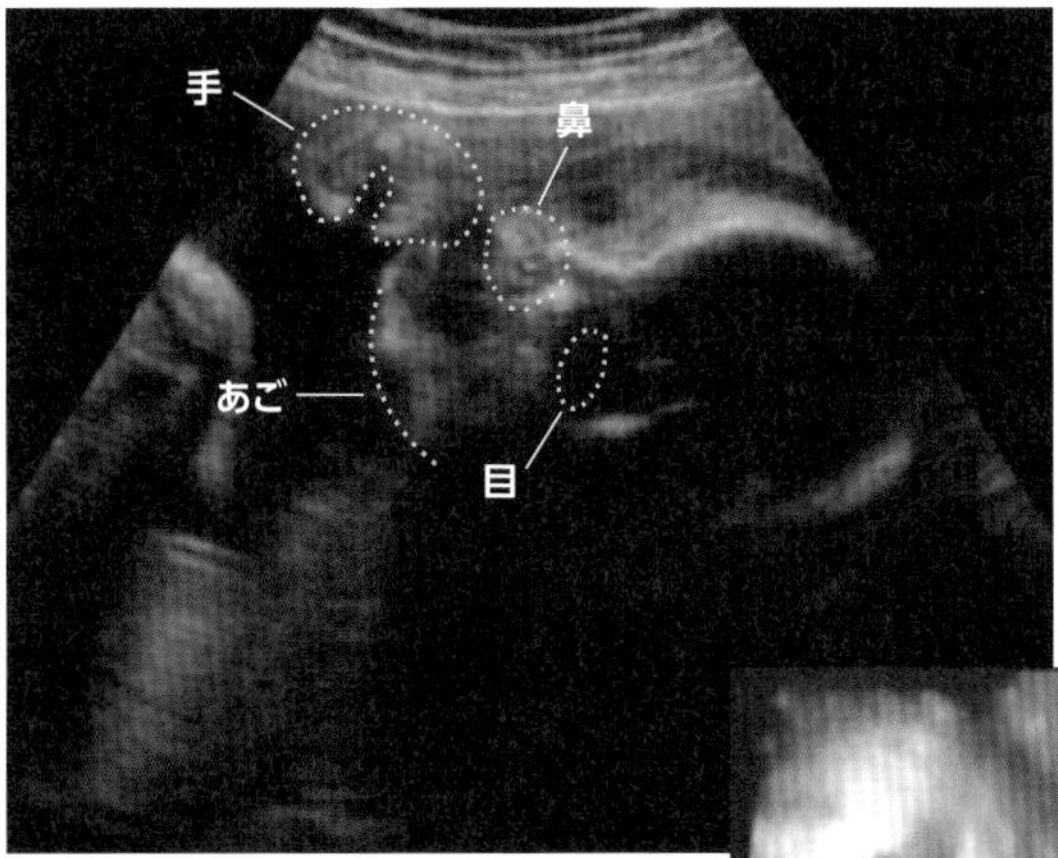

↑赤ちゃんが口をパクパクしている様子や、手を握ったり開いたりしている様子もエコーで確認できます。

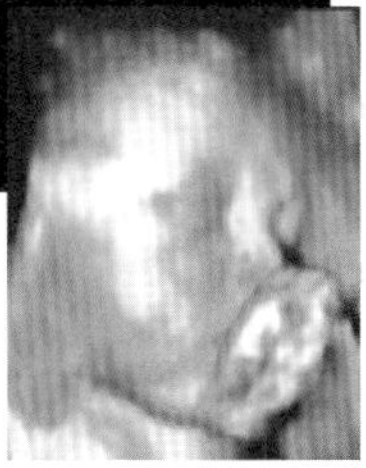

→睡眠のリズムができてきています。

妊娠31週ごろの大きさ

身長▶約40cm
体重▶約1800g

For Baby

ママがしてあげられること

早産《そうざん》に注意して、赤ちゃんの健康を最優先に考えましょう。疲れたり、ストレスがたまったりしたら、すぐに休んで。重いものを持ち上げることも厳禁です。

パパがしてあげられること

ママのおなかの中は、赤ちゃんにとって最高のベッド。早産につながらないよう、家事はもちろん、荷物を持ってあげるなどして積極的にサポートしましょう。

8カ月ごろにやっておきたいリスト

- □ 入院の準備を進める
- □ ベビーグッズをそろえる
- □ 部屋の模様替えをしておく
- □ 産休・育休手続きを済ませる（働くママ）
- □ 帰省の準備を済ませる（里帰り出産のママ）
- □ 逆子体操を始める（逆子のママ）

そろそろ出産に向けて入院の準備を。赤ちゃんを迎える部屋の模様替えも進めましょう。

WORD解説

❶免疫グロブリン（めんえきぐろぶりん）
体を細菌やウイルスから守るタンパク質の一種。ママの胎盤を通過して赤ちゃんに移行する。

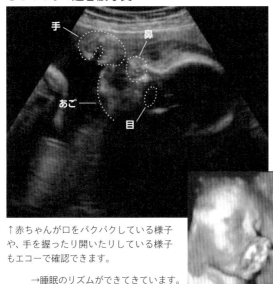

赤ちゃんの成長は大丈夫？

健診でいわれた〝気になる言葉〟

中・後期

妊娠中・後期に健診でいわれる気になる赤ちゃんの成長や子宮《しきゅう》の状態についての言葉を集めました。

過度に不安にならず、医師に相談を

妊娠中期・後期になると、出産に向けて赤ちゃんの大きさや重さ、ママの子宮の具合など、さまざまな項目を指摘されることも。ここでは、中期・後期にママが不安に感じる疑問を集めました。もし気がかりなことがあれば、医師や助産師《じょさんし》にすぐに質問するようにしましょう。

逆子《さかご》になっていますね

妊娠34週までに自然に直るケースがほとんど

逆子（骨盤位《こつばんい》）は、赤ちゃんがおなかの中で頭を上にした状態のこと。ほとんどの場合、妊娠34週ごろまでに頭を下にするので、あまり心配はいりません。それまでに直らない場合は帝王《ていおう》切開《せっかい》を検討します。

子宮頸管《けいかん》が短めですね

早産《そうざん》の心配があるので無理をしないように

子宮頸管は、膣につながる管状の部位。約4㎝程度で、出産が近づくにつれて短くなります。しかし、妊娠中期から子宮頸管が25㎜未満になると早産の可能性があり、安静をいい渡されることがあります。（→P.142）

膣《ちつ》にカビが生えているようです

妊婦が発症しやすいカンジダ膣炎《ちつえん》です

カビの一種、カンジダ真菌《しんきん》が原因で発症するカンジダ膣炎は妊婦に多い病気です。症状は、酒かすやカッテージチーズのような白いおりものと、激しいかゆみが特徴です。赤ちゃんの産道《さんどう》感染を防ぐために、出産日までに薬で治療します。（→P.156）

羊水《ようすい》が多め（少なめ）です

多少の多さ・少なさは赤ちゃんに影響ありません

妊娠後半の羊水の量はおよそ300～400ml。この基準を大幅に上回る800ml以上を羊水過多、100ml以下を羊水過少といい、原因を調べる必要があります。「多め」「少なめ」といわれた程度では、出産や赤ちゃんへの影響はありません。（→P.145）

赤ちゃんが大きめ（小さめ）です

医師から説明がなければ気にする必要はありません

赤ちゃんの成長は個人差が大きく、「大きめ」「小さめ」といわれても標準範囲内なら心配する必要はありません。医師は健診のとき、大きさより数値のバランスをみるので、標準内なら大丈夫です。

赤ちゃんが下がり気味です

早産防止のために無理をしないで

妊娠中期や後期の始めに赤ちゃんが下がってくる場合、早産の心配があります(→P.142)。医師の指示どおりにしていてください。気になるおなかの張りや痛み、出血があった場合は病産院に連絡しましょう。出産間近になり、赤ちゃんが下がったことで医師からとくに注意がなかった場合は大丈夫です。

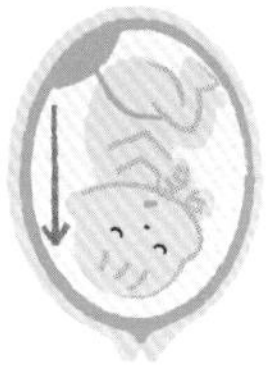

子宮口《しきゅうこう》が開いてきていますね

入院をすすめられることも

子宮口が閉じているはずの妊娠中期に、子宮口が開いてしまう場合は「子宮頸管無力症《けいかんむりょくしょう》」(→P.137)を疑います。出血や腹痛、おなかの張りなどといった自覚症状がなく、そのまま気づかずにいると流産《りゅうざん》や早産の原因になります。子宮頸管無力症と診断されると、子宮頸管を縛る手術をして、流産・早産を防止する場合もあります。

尿タンパクが出ています

妊娠高血圧症候群も疑われます

血圧が正常であれば、心配ないことが多いですが、タンパクの量が多いときは「妊娠高血圧症候群」(→P.140)を疑います。血圧が高くなってくると、安静指示のほか、塩分控えめの食事、必要があれば降圧剤《こうあつざい》(血圧を下げる薬)を使用して治療します。

尿糖《にょうとう》が出ています

妊娠中は尿糖が出やすくなります

血液中に含まれるブドウ糖の量が多いと、尿検査で陽性《ようせい》になります。その値が非常に高かったり、数回続けて尿検査で糖が出た場合は、血液検査がすすめられます。ただし、健康なママでも妊娠中は陽性になることが多いため、ときどき出るだけなら経過をみます。(→P.141)

赤ちゃんの心拍が下がっています

赤ちゃんの元気がないサインです

赤ちゃんの心拍が低下しているのは、赤ちゃんが苦しくなってきているサインです。へその緒が圧迫されていたり、胎盤《たいばん》の機能が低下していたりなど、さまざまな原因が考えられます。心拍の低下が続く場合は、管理入院をして、場合によっては緊急帝王切開になることも。赤ちゃんが元気に生まれてこられるよう、医師の指示に従ってください。(→P.145)

へその緒《お》が首に巻いてますね

よくあることなので心配しないで

首にへその緒が巻いていると聞いたら驚いてしまいますが、実はよくあることです。おなかの中で動いているうちに自然に取れることもあります。2〜3割の赤ちゃんが、出産時に首や体にへその緒を巻いていますが、ほとんどの子が元気に生まれてきます。医師から説明がないかぎり、心配しなくても大丈夫。(→P.184)

赤ちゃんが頭を上にしている状態

どうして「逆子」になってしまうの？

健診で逆子だといわれてびっくりしたママも多いのでは。逆子のメカニズムと対処法をまとめました。

原因は不明。だからこそ焦らず受け止めて

おなかの赤ちゃんは、通常、頭を下にして子宮の中におさまっています（頭位《とうい》）。逆子《さかご》とは、頭が上になって、足が下に向いている赤ちゃんのことで、「骨盤位《こつばんい》」ともいいます。

妊娠8カ月くらいまでは、子宮の中には十分なゆとりがあるので、赤ちゃんは自由自在に動くことができます。逆子でいる場合も珍しいことではありません。

妊娠9カ月に入ると、赤ちゃんは徐々に重い頭を下に向け、位置が固定されるようになります。この時期に逆子でも、半数以上は自然に頭位に戻ります。

最後まで逆子のままの赤ちゃんは約5%。子宮筋腫《しきゅうきんしゅ》や羊水過多《ようすいかた》だと逆子になりやすいといわれますが、原因はよくわかっていません。赤ちゃんの個性の一つとして受け止め、出産に臨みましょう。

逆子の種類

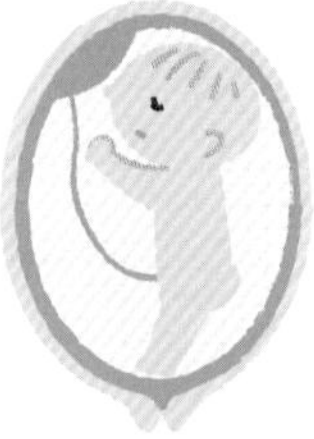

足位《そくい》

赤ちゃんが両足、または片足のみを子宮口に向けて伸ばして立っている姿勢。一般的に帝王切開《ていおうせっかい》が選択されます。

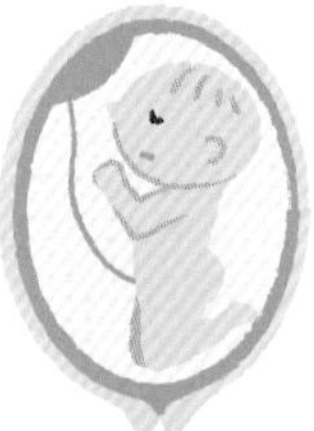

膝位《しつい》

ひざまずくような格好で、曲げられたひざが子宮口を向いている姿勢。一般的に帝王切開が選択されます。

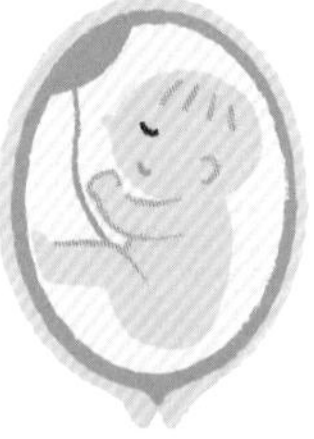

単臀位《たんでんい》

両足が上がっていて、お尻を子宮口に向けている姿勢。帝王切開が選択されますが、状態によっては経腟分娩《けいちつぶんべん》も可能。

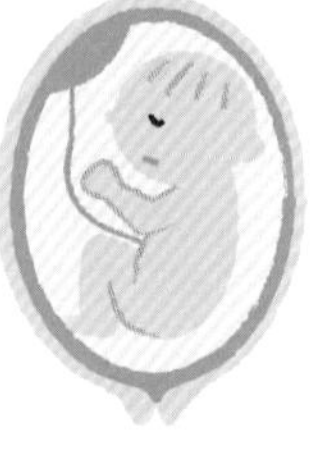

複臀位《ふくでんい》

ひざを曲げていて、お尻と足の先を子宮口に向けている姿勢。足よりお尻の位置が下にある場合は経腟分娩も可能に。

逆子のときの対処

妊娠中期

赤ちゃんが小さいので、一時的に逆子になっても多くの場合はクルリと頭位に戻ります。まだ逆子とは診断されません。

妊娠28～34週ごろ

妊娠28週以降は逆子と診断され、病産院によっては逆子を直す体操や鍼《はり》、灸《きゅう》治療をしてくれるところがあります。ほとんどがこのころに自然に直ります。

妊娠34週以降

成長した赤ちゃんがおなかの中で回りにくくなり、逆子が直りにくい状態になります。直らない場合を考え、帝王切開を検討して手術予定日を決める病産院も。

臨月（妊娠36週以降）

医師や助産師が、頭位に戻す「外《がい》回転術《かいてんじゅつ》」をすることも。直らない場合、妊娠38週ごろに帝王切開の準備をします。手術直前に直る場合もあり、その場合は経腟分娩に変更します。

逆子を直す方法

妊娠後期になっても逆子が直らない場合は、逆子に効くともいわれる逆子体操を指導したり、鍼、灸などを行う病産院もあります。赤ちゃんに「頭をクルンと下にしてね」「戻ってね」と話しかけているうちに、自然と直ったというママも意外と多いので、試してみるといいでしょう。

ママの体が緊張していると、赤ちゃんも緊張してなかなか戻ってくれないかもしれません。体を温め、リラックスした状態で、子宮をやわらかくして、やさしく赤ちゃんにお願いしてみましょう。

試してみよう

「頭はこっちよ」とおなかをトントンして呼びかけてみましょう。赤ちゃんが反応してクルリと戻ってくれるかもしれません。

逆子体操

胸膝位《きょうしつい》

四つんばいになり、ひじと胸を床につけて、お尻を高く持ち上げるポーズを10〜15分ほど保ちます。

側臥位《そくがい》

妊婦健診時に赤ちゃんの向きを確かめておき、横向きに寝て、赤ちゃんの背中側を上に、反対側を下にします。

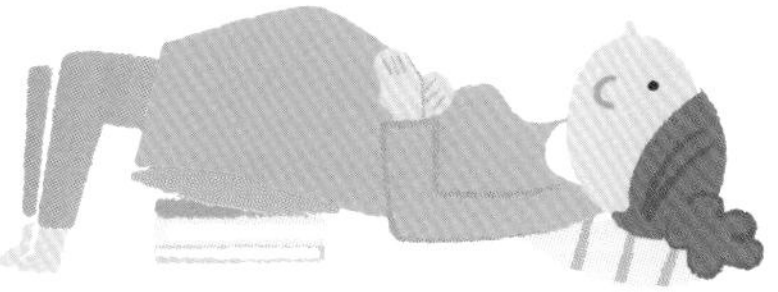

骨盤高位《こつばんこうい》

仰向けになり、腰の下に枕などを入れて腰を高くして10〜15分ほどキープします。

外回転術、鍼、灸

医師や助産師の手で赤ちゃんを外から回転させる「外回転術」や、逆子に効くツボを刺激する鍼・灸などの方法もあります。

Letter from 竹内先生

逆子がなかなか直らず、焦ったり、残念に思ったりしているママもいるかもしれません。でも、赤ちゃんが100人いるうち、約5人は逆子で生まれます。きっと、その位置でいることが心地よかったのでしょうね。もし最後まで逆子が直らなくても、そのままの赤ちゃんを受け止めて、出産に臨んでくださいね。

逆子が直らなかったら赤ちゃんのために帝王切開を

逆子は、ほとんどの場合、赤ちゃんの安全を第一に考えて帝王切開になります。

頭位で出産する場合は、赤ちゃんは頭から産道《さんどう》を押し広げながらスルリと出てきますが、逆子の場合でも足やひざなどが進行すると、うまく産道を通って出てくることが難しいためです。

赤ちゃんがお尻を下にしている臀位は、赤ちゃんの大きさや産道のやわらかさ、ママの骨盤の大きさ次第で経腟分娩が可能なことも。ただし、出産時は細心の注意を払い、危険な状態に陥りそうになったらすぐ帝王切開に切り替えられます。

後期

9カ月（32〜35週）

赤ちゃんが出てくる準備はほぼOK！出産対応の体にどんどん変化します

ママ

むくみや血行不良は楽な姿勢で乗り切って

ママの子宮《しきゅう》はどんどん大きくなり、みぞおちの位置まで上がってきました。仰向けの姿勢で寝たり、長時間ずっと同じ体勢でいたりすることがつらくなってくる時期です。全身の血液のおよそ6分の1が子宮に集中しているため、脳に行く血液が足りず、めまいやふらつきを感じることがあります。

この時期はとくに、血液循環をよくすることが大切。抱き枕やクッションなどを上手に利用して、楽な姿勢を探してみましょう。体の右側を走っている大静脈《だいじょうみゃく》を圧迫しないように、体の左側を下にして横になると楽になります。手足のむくみが多少あっても、血圧が高くなければ心配しなくても大丈夫です。

出産が近づくにつれて、赤ちゃんを骨盤の外に上手に押し出すことができるように、ママの恥骨《ちこつ》の結合部《けつごうぶ》がだんだん緩《ゆる》んできます。それに伴い、骨盤《こつばん》や恥骨のあたりが痛み、中には歩くことが難しくなるほどの痛みを訴えるママも。健診のときに、医師や助産師《じょさんし》に痛みを和らげる方法を相談してみましょう。

こんな症状があったら病産院へ

- ☐ 骨盤の痛み
- ☐ 1時間に何度もおなかが張る・休んでも張りが続く
- ☐ 出血がある
- ☐ ふらつき、めまい

おっぱいが母乳分泌《ぶんぴつ》の準備を始める
乳腺《にゅうせん》が発達して、初乳❶のような黄色い液体が出る人もいます。

子宮がみぞおちあたりまで大きく
胃腸が圧迫されるので、食が細くなりがち。

膣《ちつ》や子宮口《しきゅうこう》がやわらかくなる
出産に向けて、徐々におりものが増えます。

骨盤の痛み
出産に向けて骨盤が緩み始め、痛みを感じることがあります。

Letter from 竹内先生

いよいよママの体は、赤ちゃんを迎える用意ができあがってきました。赤ちゃんに会える日も間近です。体調はいかがですか？ 赤ちゃんの胎動が気になってよく眠れないときは、思い切って赤ちゃんのリズムに合わせて生活してみると、案外スムーズにいくことがありますよ。対面まであともう少しです！

9カ月

このころの超音波写真

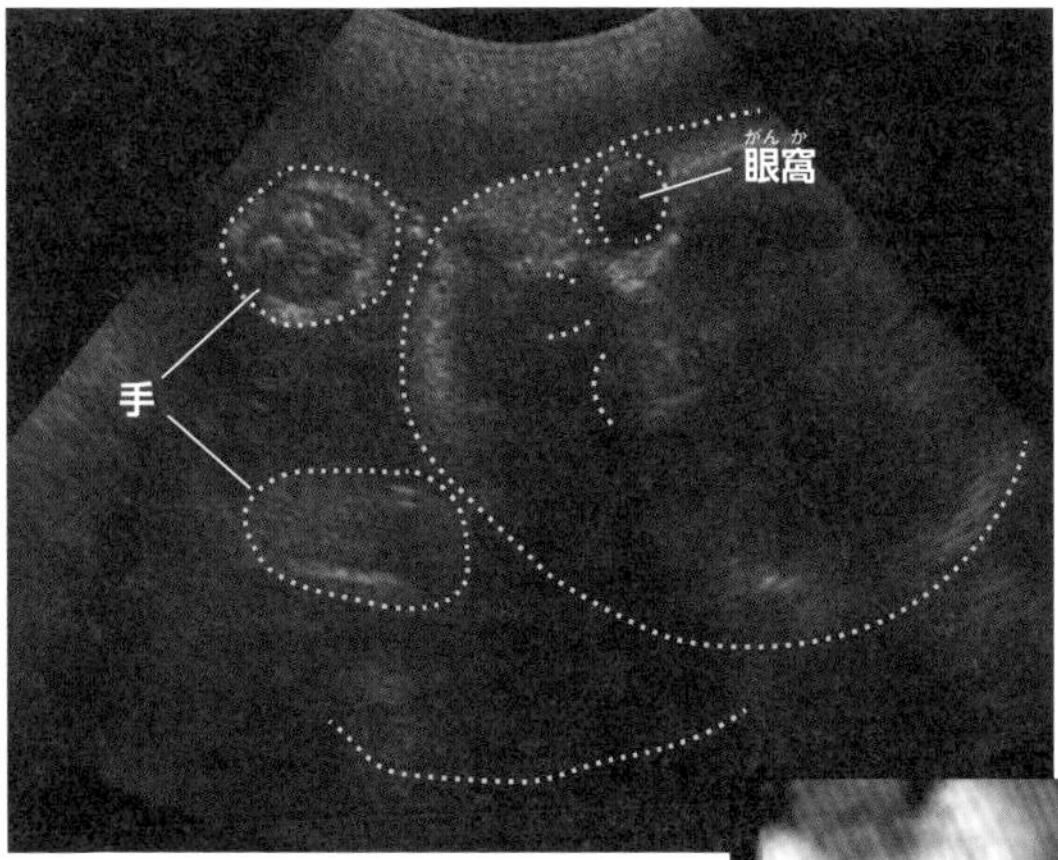

↑大きくなった赤ちゃんは骨盤に頭が固定されて、あまり動かないようになります。

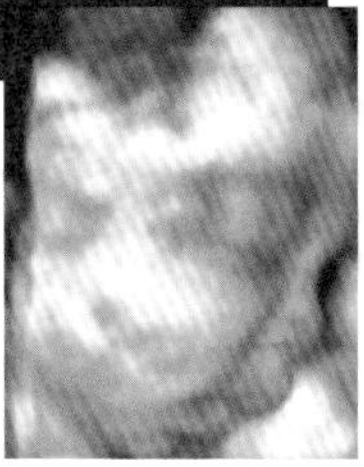

→スヤスヤ、よく寝ています。

妊娠35週ごろの大きさ

身長▶約45cm
体重▶約2300g

赤ちゃん

新生児とほぼ同じ大きさに。肺の機能も完成します

妊娠9カ月の赤ちゃんは、そろそろ発達の最終段階を迎えます。妊娠34週ごろになると、外界で環境に適応できるほどに成長します。髪の毛やつめが伸びて、手足もふっくら。感情が顔に表れるようになり、外からの刺激にも反応できます。35週になると、肺の機能が完成して、外界で空気を吸ったり吐いたりできるようになります。このころの赤ちゃんは羊水《ようすい》を飲んで尿として出すことを繰り返していますが、これは生まれてからおっぱいを飲んで排泄《はいせつ》するための準備。羊水の成分のほとんどが赤ちゃんのおしっこで占められています。

小さな成長の歩み

- 皮下脂肪《ひかしぼう》がついてふっくら
- 髪の毛やつめが伸びてくる
- 肺が完全に成熟する
- 骨のほとんどができあがる

For Baby

ママがしてあげられること

赤ちゃんとの生活に向けて、今から予防接種や、産後に活用できる制度などの情報を集めておきましょう。かかりつけの小児科の下調べをしておくと安心です。

パパがしてあげられること

ママへのいたわりは、おなかの中の赤ちゃんにも伝わります。残りわずかな妊娠期間、マッサージや食事の支度をするなど、思いやりの心で接しましょう。

9カ月ごろにやっておきたいリスト

- □ バースプラン(→P.169)を立てる
- □ 出産時の連絡先のリストアップ
- □ 内祝《うちいわ》い品の候補を決める
- □ 出生届など各種手続きのチェック
- □ 出産時の呼吸法の練習をする
- □ 32〜34週までに帰省する(里帰り出産のママ)

陣痛が始まってからあわてないように、今のうちから呼吸法の練習もしておきましょう。

WORD解説

❶初乳(しょにゅう)

産後1週間程度のうちにママの乳房から分泌される乳汁《にゅうじゅう》。新生児に必要な栄養素や免疫が豊富に含まれている。

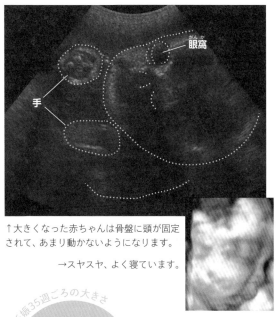

後期

10カ月（36週以降）

感動の対面まであとわずか！ 赤ちゃんは〝タイミング〟を探っています

ママ

子宮《しきゅう》が出産モードに。さまざまな兆候が出ます

出産間近になると、みぞおちまであった子宮が赤ちゃんとともに下がります。胃や心臓への負担が減り、動悸《どうき》・息切れが楽になり、食欲も回復します。食べすぎに注意しつつ、元気にお産を乗り越えるべく、バランスよく栄養をとりましょう。

赤ちゃんの頭が下がってくることで、恥骨《ちこつ》や足のつけ根が痛んだり、骨盤《こつばん》周辺の神経が圧迫されて、お尻や太もも、腰に痛みやしびれを感じたりすることも。そんなときは、痛む箇所を温めて血液循環をよくしたり、姿勢を変えてみたり、横になって休むようにしましょう。出産前の興奮もあり、寝つきが悪く、眠りが浅くなるかもしれません。疲れたときは少しでも横になり、休息しましょう。

37週から正期産《せいきさん》になり、いつ陣痛《じんつう》が来ても大丈夫になります。おなかの張りが頻繁になり、不規則な痛みや張り（前駆《ぜんく》陣痛→P.71）を感じることも多くなります。「陣痛かな？」と思う痛みを感じても、長く続かないことが繰り返し起こるかもしれません。陣痛かどうかの判断が難しいときは、病産院へ連絡してみましょう。

こんな症状があったら病産院へ

- □ 破水があった
- □ 出血（おしるし）があった
- □ 周期的なおなかの張り（陣痛）

子宮がだんだん下がってくる
赤ちゃんが下がると胃や心臓への圧迫がなくなり、体が楽になります。

前駆陣痛が頻繁に起こる
出産に備えて子宮が収縮を繰り返すことで、不規則に痛みや張りが訪れます。

膀胱《ぼうこう》が圧迫されて頻尿《ひんにょう》に
子宮の下にある膀胱が圧迫されると、頻尿や尿漏れ、残尿感《ざんにょうかん》が出てきます。

おりものが増える
赤ちゃんが産道を通りやすくするために、サラサラしたおりものが増えます。

Letter from 竹内先生

とうとう臨月《りんげつ》に入りました。期待と不安の入りまじるこの時期、不安を感じるママは多いと思います。でも、お産はひとりで頑張るものではありません。おなかの赤ちゃんはもちろん、パパや医療スタッフが見守っていますよ。あなたの産む力、赤ちゃんの生まれようとする力を信じて、元気にその日を迎えましょう！

赤ちゃん

体の機能が成熟して、骨盤内まで下りてきます

妊娠37週に入った赤ちゃんは、呼吸器や心臓、消化器などすべての臓器が十分な大きさになり、機能も完成します。体についた胎脂《たいし》❶がなくなり、赤ちゃんらしいピンク色の肌で、ふっくらした体つきです。いま生まれても、しっかり呼吸や体温調節をして環境に適応することができます。

いよいよ産道《さんどう》を通るべく、赤ちゃんは背を丸めて、両腕を胸の前につけ、骨盤内に入っていきます。一見窮屈《きゅうくつ》そうにみえますが、赤ちゃんは生まれるそのときまで、心地よさそうに手足を動かしています。いつ外に出ようかと、〝タイミング〟をうかがっているのかもしれません。

小さな成長の歩み

- すべての臓器の機能が完成
- 胎脂がはがれて肌がピンク色に
- むくみが取れて皮膚に張りが出る
- 骨盤内まで下りてくる

このころの超音波写真

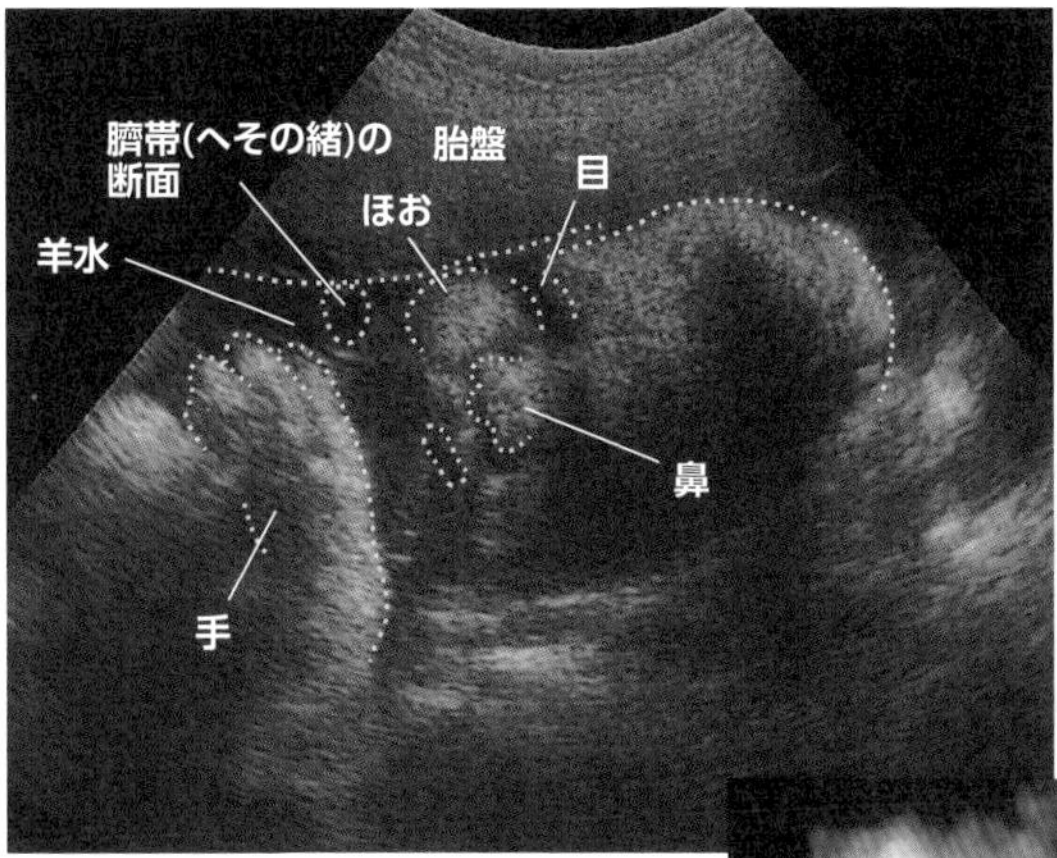

↑すべての器官が発達した状態で、赤ちゃんは骨盤の中へ入っていきます。

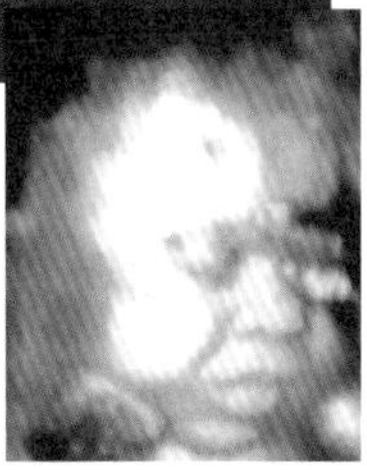

→ほおがふっくらとした赤ちゃん。

妊娠39週ごろの大きさ

身長▶約50cm
体重▶約3000g

For Baby

ママがしてあげられること

元気に赤ちゃんと対面できるよう、体調をしっかり整えて。心が落ち着かないかもしれませんが、リラックスが一番。赤ちゃんとあなた自身を信じましょう！

パパがしてあげられること

赤ちゃんと会える日も間近。なるべくママのそばにいたいところですが、離れているときは、携帯電話が圏外にならない、必ず連絡が取れるところにいましょう。

WORD解説

❶胎脂(たいし)

赤ちゃんの全員を覆う、白いクリーム状の脂肪。赤ちゃんの肌を保護する役割がある。

10カ月ごろにやっておきたいリスト

- [ ] 出産の流れや当日の連絡先をチェック
- [ ] 入退院時に必要な荷物の確認
- [ ] 育児グッズの準備
- [ ] パパへの家事やお願いごとの確認
- [ ] チャイルドシートの取りつけ
- [ ] バースプランの再確認

いつ出産になってもいいように、入退院の準備や連絡先リスト、パパとの連携の最終確認を。

お産が始まる合図

お産の始まりのサインは人それぞれ。臨月《りんげつ》に入ったら、いつサインがあっても大丈夫なように準備を。

おしるし・破水《はすい》・陣痛《じんつう》 サインは人それぞれ

妊娠37週前後から、出産が近くなったことを伝える「前兆」が現れることがあります。頻繁なおなかの張りやおりものがあったり、トイレが近くなったり、腰や恥骨《ちこつ》が痛くなったりします。また、赤ちゃんが下がり始めたことで、おなかの下あたりに圧迫感を覚えることもあります。

こうした前兆を経て、出産が始まるサインが現れます。それがおしるし・破水・陣痛の3つです。おしるしから始まり、数日後に陣痛、破水と続くことが多いようですが、自分がどのサインから経験するのか、どんな流れになるのかは、そのときにならないとわかりません。

サインが現れたらあわてずに対応できるように、「破水したらすぐ連絡」「陣痛が10分間隔になったら電話」などの基準を事前に病産院に確認しておきましょう。

破水

尿もれとは違い、絶えず流れ出します

赤ちゃんを包む卵膜《らんまく》が破れて、羊水《ようすい》が膣《ちつ》に流れ出すことを破水といいます。子《し》宮口《きゅうこう》に近い位置で破水すると「完全破水」、子宮口から遠い位置で破水すると「高位《こうい》破水」といいます。通常は、破水してから1日以内にお産になります。

陣痛が始まってから起こるのが一般的ですが、陣痛の前に起こることもあります(前期破水)。破水すると生温かい水が流れ出しますが、尿もれとは違い、流れ続けるのが特徴。高位破水の場合は、羊水の流出が少なくわかりにくいので、難しければ病産院に指示を仰ぎましょう。

●完全破水

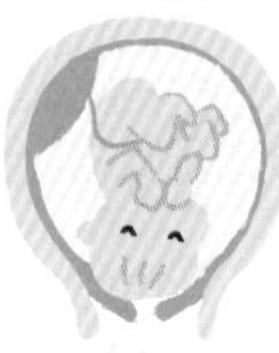

●高位破水

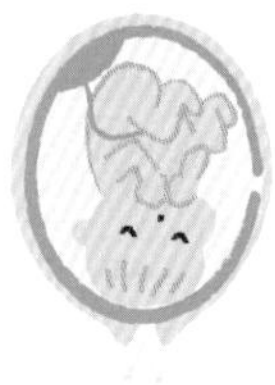

破水したときは

1 **破水した！**
ナプキンか産褥《さんじょく》パッドをショーツにあてます。破水したら、子宮に細菌が侵入するのを防ぐために、入浴は厳禁です。

2 **病産院へ連絡**
前期破水するとおよそ1日以内に陣痛がくることが多いので、すみやかに病産院に連絡を。尿もれと区別がつかない場合も連絡して。

3 **家族へ連絡**
そばに家族がいなければ電話で破水したことを伝え、車の手配をしてもらいます。自分でタクシーを呼んでもいいでしょう。

4 **安静にして迎えを待つ**
車などの迎えが来るまで、横たわって安静にして待ちます。破水の量が多いときはバスタオルをあてておきましょう。

5 **病産院へ**
お尻にバスタオルをあてて、車に乗りましょう。タクシーなら破水していること、お産で入院することを伝えてください。

おしるし

おりものに血が混じり お産の始まりを伝えます

出産間近になると、子宮が収縮《しゅうしゅく》を繰り返すことで、赤ちゃんを包む卵膜と子宮の壁がずれて卵膜の一部がはがれおちて出血し、おりものに混じって出てきます。これが「おしるし」です。

おしるしの色は、褐色や赤、ピンクなど人それぞれ。量も、少しだけの人もいれば、月経の出血のように多い人もいます。ただ、出血が止まらないとき、痛みが伴うときはすぐに病産院に行きましょう。

おしるしがあっても、すぐに陣痛が始まるとは限りません。人によっては1週間以上待つこともあります。また、おしるしのサインがないまま破水や陣痛が始まることもあります。

Q 内診後に出血が。これっておしるし?

A おそらく違います

内診で子宮の開き具合をみるとき少量の出血をすることがありますが、これはおしるしとは違います。また、出産の兆候が現れない場合、医師が卵膜と子宮内壁《しきゅうないへき》を指で刺激して陣痛を促すことがあり、それが原因で出血する場合も。

陣痛

規則正しい間隔で 痛みが訪れます

陣痛は、子宮の筋肉が収縮して、月経痛が激しくなったような痛みが繰り返し訪れること。赤ちゃんを子宮の外に押し出そうとする母体の力です。陣痛が起こることでだんだん赤ちゃんが下がり、子宮口が広げられていきます。

最初は時間も痛みも不規則で、耐えられる痛みですが、どんどん痛みが増します。15分おき、10分おきと、徐々に次の収縮が始まるまでの時間が短く規則的になります。

病産院では陣痛の間隔と子宮口の開き具合を確認して、出産までまだ時間がかかりそうなら、一旦帰宅してもらって、もう少し様子をみることもあります。

前駆《ぜんく》陣痛とは?

本当の陣痛ではない、不規則な痛みのこと。陣痛と同じく、おなかがギューッと締め付けられるような痛みが何度も押し寄せますが、安静にしているうちにおさまり、痛くなくなります。前駆陣痛の刺激を受けて、徐々に子宮口や産道がやわらかくなるので、決して無駄な痛みではありません。

陣痛がきたときは

1 痛みの間隔を計る

不規則な痛みが、だんだん規則的になります。10分(経産婦は15分)おきになった時間を記録しておきましょう。スマートフォンのアプリなどを活用すれば楽に間隔を計れます。

2 病産院に連絡

電話をして、陣痛の間隔や痛みの強さを伝えましょう。病産院への距離が近い、または妊娠の経過が順調なら、もう少し自宅で様子をみるように指示されることも。

3 家族に連絡

そばに家族がいないときは、電話かメールをして、陣痛が始まったことを伝えます。車またはタクシーを手配してもらいましょう。くれぐれも自分で車を運転しないこと。

4 入院の準備

陣痛の合間に入院グッズを確認したり、食事をとったり入浴したり(破水したらNG)して、入院準備を整えます。痛みがひいたら、体の力を抜いて呼吸を整え、体力を温存しましょう。

5 病産院へ

いよいよ入院。入院したあとでも、陣痛がおさまってしまったり、子宮口があまり開いていなかったりと、まだ時間がかかりそうだと医師が判断すると、一時帰宅することもあります。

直前準備を万全に！

入院前の最終チェック

いつお産が始まっても大丈夫なように、入院前の出産準備品や連絡事項などの最終チェックを忘れずに。

いつお産が始まってもあわてないように

妊娠37週に入ると、赤ちゃんがいつ生まれても大丈夫な状態(正期産《せいきさん》)になります。いつでも入院できる準備を整えておき、そのときに備えましょう。

ママひとりのときにお産が始まってもすぐ入院できるように、必要最低限のものをそろえたバッグを用意しておきます。産後の入院中や退院に必要なものは別のバッグにまとめておけば、入院後に家族に持ってきてもらうこともできます。

臨月の外出グッズ

- □ 母子健康手帳
- □ 健康保険証
- □ ナプキン、タオル(破水用)
- □ 携帯電話、スマートフォン
- □ 現金(タクシー代など)

外出先で陣痛や破水が始まったとき、病産院に直行してそのまま入院になるケースもあります。臨月に入ったら、入院時の必需品は必ず持ち歩くようにしましょう。

入院時の対応

「パパの仕事中にママだけで入院するとき」「土日や夜でパパも一緒のとき」など、パターンごとに入院の対応を考えておきましょう。タクシーや病産院の夜間受付の電話番号も確認しておいて。

ベビー用品の準備

ベビー服の下洗い、ベビー布団の天日干し、ベビーベッドの組み立てなど、退院後にスムーズに赤ちゃんのお世話ができるように準備しましょう。車で退院する際はチャイルドシートも忘れずに。

入院グッズの最終確認

「入院するときに最低限使うもの」と、「退院時のベビー服などあとから持ってきてもらっても大丈夫なもの」を分けてまとめておきましょう。ママだけで入院するときに、少ない荷物で済みます。

夫への連絡事項

入院時は1週間ほど家を空けることになるので、家事の段取りなど、やってほしいことのリストを伝えましょう。退院時に支払うお金のほか、予定外の出費があった際の予備のお金の用意も伝えて。

心が不安定になりやすい時期

産前・産後はメンタルに注意

「自分は大丈夫」と思っていても、産前・産後は心がコントロールできないこともあるんです。

なぜマタニティブルーになってしまうの？

マタニティブルーとは、妊娠中や出産後の女性に起こる情緒不安のこと。妊娠中はホルモンバランスの変化や、おなかが大きくなることへの不安、出産への恐怖などさまざまな要素が重なり、相手にイライラをぶつけてしまうことも。

また、多くのママが体験するといわれているのが産後のマタニティブルー。産後は女性ホルモン（エストロゲン）が急激に低下。さらに慣れない育児や睡眠不足が続いて疲れもたまるため、情緒不安定になりがち。産後3～10日間、突然悲しい気持ちになったり、理由もなく涙が出たりします。一時的なものなので深く考えず、赤ちゃんを預かってもらい睡眠をとる、1日30分だけでも自分の時間を確保する、頼れる人に相談するなど、無理をしないよう心がけましょう。

もしかしてマタニティブルー!?セルフチェックリスト

- □ 急にイライラするなど、感情のコントロールが難しい
- □ ふとした瞬間に涙が出る
- □ 赤ちゃんがかわいいと思えない
- □ 育児に自信が持てず、不安が続く
- □ やる気が起きない
- □ 不眠、食欲不振が続く
- □ 育児を代わってくれる人がいない
- □ 相談できる相手がいない

妊娠中は完璧を目指さない！

長引くつわりやマイナートラブルなどで、自分の思い通りに家事や仕事ができないストレスからマタニティブルーになることも。妊娠中の経過は人それぞれ。無理をせず、おなかの赤ちゃんとゆっくり休みましょう。

パパ版マタニティブルーって？

産前・産後にパパに起こる心の不安をパタニティブルーと呼びます。生活スタイルの変化や父親になることへのプレッシャー、仕事と育児の両立に対する不安などから、マタニティブルーに似た症状が現れ、放っておくとうつに発展することも。夫婦で話し合ったり、周りに協力を求めましょう。

Q 産後1カ月、まだ気持ちが不安定…。これって普通なの？

A もしかしたら産後うつかも

出産から1カ月以上経っても情緒不安定が続き、不眠や食欲不振、無気力感がある場合は、産後うつの可能性があります。思考力や集中力がなくなり、突然ヒステリックになることも。少しでも思い当たることがあれば、2週間健診や1カ月健診で相談してみて。

双子を妊娠するということ

多胎妊娠のママへ

赤ちゃんがひとりのときよりママの負担は増しますが、過度にナーバスにならなくても大丈夫です。

母体への負担が大きいので無理は禁物です

2人以上の赤ちゃんを同時に妊娠することを、「多胎《たたい》妊娠」といいます。全妊娠のうち約100人に1人が多胎妊娠になり、そのほとんどが双胎《そうたい》(双子)です。

多胎妊娠は、とくに注意深く経過観察をしなければいけません。おなかに赤ちゃんが2人以上いるので、子宮が早く大きくなり、頻繁におなかが張ったり、子宮口《しきゅうこう》が開きかけたりと、切迫早産《せっぱくそうざん》のリスクが上がるためです。多胎妊娠の場合、赤ちゃんがひとり増えるごとに平均分娩週数が3週程度短くなるというデータもあります。

多胎妊娠のママの妊婦健診は、通常よりも回数を多くして、赤ちゃんの成長は順調か、妊娠高血圧症候群(↓P.140)や貧血などの兆候がないかなど、慎重にみていきます。何らかの症状がある場合は、管理入院して様子をみることもあります。

双子妊娠にはいくつかの種類があります

双子のタイプには、一卵性《いちらんせい》と二卵性《にらんせい》があります。一卵性は、1人の赤ちゃんになるはずの受精卵が、受精後にたまたま2つに分かれたものです。2人の遺伝子は同じで、性別も基本的に同じ(まれに違うこともあります)。顔つきや体つきも、成長するにしたがってそっくりになります。

二卵性は、2組の別々の卵子と精子が同時に受精したことで起こります。遺伝子は違うので、赤ちゃん同士はさほど似ていません。性別が違うこともあります。誕生日こそ同じですが、遺伝上は、普通のきょうだいの関係とまったく同じです。

一卵性は、胎盤《たいばん》も羊膜《ようまく》も一緒の場合(一《いち》絨毛膜一羊膜《じゅうもうまくいちようまく》)と、胎盤は同じで羊膜を別々に持っている場合(一絨毛膜二羊膜《いちじゅうもうまくにようまく》)、早い時期に受精卵が2つに分かれると、二卵性と同じく、胎盤が2つ(二《に》絨毛膜《じゅうもうまく》)の場合があります。

二卵性は、もともと別々の受精卵なので、胎盤が必ず2つできます。

1つの胎盤を2人の赤ちゃんが共有する一絨毛膜性の場合、とても注意深く経過を見守らなければなりません。1人の赤ちゃんに元気がなくなると、もう1人も元気がなくなったり、受け取る栄養に差が出たりすることがあるからです。そのため、妊娠10週ごろまでに、超音波《ちょうおんぱ》検査で双子のタイプを必ずチェックします。

高確率で帝王切開《ていおうせっかい》に。主治医とよく話し合って

多胎妊娠の出産は、必然的に予定帝王切開（→P.167）の確率が高くなります。赤ちゃんが逆子だったり、または小さめだったり、妊娠高血圧症候群や妊娠糖尿病などの合併症があったりと、さまざまな要因で早産になることが多く、計画的な帝王切開の方が安心だからです。

経腟分娩《けいちつぶんべん》になる条件は、それまでの妊娠経過が順調で、かつ2人とも「頭位《とうい》」（頭を子宮口に向けている）、もしくは2人のうち最初の子が「頭位」のとき。双子の経腟分娩は、1人目の赤ちゃんが生まれたあとでいったん陣痛が止まり、30分以内に再び陣痛が起きて、2人目の赤ちゃんが生まれることが多いようです。

経腟分娩の場合、1人目が生まれたあとで2人目の赤ちゃんがなかなか下りてこず、緊急帝王切開（→P.167）になることがあります。赤ちゃんの位置やママの健康状態など、そのときの条件で最も安全な出産方法を選択するので、前もって医師とよく話し合いましょう。

また、3つ子以上の場合は、母体の安全を第一に考えて、赤ちゃんの位置に関係なく帝王切開を選択します。

多胎妊娠の種類

一卵性

1つの受精卵が、分裂を繰り返すうちに偶然2つに分かれます。同じ受精卵なので、2人の顔立ちや体型はそっくりに。

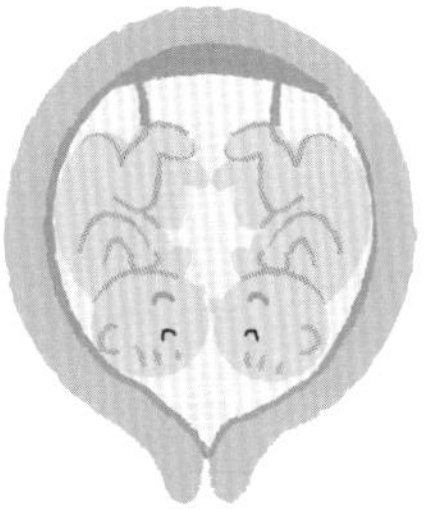

一絨毛膜一羊膜《いちじゅうもうまくいちようまく》

1つの胎盤と羊膜の中で、2人が一緒にいる状態です。へその緒がからんで血液の流れが滞る場合があるので、慎重に経過を見守ります。

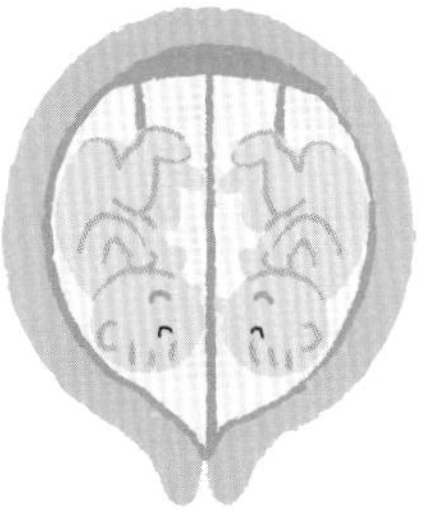

一絨毛膜二羊膜《にようまく》

1つの胎盤に、羊膜が2つある状態。一方の赤ちゃんにだけ血液がかたよる「双胎間《そうたいかん》輸血症候群」になる可能性があり、注意深く経過観察します。

二卵性

卵子と精子が2組、別々に受精。それぞれが違う遺伝子を持っているため、きょうだいのように顔立ちや性別が異なります。

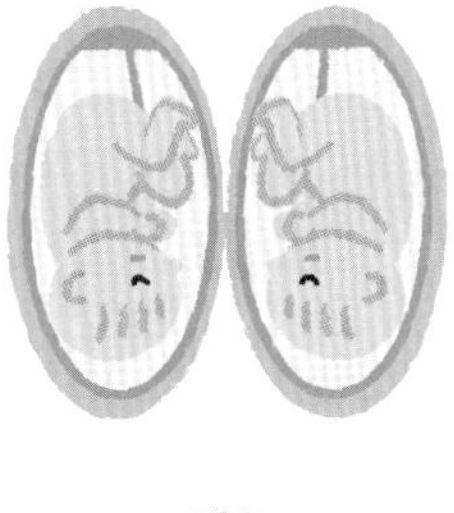

二絨毛膜二羊膜《にじゅうもうまくにようまく》（分離胎盤）

胎盤と羊膜が2つずつあります。血液循環が独立しているので、片方の赤ちゃんの影響がもう片方に及びにくくなります。

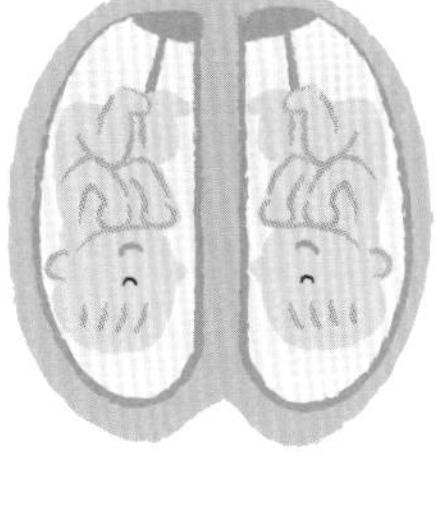

二絨毛膜二羊膜（癒合《ゆごう》胎盤）

2つの胎盤がくっつき、みかけ上1つになったもの。一卵性との見分けが難しいことも。血液循環は各々独立しています。

双子の赤ちゃんの位置

2人とも頭位
赤ちゃんが2人とも頭を子宮口に向けている場合は、単胎《たんたい》の頭位と同じく、経腟分娩も可能です。

1人が逆子
1人が頭位、もう1人が逆子は、双子に多いパターンです。最初の子が頭位なら、経腟分娩も可能に。

2人とも逆子
両方が逆子なら、単胎と同様、帝王切開を選択します。

※双子の場合、現在は赤ちゃんの位置に関わらず、ほとんど帝王切開が選択されています。

35歳以上のはじめてのお産

高年出産のママへ

高年出産のママは年齢に伴うリスクもありますが、高年であるがゆえのメリットも多々あります。

リスクもあれば メリットもある！

35歳以上ではじめて妊娠・出産する人を高年（高齢）出産といい、平均初婚年齢の上昇を背景に年々増えています。

高年出産になると、早産《そうざん》（→P.142）や妊娠高血圧症候群（→P.140）、妊娠糖尿病（→P.141）など、出産時のトラブルが起こる確率が少し高くなります。また、微弱《びじゃく》陣痛《じんつう》（→P.182）が続いたり、子宮口《しきゅうこう》が開きづらくなったりすることで出産が長引くケースが増え、それに伴い緊急帝王切開《ていおうせっかい》などのリスクも必然的に上がります。

もちろん、すべての高年出産のママがこうしたリスクを抱えているわけではありません。定期的に妊婦健診を受けて経過を見守り、無理をせず規則正しい生活を続けることで、さまざまなリスクを大幅に下げることができます。

高年出産というとリスクばかりが耳に入ってきますが、よい点もたくさんあります。社会経験が長いことで、医師や助産師《じょさんし》と良好な関係を築きやすいこと。そのため納得のいく出産をしやすいこと。若いころより経済的なゆとりを持って子育てに臨めることなどです。これまでのママ自身の人生経験に自信を持って、出産に臨みましょう。

出生前診断は意味を理解し、夫婦で話し合いを

高年出産は、ダウン症候群など、赤ちゃんの染色体異常の確率も少し上がります。そのため、先天的な病気の有無について、おなかの赤ちゃんの検査をする出生前診断《しゅっしょうまえしんだん》（→P.38）を検討する人もいます。

ただし、出生前診断はそのほとんどが、確実にわかる確定診断ではありません。また、すべての先天的な病気の有無を知ることはできません。羊水《ようすい》検査や絨毛《じゅうもう》検査は、一部の染色体異常について確実に診断できますが、検査時に流産のリスクもあります。こうしたことを踏まえて、出生前診断を受けるかどうか、夫婦でよく話し合い、納得いく結論を出しましょう。

Letter from 竹内先生

出生前診断をめぐっては、いろいろと倫理的な問題が議論されています。ただ一つ、ママとパパに知っておいてほしいのは、出生前診断は「赤ちゃんを選ぶ」ことにつながる検査だということです。夫婦でよく話し合って、検査を受ける・受けないを決めてください。お互いの気持ちを率直に話し合うことが、いかなる結論になるにしても、2人にとって大事なことだと思います。

はじめての出産だから友だちがオススメしてたあのきれいな病院で出産したいなぁ♪
電話してみよう〜
ごはんがおいしくておみやげも豪華で有名なあそこー
ホテルのような個人病院
申しわけありません
当院は高年出産は対応してないんです
ガーン
クスン
あそこはダメみたい パパどう思う？
高年出産になるし何かあったときの対応が大事じゃない？
たったしかに！
高年出産
妊娠中毒症
切迫早産
豪華ごはんやおみやげよりも
高水準の医療ー
メンタルケアしっかり!!
NICU
ハイリスク対応
総合病院（産科専門医院）
自分に合った産院選びが大切!!

日常生活で心がける 3カ条！

1 生活リズムを整える

妊娠中は免疫力が低下しています。早寝、早起きを意識し、十分な睡眠時間を確保して。また、初産の場合は年齢が上がるにつれて産道や子宮口がかたくなり、難産になることも。安定期に入ったらヨガや散歩など軽い運動をしてお産に備えましょう。

2 バランスのよい食生活を

妊娠高血圧症候群や妊娠糖尿病を防ぐため、塩分や油分の多いものは避けるなど食事に気を配りましょう（→P.80）。葉酸や鉄、カルシウムなどの栄養素は妊娠中に不足しやすいため、積極的にとることが推奨されています。

3 仕事や家事で無理をしない

高年出産の場合、これまで仕事中心の生活を送っていた人が多く、妊娠中にも無理をしがち。加齢とともに流産・早産や合併症のリスクも上がるので、仕事量や勤務時間を調整できないか事業主に相談することが大切です。

「母健連絡カード」を上手に活用しよう

つわりなど妊娠中の症状で医師から指導を受けた場合、事業主に母性健康管理指導事項連絡カード（→P.111）を提出し、働き方を見直しましょう。

妊娠後期の不安Q&A

Q 新型コロナウイルスに感染してしまったら?

A まずはかかりつけ医に連絡を

PCR検査などで陽性が出た場合は、かかりつけ医や保健所に電話をして指示を仰ぎましょう。妊娠初期・中期の感染は、同年代の妊娠していない女性と経過は変わりません。しかし、妊娠後期の感染は早産や合併症のリスクがあり、妊娠37週以降の感染は指定病院に転院後、帝王切開になることも。(→P.155)

※2023年1月現在

Q 赤ちゃんの性別がまだわからない…いつになったら判明する?

A 生まれるまでわからないことも

性別は早ければ妊娠4カ月の終わりごろに判明しますが、中にはお股を上手に隠し、なかなか判明しない子も。また「健診では女の子といわれていたが、生まれたら男の子だった」という場合もあります。本来エコーは赤ちゃんに異常がないかを調べるためのもの。生まれるまで気長に待ちましょう。

Q 胎動が少なくなり不安…。受診するべき?

A 「胎動カウント」をしてみて

「胎動カウント」とは、安静な状態で、おなかの赤ちゃんが動き始めてから10回動くのに何分かかるかを測る方法(しゃっくりはカウントに含みません)。長くかかってしまうからといって心配しすぎる必要はありませんが、1〜2時間胎動がない場合は念のため病産院に連絡を。

Q 妊娠中、パパがするべきことは?

A 産後パパ育休の申請や仕事の調整を

産後8週間以内の期間内に、パパが最長4週間の育児休業を取得できる「産後パパ育休(出生時育児休業)」を会社に申請しましょう。取得日の2週間前までに会社に申請すれば大丈夫ですが、休業中の人員調整なども考え、なるべく早く上司に相談してください。その後の育児休業も考えている人は、合わせて伝えましょう。

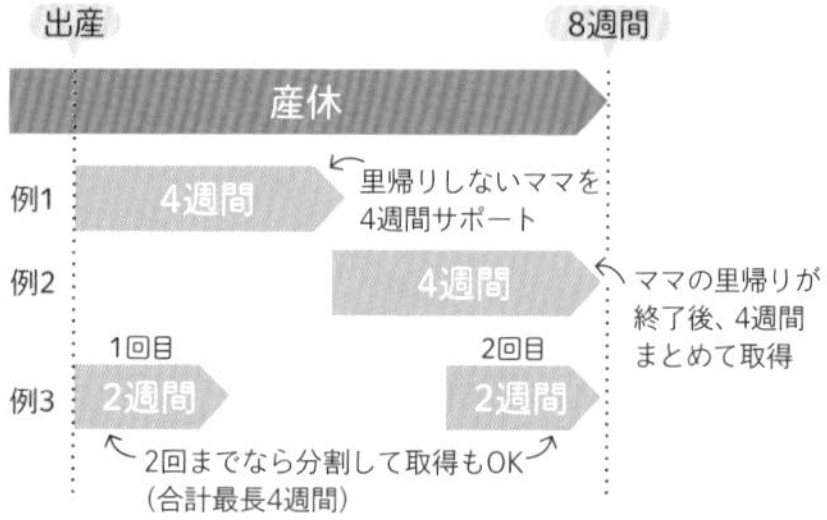

Q 妊娠後期も続くつわり。いつおさまるの?

A 出産後は楽になります

安定期に入ったらつわりはおさまることが多いですが、中には出産するまでつわりに苦しむママも。仕事に支障が出ている場合は「母性健康管理指導事項連絡カード」を利用して、休職や時短勤務などの工夫を。出産すれば症状はおさまるので、あと少しの辛抱です!

Part 2

目指そう、安産ボディ！

赤ちゃんのため、ママ自身のために、日々できることって
何でしょう？　心も体も安産になる習慣を身につけましょう。

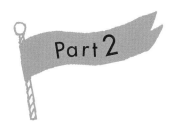

おいしく安全に！

妊娠中の食事と栄養

妊娠中はママの食事が赤ちゃんの健康に大きく関わります。食事や栄養のこと、見直してみませんか？

脱・不健康！食生活を見直して

妊娠前は、食生活が不規則もしくは、栄養バランスが偏りがちだったというママも、おなかに赤ちゃんが宿ったことをきっかけに、食事に対する考え方を見直す人が多いようです。

妊娠中は、ママがとった栄養が赤ちゃんに送られるという特別な時期。栄養バランスを考えながら、1日3食きちんと食べ、ママ、そして赤ちゃんの健康を守りましょう。そのためにも、なるべく自炊を心がけ、野菜を中心にまんべんなく栄養をとれる食生活にシフトを。

妊娠中にこうした習慣づけをしておくと、実は出産後が非常に楽。おいしい母乳を出すための食事、赤ちゃんがはじめて口にする離乳食と、すべてに通じるからです。ぜひ、楽しみながら栄養豊かな食生活にしていってください。

バランスのよい定食メニューが手本

妊娠中の食事は次の2点を意識しましょう。1つは、野菜や海藻類を多めにとること。私たちの食事は肉や卵など、調理しやすい食材を多く使う傾向にあり、タンパク質をとりすぎています。野菜や海藻類を増やして予防しましょう。ドレッシングはノンオイルやポン酢などでカロリーを抑えましょう。

もう1つは、ふだんよりも薄味にすること。私たちは市販のお総菜や外食など、濃い味付けになれてしまっていて塩分をとりすぎています。お総菜を買ってきた場合は、1回の食事に使う量を半分にし、野菜や豆腐を混ぜるなどしてカサを増し、味を薄めて食べるのもおすすめです。

基本的にはこの2点を押さえ、あとはバランスよく栄養素をとれるようにします。そのお手本となるのが定食メニュー。主食＋主菜＋副菜をつねにイメージするとスムーズに献立を考えられます。

Letter from 竹内先生

これまで、「妊娠中はできるだけ体重を増やさない方がいい」「小さく産んで大きく育てるのがいい」と考えられてきました。ところがこの兆候は、逆に小児肥満や将来の生活習慣病と関連があることがわかってきたのです。今こそ、あなたと赤ちゃん、そして将来の家族のために、"食"についての意識を高めてゆきましょう。

●食生活のポイント●

3食規則正しく

朝昼晩３食、きちんと食事をとるのはママにとっても赤ちゃんにとっても大事。栄養面はもちろん、生活習慣にもつながります。とくに注意したいのが夜遅くの食事。脂肪がつきやすくなるので気をつけて。

低カロリー

カロリーを抑える基本は、糖分や脂分のカット。ストレスをためない程度に工夫して、ケーキより大福、パスタよりうどんなどの選択を。やみくもにカロリーを抑えるのではなく、必要な栄養素はきちんととって。

塩分・糖分は控えめに

塩分は妊娠高血圧症やむくみ、糖分は妊娠糖尿病などを招く危険があります。赤ちゃんが生まれ、離乳食が始まると薄味が基本。そのときの予行練習だと考え、妊娠中から薄味に慣れておきましょう。

野菜はたっぷりと

便秘の解消はもちろん、カサ増し料理に大活躍の野菜は、毎日たっぷり食べましょう。ただ、生野菜は体を冷やし、実は量もそんなに食べられないので、温野菜にしたり、スープにしたりするなどひと手間かけてみて。

おやつは「補食《ほしょく》」

口が寂しいとついつい手が出てしまう間食。でも、そもそもおやつは「補食」であることを忘れずに。野菜スティックやプチトマト、煮干しやナッツ類などを取り入れると、1日の食事のバランスもとりやすくなります。

ジュースや果物に注意

「お菓子じゃないから大丈夫だろう」という油断は禁物。果汁100％ジュース、果物なども予想以上にカロリーや糖分が高いので要注意です。どうしてもとりたい場合は、エネルギー消費が活発な朝にしましょう。

妊娠初期は赤ちゃんも小さいので、さほど必要カロリーは増えません。ただ、中期、後期とおなかが大きくなるに従い、赤ちゃんの体づくりのために必要カロリーは増えていきます。

エネルギー摂取基準		身体活動レベル※		
		Ⅰ	Ⅱ	Ⅲ
女性	18～29歳	1700kcal	2000kcal	2300kcal
	30～49歳	1750kcal	2050kcal	2350kcal
妊婦	初期	+50kcal		
	中期	+250kcal		
	後期	+450kcal		
授乳婦		+350kcal		

厚生労働省「日本人の食事摂取基準(2020年版)」より

※ 身体活動レベルは、低い(Ⅰ)、ふつう(Ⅱ)、高い(Ⅲ)で分けられている。
Ⅰ：生活の大部分が座位で、静的な活動が中心の場合
Ⅱ：座位中心の仕事だが、職場内での移動や立位での作業・接客等、あるいは通勤・買い物・家事、軽いスポーツ等のいずれかを含む場合
Ⅲ：移動や立位の多い仕事への従事者、あるいは、スポーツ等余暇における活発な運動習慣を持っている場合

1日に必要な食事量とバランス

参考にしたい 食事バランスガイド

コマのイラストで１日の食事を表現した「食事バランスガイド」。バランスが崩れるとコマが倒れてしまうので要注意。下の表は非妊娠時の主食、副菜、主菜、牛乳・乳製品、果物の１日の摂取目安量を基準に、妊娠時の付加量を表記しています。

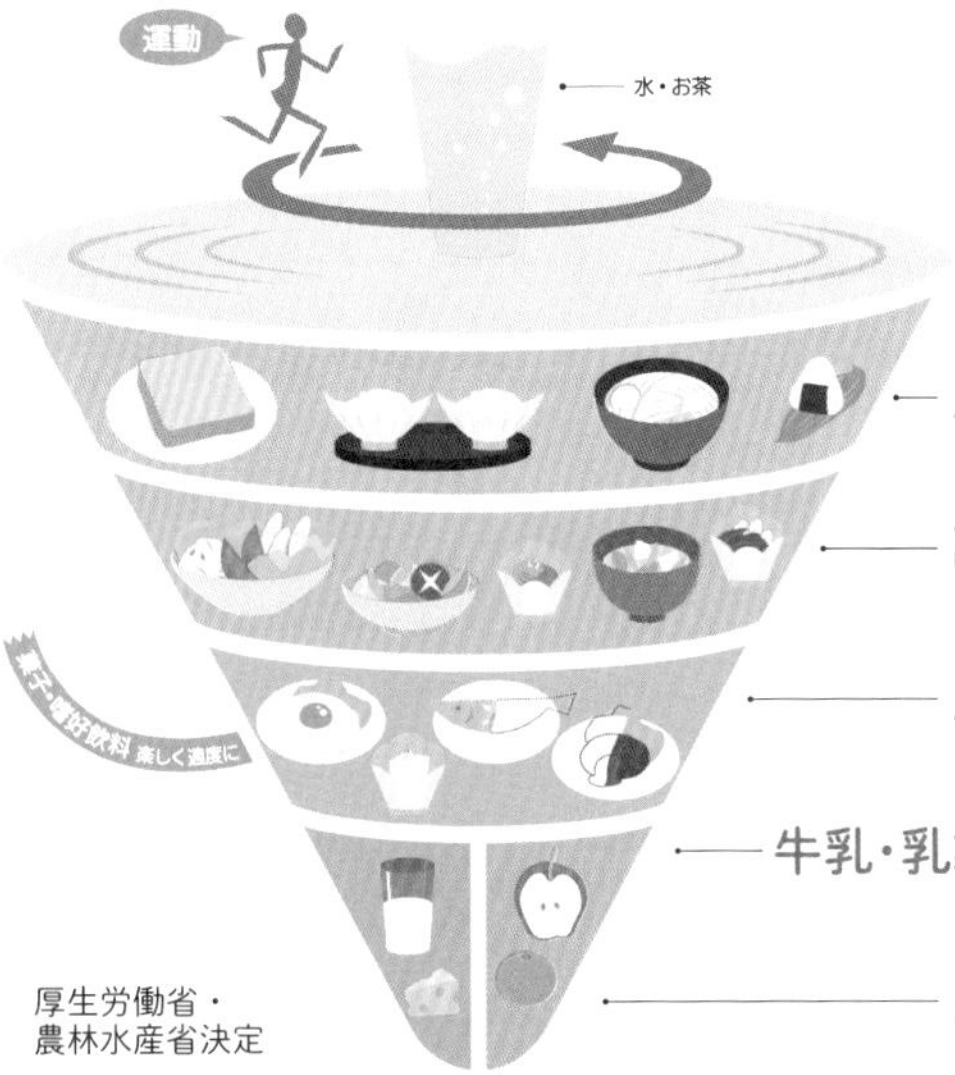

厚生労働省・
農林水産省決定

	非妊娠時	妊娠初期	妊娠中期	妊娠後期
		１日付加量		
主食	5〜7つ (SV)	—	—	+1
副菜	5〜6つ (SV)	—	+1	+1
主菜	3〜5つ (SV)	—	+1	+1
牛乳・乳製品	2つ (SV)	—	—	+1
果物	2つ (SV)	—	+1	+1

SV（サービング）とは、「主食」「副菜」「主菜」「牛乳・乳製品」「果物」の5つの料理区分を、どれだけ食べたらよいかを示す単位のこと。たとえば、主食のご飯小盛1杯100gが1つ（SV）に相当し、1日の摂取量は5〜7つ（5〜7SV）ということになります。

主食 ご飯、パン、麺類

パンや麺類より栄養豊かなご飯

エネルギー源となる主食（炭水化物）は欠かせない栄養素。炭水化物に含まれる糖分が赤ちゃんの発育にも必要です。脂肪のとりすぎも防げるので、毎食しっかり食べるようにしましょう。

中でも一番のおすすめは「お米」。食物繊維やタンパク質が豊富なうえ、脂質が少ないヘルシーな食品です。白米はもちろん、精製されていない胚芽米や玄米にはビタミンやミネラル、食物繊維がたっぷりなので、便秘予防にも最適です。

ほかにも、パンや麺類、シリアルなどさまざまありますが、砂糖やバター、塩分などが含まれているので気をつけましょう。

SVの目安

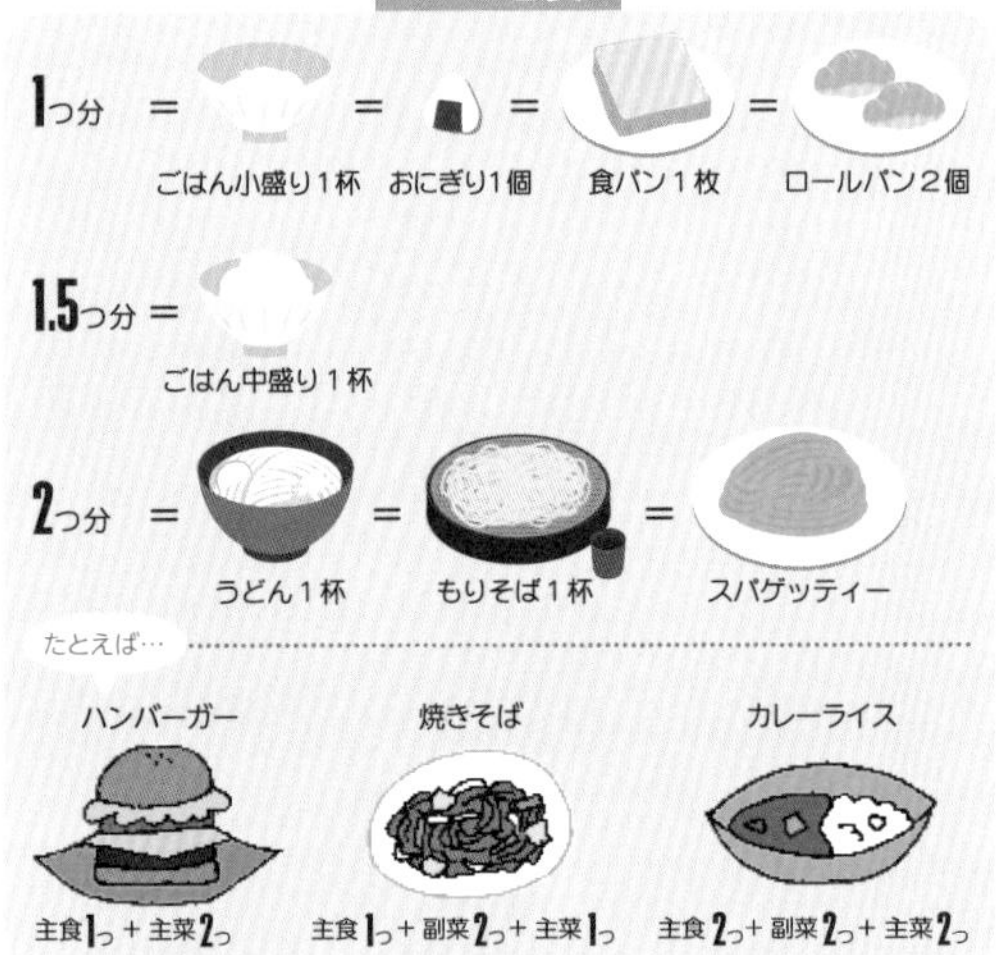

１日分の目安量

	非妊娠時	5〜7つ(SV)
付加量	妊娠初期	—
	妊娠中期	—
	妊娠後期	＋1

主菜 肉、魚、卵、大豆製品

魚や納豆、豆腐もまんべんなく

主菜のメインとなる肉、魚、卵には動物性タンパク質、納豆や豆腐などの大豆製品、穀物には植物性タンパク質が含まれています。これらは私たちの筋肉や血液などのほか、ホルモンや脳内の神経伝達物質をつくるのに必要不可欠な栄養素です。好みによって食材に偏りが出ないよう、動物性と植物性タンパク質をバランスよく取り入れるようにしましょう。

とくに魚に多く含まれる必須脂肪酸DHAやEPAは、赤ちゃんの神経系器官の形成に必要です。積極的に摂取したいですが、一部の魚介類には水銀の含有率が高いものもあるので、1日3食など過剰に摂取しないよう適量を心がけて。

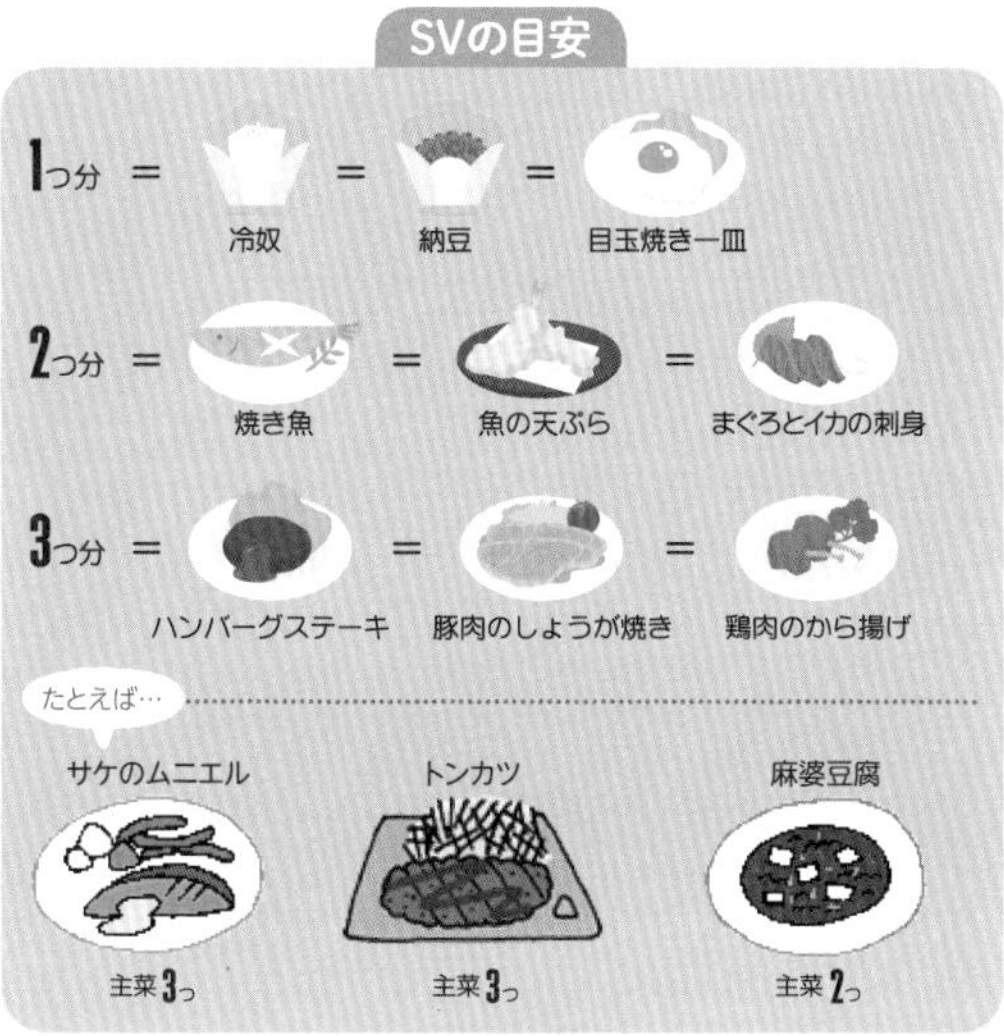

1日分の目安量

	非妊娠時	3〜5つ(SV)
付加量	妊娠初期	—
	妊娠中期	+1
	妊娠後期	+1

副菜 野菜、きのこ、いも、海藻類

たっぷりの野菜に豆や海藻もプラス

メインとなるおかずに添える副菜。中でも、意識的にとりたいのが野菜です。野菜には食物繊維やビタミン、ミネラルが豊富に含まれています。さらに妊娠中に積極的にとりたい貧血予防となる鉄分、赤ちゃんの発育を助ける葉酸《ようさん》なども摂取できます。

また、海藻類、きのこ類、豆類なども、低カロリーで副菜に適した食材。煮物や酢の物など、さまざまな調理で取り入れて。

切り干し大根やひじきなどの乾物も家にあると重宝します。栄養バランスが偏っていると感じたときは、手早くつくれる1品としてプラス。少し多めに調理し、数日に分けて食べるようにすると便利です。

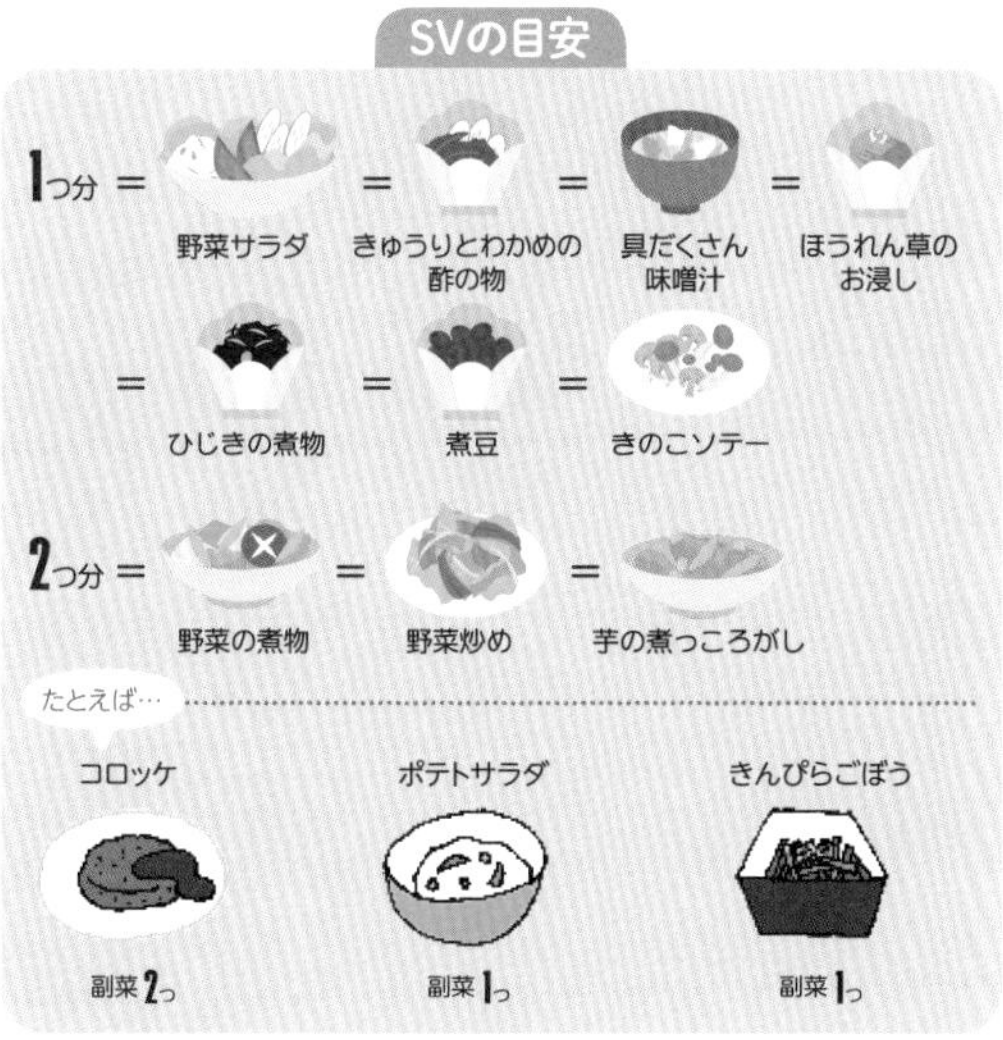

1日分の目安量

	非妊娠時	5〜6つ(SV)
付加量	妊娠初期	—
	妊娠中期	+1
	妊娠後期	+1

乳製品　牛乳、ヨーグルト、チーズなど

不足しがちなカルシウムを手軽に摂取できる

牛乳やヨーグルトなどの乳製品は、赤ちゃんの骨や歯、筋肉などの成長に欠かせないカルシウムやタンパク質を豊富に含みます。非妊娠時よりも、カルシウムは1・5倍増し、タンパク質は1・2倍増しで摂取した方がいいといわれているので、積極的にとりましょう。

牛乳が苦手な人は、チーズやヨーグルトを食べるとよいでしょう。シチューやグラタンなどの料理にすると牛乳の栄養分を摂取しやすくなります。

なお、チーズを選ぶ際には、食中毒菌(↓P.87)に感染する可能性があるので、ナチュラルチーズは避けて。製造過程で加熱・殺菌されているプロセスチーズを選びましょう。

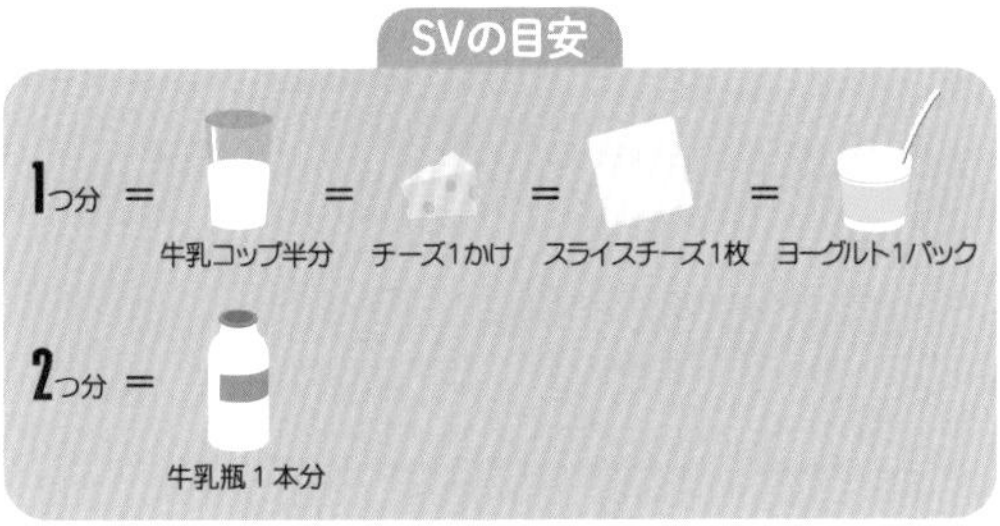

１日分の目安量

	非妊娠時	2つ (SV)
付加量	妊娠初期	—
	妊娠中期	—
	妊娠後期	＋1

果物

つわり中に食べやすい食材でも、果糖に注意！

果物にはビタミン、ミネラルや食物繊維がたくさん含まれています。妊娠初期には1日200g、中期以降では1日300gを目安にして摂取するようにしましょう。100gの目安はSV1つ分です。

いちごやマンゴーは、葉酸《ようさん》が含まれていて妊娠初期にはとくにおすすめ。また、カリウムを多く含むバナナは体内の余分な塩分を排出してくれるため、むくみ防止にもなります。

ただし、果物には果糖と呼ばれる糖分も多く含まれるので食べすぎに気をつけましょう。

また、南国の果物のバナナ、パイナップル、すいか、かきなどは、体を冷やす作用があるので適量をとるようにして。

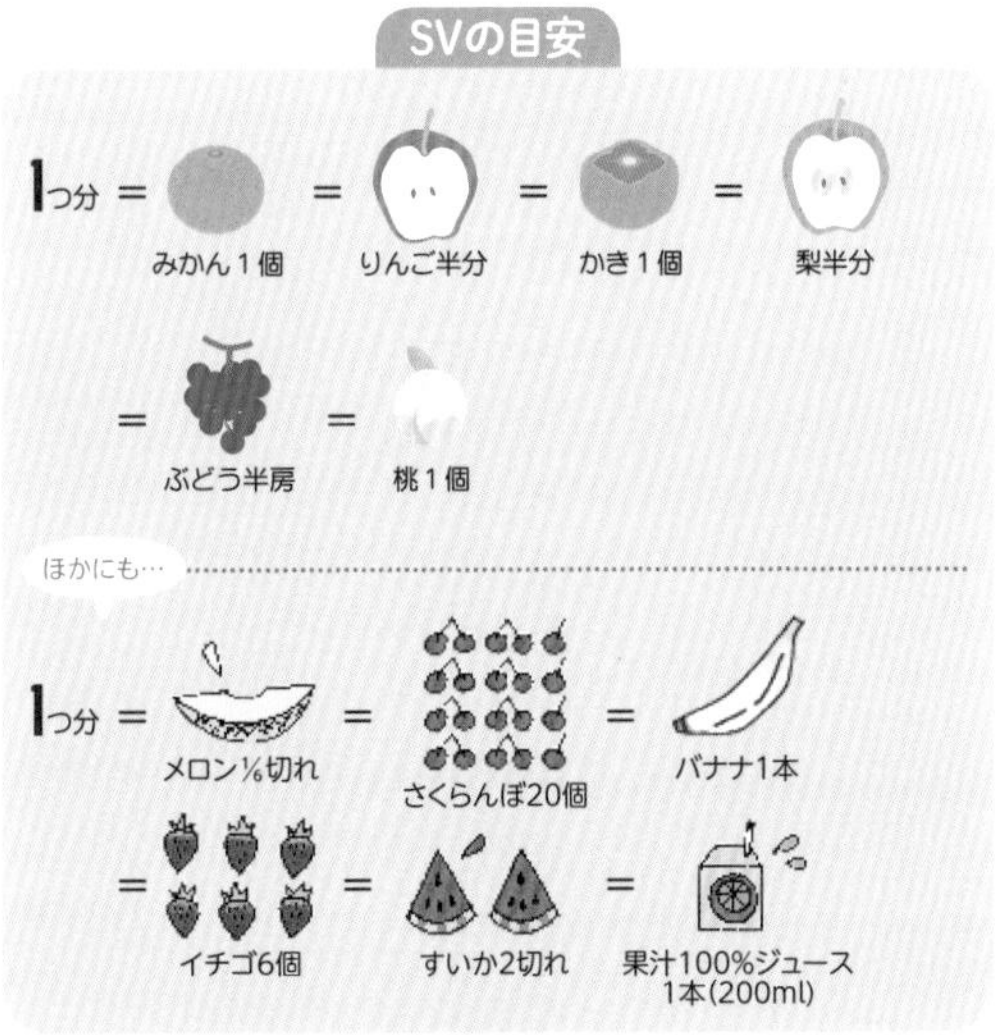

１日分の目安量

	非妊娠時	2つ (SV)
付加量	妊娠初期	—
	妊娠中期	＋1
	妊娠後期	＋1

積極的にとりたい栄養素

葉酸

妊娠前～3カ月までは意識的に摂取を

葉酸とはビタミンB群の一種。血液の生産や赤ちゃんの発育を助けます。妊娠初期に、葉酸を適量摂取(1mg/日以内)することで、脳や脊髄《せきずい》の発達異常である神経管閉鎖障害の発症リスクを減らせます。葉酸を含む食品には、ほうれん草、ブロッコリー、さつまいも、バナナ、イチゴ、大豆などがあります。

鉄

非妊娠時に比べて3倍摂取を目安に

妊娠中は胎児《たいじ》への循環血液量が増えるため、貧血になりがちです。そのため、ふだんの3倍以上の鉄分が必要に。鉄分を多く含む食材は、牛赤身肉、いわし、あさり、煮干し、小松菜、ひじき、ほうれん草など。体内吸収をよくするには、ビタミンCやタンパク質を一緒に摂取すると吸収率がアップします。

食物繊維

妊娠中のつらい便秘を改善してくれる

妊娠中は、つわりや運動不足、ホルモンの影響、おなかが大きくなって腸が圧迫されることなどから、普段は便秘ではなかった人も便が出にくくなりがちです。玄米、ごぼう、レンコン、さつまいも、きのこ類や海藻類、こんにゃく、しらたきなど食物繊維を多く含む食材をとるように心がけましょう。

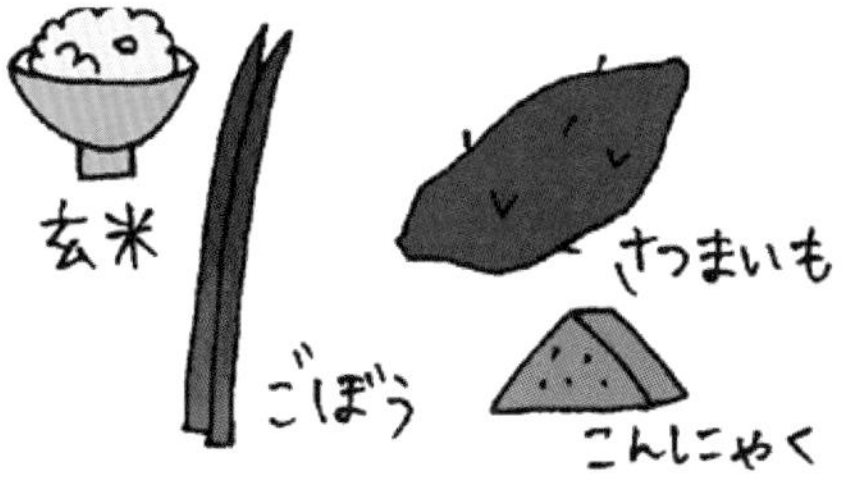

カルシウム

非妊娠時に比べて1.5倍摂取を目安に

カルシウムは赤ちゃんの骨や歯の形成にはもちろん、血液や体液、神経組織をつくるのにも重要な栄養素です。積極的に摂取しないとママの歯や骨ももろくなってしまいます。牛乳、チーズ、ヨーグルト、ちりめんじゃこ、納豆など意識して摂取しましょう。ビタミンDと一緒に摂取すると吸収率もアップ!

●簡単に手早くできる調理のコツ●

カロリーダウン

妊娠中は食欲が旺盛になり、つい食べすぎてしまいがち。妊娠高血圧症候群などの病気を引き起こさないよう、無理なくカロリーダウンができる技を取り入れていきましょう。

ノンオイル調味料を利用

ノンオイル調味料は油を使っていないぶん低カロリーですが、塩分が多いものもあるので注意して。ドレッシングは上からかけずに、ボウルに入れてから野菜を加えて混ぜると量が減らせます。

肉の部位を選ぼう

脂肪分の少ない部位を選ぶと自然とカロリーカットできます。豚肉や牛肉は、ロースよりは赤身肉を。鶏肉はささみが一番低脂肪です。もも肉や胸肉を使うときは皮を取り除いて。また、ひき肉は脂肪分が多いので気をつけるようにしましょう。

大きめにカット

油を使う場合、野菜や肉などの材料はなるべく大きめにカットしましょう。小さく切ると全体の表面積が大きくなり油を大量に吸収することになります。また、大きい方が噛みごたえも、食べごたえもアップして、満腹感を得られます。

油分をカット

カロリーダウンの大敵、油。大さじ1杯で約110kcalあるので、フッ素樹脂加工のフライパンを使うなどして油をカット。そして、なるべく「揚げる」調理から「蒸す」調理に変えてみましょう。食材は蒸すことで甘みややわらかさが増し、おいしくいただけます。

カサ増し

もやしやキャベツをたっぷり使ったカサ増し料理は、満腹感も得られ、おすすめ。またひき肉料理は肉の量を減らして大豆や豆腐などでカサを増すと、カロリーダウンに。

減塩

妊娠中は食事の量が増えて、知らずと塩分を多くとっている場合も。日本人女性の塩分目標量は7g未満ですが、実際は約9gと過剰気味。改めて見直してみて。

ご飯のお供はほどほどに

白いご飯にふりかけなどをかけると、塩分過多になることも。また、梅干しやお新香、佃煮《つくだに》なども漬け込む際に大量の塩が使われているので、食べすぎに注意しましょう。

小さじを使って計る

調理する際にいつも目分量で塩やしょうゆを加えていたなら、あえて小さじを使って計ってみて。1日の摂取量がわかって、セーブしなければいけない量も把握できます。またレシピに大さじ1と書いてあるものは小さじ2強にするなどの工夫も。

加工品に注意!

ちりめんじゃこ、ベーコン、ハム、ソーセージ、さつま揚げなどといった加工品には最初から塩分が含まれています。湯通しできるものは、一度湯にくぐらせて塩分を抜くようにしましょう。

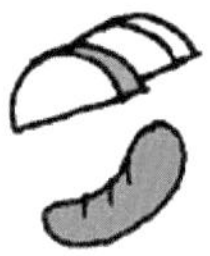

だしを利用する

減塩味噌や減塩醤油を使うのも一つの手ですが、やはり塩分は入っています。そこで、かつお節で濃い目にだしをとり、だし汁だけで野菜などの食材を煮てみましょう。野菜自体の風味が生きて、おいしくいただくことができます。

香辛料を取り入れる

いつものドレッシング、ソースなどの調味料をカレー粉や唐辛子などに代えてスパイスをきかせてみましょう。塩分は少なめでも、風味が変わることで満足できます。ただし、大量に使うと刺激が強すぎるので、気をつけてください。

注意すべき食品・飲みもの

妊娠中は口に入れるものに敏感になりがちです。もちろん、摂取量に注意すべき食材、感染に注意しなければいけない菌などを知っておく必要があるでしょう。しかし、必要以上に避けるのではなく、適量を、きちんと調理すれば毎日の食事を安全に、もっと楽しむことができるようになります。

ひじき

ひじきは鉄分が多く栄養価が高い食材ですが、有害な無機ヒ素が含まれていることが懸念されています。厚生労働省では1日4.7g（乾燥）以上を継続的に食べなければ問題ないとしています。週2回、小鉢に少し盛る程度の量なら問題ないでしょう。

生や加熱不十分なもの

寿司や刺身といった生ものや、加熱が不十分なレアステーキ、生ハム、パテ、スモークサーモンなどには、トキソプラズマという寄生虫がいる可能性があります。胎児に影響を及ぼすおそれがあるので妊娠中は極力避けて。

トキソプラズマ （→P.154）

ママが感染すると、胎盤《たいばん》を通して赤ちゃんにトキソプラズマ原虫が入り込むことがあります。先天性トキソプラズマ症にかかって生まれてくると生後まもなく死亡することもありますが、場合によっては何年もたってから症状が現れることもあります。

ナチュラルチーズ

カマンベール、ブルーチーズ、ウォッシュチーズなどの非加熱タイプのチーズにはリステリア菌が存在する場合があります。製造過程で加熱しているプロセスチーズは問題ないので、こちらを選びましょう。

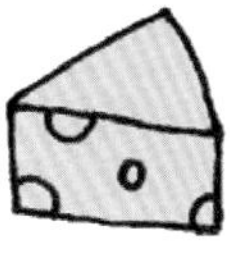

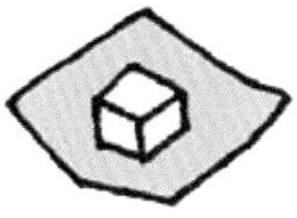

リステリア菌 （→P.156）

ママの体内に入ってしまうと、子宮《しきゅう》や胎盤に感染し、流産や死産につながるほか、新生児に敗血症《はいけつしょう》や髄膜炎《ずいまくえん》が起こることも。妊娠後期や出産直前に感染した場合は、新生児の約半数が死亡してしまうという報告もあります。

水銀含有量の多い魚介類

下記に挙げた大型回遊魚は水銀の含有率が高いので、摂取量を注意して。水銀は胎児《たいじ》の中枢神経に影響を与えるといわれています。摂取量は範囲内であれば問題はありません。なお、ツナ缶は1週間に2缶までであれば問題ありません。

1週間に1回まで（80g相当）

キンメダイ、メカジキ、クロマグロ、メバチマグロ、エッチュウバイガイ、ツチクジラ、マッコウクジラ

1週間に2回まで（160g相当）

キダイ、マカジキ、ユメカサゴ、ミナミマグロ、ヨシキリザメ、イシイルカ

レバー、うなぎ

レバーやうなぎに含まれる動物性ビタミンAは、妊娠3カ月までに過剰摂取すると胎児の形態異常につながる心配があります。うなぎなら1日1/2串、レバーなら1かけ以内が目安。うなぎ1串を食べても、翌日食べなければ大丈夫です。緑黄色野菜に含まれるビタミンAは大量摂取しても問題ありません。

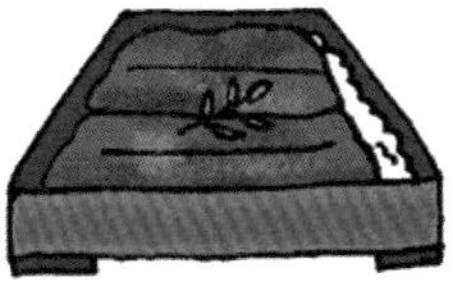

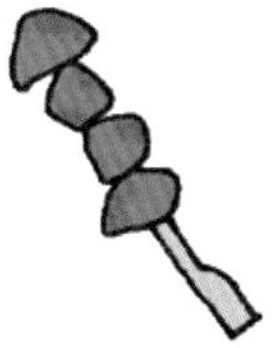

●注意すべき食品・飲みもの●

外食

一概にはいえませんが、外食は妊娠高血圧症候群を助長するようなメニューがあります。塩分や脂肪分が多いもの、化学調味料がたくさん使われていたりするもの、質の悪い油が使われていたりすることも。できれば揚げものなどを避けて、洋食よりは和食、汁などは残す工夫をして。

インスタント食品

カップ麺や即席みそ汁などのインスタント食品はとても便利ですが、塩分、脂肪分、添加物が多く、なるべく避けたいもの。どうしてもという場合はゆで野菜を入れたり、汁を残すなどして食べすぎに注意しましょう。

ジャンクフード

つわり中に食べたくなる人も多いですが、塩分が高く、栄養分のほとんどは脂質と糖質。さらに常習性があるので、なるべく避けたい食品です。どうしても食べたい場合は、サラダなど野菜を加えてバランスをとって。

食品添加物、農薬

スーパーで売られているほとんどの食品には多くの添加物や化学調味料が含まれていますが、すべて厚生労働省から認可を受けたものばかりです。同じものを大量に食べることがなければとくに問題はないでしょう。

コーヒー

コーヒー、紅茶、緑茶にはカフェインが含まれます。カフェインは胎盤《たいばん》を通して赤ちゃんにも送られるため、カフェインの摂取量は極力少なめに。カフェインレスコーヒーなどで代用してみましょう。

ハーブティー

ハーブティーは妊娠中のノンカフェイン飲料として安心して飲めるイメージがあります。しかし中には大量に飲むと子宮収縮作用などがあるものもあり、妊婦には禁忌《きんき》・禁止のものもあります。専門店や医師に相談してから飲用するようにしましょう。

OK

カモミール、オレンジピール、ラズベリーリーフ、ハイビスカス、ネトル、ローズヒップ、クリーバーズ、エルダーフラワー、ダンデライオンルート、ジンジャー、ホーステール　など

NG

リコリス、レモングラス、ローズマリー、アンジェリカ、ウコン、マテ、シナモン、サフラン、セージ、ジャスミン、アロエ、フィーバーフュー、ヤロー、ジュニパー、ターメリック、タイム、ハトムギ　など

サプリメント

サプリメントは医薬品と違い、品質や規格などが一定しません。また、種類によっては単一成分ではなく複数成分が添加されているものも。過剰摂取や相互作用などの問題も出てきますので、摂取する際は、必ず医師と相談してからにしましょう。

葉酸《ようさん》

妊娠初期3カ月までに葉酸をとると胎児神経管閉鎖障害のリスクが減るといわれています(→P.85)。ただし1日1mg（＝1000μg）は超えないように、摂取量に注意しましょう。とればとるほどよいというものではありません。

ビタミンD

ビタミンDは脂溶性《しようせい》のため、過剰摂取（上限100μg）すると体内に蓄積されることがわかっています。骨や歯を形成するのに欠かせない栄養素ですが、過剰摂取は血中カルシウムを上昇させることも。

ビタミンA

ビタミンAは皮膚や粘膜、目によい効果をもたらすといわれ、妊娠中にも欠かせない栄養素。しかし脂溶性ビタミンであるため胎盤を通過しやすく、妊娠初期の妊婦が過剰摂取すると、胎児の形態異常リスクが高まるといわれています。妊娠3カ月までは推奨量※（670μgRE/日）を超えないよう注意して。なお、鶏、豚、牛のレバーやうなぎなどに多く含まれていますが、通常の食事で異常が出ることはまずありません。

※ビタミンAの量は、レチノール量と、プロビタミンAがレチノールに変換された量の合計である「レチノール当量(μg RE)」として表されます。

妊娠中の食事によって赤ちゃんにアレルギーが出る？

妊娠中は三大アレルゲン「卵・牛乳・大豆」を食べないよう気をつける人も多いと思います。ただ、現在のところ、そうしたことによるアレルギー発症予防効果は証明されていません。除去よりも栄養バランスの整った食事を心がけて。

栄養ドリンク、栄養補助食品

とても疲れているときや、手軽に栄養補給したいときに便利です。栄養ドリンクの中には妊婦のためにカフェインゼロにしているものや、カロリーカットしているものもあります。基本は食事から栄養をとるべきですが、これらを摂取する際は、用法・用量をきちんと確認した上で。

安全な出産のために
体重管理が必要なワケ

妊娠中は太りすぎもやせすぎもトラブルの原因になります。適切な体重管理で安産を目指しましょう。

増えすぎはもちろん やせすぎもNG

ママが病産院で指導されることの一つに「体重管理」があります。妊娠すると赤ちゃんに送る栄養分や分娩《ぶんべん》に必要なエネルギー、産後の授乳準備などのため、脂肪を蓄積しやすい体になっていくのは当然のこと。それに加えて運動不足や、ホルモンの影響で食欲旺盛《おうせい》になって過食《かしょく》してしまうなど、大幅に体重が増えてしまうママが多いようです。

過剰な体重増加は、妊娠高血圧症候群や妊娠糖尿病のリスクを高めたり、産道に脂肪がついて難産になるなど、いいことはありません。そこで、厳しく体重管理を指導する病産院も多いのです。

しかし最近では、やせすぎのママが増えていることも問題になっています。ママの栄養状態が悪いために赤ちゃんがしっかりと育たず、出生児の平均体重の減少とともに、2500g未満で生まれる赤ちゃん(低出生体重児《ていしゅっしょうたいじゅうじ》)の率が増えているのです。低出生体重で生まれた子は、将来的に肥満や糖尿病などの生活習慣病になりやすいこともわかってきました。

目安は10〜13kg増 食事と運動で調整を

妊娠前の体格や栄養状態にも個人差がありますので、一概に何kgまで増えてよい、ということはいえませんが、左ページ表のBMI値を参考にしながら、自分の体重増加の目安を確認してみましょう。

体重が増加しやすい時期というのは、つわり明け、産休に入ったとき、里帰りしたとき、臨月《りんげつ》に入ったときなどが挙げられますので、その時期はとくに暴飲暴食をしないように注意しましょう。

つわりが終わるころから、徐々に食事と運動で調整することが大切です。

増えすぎると

妊娠高血圧症候群や妊娠糖尿病に
高血圧、糖尿病とも赤ちゃんの健康に影響を与え、難産のリスクを高めます。

難産になる可能性アリ
産道に脂肪がつくと赤ちゃんが通りづらくなり難産になる可能性が高くなります。

産後の体型戻しが大変!!
必要以上に増えた体重をもとに戻すのは至難の技。妊娠前の体型に戻れない場合も。

妊娠線ができやすくなる
必要以上に太るとおなかや腰まわりなどが急激に広がり妊娠線ができやすくなります。

腰痛が出やすくなる
体重増に比例しておなかも大きくなり、それを支える腰に痛みが出やすくなります。

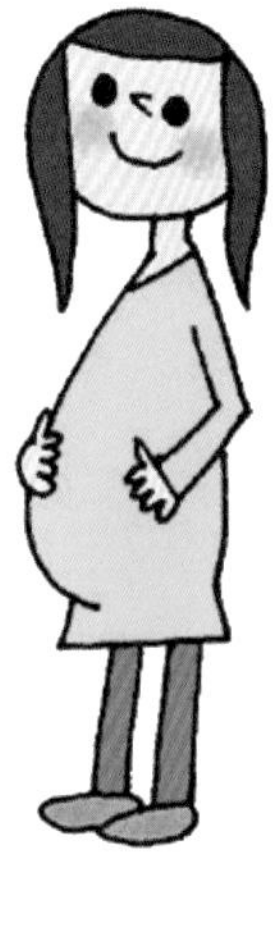

やせすぎだと

赤ちゃんに十分な栄養が届かない
赤ちゃんの出生体重が減少し、2500g未満の低体重児になるリスクが高まります。

赤ちゃんが将来生活習慣病に
将来的に肥満、高血圧、糖尿病などの生活習慣病にかかる確率が高くなります。

お産や産後に必要なエネルギー不足に
やせすぎで体力がないと、産後の赤ちゃんのお世話や母乳にも影響を与えます。

流産・早産のリスクが高まる
栄養が足りていないと流産や早産のリスクが高まるので注意しましょう。

●体重管理のコツ●

1 毎日体重をチェック

毎日、体重を測定すると、自然と体重管理ができるようになります。朝食前など決まった時間に測るようにしましょう。1週間の体重増加の目安は、300〜500gまで。500g以上に増えると妊娠高血圧症候群などのリスクが高まるので、食事や生活習慣を見直して。

2 1日の食事内容をメモ

「あまり食べてないのに体重が増えた！」と思っていても、実際に1日食べたものをすべて書き出してみると、カロリーオーバーしていることも。炭水化物ばかりとっているといった食生活の偏りもわかり、食べすぎ防止とともに栄養バランスを考えるきっかけにも。

3 便秘に注意!

妊娠中はホルモンの影響で腸の働きが鈍くなったり、また大きくなった子宮《しきゅう》が腸を圧迫するため、便秘になりがちです。適度な水分をとりながら、食物繊維を多めにとるようにしましょう。あまりに便秘がひどいようであれば、医師に相談するのもよいでしょう。

4 適度な運動

おなかが大きくなってくると、つい出不精になったり、家事などをさぼってしまいがち。1日のうち横になっている時間の方が多いようであれば、それは明らかに運動不足です。医師から「安静に」の指示がない限りは、掃除や洗濯、買いものなど適度に動くよう心がけて。

先輩ママの声

「2人分食べろといわれ…」

昔の人は「赤ちゃんの分も2人分食べなさい」とよくいいますよね。同居の義母にいわれてなかなか断れず、その通りにしていたら、体重が大幅に増加！ 直接いうと角が立つと思ったので、妊娠・出産本をみせて「今は体重管理がうるさくて……」と話し、理解してもらいました。

先輩ママの声

「残り1カ月でラストスパート!?」

出産まであと１カ月という時期に、気が緩んだのか、赤ちゃんの成長が進んだのか、体重増加が一気に加速。運動不足だったこともあり、最終的に15kgも太ってしまいました。お産は無事に済んだのですが、産後の体型を戻すのに１年以上かかってしまいました。

あなたのBMIをチェック!

体型判断に活用されているBMI（ボディ・マス・インデックス=肥満指数の判定式）。身長と体重を計算式にあてはめると増加体重の目安がわかります。

妊娠前の体重(kg)÷[身長(m)×身長(m)]

例）身長160cm、体重50kgの場合 ▶ 50÷(1.6×1.6)=19.5

低体重	標準	肥満
18.5未満	18.5以上 25.0未満	25.0以上〜30.0未満
体重増加の目安は12〜15kg。ダイエットや栄養不足の場合は要注意。必要な栄養量をきちんととるよう心がけて。	体重増加の目安は10〜13kg。理想的な体重増加と±１kgの差なら問題なし。週に500g以上の増加は注意が必要。	体重増加の目安は7〜10kg。BMI30以上の場合は医師に個別相談し、初期段階から体重コントロールが必要。

臨月の体重増加の詳細

赤ちゃんの体重	約3kg
胎盤	約500g
羊水	約500g
子宮、乳房、血液、水分、+脂肪の増加	約6〜9kg
合計	約10〜13kg

運動して元気なママに
マタニティエクササイズをしよう!

おなかが大きくなるにつれ、体を動かすのが面倒に。でも、運動することでいろいろなメリットも。

体重管理だけでなくリフレッシュに最適!

妊娠中はおなかが大きくなるため、動くことが面倒になりがち。でも、適度な運動を続けることは体重管理、そして気持ちのリフレッシュに大いに役立ちます。持久力もつくので、お産に向けた体力づくりにも最適。さらには、体を動かすことで筋肉がほぐれ、血行がよくなるため、むくみや冷え、腰痛などの予防・緩和《かんわ》にもつながります。

妊婦向けのエクササイズとしては、エアロビクス、スイミング、ヨガ、ウォーキングなど有酸素《ゆうさんそ》運動もしくは全身運動がおすすめです。始める時期は、妊娠16週目以降が目安となっていますが、体調が安定しているのであれば、少し早い時期からでも開始してよいでしょう。その際は主治医に相談し、必ず許可を得てください。出産直前までやってもOKです。

エクササイズ前の体調チェック

- □ おなかが張っていない?
- □ 胎動はある?
- □ 空腹、満腹ではない?
- □ 体調が悪くない?

※紹介している運動は、本人が気持ちいい程度・回数で行いましょう。

股関節《こかんせつ》をやわらかくしておくといいことがいっぱい!

経膣分娩《けいちつぶんべん》で出産する際、股関節がかたいと、赤ちゃんがうまく出てこられない可能性も。股関節をやわらかくしておけば、血流もよくなり、いいことずくめです。ながら運動でほぐしておいて。

合せきのポーズ

1 ひざを開き足裏を合わせたら、足はできるだけ体側に引き寄せます。

2 息を吸い、吐きながら床にひざを近づけ、続いて息を吸い、吐きながら戻します。

マイナートラブル

背中や肩のこり どうにかならない?

重いおなかやバストを支えるため、妊婦の背中や肩はこりかたまることがしばしば。悩みを抱えているママは多いです。こりは頭痛の原因にもなるので、ストレッチして解消しましょう。

肩回し

1

あぐらをかいて座ります。肩の高さまで両腕を上げ、肩の上に手を置きます。

2

前から後ろにひじで円を描くように回します。後ろから前の動作も同様に。

肩甲骨のストレッチ

1

胸の高さで右腕を伸ばし、左腕で右腕をはさんで、10秒間体に引き寄せます。左腕も同様に。

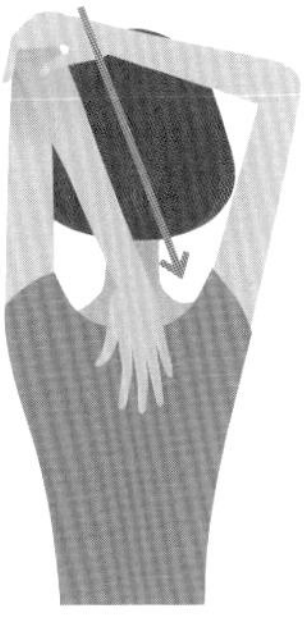

2

左手を背中に回し、脱力します。右手で左ひじをつかみ、右下にゆっくり傾けます。右手も同様に。

肩と背中のストレッチ

1

後ろで両手を組みゆっくりと斜め下に。鎖骨～胸周辺の筋肉をストレッチします。

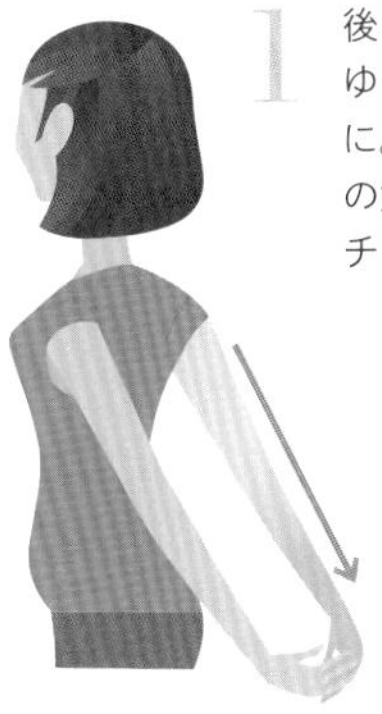

2

手のひらを上にして手を組み、腕を上げて、背筋やわきが伸びるのを感じます。5秒伸ばし脱力×3回行います。

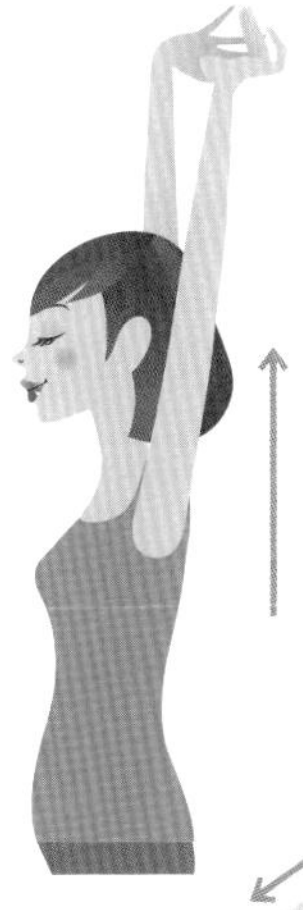

3

両手を組んだまま体の前へ。息を吐きながら背中を丸め、背中～腕の筋肉を伸ばします。

上半身をひねるトレーニング

イスに浅く腰掛け、背筋を伸ばします。ゆっくり息を吐きながら上半身をねじります。息を吸いながら戻して。反対側も同様に交互に数回行います。

マイナートラブル

腰が痛くてたまらない！

妊娠前から悩まされている人も多い腰痛。とくに体のバランスが不安定な妊娠中は腰への負担が倍増します。マタニティガードルや妊婦帯でサポートしつつ、ストレッチもして。

腰をひねるポーズ

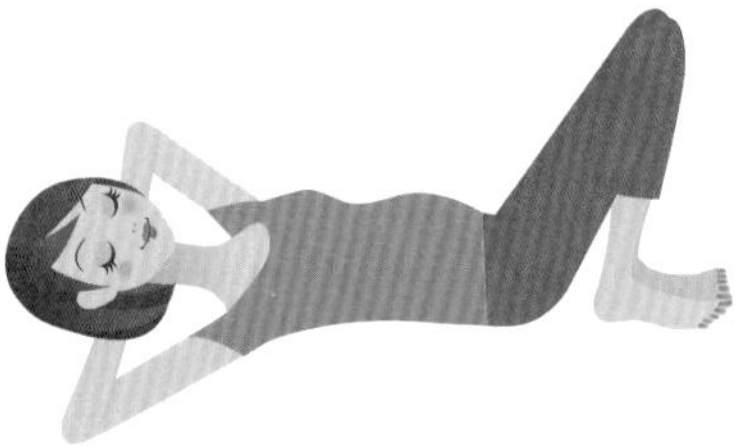

1 仰向けに寝て、両ひざを立てます。両手を組んだら、頭の下に置きます。

2 息を吐きながら両足を横に倒し、数秒キープ。息を吸いながらもとに戻して。

3 反対側も同様に行います。気持ちよいと感じ、体に負担なくできる回数で繰り返しましょう。

腰と背中のストレッチ

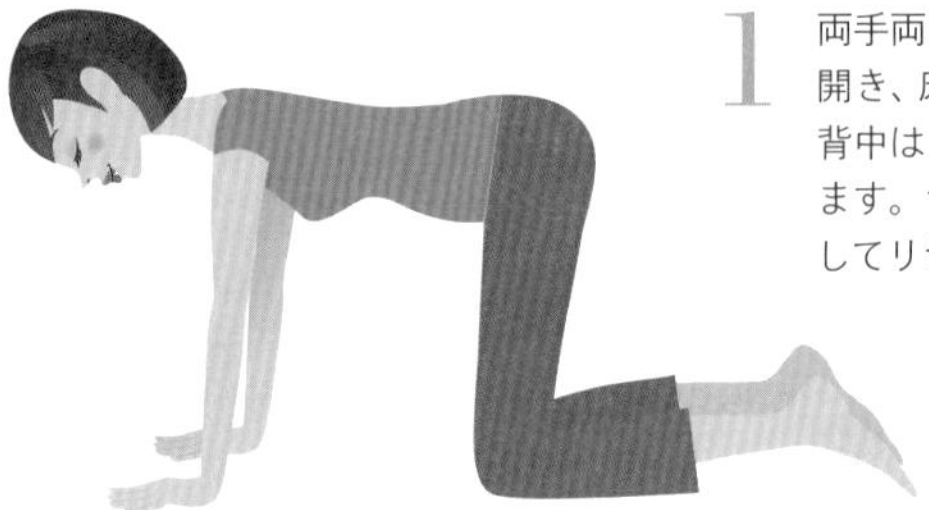

1 両手両ひざは肩幅に開き、床につきます。背中はまっすぐ保ちます。つま先は伸ばしてリラックス。

2 息を吐きながらおなかを持ち上げて腹筋を締め、おへそをみるように。背中は丸めて伸ばします。

3 息を吸いながら背中、腰を軽く反らせ、視線は天井へ。息を吐きながらゆっくりに戻ります。

マイナートラブル

どうして**ろっ骨**が痛むの?

子宮が大きくなるにつれ、内臓が圧迫されて、ろっ骨も押し広げられることで痛みが出ます。中には吐き気をもよおす人も。ろっ骨周辺の筋肉を伸ばし、ほぐすことで痛みも和らぎます。

わき腹のストレッチ

1 両手を頭の後ろで組み、背筋を伸ばします。背筋を伸ばすのがつらければ立って行ってもOK。

2 その姿勢のまま体を左に倒し、わき腹の伸びを感じたらゆっくりもとに戻り、逆も同様に行います。

ろっ骨まわりの血行促進

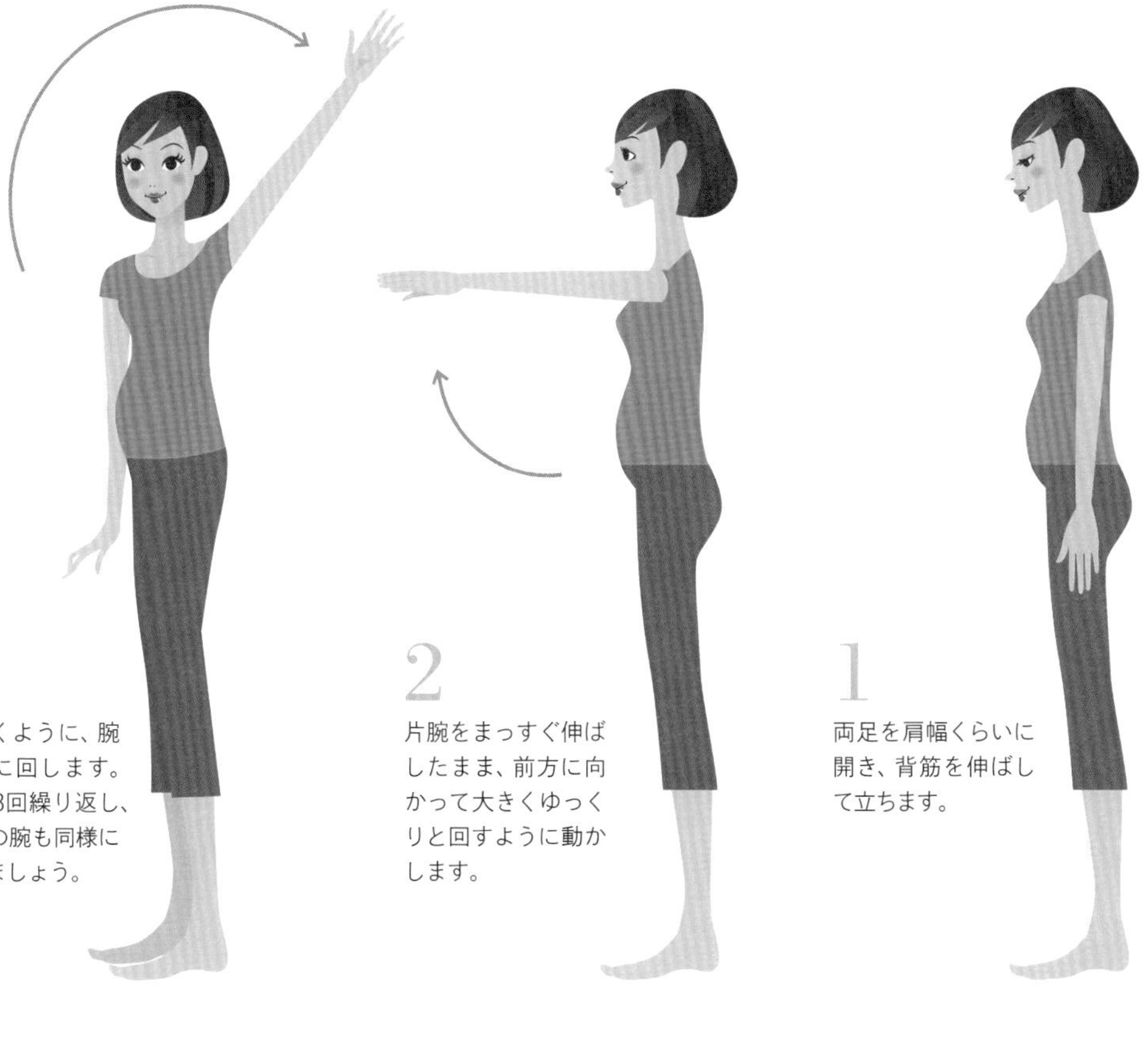

1 両足を肩幅くらいに開き、背筋を伸ばして立ちます。

2 片腕をまっすぐ伸ばしたまま、前方に向かって大きくゆっくりと回すように動かします。

3 円を描くように、腕を後ろに回します。1〜3を3回繰り返し、反対側の腕も同様に動かしましょう。

マイナートラブル

手足がむくんでパンパン！

血液と水分のバランスが崩れやすい妊娠中は非常にむくみやすくなります。塩分のとりすぎを防ぎ、血行をよくするのが一番の解決策。手足を動かして、血の巡りをよくしましょう。

手足のストレッチ

仰向けになって両足を上げ、前後にバタバタさせます。そのまま両手も上げ、前後に手首をブラブラさせます。

指先のストレッチ

背筋を伸ばし、わきを締めます。両手を軽く握ったら、今度は手を開きながら両腕を勢いよく前へ伸ばします。これを10回くらい繰り返しましょう。

マイナートラブル

頻繁に足がつってつらい…

急激に増える体重を支えている足への負担は増加。そのためこむら返りが起こりやすくなります。筋肉疲労に冷えは大敵。下半身をあたためて、筋肉をほぐしておくとよいでしょう。

アキレス腱のストレッチ

ひざを伸ばして座ったらお尻よりやや後ろに両手を置きます。つま先を手前に引き、アキレス腱を伸ばします。

十分に伸ばしたら、向こう側へつま先を伸ばします。

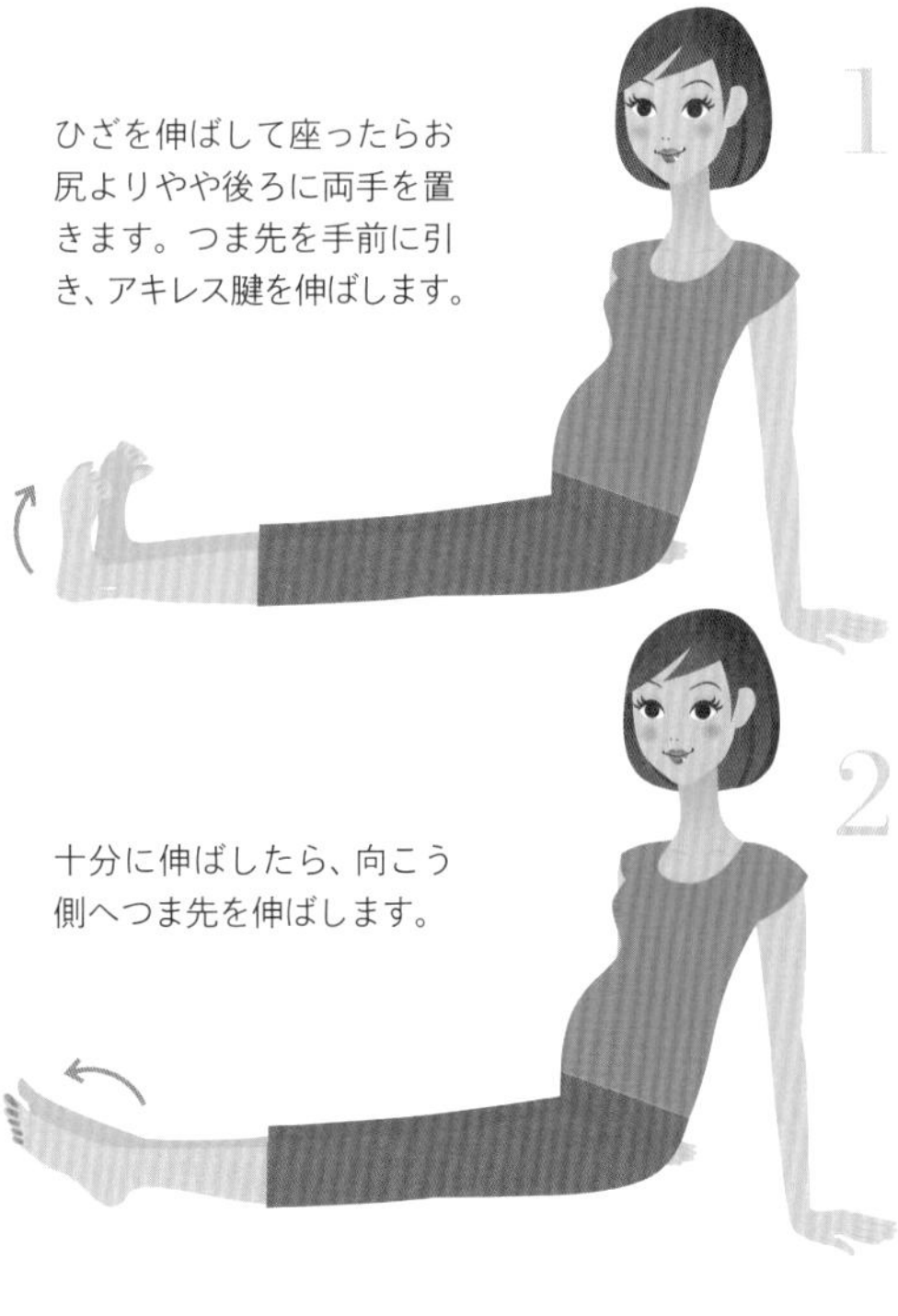

ふくらはぎのストレッチ

右足を前に出してひざを曲げ、ふくらはぎが伸びたと感じるまで、左足のかかとをゆっくりと下ろします。反対側の足も同様に。

手軽で気楽なウォーキング

運動が苦手な人にも、気楽に取り入れられる運動といったらウォーキング! 病産院へ行くついでや、買いものがてらに、散歩気分で楽しみましょう。心身ともにリフレッシュされるので、ストレス解消にも効果的です。

体調と天気の様子をみて、1日30分くらいを目安にゆっくり歩きましょう。歩き終わった後、体が温まってうっすら汗をかいているぐらいがちょうどよい運動量です。途中で水分補給することも忘れずに、マイペースで行いましょう。

こんなときはNG

- □ おなかが張っている
- □ 体に痛みがある
- □ 空腹時や満腹時
- □ 天候が悪い
- □ 「安静に」といわれている

ウォーキング前には軽く手足のストレッチ

急な運動はケガやトラブルのもとになりかねません。ウォーキングの前後は必ず、アキレス腱やふくらはぎのストレッチを行いましょう。

目線はまっすぐ前を向いて

視線が下がると背筋が伸びず、歩幅も小さくなり、ウォーキング効果も半減。目線はまっすぐ、数メートル先をみるようにしましょう。

肩の力は抜いて腕は大きく振って

わきを締めて両ひじを90度に曲げ、腕は前後に大きく振りながら、元気よく歩きましょう。代謝が上がり、血行も促進されます。

あごは引いて背筋は伸ばす

猫背にならないよう、あごを引いて背筋を伸ばしましょう。また、後ろに反り返ると腰に負担がかかるので、注意してください。

持ちものチェック

- □ 母子健康手帳
- □ 携帯電話、スマートフォン
- □ 診察券
- □ タオル
- □ 水
- □ アメなど(栄養補給のため)
- □ 現金(交通費など)

つま先で蹴り出してかかとで着地

つまずかないように、つま先を上に向けて足を出し、かかとから地面に着地。靴はウォーキング用かクッション性の高いスニーカーを。

出産しやすい体づくり

安産エクササイズで準備OK!

ママ自身が自分の体に意識を向け、腹筋や呼吸など、エクササイズをすることで安産できる体に。

出産に向けて体の調整をしましょう

「妊婦は安静にしているのが一番!」などと運動不足になっていませんか? お産はまさに体力勝負! 想像以上の体力消耗に驚くママも多いようです。ドクターストップがかかっている人以外は、適度に運動を取り入れて、お産に必要な筋力をつけておくべきです。

とくに鍛えておきたい筋力は、いきみで必要となる腹筋と、子宮《しきゅう》や膀胱《ぼうこう》を下から支え、赤ちゃんが通る産道《さんどう》を取り巻いている骨盤底筋《こつばんていきん》の2つです。妊婦でも負担なく鍛えられるエクササイズを紹介しますので、体調がよく、おなかに張りを感じないときに行ってみましょう。

でも、やりすぎは禁物。マタニティエクササイズやウォーキング同様、うっすら汗ばむ程度にとどめて。もちろん、体調が悪いときは無理せず休んでください。

「もっと運動したい!」というアクティブなママは、必ず主治医に相談し、許可を得てから行いましょう。

リラックスするための呼吸の基本

深い呼吸には、心と体の緊張をほぐす効果があります。出産時、赤ちゃんにたっぷり酸素を届けるためにも呼吸の練習をしておきましょう。①全身の力を抜き、楽な姿勢で座って、おなかをふくらませるように鼻から息を吸います。②おなかを凹ませるように、ゆっくり口から息を吐きます。

出産のイメトレで心の準備もばっちり!

本番まで、なかなかイメージのわかないお産。でも、前もってお産の流れ(↓P.170)を把握しておけば、「今どの段階かな?」「もう少しで赤ちゃんと会える」と心にゆとりを持つことができるはず。お産をスムーズに進めるには、リラックスして力を抜くことが大事です。産前にイメージトレーニングをしておいて、心身ともに余裕を持って臨みましょう。

Lesson 1
腹筋を鍛える

腹筋は、赤ちゃんを押し出すのに欠かせない筋力。妊娠中は大きくなる子宮を支えているため、通常時より引っ張られ薄くなっています。鍛えておけば、腰の痛み軽減にも、産後の体型戻しにもつながり一石二鳥です。

足上げ

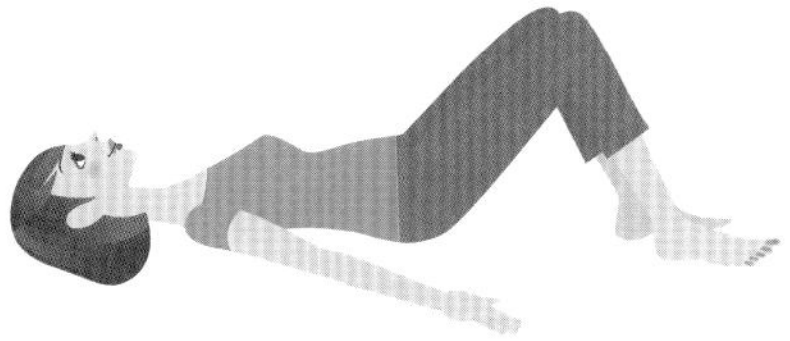

1 仰向けに寝て足を腰幅に開き、両ひざを立てます。両腕は手のひらを下に。

2 片足をゆっくり上げ、10数えたらゆっくり下ろします。逆の足も同様に。

腰の前後運動

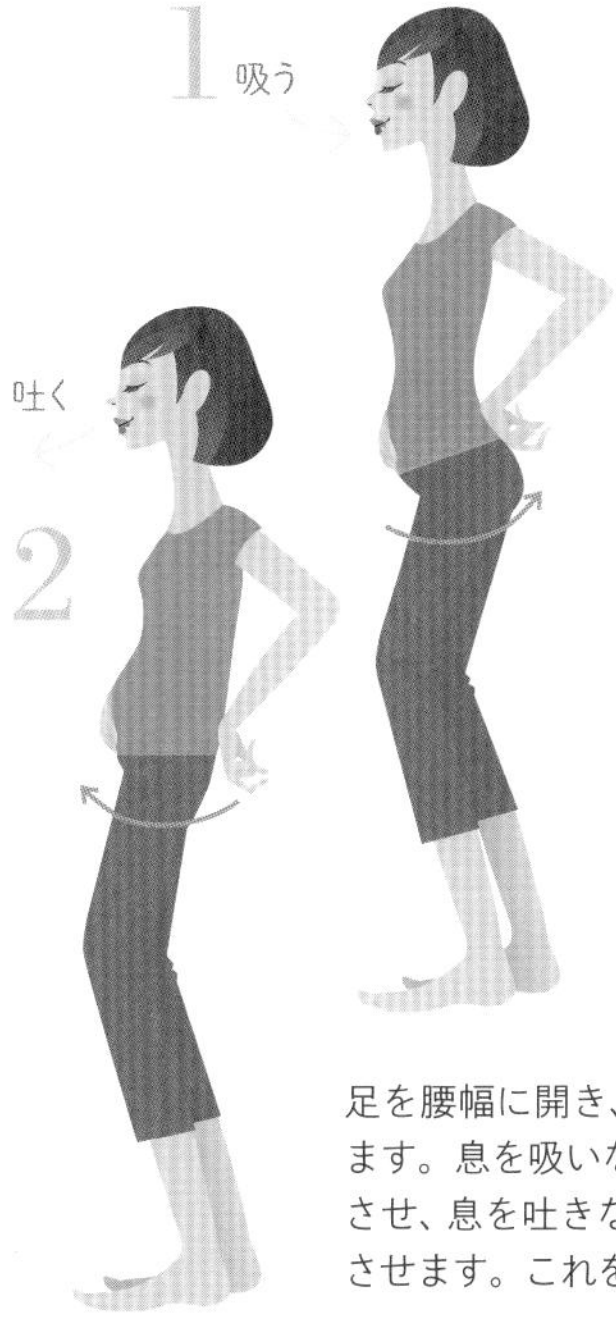

足を腰幅に開き、ひざは軽く緩めます。息を吸いながら骨盤を後傾させ、息を吐きながら骨盤を前傾させます。これを数回行います。

骨盤の運動

NG

肩まで一緒に動かさないよう気をつけて。肩は水平なまま、骨盤だけ動かしてください。

3 一度息を吸い、吐きながら今度は左上に骨盤を持ち上げます。右のわき腹が伸びるのを感じましょう。

2 息を吐きながら、骨盤を右上に持ち上げるように動かします。左のわき腹が伸びるのを感じられるはず。

1 両足を肩幅に開いて立ちます。ひざは軽く曲げ、両腕は骨盤のあたりに添えて背筋を伸ばします。

Lesson 2
骨盤底筋を鍛える

出産時、赤ちゃんが産道《さんどう》を通るときに骨盤底筋《こつばんていきん》の柔軟性は重要。ぜひ鍛えておきたい筋肉です。骨盤底筋は、お産に向けて徐々に緩《ゆる》んでいきますが、弱すぎると、大きくなった子宮《しきゅう》が、子宮や膀胱《ぼうこう》周辺の筋肉を引っ張り、尿道を締める力が弱くなってしまうので、尿もれしやすくなるのです。産後にも影響するので、しっかり鍛えておいて。

腰上げ運動

1 仰向けに寝て両ひざを軽く立て、足の裏は床にぴったりつけます。両手は手のひらを床につけて両わきへ。

2 腰を床につけたまま肛門を引き締め、息を吸います。ゆっくり吐きながら腰を上げ、ひと呼吸おきます。

3 息を吐きながらゆっくり腰を下ろします。ひと呼吸おき全身をリラックス。これを3セット行います。

膣のまわりをやわらかくする運動

1 仰向けでひざを軽く曲げ、リラックス。

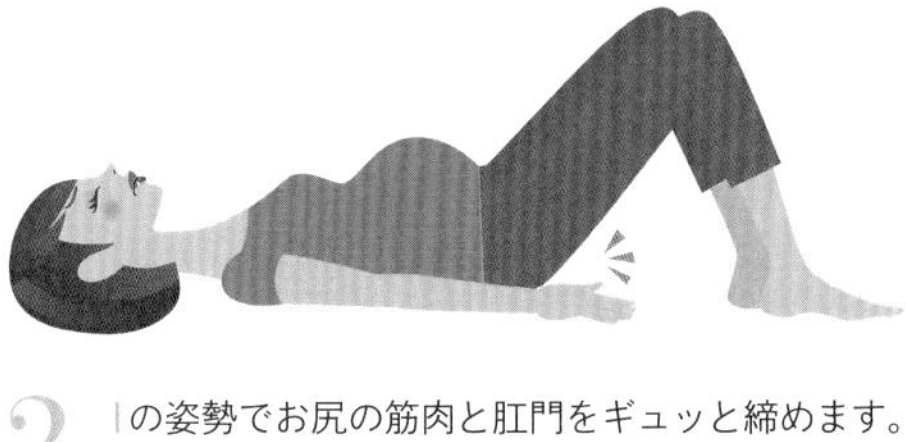

2 1の姿勢でお尻の筋肉と肛門をギュッと締めます。リラックスの姿勢とお尻と肛門の引き締めを1セットとし、10セット繰り返しましょう。

しゃがみこみ運動

1 足を開いてしゃがみこみ、顔の前で両手を合わせます。このとき、ひざの間にひじがあたるようにしてください。

2 息を吸って吐きながら、合わせた手をゆっくり下に下ろします。自然とひじでひざを押し広げるようになります。

もし1〜2の動作がつらい場合は、両手を床につけ、そのまま前方に体を傾けるというエクササイズでもOKです。

エクササイズの後や疲れたときは

エクササイズ後にはゆったり休みましょう。ここで紹介する姿勢は、家事や仕事中に疲労を感じたときや、陣痛《じんつう》がきたときにもおすすめです。自分にとって楽な姿勢をみつけておきましょう。

イス で

両腕と頭をイスの座面にのせて体の力を抜きます。うたた寝をしたいときや、陣痛の痛みを逃したいときにもおすすめ。

床 で

ももを大きく開き、ひざを立てずに四つんばいになります。ひじは床につけて。この姿勢なら読書もOK !

寝転がり （シムスの体位）

体の片側を下にして横向きに寝て、上になった足を軽く曲げます。腕は楽な場所に。重くなったおなかにやさしい姿勢です。

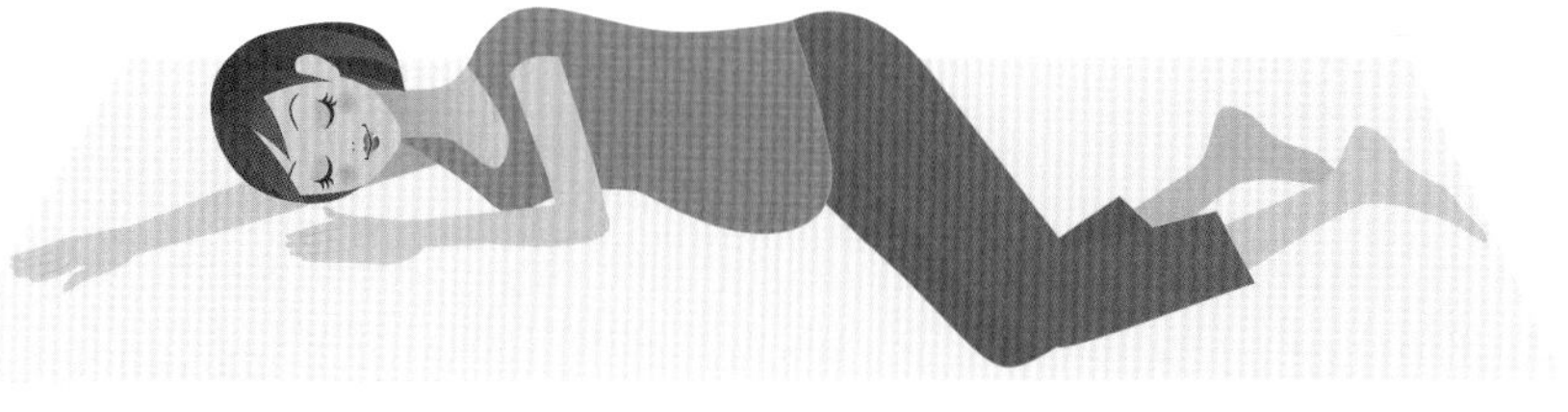

仰向け で

仰向けに寝たら足を肩幅に開き、ひざ下に座布団やバスタオルを入れて高さを調整。そのまま全身の力を抜き、深呼吸を繰り返します。

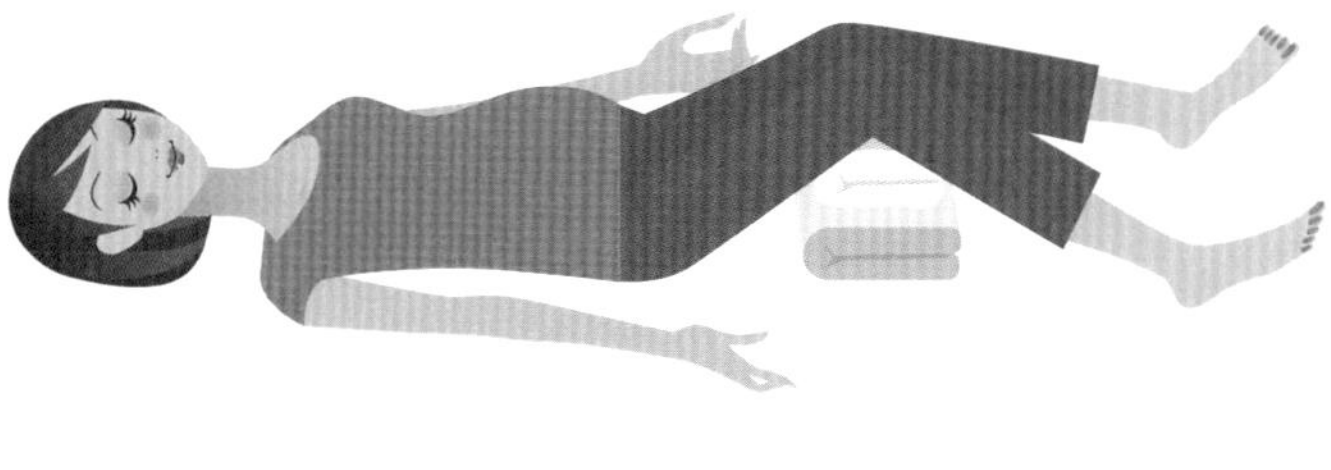

肌・髪などの悩みに！

気になる美容ケア

妊娠中は肌・髪トラブルやにおいなどの悩みが増えます。簡単にできるお手入れのコツとは？

ゆったりと構え トラブルと向き合いましょう

体に大きな変化が起こる妊娠期間。体型などのみた目はもちろん、体質や肌質、髪質なども今までと違ってくることがあります。

これは急激なホルモンバランスの変化によって起こりますが、いきなりのことで気持ちが追いついていかないこともあるでしょう。急に肌がカサカサしてきたり、体毛が濃くなってきたら、気持ちまでブルーになってしまいがち。周囲になかなか相談しにくいこともあるでしょう。

でも、それは「妊娠中だから起こること」。出産後は徐々に解決していくことが多いですから、あまり心配する必要はありません。変化に過敏にならずに精神的にゆったりと過ごすことは、おなかの赤ちゃんにもいい影響を及ぼします。自分の体と向き合っていきましょう。

肌のトラブル

シミ、そばかす

妊娠してから、シミやそばかすが目立つようになったという話をよく聞きますが、これは妊娠で分泌《ぶんぴつ》が増える女性ホルモン、エストロゲンとプロゲステロンの影響といわれています。

これらのホルモンが、大量のメラニン色素をつくる過程で、なんらかの刺激が加わると色素沈着《しきそちんちゃく》が起き、シミやそばかすになってしまうのです。

刺激の一要因となるのが紫外線です。

妊娠中は紫外線対策を万全に行いましょう。とくに4〜9月は紫外線が非常に強くなりますので、日傘や帽子、日焼け止めクリームなどで紫外線から身を守るようにします。

妊娠中は通常より肌が過敏になることもあるので、日焼け止めクリームは紫外線吸収剤を含まないノンケミカルなタイプのものを選ぶとよいでしょう。

かさつき、かゆみ、湿疹《しっしん》、アトピー

妊娠中は肌が乾燥してかゆみがひどくなったり、湿疹が出ることがあります。手足の外側、胸や腹、背中などに多く現れ、かゆみが強いのが特徴です。

これらは妊娠によるホルモン変化が影響しているため、出産後は消えることがほとんどですが、乾燥を防ぐために小まめに保湿クリームなどを塗るようにしま

しょう。また、化繊《かせん》を含む下着やストッキングなどは控えた方がよいでしょう。もともとアトピー性皮膚炎がある人は妊娠中に悪化する場合もあるので、医師と相談してケアをする必要があります。

産毛《うぶげ》や体毛が濃くなる

妊娠をすると、女性ホルモンだけではなく男性ホルモンも活発になるため、産毛や体毛が濃くなることがあります。

体毛の濃さや変化には個人差がありますが、とくに腹部を中心に、赤ちゃんの入ったおなかを守るように体毛が濃くなることが多いようです。いきなりの変化に驚き悩みがちですが、これは一時的な現象。産後は徐々に戻っていき目立たなくなりますので、あまり気にしないようにしましょう。

顔の産毛が濃くなりがちなのは、鼻の下です。人目につく部分で気になる場合は、顔そりなどで除毛をしてもかまいません。ただし、妊娠中の肌はデリケートですから、刺激の少ないクリームなど塗り、しっかりと肌を保護するようにしてください。

正中線《せいちゅうせん》

おへそをはさんで上下に伸びる一本線を「正中線」といいます。これは、細胞分裂の合わせ目なので、みえなくても生まれながらにすべての人が持っています。

妊娠するとホルモンの変化でメラニン色素の分泌が盛んになるため、この正中線が濃く茶色に浮き出てみえることもありますが、産後1年以内にみえなくなることがほとんどですので、あまり気にしなくてもよいでしょう。

髪のトラブル

抜け毛、パサつき

妊娠中は抜け毛が多くなって驚いた、などという話をよく聞きます。また新しく生えてきた毛が細かったり、コシがなかったり、パサつきがひどくなって髪質が変わってしまった、ということも多いようです。これは妊娠中多くみられる変化で、ホルモンの分泌量が変わったことや、母体の栄養が赤ちゃんに優先的に送られるために起こるもので、産後しばらく続くこともあります。

出産後、ホルモンバランスが整い、月経が再開するころには、これらのトラブルも徐々におさまっていきますので、あまり心配しなくても大丈夫です。

とくに髪の毛によいといわれているわかめや昆布などの海藻類や、カロテンを含む緑黄色野菜、タンパク質を含む肉などをとるように心がけましょう。

フケが増える

妊娠中に頭のかゆみが増したり、フケが多くなることがあります。

これは、頭皮《とうひ》から分泌《ぶんぴつ》される皮脂《ひし》が増えて皮脂腺が詰まり、雑菌が繁殖しやすくなった場合と、頭皮の乾燥による場合とが考えられます。

いずれの場合も、ゴシゴシ強く洗うのはNG。トラブルを抱えている頭皮をこれ以上傷つけないように、指の腹でやさしく洗いましょう。トリートメント剤が合っていない場合もあるので、違うタイプに変えてみるのも一つの手。また、ヘアカラーやパーマなど刺激が強いヘア剤の使用は控えましょう。

その他のトラブル

体臭がきつくなる

妊娠すると嗅覚《きゅうかく》が敏感になり、他人の体臭が気になるのはもちろん、自分の体臭がきつくなった気がするものです。また、妊娠中は体温が高くなり、汗をかきやすくなりますし、においのもとであるアポクリン腺からの分泌成分も増えます。いずれも産後には解消されるので、清潔を心がければ大丈夫です。

口臭がきつくなる

妊娠中はホルモンバランスが大きく変化するため、免疫力《めんえき》が低下しやすく、口内環境が変わってしまうことがあります。通常より唾液《だえき》の分泌量が減ったり、歯周病や虫歯を進めてしまうことも。その結果、口臭がきつくなってしまうのです。

ですから、妊娠中に歯科検診を受けておくことをおすすめします。口内環境を正常に保つとともに、虫歯治療などを済ませておくことで、赤ちゃんに虫歯菌をうつしてしまう心配も少なくなります。

出産後は赤ちゃんのお世話で忙しく、自分のケアにまで手がまわりにくいので、出産前に済ませておくようにしましょう。

妊娠線

急激におなかや胸が大きくなることで、皮膚組織が断裂し、毛細血管が透けてみえるのが「妊娠線」です。産後は薄くはなりますが、完全には消えません(↓P.45)。

わきの下が黒ずむ

妊娠20週を過ぎたころから、色素沈着《しきそちんちゃく》が起こりやすくなり、体のあちこちに黒ずみやシミができやすくなります。

とくにわきの下や乳首、乳輪《にゅうりん》、外陰部《がいいんぶ》、足のつけ根などは、もともとメラニン色素が多いため黒ずみやすい部分です。

出産後、ホルモンバランスがもとに戻るに伴い、黒ずみも徐々に薄くなっていきますので、あまり心配しなくても大丈夫です。

Part 3

妊娠中に やっておきたいこと

新しい家族を迎えるために、産前に知っておくべきこと、
済ませておくべきことを事前にチェックしておきましょう！

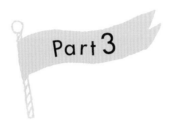

出産の不安を取り除く

母親学級・両親学級へ行ってみよう

妊娠中の気になる事柄やお産について学べる機会です。出産への不安も解消されるのでぜひ参加しましょう。

病産院と地域主催の学級がある

妊娠をすると、病産院や区役所・市役所などの地域から母親学級の案内をされます。はじめてママになる人は、出産までの10カ月間の過ごし方や、分娩《ぶんべん》のしくみ、赤ちゃんのお世話の仕方などを詳しくレクチャーしてくれるので、ぜひ参加してみましょう。

開催される回数は3〜4回のところが多く、ほとんどが無料で行われます。病産院、自治体主催のどちらでも、内容に大きな差はありませんが、出産時の立ち会いや母子同室などについてなど、より具体的な質問をしたい場合には、自分の出産する病産院の母親学級に参加するとよいでしょう。

内容は、スライドを使った講義のほか、妊婦体操、分娩時の呼吸法、赤ちゃんの人形を使った沐浴《もくよく》実習など体験を通して学ぶことができます。

また、あると便利な育児用品を教えてくれたり、妊婦に必要な栄養補給サプリメントや粉ミルクの試供品などをもらえることもあります。

「参加してよかった！」という声の多くは、母親学級でママ友ができたというもの。同じ時期に出産、子育てをする仲間がいると、さまざまな疑問や不安も解消しやすくなるものです。新しい友だちづくりを目的に参加してみてもいいかもしれません。この機会を上手に活用しましょう。

母親学級のカリキュラム例

1回目 妊娠初期について
- ●妊娠のしくみや注意点
- ●妊娠中の生活について（初期〜中期）
- ●胎教や妊婦体操について
- ●母乳マッサージ　など

2回目 妊娠中期について
- ●妊娠中の栄養について
- ●入院・お産の準備
- ●新生児の衣類や用品
- ●妊娠中の異常について　など

3回目 妊娠後期について
- ●妊娠中の生活について（後期）
- ●お産の経過について
- ●呼吸法・リラックス法の練習
- ●分娩のリハーサル　など

4回目 妊娠後期〜産後について
- ●出産に向けての準備
- ●入院の時期や方法
- ●新生児について
- ●産後の経過と生活　など

夫婦で参加して思いも情報も共有

ママの場合、赤ちゃんがおなかに宿《やど》った瞬間から、体内でさまざまな変化が起こるため、着々とそして自然に「母親」になる意識が高まっていきます。胎動《たいどう》を感じるようになると、さらに母性が高まっていくかもしれません。

一方、パパの場合は、赤ちゃんが生まれてくるまで、体はもちろん生活スタイルも変わらないことが多いため、意識的に「父親」になるための心構えをすることが必要になるでしょう。

そんなきっかけの一つとなるのが、両親学級です。各自治体が行う両親学級はパパも参加しやすいように土曜日や平日の夜に開催されることが多いようです。

妊婦の体の変化や出産の流れなど、ママ自身では説明しづらいことを教えてくれます。さらに沐浴やおむつ替えの実習をすることで、赤ちゃんと接することへのハードルが低くなり、スムーズに子育ての参加がしやすくなるメリットも。

また、パパのおなかに10 kgのおもりをつけて立ち振る舞いをしてみる妊婦体験を行っているところもあります。

「こんなに重いものとは思わなかった！」「バランスをとるのもひと苦労、腰痛になりそう」など驚きの声も。こんな体験をすることで、ママの体の変化や体調を理解する手助けにもなるでしょう。「これからいよいよ子育てが始まるんだ！」という気づきにもなるようです。

先輩ママ&パパの声

「妊婦って本当に大変！」

妊婦の疑似体験をする両親学級を受講しました。実際に体験用のジャケットを着用すると、男性でも重さを感じるだけでなく、足元が見えない不安、落ちた物を取ることの大変さなどを痛感。臨月に近づき、どんどん大きくなる妻のおなかを見ながら、その大変さを思い出し、「自分にできることは何か」といった気持ちが芽生えるようになりました。
(Y和さん・31歳)

「質問攻め！」

いわゆるおめでた婚……予想外の妊娠だったため、わからないことだらけで不安でした。緊張しながら母親学級に参加したのですが、不安を打ち消すかのように、わかりやすく妊娠・出産のプロセスを教えてもらうことができました。細かい質問をたくさんしてしまいましたが、丁寧に答えてもらえて、ものすごく安心しました。
(C美さん・26歳)

「ママ友ができた！」

参加する際、自分と同じくらいの年齢の人がいるか不安だったのですが、母親学級で隣になった人が同い年ということがわかり意気投合。家も歩いて10分程度と近かったので、とても心強い仲間ができました。引っ込み思案な私を彼女が引っ張ってくれたおかげで地域のママ友だちも増え、妊婦生活がより一層楽しくなりました。
(A子さん・37歳)

生まれる前からの絆

赤ちゃんと「胎教」コミュニケーション

胎《たい》教《きょう》＝早期教育と思われがちですが、ママが心穏やかに過ごすことが最高の「胎教」になります。

5カ月ごろから赤ちゃんは聞こえています

妊娠5カ月目あたりから、胎児《たいじ》の脳や神経ができあがっていくため、外からの音や声がおなかの赤ちゃんにも届くようになるといわれています。

このころから「胎教」を意識し始めるママも多いのではないでしょうか。クラシック音楽を聴いたり、英会話を流したり、「いち早く情操《じょうそう》教育をしてあげたい！」と思う人もいるようです。

しかし、実際に届いているのはママの声やママの心音、血流の音くらいで、外部からの音はほとんど届いてないということがわかってきました。

だからといって、パパの呼びかけやクラシック音楽が決して無駄なわけではありません。ママがその状況を楽しみ、リラックスして過ごすことが、赤ちゃんにとって心地いい環境づくりとなるのです。

呼びかけるママの声が一番のコミュニケーション

では「胎教」とは一体なんでしょうか。赤ちゃんがおなかにいるうちから早期教育をすると脳が活発化する、などという情報もありますが、「ママがリラックスできる環境＝おなかの赤ちゃんにも気持ちのいい環境」と考えましょう。

逆にママがストレスを強く感じると、ママの血流が悪くなり赤ちゃんに届く酸素の量も減ってしまいます。ですから、ケンカや我慢は赤ちゃんにも影響があるというわけです。ママが心穏やかに生活することで、赤ちゃんも気持ちよく成長することができるのです。

そして、ママの声はいつも赤ちゃんに聞こえていますから、たくさん話しかけてあげましょう。歌ったり、本を読んであげる声も赤ちゃんには届いています。

Letter from 竹内先生

あなたが心地よい時間を過ごせて、自分の産む力、赤ちゃんの生まれてくる力を信じられるようになるといいですね。周囲と比較すると不安になることが多いので、マニュアルからもっと自分を解放してみましょう。胎教の行為より、あなたの感じ方のほうがずっと大切。赤ちゃんから逆に力をもらうこともあるはずです。

初期

胎児ネームを付けて

最初のうちは気恥ずかしい気持ちもするかもしれませんが、おなかにいる間だけのニックネームを付けてみましょう。声かけがしやすくなり、赤ちゃんとコミュニケーションがとりやすくなります。

呼びかけやあいさつ

「おはよう」「おやすみ」などのあいさつや、「今日はいいお天気だよ」「ママも頑張るよ」などの声かけをしてみましょう。ママになる自覚と母性が育まれていく効果もあります。

おなかをなでてぬくもりを伝える

おなかをなでるというのも立派な胎教の一つです。愛情ホルモンのオキシトシンがたっぷりと分泌《ぶんぴつ》され、おなかの中にいる赤ちゃんにも愛情が伝わることでしょう。

中期

音楽を聴いたり歌ってみたり

赤ちゃんは5カ月くらいから聞こえていますから、ママの歌声を届けてあげましょう。ハミングや鼻歌でも聞こえているようです。好きな音楽を聴いてママがリラックスするのもよいでしょう。

たくさん話しかける

ママはもちろん、パパが話しかけることにも十分意味があります。赤ちゃんに話しかけることで、早いうちから父性《ふせい》が育ち、子育てに協力しやすい体制をつくることができるからです。

本の読み聞かせ

赤ちゃんが生まれたら読み聞かせてあげたい本を選んでみましょう。本屋さんであれこれ絵本を探すのも楽しいはず。抑揚《よくよう》などつけずに普通に読むだけでも、ママの優しい声は赤ちゃんに届いています。

後期

「キックゲーム」で一緒に遊ぼう

胎動《たいどう》を感じられるようになったら、赤ちゃんとのコミュニケーションを楽しむ「キックゲーム」をしてみましょう。

赤ちゃんがおなかを蹴《け》ってきたら、その場所を「キック」といいながらポンと叩きます。再び赤ちゃんが蹴ってきたら、その場所を叩いてみましょう。1日に2～3回、1カ月くらい気長に続けてみて。慣れてきたら、蹴ってくる場所と違うところを叩くと、今度は赤ちゃんがその場所を蹴り返してくることも！

祝福される妊娠報告

知っておきたい妊婦のマナー

おめでたい妊娠報告。家族や親族、職場など、それぞれのシーンに合わせた報告をしましょう。

妊娠報告は立場と間柄を考慮して

妊娠がわかったとき、周囲の人たちにどのように伝えるか、配慮が必要になることがあります。

妊娠自体は、とてもおめでたいことですが、あまりの嬉しさに誰彼かまわず手順を踏まずに報告してしまうとトラブルの元になったり、場合によっては相手を傷つけてしまうことにもなりかねません。パパと一緒に、親族や友人など伝える人をリストアップするくらいの落ち着きを持ち報告するのがよいかもしれません。

「義父母への報告が実父母よりあとになって、のちのち気まずい思いをした」「嬉しさのあまり、しばらく連絡をとっていない友だちにまで報告したら、不妊《ふにん》治療をしていて申し訳ない気持ちになった」といったケースも。相手の気持ちを考えた対応を心がけましょう。

気づかってもらって当然とは思わないこと

新しい命をおなかで育んでいる——このこと自体はとても大変なことですし、妊婦さんは大切にされるべき存在です。だからといって、周囲に配慮されて当然というわけではありません。

「席を譲《ゆず》ってもらって当たり前」「重い荷物は持てません！」そのように振る舞うことで、刺々《とげとげ》しい雰囲気になってしまい、周囲の協力を得られなくなっては元も子もありません。体がつらければ「すみません、席を譲ってもらえますか？」「少し軽くしてもらえますか？」といい方を変えるだけで、相手も親切な気持ちで接してくれるはず。感謝の気持ちが、楽しい妊婦生活を後押ししてくれるのです。

マタニティマークは意味をよく理解してつけましょう

鉄道会社や自治体で配布しています。

「マタニティマーク」は「妊娠中」であることを示すもの。まだおなかが目立たない妊娠初期の人が、出先で倒れて意識を失ったりした場合「おなかに赤ちゃんがいる」という大切な目印に。場に居合わせた人たちに適切な対応をしてもらえるよう、妊娠初期の人こそつけましょう。

職場への対応

早めに上司に報告を。同僚への気配りも

身近な人への妊娠報告のタイミングは、病産院で赤ちゃんの心拍《しんぱく》が確認された6〜7週目以降に行う人が多いようですが、職場の同僚などオフィシャルな場への報告となると、安定期に入る4カ月ごろというのが主流のようです。

法的には、産休・育休を取って仕事を続ける場合は休みに入る1カ月前、辞める場合は退職の1カ月前までに職場に報告すればよいことになっています。しかし、現実的には早めに上司に報告すべきでしょう。つわりが重くて早退したい、切迫流産《せっぱくりゅうざん》と診断されて安静にしなければならなくて休みを取らざるを得ないという事態は突然やってくるもの。早めに報告しておかなければ、そういった緊急事態に対応するのが難しくなります。

また、上司はあなたの産前産後のシフトの考慮や、仕事のプランによっては人員の補填《ほてん》や割り振りを変更したりする必要が出てきます。「迷惑がかかるのではないか」と報告を遅らせ、ひとりで抱え込みすぎて体に負担がかかったりしてはいけません。いつ何があっても、スムーズに引き継ぎができるように、仕事内容や進捗状況を周囲と共有していくことが大切です。

報告後は周囲の協力を仰ぎながら

妊娠中や出産後も同じ職場で仕事を継続していく場合は、いつ産休に入るのか、復帰する時期の目安などを大まかに上司と話し合っておきましょう。会社によっては、法律で定められている以上の育児休暇や勤務時間短縮制度などを設けている場合もあります。

また、医師から休業などの指導を受けた場合は、指導事項を守ることができるように「母性健康管理指導事項連絡カード（下記）」を会社に申請することができます。

健診、学級、保育園探しも忙しくても同時進行で

仕事をしていると、健診や母親学級などに行く時間をつくりにくいこともありますが、事前にスケジュールを組み、上司と相談してみましょう。半日休暇などの制度があれば、効率よくこなすこともできそうです。

また、産後のスムーズな職場復帰に向けて、保育園の空き状況の確認など各自治体に問い合わせもしておきましょう。

Check!

母性健康管理指導事項連絡カード

働く女性が、つわりや貧血、子宮収縮、腰痛など妊娠中の症状で、どうしても休息が必要になり、医師から指導を受けた場合、事業主にその内容を正確に伝えるために用いられます。事業主は作業の軽減や勤務時間の短縮、休業など、適切な措置を講じることが義務付けられています。このカードが病産院にない場合は、厚生労働省のホームページからダウンロードして入手しましょう。

母性健康管理指導事項連絡カード

ひとりで悩まず

夫、両親、友人にお願い

妊娠中こそ夫や両親、友人に甘えてみましょう。ひとりで抱え込んで頑張りすぎないようにして。

気心知れた相手にさりげなく甘えて

妊娠するとホルモンのバランスが大きく変化し、赤ちゃんを宿《やど》した体は刻々と変化します。初産婦《しょさんぷ》の多くはこれまでに体験したことのないはじめての経験や変化に驚きと感動に見舞われるでしょう。

それと同時に、不安を感じる人も多いのではないでしょうか。これから自分の体はどう変わっていくのだろう、健康な赤ちゃんを産めるだろうか、仕事は続けられるのかな、育児は大変なのかな……など、考え出したらきりがありません。

そんなときだからこそ、夫や家族、友人など、気心の知れた相手には、遠慮せずに甘えて、頼ってみませんか。「相談に乗ってもらえるかな?」「体調が悪いから手伝ってもらえるかしら?」と謙虚な気持ちでお願いすれば、周りの人たちは温かい手を差し伸べてくれるはずです。

一番の理解者でいてほしい 夫

女性に比べ、男性は親としての心境になるのが遅れがち。だからこそ夫には上手に情報を提供し、一番の理解者になってもらいましょう。

家事・育児の分担

産後は想像以上に育児に追われて大変です。ママひとりで家事も育児もこなすのは無理なので、妊娠中からパパと家事を分担し、2人で赤ちゃんを迎える準備をしましょう。

体の変化への理解

冗談のつもりでも、体の変化を笑ったり、けなしたりするのは、ママにとって悲しくショックでしかありません。自分の気持ちをパパに伝えて、悩まないで。

父親になる準備

男性は女性に比べ、親になる実感がわきにくいもの。エコー写真をみせたり、両親学級に一緒に参加したり、赤ちゃんの名前を考えたりしながら、少しずつ父親になる準備をしてもらいましょう。

義両親との仲介

妊娠すると感情の起伏《きふく》が激しくなりがち。とくに義両親との関係は互いに気持ちよく赤ちゃんを見守れるようパパに仲介役になってもらいましょう。

自分や夫の乳幼児期の話を聞く

自分や夫の母子手帳や育児日記をみせてもらったり、乳幼児期の話を聞いたりすると子育ての参考に。「パパに似たら、この子の成長ものんびりかしら」「この子も予定日より早く生まれてくるかしら」など、ゆったりとした気持ちで臨めます。

ふだんより密な連絡を

妊娠時は臨機応変な対応が必要な場合があります。とくに上の子がいる人は、なおさら。何かあったとき、すぐお願いできるよう(義)両親とはいつもより密に連絡をとっておきましょう。

人生の先輩 (義)両親

人生の、そして親としての先輩である(義)両親。妊娠中は親への感謝の思いが新たにわきます。また、親になる心構えを教えてもらうのもいいでしょう。

産前・産後のサポート

産前は育児グッズの購入に付き合ってもらったり、家事のサポートや病産院の送迎を依頼したり。産後は家事や育児のサポートをお願いしておきましょう。

気心知れた 友人

育児中の友人は子育ての先輩として頼れる存在。困ったこと、迷ったことがあったら、相談してみましょう。役立つ情報を提供してくれるかも。

友人だからこそのお願いごと

妊娠中、友人と食事やイベントに出かけたりするときは、ちょっとだけ甘えてみませんか。「オーガニックな食材のお店でもいい？」「ゆったりした席を取っていい？」「空いている時間帯でもいい？」など自分の希望を伝えて相談してみましょう。もちろん、友人の都合を聞くことも忘れずに。

先輩ママからのアドバイス

育児事情は年々変わってきています。親からのアドバイスより、最近の事柄についてはやはり先輩ママからのアドバイスが一番。身近に先輩ママがいたら妊娠中から仲よくなっておくと心強いでしょう。子ども同士の年齢が近かったり、性別が同じだったりすれば、洋服などのお古をもらえることもあるかも。

今の間取りを活かした
赤ちゃんのための環境づくり

赤ちゃんと過ごす部屋は、妊娠中から準備を。産後の毎日の流れを想定すれば、退院後のお世話もスムーズです。

清潔・安全・ラクな部屋づくりを心がけて

実際に赤ちゃんを迎え入れると、自宅には要注意な場所や家具がたくさんあることに気づくはず。でも、産後は予想以上に育児に手が取られ、部屋の模様替えなどにかける時間はありません。産前に「清潔・安全・ラク」な部屋づくりをしておきましょう。

多くの場合、赤ちゃんが過ごす部屋はリビングと寝室になります。まずは赤ちゃんの寝具やベッドを置くスペースを確保しましょう。このとき、おむつ替えや沐浴《もくよく》後のケアといったお世話をどこで行うのかもあわせて考えて。例えば、ママが家事の最中でも、すぐに駆けつけられる場所かどうかも大事なポイントです。

また、その周りに落下や転落、窒息《ちっそく》につながる危険のある家具やインテリアはないか入念に確認しておきましょう。

季節ごとの快適な温度と湿度

赤ちゃんは体温が高め

赤ちゃんは新陳代謝が活発で、体温も高め。とても汗かきです。とはいえ、冷房をきかせすぎると体調を崩す原因になるので、26～28度を目安に調整して。外気温との差は5度以内にとどめましょう。

夏
室温
26～28度

快適湿度は40～60%

室温が多少高くても、湿度を下げるだけで過ごしやすくなることもあります。エアコンの除湿機能を上手に活用しましょう。赤ちゃんが快適と感じる湿度は40～60％。冬は加湿器などを置いて調節してください。

暖めすぎも注意が必要

赤ちゃんにとって快適な冬場の室温は、意外と低く20～23度。赤ちゃんの様子をみて、服や布団の枚数などで調節しましょう。また、寒いからといって窓を閉めっぱなしにせず、1日数回は換気もして。

冬
室温
20～23度

環境づくりのポイント

安全が確保されているか

余分なものが周りにない?

ぬいぐるみやタオルは、窒息の危険があるので布団の周りに置かないように。ぬいぐるみはダニの温床にもなりやすいので注意。床に散らばったコードはつまずかないよう、壁際にまとめて。

思わぬ転落に注意!

体が未成熟の赤ちゃんにとって、ちょっとした高さでも転落したら脳内出血を起こす危険があります。ベビーベッドやベビーチェア、ソファなどを利用する際は十分注意して。

災害時などに安全な場所?

地震や事故など万一のことを想定した際、安全な場所か事前に確認を。小ものや照明器具、家具など落下や転倒のおそれのあるものは避けて。転倒防止器具で固定するなど万全の策を。

赤ちゃんが快適かどうか

室内の明るさは?

室内が明るすぎると、赤ちゃんの目や脳への刺激が強すぎる場合があります。日光や照明器具が直接当たらない、明るい場所がベストポイント。夜は間接照明などを活用しても。

清潔が保たれている?

ホコリ、ダニ、細かなゴミ、ペットの毛など、赤ちゃんが吸い込んだりしないよう、家の中は常に清潔を心がけて。ママが掃除しやすい場所を赤ちゃんの居場所にするとラクになります。

風通しはいい?

自然光が差し込み風通しのよい部屋は、室温を適度に保つことも清潔さを保つこともできます。排気ガスや外の空気が気になるという場合は、様子をみながら換気しましょう。

寝るスペースは個別に用意

安心だからといって、赤ちゃんと同じ布団に寝ないようにしましょう。添い寝していて、赤ちゃんに覆いかぶさってしまうという事故が起こる可能性も。赤ちゃんもママもより快適に寝られるよう、布団は分けましょう。

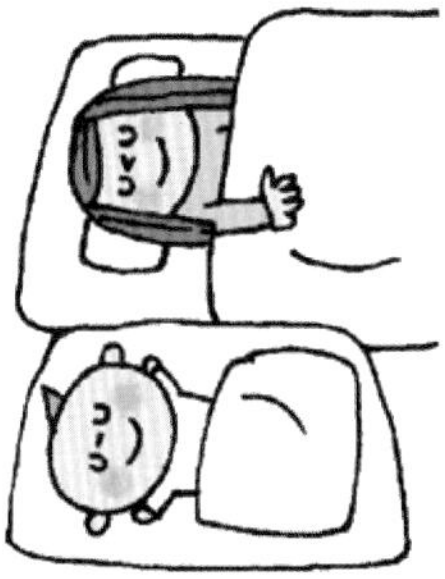

引っ越しや模様替え

基本的に赤ちゃんがいる間は引っ越しや模様替えは控えたいもの。どうしてもという場合は、ママの目が届く範囲内で赤ちゃんが安全・静かに眠れる場所を確保しながら、引っ越し作業を進めて。

お世話しやすいか

目が届きやすい?

月齢が低いうちは、窒息や突然呼吸が止まるなどの危険があります。万が一の場合、すぐに異変を察知できるよう、昼間はリビングなど、常にママの目が届く場所に赤ちゃんを寝かせましょう。

すぐ駆けつけられる?

赤ちゃんが泣いたとき、すぐそばに行けるスペースであることも大切。赤ちゃんをお世話する際、ママがどのように動くか、その動線を考えて、最も良い場所に赤ちゃんを寝かせましょう。

人の手を借りることも大切！

支援サービスを事前にチェック

ママひとりで育児を頑張る必要はありません。助けが必要なときはさまざまなサービスを活用しましょう。

身軽な出産前に見学や登録を

出産後に働く予定の人はもちろんですが、冠婚葬祭《かんこんそうさい》や急な用事などで、子どもを一時的に預けなくてはならないことは多々起こるもの。自宅からあまり遠くない範囲に、どんな預け入れ施設があるのか情報収集をしておきましょう。

定期的に働く場合は、保育園を利用することが一般的ですが、申し込み期間を逃して定員いっぱいになってしまうと1年以上待たなければならないこともあります。自治体によっては助成費用が出るところもありますので、民間の保育園なども視野に入れて、早めに預け先候補を確定しておくとよいでしょう。

育児情報サイトや自治体の窓口では、さまざまな育児支援施設を紹介しているので出産前にチェックしておきましょう。

利用したい育児支援サービス

児童館・児童センター

0〜18歳未満の子どもに遊び場を提供し、遊びを通して、子どもの心身の健康と体力増進をサポートする福祉施設。遊具や本など多数あり、利用できる。

子育て支援センター

地域全体で子育てを支援する基盤をつくるため、地域の子育て家庭に対する育児支援を行う施設。自宅周辺の施設を調べ、見学しておくと安心。

家事代行

掃除・洗濯・炊事など家事一般を代行してもらう民間企業サービス。育児が大変なときは利用するのも一つの手。

子育て相談窓口

ママがひとりで悩まないよう各自治体に設けられ、0〜18歳までの子どものしつけや養育問題(性格・情緒・言葉が出ないなど)の相談を受付。

主な保育サービス

保育園・こども園

働く親が子どもを預ける「保育園」は保育所最低基準により認可、認可外に分かれる。一方「こども園」は親の就労の有無に関わらず入園可。

保育ママ制度(家庭的保育事業)

自治体による運営制度。自治体が認定した保育者(家庭福祉員)が自宅などで保育サービスを行う。事前に登録などが必要。

ベビーシッター

民間会社による運営。登録されたベビーシッターを依頼者宅に派遣して保育する。ママのリフレッシュに単発の利用も可。

幼稚園の預かり保育

幼稚園の開始前や終了後、また夏休みなどの休業日に子どもを預かる制度(実施時間や料金は各園ごとに異なる)。

ファミリー・サポート・センター

自治体による運営組織。子どもを預かる人と、預けたい人がそれぞれ会員となり、自治体の斡旋によって子育てをサポートし合うシステム。

NPO

ファミリー・サポート・センターと似た子育て支援を行う。システムは団体により異なる。病児・病後保育対応の団体もある。

パパとママが贈る 最初のプレゼント「名前」を考えよう

赤ちゃんが一生をともにする名前。パパやママの思いも込めつつ、大切に考えてあげたいものです。

一生付き合うものだから しっかり考えたい

まだみぬわが子に思いを寄せて、赤ちゃんの名前を考えるのはとても幸せなひととき。パパとママ、それぞれのこだわりなどもあるでしょうから、生まれてくるまでに楽しみながら話し合っておくとよいでしょう。

場合によっては、「大事な孫の名前は自分たちも意見をいいたい！」という親御さんもいるよう。代々引き継がれた漢字を入れたり、画数などにこだわったりする場合も。事前に意見をすり合わせて最善の名づけができるようにしましょう。

名づけ Q&A

Q 使える字、使えない字

A 使える字は常用漢字と人名用漢字、ひらがな、カタカナ、符号４種(ゝゞ々ー)。使えない字は算用数字、ローマ数字、アルファベット、記号。名前にふさわしくない漢字も使えません。

Q ルールってあるの？

A 法律で決められたルールは少ないですが、使える漢字と使えない漢字があります。ルールに反すると出生届が受理されません。事前に法務省のウェブサイトなどで確認しておくと安心です。

法務省「子の名に使える漢字」
http://www.moj.go.jp/MINJI/minji86.html

Q あとで変えられる？

A 出生届を提出したら、その名前を変更する場合、裁判所での手続きなどが必要となり、難しく、手間がかかります。基本的には一生付き合うものとして申請しましょう。

Q いつまでに決める？

A 赤ちゃんが生まれてから14日以内に役所に出生届を提出します。その際に赤ちゃんの名前も申請するので、妊娠中から考えておきましょう。

気をつけたいポイント

姓とのバランスは？

姓と名前のバランスも大切です。必ず声に出して読んでみましょう。例:安藤なつ(アンドーナツ)、千葉けん(千葉県)など。

漢字の組み合わせは？

漢字の組み合わせによって、別の意味や読みになる場合があるので確認を。例：心太(ところてん)、海月(くらげ)など。

あて字でも読みやすい？

本来とはまったく違う漢字の読みにした「あて字」にする場合は、読みやすさが大切になります。例：月(るな)、海(まりん)など。

妊娠・出産のウソ？ ホント？

妊娠・出産には真偽のわからない情報がさまざまあり、振り回されることもしばしば。あの話の真偽はいかに!?

産後

Q 抱っこし過ぎると抱きぐせがつく？

A ウソ 赤ちゃんはママに抱っこしてもらうことで安心感や信頼感を得て、そこから他者への愛情や信頼感も育まれていきます。くせがつくか、つかないかは子それぞれ。抱きぐせのことは気にせず、たくさん抱っこしてあげましょう。ただ、同じ姿勢のまま長時間抱っこし続けるのは、ママにも赤ちゃんにも負担になります。休憩をはさむのも忘れずに。

Q 首がすわるまでは外に出さない方がいい？

A ホント 1カ月健診が終わったら、少しずつ散歩をして外気に触れるのはいいことです。ただ、まだ抵抗力が弱く、授乳や睡眠のリズムも整っていない赤ちゃんに、遠出はかなりの負担になります。半日くらいおでかけするのは、3～4カ月を過ぎて首がすわってからがいいでしょう。

Q 授乳をする前に、清浄綿で乳頭を消毒した方がいい？

A ウソ 汗や皮脂のついた乳首をくわえることで、赤ちゃんは免疫力を高めていきます。また、母乳には殺菌作用や皮膚を保護する役割もあるので、授乳前に乳頭に母乳を少し塗るのもいいでしょう。清浄綿で皮脂までふき取ってしまうと、かえって皮膚トラブルを招くこともあります。

産前

Q 妊娠中、おなかが前に突き出ていると男の子？

A ウソ 超音波検査がなかった時代には、生まれるまで赤ちゃんの性別がわかりませんでした。そこで「おなかが前に突き出ていると男の子」など、いくつかの迷信が広まりました。医学的な根拠はなく、おなかが前に突き出ているママに男子が生まれる確率は、単純に2分の1といえるでしょう。

Q つわりのときに好んで食べたものは、子どもの好物になる？

A ウソ ママが食べたものの成分が胎盤を通じて胎児に届き、生まれたあともその食べものが好きになる、というのは考えにくいです。ただ、つわりのときにはにおいがきつくないものや、口当たりのいいものを好むので、結果的に子どもの好物と重なるということは多いのかもしれません。

Q 「小さく産んで大きく育てる」のは本当に正しい？

A ウソ 近年、ママのダイエット志向が高まったこともあり、2500g未満の低出生体重児が増加しています。一方、低出生体重児は将来生活習慣病になりやすいことも明らかになっています。小さく産むことがよいとはいえません。健康な赤ちゃんを産むために、ママはしっかり食べて十分な栄養をとりましょう。

Part 4

産後あわてないための準備をしておこう

いよいよ迫ってきた赤ちゃんとの新生活。
時間がある産前にしっかりと準備をして、お産に臨みましょう！

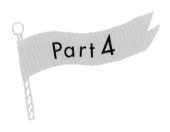

自分に合った方法で 授乳は母乳？ 混合？ ミルク？

母乳、ミルク、母乳とミルクの混合。それぞれにどんなよさがあるのかを知り、自分に合ったスタイルを選びましょう。

それぞれによさが。あなたに合った方法で

赤ちゃんがママのおっぱいを飲むことは、最高のコミュニケーション。母乳は免疫物質や栄養が豊富なので、たくさん飲ませてあげたいものです。でも、母乳の出が悪かったり、赤ちゃんが上手に飲めなかったり、さまざまな理由で母乳をあげられないママもいます。そんなときには、ミルクを併用するのもいいでしょう。

ミルクにも、赤ちゃんに必要な栄養はしっかりと含まれています。授乳《じゅにゅう》するときは抱っこをしながら話しかけ、コミュニケーションを大切にして、赤ちゃんに愛情をしっかり伝えましょう。

母乳にはたくさんのメリットがありますが、母乳にこだわりすぎて無理をしたり、ストレスをためては本末転倒《ほんまつてんとう》。ミルクのメリットもふまえ、ママと赤ちゃんにとって最適の方法をみつけましょう。

それぞれの知っておきたいこと

混合

母乳と粉ミルク、両方のメリットを生かせます。混合にすると母乳の出が悪くなりがちなので、おっぱいを吸わせる機会をなるべくたくさんつくってあげましょう。

メリット
- 母乳不足の心配がない
- 寝不足や肩こりなどの授乳の負担が軽減
- ママ以外でも授乳できるので預けやすい

デメリット
- 母乳の出が悪くなる
- 乳房や乳頭のトラブル
- 外出時の荷物が増える
- 赤ちゃんが母乳を拒否する「乳頭混乱」を起こすことも

母乳

母乳には、赤ちゃんに必要な栄養や免疫物質が豊富。また、赤ちゃんがおっぱいを吸うことで子宮の回復が早まり、産後の回復もサポートしてくれます。

メリット
- 栄養バランスがいい
- 免疫物質が豊富
- 母体の回復が早い
- 外出時の荷物が軽量
- 調乳の手間やお金が不要

デメリット
- 授乳間隔が短い
- 乳頭や乳房のトラブル
- 人前で授乳しづらい
- ママしか授乳できない
- 授乳による肩こりや首痛、けんしょう炎

ミルク

ミルクは決まった量を飲ませられるし、ママ以外の人でも授乳できるので安心。また、常温で保存でき、すぐに取り出して飲める液体ミルクは外出先でも重宝します。

メリット
- 赤ちゃんの腹持ちがよい
- 人前で授乳しやすい
- ママ以外の人でも授乳できる
- ママの飲酒や食生活が赤ちゃんに影響しない

デメリット
- 手間やお金がかかる
- 外出時の荷物が増える
- 母乳に比べて母体の回復が遅れる場合も

Letter from 竹内先生

母乳で育てられるにこしたことはありません。ただ、母乳であっても、周囲を巻き込んで赤ちゃんとあなたの時間をサポートしてもらうようにしましょう。もちろん、ミルクでも問題ありません！　要は赤ちゃんへの愛情を育んでいけるかです。そのためにも、体と心が疲れたときには、遠慮せずに「ヘルプ！」と助けを求めてくださいね。

おっぱいケアをしよう！

母乳が出るしくみを知ろう

ママの血液は乳房にある乳腺《にゅうせん》葉《よう》に運ばれ、母乳となり、乳管を通って乳管洞に溜まります。赤ちゃんが乳頭を吸うと、母乳の分泌を促す「プロラクチン」と母乳を押し出す「オキシトシン」というホルモンが分泌され、母乳が出てくるのです。

味はそれぞれ違う！

ママの食事により母乳の味は変わります。過度に辛い、甘い、油っぽいものは避け、良質な栄養をとりましょう。理想は一汁三菜の和定食。神経質になりすぎず、1週間のトータルで5大栄養素をバランスよくとるよう心がけましょう。

おいしい母乳を出すために

おいしい母乳のためには、ママが規則正しく、健全な生活を送ること。また、軽い運動をすると血流がよくなり、母乳の分泌が盛んになります。お世話の合間にはなるべく休養をとり、ストレスを解消。体を冷やさないことも大切です。

POINT
- バランスのよい食事
- 小まめに水分補給
- 軽い運動やストレッチ
- 手足を温める
- なるべく睡眠や休養をとる
- ストレスをためない

相談先を探しておこう

母乳が足りているか心配だったり、乳房や乳頭にトラブルが生じたりしたときには、出産した病産院や母乳相談室に相談を。最寄りの相談先をチェックしておきましょう。

締め付けすぎない下着を

ワイヤーで胸を締め付ける下着は、血流を悪くする原因に。家ではノーブラで過ごすのもおすすめ。自然に乳房を揺らすことで血流をよくし、マッサージ効果を促しましょう。

上半身のストレッチをしよう

血流がよくなると、母乳のもとになる血液がたくさん乳房に運ばれます。肩を回したり、ひじで乳房をグッと寄せたり、簡単なストレッチで上半身をほぐしてあげましょう。

乳頭マッサージ

1 お風呂上がりなど、皮膚がやわらかくなっているときに始めましょう。乳輪のまわりに5本の指をあて、乳房をぐっと押し込みます。

2 反対の手はおっぱいの下を支えるように添えておきます。そのまま5本の指で乳頭を包み込むようにして、前に引き出します。

3 乳頭のつけ根をつまみ、前に引き出しながら指を左右に交互にひねり、少しずつ乳頭の先までずらしてしごいていきます。

4 同じように乳頭のつけ根をつまみ、今度は前後にしごきながら乳頭の先までずらしていきます。左右の乳房で2～3回ずつ行いましょう。

無駄なく上手に！

準備しておきたい出産&育児グッズ

かわいい赤ちゃんとの新生活。本当に必要なものを見極めて、上手にそろえましょう。

まとめ買いをせずに必要最低限のものから準備

産後約1カ月、ママはあまり出歩くことができません。生後1カ月のお世話に必要なものは、妊娠中にそろえておきましょう。使い勝手や赤ちゃんとの相性もあるので、まとめ買いはせずに必要な分だけを用意。使ってみて、もっと必要だと感じたら買い足すようにしましょう。

抱っこひもやベビーカーは商品によりかなり機能が異なります。これらは赤ちゃんと一緒に買いものに行き、使い勝手を確認しながら選ぶのもおすすめです。使う期間の短いベビーバス、A型ベビーカー、ベビーベッドなどはレンタルを利用するのもいいでしょう。

大切なのは、妊娠から産後の育児までを見通して、全体的な予算を立てること。お下がりやレンタルなども活用して、無駄なく賢く準備しましょう。

出産&入院

いつでも入院できるよう、妊娠中に準備してバッグに詰めておきましょう。産褥《さんじょく》パッドや母乳パッドは、病産院が用意してくれる場合もあるので事前に確認を。

＼ 陣痛乗り切りグッズ ／

飲みもの・ストロー
陣痛中は小まめに水分補給を。ストローがあるとどんな体勢でも飲みやすいので便利です。

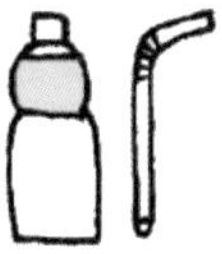

ボール
テニスボールなどで腰や肛門を押してもらうと、痛みが和らぐ人が多いようです。

CD
ヒーリングミュージックなど好きな音楽を聴いて心を落ち着けましょう。

使い捨てカイロ
おなかや腰を温めると痛みが和らぎ、陣痛も促進されます。

靴下
足先を温めると全身の血行がよくなり、お産の進行にも効果的。

＼ 入院グッズ ／

授乳用ブラジャー
カップ部分だけを開閉できるので、ブラをつけたままで授乳できます。

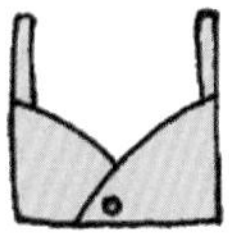

産褥ショーツ
股の部分がマジックテープなどで開閉できるので、産後の診察時に便利。

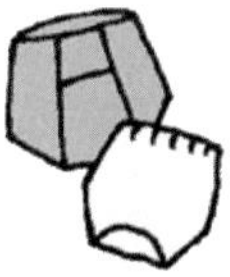

マタニティパジャマ
診察や授乳に便利な前開きで、ネグリジェかロング丈のパジャマを用意。

母乳パッド
ブラジャーの下につけて母乳が漏れるのを防ぎます。

産褥パッド
大きくて厚みのあるパッドが、産後に出る大量の悪露を吸収します。

その他… カーディガン、スリッパ、ハンドタオル、バスタオル、ティッシュペーパー、洗面用具、スマホ充電器、移動用ミニバッグ、骨盤ベルト、ビデオカメラなど

育児

メーカーにより使い勝手が異なり、赤ちゃんとの相性もあるので、最初は少量ずつ買うのがベスト。気に入ったものは必要に応じて買い足しましょう。

肌着・ウエア

←肌着選びは肌ざわりを重視。通気性、吸水性、保温性など、季節に合わせて素材を選びましょう。新生児の定番は短肌着《たんはだぎ》(左)ですが、寒い季節は長肌着《ながはだぎ》(右)を。動きが活発になってきたら、足元をスナップで留めてはだけるのを防ぐコンビ肌着(中)がおすすめです。

→ウエアは、前開きでつなぎタイプのカバーオール(右)が定番です。袖《そで》と裾《すそ》が短めのプレオール(中)は、月齢《げつれい》の小さい赤ちゃんに。足元のスナップを留めかえると、ベビードレスにもカバーオールにもなるツーウェイオール(左)は、長く活躍する便利アイテム。

授乳グッズ

授乳クッション

授乳するときにママのひざの上に置いて赤ちゃんの高さを調整。腕の下に敷くと、赤ちゃんを支える腕の負担も軽減します。

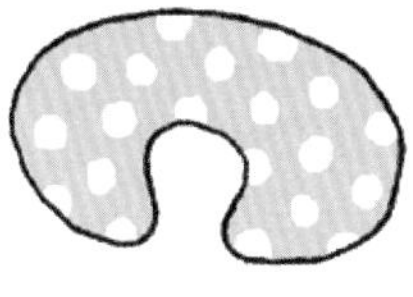

哺乳びん・乳首

母乳育児でも、湯冷ましや搾乳《さくにゅう》した母乳を飲ませるので、1本は用意を。乳首もさまざまな形があり、好みが分かれる場合も。

哺乳びん消毒グッズ

昔ながらの煮沸《しゃふつ》消毒のほか、電子レンジでスチーム消毒したり、消毒液に浸けておくだけのグッズもあるので要チェック。

粉ミルク

赤ちゃんとの相性もあるので、最初は小サイズ缶を用意して試してみましょう。外出時にはスティックタイプが便利です。

おむつグッズ

紙おむつ

最初はテープ型の新生児用を準備。大量にまとめ買いせずに、赤ちゃんの成長や肌との相性に合わせて様子をみて。

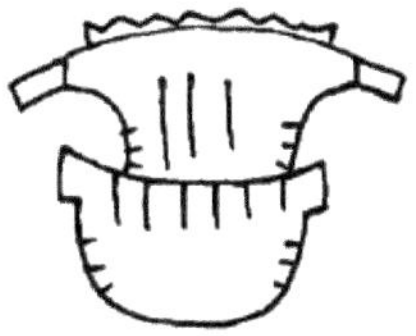

布おむつ

環境にもお財布にもやさしい布おむつ。通気性と吸収性のよい素材を選びましょう。布おむつカバーの準備も忘れずに。

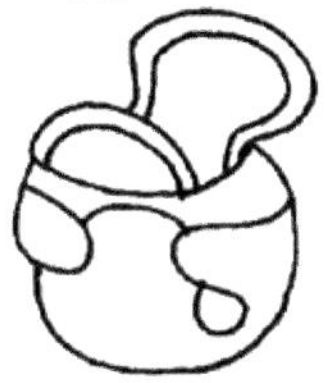

お尻ふき

赤ちゃんのお尻を清潔に保つ必需品。厚みのあるものが肌にやさしく衛生的。トイレに流せるタイプや携帯用もあります。

紙おむつ専用ゴミ箱

使用済みのおむつのにおいもしっかり閉じ込めるので、リビングに置くこともできます。

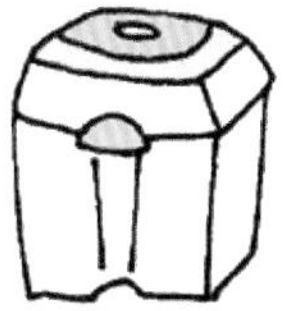

ねんねグッズ

ハイローチェア・バウンサー

赤ちゃんが起きているときは、ハイローチェアやバウンサーで気分転換。ママのそばにもいられて安心です。ハイローチェアは食事用のイスにもなるので、長く使えます。

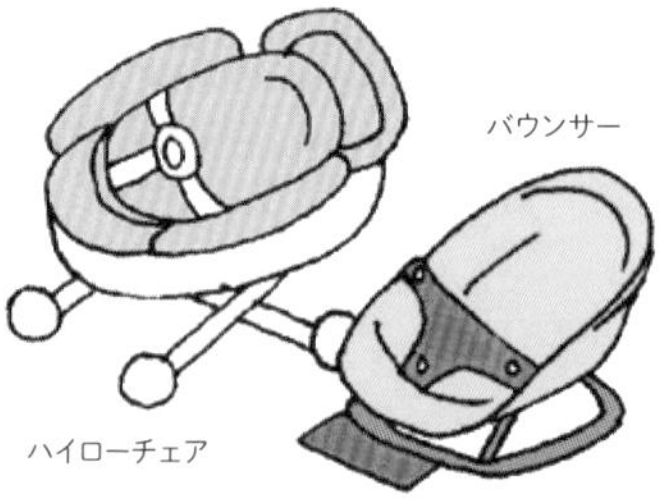

ベビーベッド

ベビーベッドは床から離れているので衛生的。静かに快適に眠る環境を整えやすいです。おむつ替えの負担も軽減。活発に動くようになったら、ベビーサークルとしても活躍します。

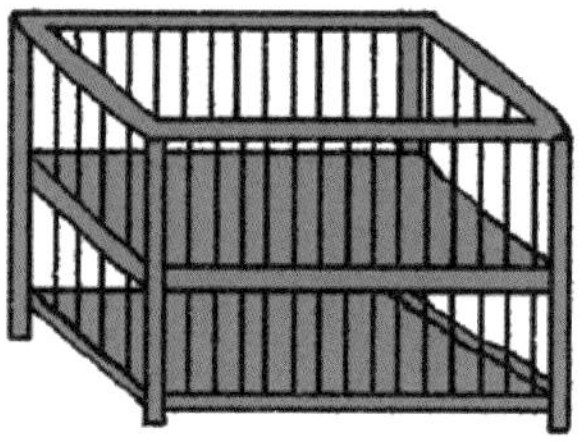

布団

窒息《ちっそく》防止のため、敷き布団は固め、掛け布団は軽めに。おしっこや汗で汚すので、防水シーツやキルトパッドも必要です。季節に合わせて綿毛布や肌掛け布団も使いましょう。

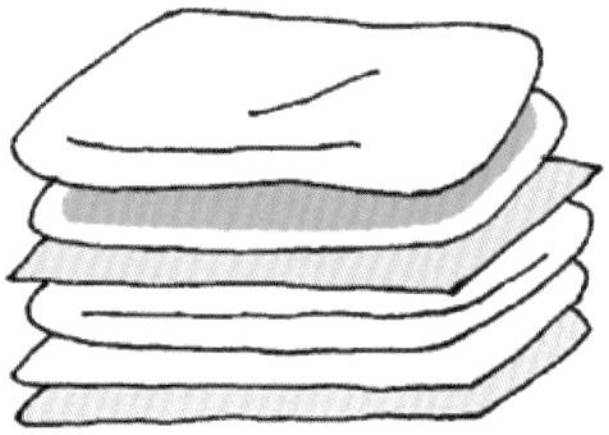

衛生グッズ

ベビー用綿棒

沐浴後の耳や鼻のお手入れ、おへその消毒などに使います。細くて小さなベビー用綿棒を準備しましょう。

つめ切り

小さくてやわらかい赤ちゃんのつめには、ベビー用つめ切りを。刃先が丸くなっているので、傷つける心配もありません。

鼻吸い器

赤ちゃんは鼻をかめないので、鼻水は吸い上げてあげましょう。ママが吸引するストロー式や、電動のものもあります。

温湿度計

赤ちゃんは体温調節ができないので、部屋はいつも快適に。温度は20〜28度、湿度は40〜60％に保ってあげましょう。

沐浴グッズ

ベビーソープ

赤ちゃんの肌は刺激に弱いので、ベビー専用のソープがおすすめ。沐浴の時期は、片手で泡が出せるポンプ式が便利です。

ベビーバス

床置き、台所のシンク置き、折りたたみ式など、いろいろなタイプがあるので、自分の使いやすいものを選びましょう。

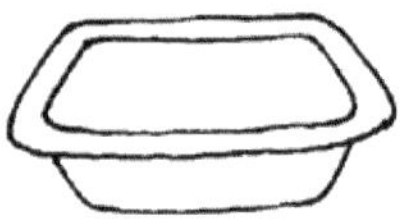

湯温計

湯船に入れて湯の温度を計れます。赤ちゃん用の湯温計は、夏や冬の適温が表示されるものもあり、はじめての沐浴でも安心。

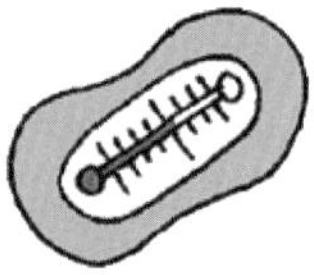

ガーゼ

沐浴《もくよく》の間、大きめのガーゼを体にかけてあげると赤ちゃんは安心します。体を洗うための小さめのガーゼも用意しましょう。

ベビーローション

沐浴をすると肌を守っている皮脂も落ちてしまうので、沐浴後はベビー専用のローションでしっかり保湿してあげましょう。

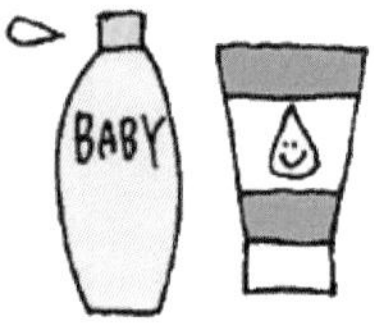

産後じっくり検討でもOK

おでかけグッズ

妊娠中に急いで準備しなくても大丈夫。赤ちゃんとおでかけができる生後1カ月を過ぎてから、実際に使い勝手を試しながら選んでもよいでしょう。

抱っこグッズ

おくるみ(アフガン)

赤ちゃんをやさしく包みこむおくるみ。安定感があり、赤ちゃんも安心するので、首がすわっていない新生児の抱っこにおすすめ。上げ下ろしも簡単です。

スリング

ハンモック状の布で赤ちゃんを包み、たすきがけの形で抱っこします。布のデザインが多彩でおしゃれ。実際に着用して使い心地のいいものを選びましょう。

抱っこひも

おでかけや寝かしつけに便利な抱っこひもは、メーカーにより機能もさまざま。多彩な抱き方ができるものもあるので、実際に着用してみながら選びましょう。

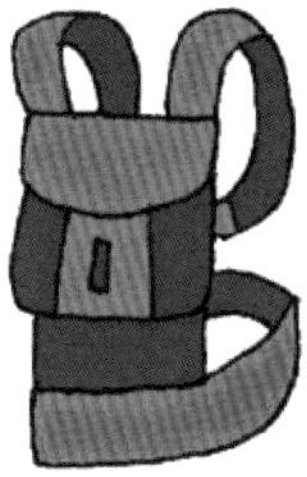

抱き方の種類

おんぶ
ママの背中で赤ちゃんも安心。ママの手が空くので便利です。

横抱っこ
首がすわるまでは、赤ちゃんを寝かせて首を支える横抱きに。

対面(たて抱き)
赤ちゃんが座った形でママに密着。安心のスタイル。

チャイルドシート

6歳未満の子どもは装着が義務。1歳まで使える乳児専用はベビーキャリーにもなって便利。乳幼児専用は取り付けが複雑ですが、6年間使えるので経済的です。

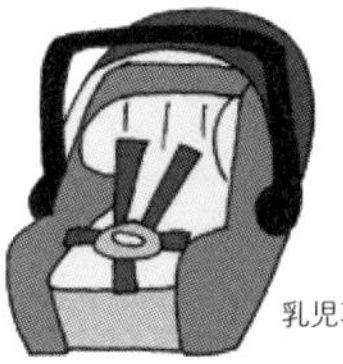

乳児専用

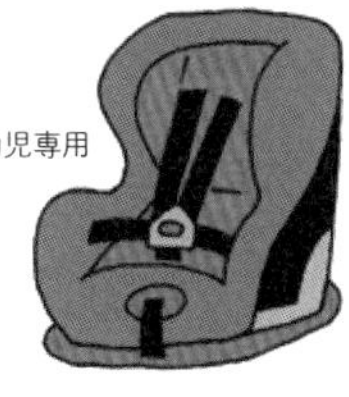

乳幼児専用

種類

乳児専用
取り付けが簡単で、赤ちゃんを寝かせたまま乗せ降ろし可能。

乳幼児専用
シートの向きや高さを変えて0~6歳まで長く使えます。

ベビーカー

首がすわる前から使えるA型、首と腰がすわってから使うB型など多種多様。小まわりや持ち運びのしやすさなど使い勝手が異なるので、店頭で試してみながら選びましょう。

A型

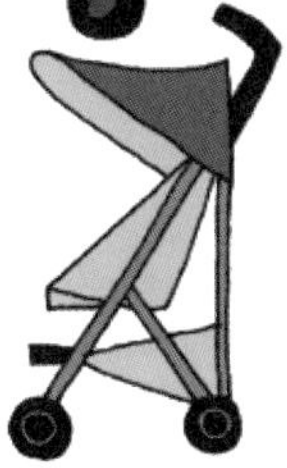

B型

種類

A型
リクライニングシートで、生後1カ月から使える。

B型
赤ちゃんが座って乗るタイプ。比較的小型で持ち運びに便利。

産後あわてないように

出産報告の準備

出産報告ハガキを送る場合は、住所録を整理しておきましょう。誕生日や名前は空欄にしてデザインもつくっておけば、産後の作業もスムーズ。

内祝《うちいわ》いの検討

内祝いは産後1カ月、お宮参りを終えたころに贈るのが一般的。産後は赤ちゃんのお世話で忙しくなるので、品物選びは妊娠中にしておきましょう。

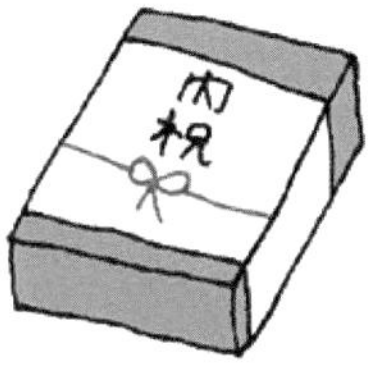

●出産＆入院グッズ チェックリスト●

☐ 母子健康手帳	☐ 授乳用ブラジャー	☐ 移動用ミニバッグ
☐ 診察券	☐ 産褥ショーツ	☐ 紙袋・エコバッグ
☐ 健康保険証	☐ 産褥パッド	☐ デジカメ、ビデオカメラ
☐ 印鑑	☐ 母乳パッド	☐ 筆記用具
☐ 現金（クレジットカード）	☐ ガーゼハンカチ	☐ ママの退院服（一式）
☐ 携帯電話・スマホ	☐ 骨盤矯正ベルト	☐ 赤ちゃんの退院服（一式）
☐ 携帯電話・スマホの充電器	☐ バスタオル、ハンドタオル	☐ スキンケア用品
☐ 陣痛乗り切りグッズ（→P.122）	☐ スリッパ	☐ 洗面用具
☐ マタニティパジャマ	☐ リップクリーム	

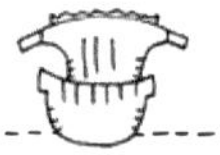

●育児グッズ チェックリスト●

肌着・ウエア		授乳グッズ		沐浴グッズ	
☐ 短肌着	状況に応じて4～5枚	☐ 授乳用ブラジャー	2～3枚	☐ ベビーバス	1個
☐ コンビ肌着		☐ 母乳パッド	適宜	☐ ベビーソープ	1個
☐ 長肌着		☐ 搾乳器	適宜	☐ ベビーローション、クリーム、オイル	いずれか1個
☐ ツーウェイオール	状況に応じて4～5枚	☐ 授乳クッション	適宜	☐ ガーゼ	5～10枚
☐ カバーオール		☐ 母乳バッグ	適宜	☐ 湯温計	1個
☐ プレオール		☐ 哺乳びん・乳首	1本	☐ 洗面器	1個
☐ 防寒アウター	1枚	☐ 哺乳びん消毒グッズ	適宜	衛生グッズ	
☐ スタイ（よだれかけ）	2～3枚	☐ 哺乳びん用洗剤	1本	☐ つめ切り	1個
おむつグッズ		☐ 哺乳びん用洗いブラシ	1本	☐ ベビー用綿棒	1パック
☐ 布おむつ	30～40枚	☐ 粉ミルク	1缶	☐ 温湿度計	1個
☐ 布おむつカバー	4～5枚	ねんねグッズ		☐ 鼻吸い器	適宜
☐ つけ置き用バケツ	1個	布団	1式	おでかけグッズ	
☐ 布おむつライナー	1パック	防水シーツ	1枚	☐ 抱っこひも	1個
☐ おむつ用洗剤	適宜	ベビーベッド	適宜	☐ スリング	適宜
☐ 紙おむつ	1パック	ハイローチェア	適宜	☐ おくるみ（アフガン）	適宜
☐ 紙おむつ専用ゴミ箱	1個	バウンサー	適宜	☐ チャイルドシート	適宜
☐ お尻ふき	1パック			☐ ベビーカー	適宜
☐ おむつ替えシート	適宜			☐ マザーズバッグ	適宜

育児グッズちょっと迷うものたち

育児グッズで、「あまり使わなかった」「必要になってから買えばよかった」「お下がりでよかった」という声をよく聞くものをリストアップ！ お買いものリストの参考に。

ドレス

退院時やお宮参りでしか着ないので、レンタルやお下がりでもよさそう。普段着でも着られそうなデザインなら買ってみるのもいいでしょう。

ベビーベッド

ベビーベッドに寝かせると泣いてしまう、などの理由で使えなかったというママも多数。まずはレンタルやお下がりで試してみるといいかも。

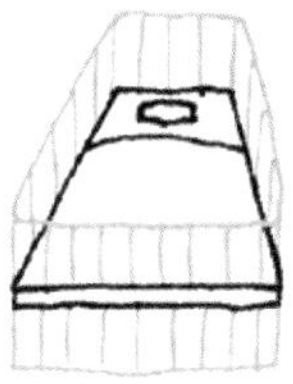

ミトン

つめで肌を傷つけないためにつけますが、つめを切っておけば大丈夫。赤ちゃんが嫌がることもしばしば。必要だと感じてから買っても十分。

搾乳器《さくにゅうき》

乳頭トラブルなどで授乳できないときに使いますが、授乳が順調であれば使わずに済むことも。必要を感じてから購入するといいでしょう。

調乳器

頻繁にミルクをつくるママには役立ちますが、母乳が中心であれば必要ありません。温度調整や保温機能のあるポットでも代用可能です。

消毒器具

頻繁に哺乳びんを使う場合は、消毒器具があると早くて便利。母乳が順調であまり使わないなら、家にある鍋で煮沸《しゃふつ》消毒すれば問題ありません。

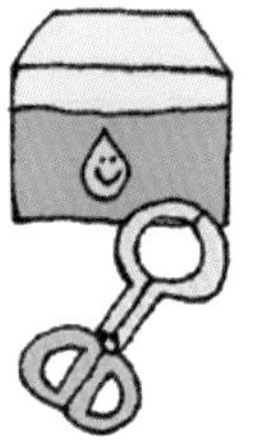

おくるみ(アフガン)

抱っこやおでかけ、寝かしつけなど、何かと便利なおくるみですが、わざわざ購入しなくても大丈夫。バスタオルやタオルケットで代用できます。

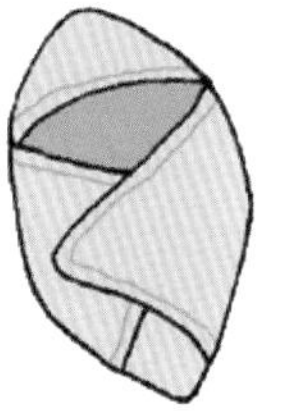

沐浴布《もくよくふ》

沐浴中に体に沐浴布をかけてあげると赤ちゃんは安心します。沐浴布をわざわざ用意しなくても、ガーゼや薄手のタオル、肌着の代用でもOK。

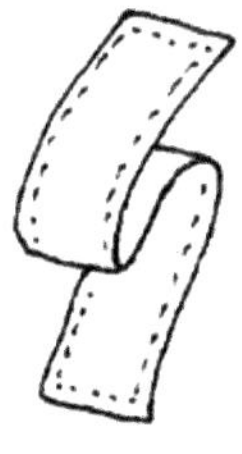

体温計

おでこや耳で瞬時に検温できるものがありますが、やや正確性に欠けることも。結局、わきの下で測る体温計と併用するママもいるようです。

注意したいアレコレ

□ 季節・環境など

季節、住居、赤ちゃんの嗜好《しこう》などにより、必要なものは人それぞれ。マニュアル通りすべてをそろえるのではなく、自分に必要なものを見極めましょう。

□ 使いにくい

赤ちゃんの衣類やお世話グッズは、実際に使ってみると素材や機能で使いづらいと感じることもあります。先輩ママ＆パパの話を聞くなどして情報収集を。

□ 買いすぎ

赤ちゃんはサイズがどんどん変わっていきます。おむつなどの消耗品は小まめに買い足しを。衣類はお祝いで頂くことも多いので買いすぎに注意しましょう。

どちらを選ぶ？ 里帰りする？ しない？

出産前後を実家で過ごす里帰り出産。パパや実家の理解が必要なので、よく相談して決めましょう。

早めに相談・決定して余裕を持って準備を

はじめて出産するママは、とくに里帰りすることが多いようです。里帰り出産のメリットは、実母に家事やお世話を手伝ってもらえること。ママは産後の体を休められ、育児の不安も実母に相談できるので安心です。一方、実家が遠いと移動が大変ですし、実母からの過干渉がストレスになることも。パパと離れることで寂しさを感じたり、パパが子育てに不慣れになったりするというデメリットもあります。

里帰りするかどうかは、パパや実家と相談して早めに決めましょう。里帰りが決まったら、出産をする病産院を探したり、移動の準備を。妊娠5～6カ月の間に準備を進め、9カ月には実家へ移動できるといいでしょう。産後に里帰りする人は、赤ちゃんのお世話グッズを実家に送るなど、退院後の準備を進めましょう。

里帰りしない人の準備

パパに家事をお願いできるように

パパにも掃除や洗濯、ゴミ捨てなど家事の段取りを覚えてもらいましょう。産後1カ月はなるべく仕事の予定も調整してもらえると助かります。

サポートしてもらえる人を探しておく

パパや家族のお手伝いが見込めない場合は、友人や地域のコミュニティにサポートしてもらえると安心。情報収集や相談をしておきましょう。

産後グッズをすぐに使えるようにしておく

ベビーベッドや赤ちゃんの衣類などは、すぐに使えるようにセッティング。消耗品を買い足す店にはパパと一緒に行き、覚えてもらいましょう。ネット通販も便利なので、チェックしておいて。

里帰りする人の準備

早めに転院先を決める

安定期の間に里帰り先の情報を集め、転院先を決めましょう。分娩《ぶんべん》予約は早めに。できれば、一度足を運んで下見をしておくと安心です。

産後の準備を済ませておく

産後に必要なベビー用品やママの衣類を実家に送っておきましょう。消耗品は里帰り先で買うこともできるので、荷物は必要最小限に。

留守中のパパへのお願い

出生届や児童手当の申請など、産後にパパにお願いすることは、事前に話しておきましょう。洗濯や掃除など、家事についてもひと通り説明を。

実家への移動についてリサーチ

実家へ移動するころにはおなかも大きくなっています。できるだけ移動時間が短く、体に負担の少ない交通手段を選びましょう。

Part 5

きちんと知っておけば怖くない!
妊娠中の気がかり

ママひとりの体でないからこそナーバスになる病気やトラブル。
きちんとした知識を得て、対応していきましょう。

マイナートラブル

ホルモンや体の変化、ストレスなどがもたらす小さな不調。原因と対策を知って乗り切りましょう。

妊娠中に便秘になる原因は、時期により異なります。妊娠初期の便秘は妊娠で増えるホルモンの影響。妊娠すると、子宮の収縮を抑えて早産や流産を防ぐためのホルモンが増えるのですが、これが腸の働きも弱めてしまい、便秘になるのです。また、つわりによる食欲不振で腸に入る食べものが減ることも原因の一つです。

妊娠後期には、大きくなった子宮の圧迫により腸の動きが妨げられて便秘になりがちです。運動不足がさらにあと押しします。

便秘を解消するには、食生活の見直しが大切。1日3食を規則正しく食べ、水分を多めにとること。食物繊維、オリゴ糖、乳酸菌も意識してとり入れましょう。また、朝起きたらトイレに行く習慣を。朝食後は1杯の水を飲み、妊娠経過が順調であれば、軽い運動も効果的です。どうしても便秘が解消されないときは、市販の下剤を服用せず、産婦人科の医師に相談しましょう。

便秘が進行すると、排便時に強くいきみすぎて肛門が切れ、切れ痔になってしまうことがあります。また、大きくなった子宮が肛門周囲を圧迫し、血流が悪くなってうっ血するいぼ痔を発症することも。出血や違和感を感じたら医師に相談し、坐薬や軟膏を処方してもらいましょう。

貧血

安全なお産のために鉄分をとって貧血を予防

妊娠中は赤ちゃんや胎盤に血液を運ぶため、血液内のヘモグロビン濃度が薄くなり、貧血になりやすいです。赤ちゃんへの影響はありませんが、ママはめまいや疲労感を感じます。お産のときに大出血をするおそれもあるので、早めに改善したいものです。

貧血の改善には貝類、ホウレンソウ、豚や鶏のレバーなど、鉄分が豊富な食材を食べること。鉄分の吸収を助けるビタミンCや、肉、魚、卵、乳製品などの動物性タンパク質も一緒にとると効果的。改善がみられないときは医師に鉄剤を処方してもらいましょう。

眠気

体を休ませるための体からのサイン!?

妊娠初期に眠気を感じるママは多いです。日中も眠かったり、一日中だるかったり。原因は厳密にはわかりませんが、妊娠をすると急激に増える黄体ホルモン(プロゲステロン)が眠気を起こすのではないかといわれています。また、妊娠と出産を乗り切るために体を休ませようとする生理的反応ではないかという説も。

妊娠中期や後期には、体力の消耗や睡眠不足により眠気を感じる人も。つらいときは短時間の仮眠をとったり、散歩や軽いストレッチをして体を動かすと、すっきりするかもしれません。

口内の不快

口内をきれいにする
唾液の分泌が減りそう

妊娠をすると、ホルモンバランスの変化により、唾液の分泌量が減ることがあります。唾液は口の中をきれいにする自浄作用があるので、減ってしまうと口の中がネバネバしたり、口臭がするといった不快感を感じることがあるようです。また、つわりのときは歯をみがくのもつらくなり、口のケアがおろそかになりがち。気持ちが悪いために常に何かを口にしてしまう傾向もあり、口内の細菌を増やしたり不快感を生む原因になります。

妊娠中はとくに歯みがきは念入りに行いましょう。つわりで歯みがきがつらいときは、水やデンタルリンスで口をゆすぐだけでも効果があります。また、何かを口にしたいときはキシリトール入りのガムを噛むと、唾液の分泌を促す効果もあるので一石二鳥です。

歯のトラブル

おなかが大きくなる前に
歯医者で治療を

妊娠中の口内は、虫歯のできやすい環境にあります。ホルモンバランスの変化により唾液の分泌量が減る(増える人もいます)ことが大きな要因。虫歯は口の中が酸性のときにできやすいのですが、唾液は口内を中性に保つ役割があるからです。

また、つわりのときは一日中ダラダラと食べものを口にしてしまう人も多いはず。ものを食べると口の中は酸性になり、時間を置くと中性に戻ります。食べ続けていると口内は常に酸性の状態が続き、虫歯の温床となってしまうので注意が必要です。

虫歯や歯のトラブルがある人は、早めに歯医者へ足を運びましょう。おなかが大きくなると仰向けの姿勢がつらくなるので、妊娠中期の間に治療を終えられるように心がけたいものです。

わきの痛み

わきの下の痛みやしこりは
副乳の可能性あり

妊娠をしてから、わきの下に違和感や痛みを感じるママがいます。気になってみてみると、少し膨らんでいたり、小さなしこりがあることも。これは副乳といわれるものです。一般的に、わきの下から胸、おなか、ももの内側までをつなぐライン上に出てきます。

人によっては副乳に、乳房と同じような乳頭や乳腺組織があることも。生理や妊娠、授乳期間中になると、乳房と同じように腫れたり痛みを伴うのです。大抵は保冷剤や冷湿布などで冷やすとおさまりますが、痛みが続く場合には医師に相談してみましょう。

耳鳴り

血行不良による耳鳴りは
一時的なもの

妊娠を機に耳鳴りを感じるママも少なくありません。人により症状はさまざまで、ボーという低音やキーンという高音が聞こえたり、人の声が聞こえづらくなるようです。これは、妊娠による血行不良が主な原因。中耳や内耳付近の血流が悪くなって耳鳴りを引き起こします。また、妊娠によるむくみで耳管もむくみ、耳鳴りを起こすこともあるようです。耳鳴りは精神的ストレスとも関係があり、体調の変化や運動不足でストレスを抱えがちな妊婦は発症しやすいともいえます。

妊娠による耳鳴りは一時的なもので、出産後にはおさまることがほとんどです。睡眠をよくとってストレスをためないこと、軽い運動をしたり水分を補給して血流をよくすることなどを心がけましょう。

頭痛にはさまざまな要因があります。妊娠初期は、妊娠したことへの緊張やつわりが主な原因に。妊娠中期からは、お産に対する不安やストレス、おなかが大きくなることによる疲労や睡眠不足、運動不足や肩こりが引き金になることもあります。

妊娠や出産に対する不安はひとりで抱えこまず、家族や友人、産婦人科などで話をしましょう。散歩やストレッチをして気持ちをリフレッシュするのもいいでしょう。ときにはパパにツボを押してもらったり、ゆっくり休んでリラックスすることも大切です。

どうしてもつらいときは市販薬に頼らず医師に相談を。妊娠中でも影響のない鎮痛薬を処方してもらいましょう。

おなかが大きくなってくると、どうしても背中を反らせた姿勢になり、腰に負担がかかってしまいます。また、お産のときに赤ちゃんが骨盤を通りやすいように、ホルモンの作用で骨盤や背中の関節が緩《ゆる》んでくるため、腰への負担が増強してしまいます。

妊娠中に腰痛を完治するのは難しく、上手に付き合っていくのが得策です。まずはふだんの姿勢を正すことから始めましょう。イスに座るときは背筋を伸ばして深く腰掛け、腰への負担を減らします。腹《はら》帯《おび》やマタニティガードルで腰をサポートするのもいいでしょう。

血流をよくするためにマタニティスイミングをしたり、腰まわりの筋肉を柔軟にするエクササイズもおすすめ。ツボを押したり、カイロで腰を温めるのもいいでしょう。

妊娠中期に差し掛かると乳房が大きくなって肩への負担が増えるため、肩こりを感じるママが多いようです。大きなおなかをかばおうとして、猫背になることも原因の一つ。妊娠中は運動不足になりがちなので、全身の血流が悪くなって肩こりを引き起こすこともあります。

肩こりを解消するには、肩まわりのストレッチが一番です。とくに肩甲骨《けんこうこつ》を意識して動かすと効果的。腕を回すときは肩から大きく動かします。左右の肩甲骨を寄せ合うように両ひじをグーッと後ろに引いたり、両手を前で組んで背中を丸めて伸びをしたり。お風呂でゆっくり温まれば血流もよくなるでしょう。パパにツボ押しやマッサージをしてもらうと、気持ちもリラックスして効果も倍増しそうです。

妊娠をすると「エストロゲン」というホルモンが増え、子宮頸《けい》管《かん》や膣《ちつ》からの分泌物が多くなります。その結果、おりものの量が増えたり、色や状態が変化することがあります。いつもより酸っぱいにおいがしたり、粘り気があったり、人によってさまざま。異臭やかゆみがなければ心配はありません。しかし、白いカッテージチーズのようなおりものが出たり、ひどいかゆみや痛み、においがあれば、カンジダ膣炎《ちつえん》(↓P.156)などの感染症の可能性があるので受診しましょう。

妊娠中の膣内は抵抗力が落ちて雑菌が繁殖しやすい状態になっています。おりものが多いときはおりものシートを使うなどして、いつも清潔に保ちましょう。また、おりものは膣に細菌が入るのを防ぐ役割も担っているので、極端にゴシゴシと洗ってしまうと、必要な菌まで落としてしまいます。不快感があるときも、お湯でやさしく洗い流すようにしましょう。下着は通気性のよいものがおすすめです。

動悸や息切れ

歩いたり、階段を上り下りしたときに息が切れたり、胸がドキドキしたりするのは、妊娠による動悸、息切れと思われます。妊娠をすると体重が増加し、全身の血液量も増えるため、血液を循環させる役割を持つ心臓の負担が増えます。また、大きくなった子宮が横隔膜《おうかくまく》を押し上げ、肺や心臓を圧迫するために、息苦しさを感じるのです。

動悸や息切れを感じたら、あわてないでまず深呼吸。座ったり横になれるようなら、無理をしないで休みましょう。少し休んでも症状が改善されず長く続く場合は、強度の貧血により動悸が起きている可能性があるので、医師に相談してみましょう。

足のつけ根が痛む

妊娠中期に入ると子宮が大きくなり、子宮を支えている靭《じん》帯《たい》が伸ばされるために、足のつけ根に痛みを感じることがあります。腹帯やマタニティガードルで腹部を支えると、少し楽になるかもしれません。また、痛い方の足を下にして横向きに寝ると、靭帯の緊張が緩んで少し痛みが和らぎます。

妊娠後期には赤ちゃんが下りてきて骨盤を圧迫することで、足のつけ根に痛みを感じることがあるようです。出産予定日が近ければ、お産が近づいているサインだと思えばいいでしょう。ただし37週より前の場合は早産になる心配があるので、産婦人科で受診しておいて。

のどの渇き

水分をたっぷりとって体の代謝をアップ

妊娠中にのどが渇くのは、体が水分を欲しているから。妊娠すると、血液は通常より40％も増えるといわれます。体型も大きくなって汗もかきやすくなるため、ふだんより水分を欲する状態になるのです。

水分をとりすぎるとむくんでしまうと思う人も多いようですが、これは間違い。塩分の少ない良質な水分をとると体の代謝はよくなり、逆にむくみを防ぐ効果もあるのです。妊娠中に多い便秘の予防にも効果的です。

ただ、冷たいものを飲みすぎて体を冷やすのはNG。なるべく常温や温かいものを飲むことが好ましいです。カフェインは利尿《りにょう》作用があるので水分を排出してしまいます。コーヒーやお茶類は大量に飲むのは避け、カフェインレスの飲みものを選ぶよう心がけましょう。

妊娠後期

おなかの張り

おなかが張ってきたら運動を控えて休息を

妊娠特有の「おなかの張り」。「おなかがギュッと締め付けられる」「おなかがパンパンに膨らむ」など、感じ方は人それぞれです。おなかが張るのは、神経や筋肉の緊張により子宮が収縮するため。たくさん動いたり疲れたときや、胎動《たいどう》を感じるときに、おなかが張ることが多いようです。

張りを感じたら、座ったり横になって休息をとるようにしましょう。30分ほどでおさまれば問題ありません。急激におなかがかたくなったり痛みや出血があれば、切迫早産（→P.142）やトラブルの可能性があるのですぐに病産院へ連絡を。正常な張りでも、頻繁に続くときは運動を控えめに。乳頭マッサージやセックスも張りを強くするので控えましょう。

頻尿、尿もれ

骨盤底筋を鍛えて
尿もれを予防

大きくなった子宮が膀胱《ぼうこう》を圧迫するために、たびたび尿意を感じるようになります。ホルモンの影響で、子宮や膀胱を支える骨盤底筋が緩《ゆる》んでくるのも原因の一つ。我慢しすぎると膀胱炎《ぼうこうえん》になってしまうので、尿意を感じたらまめにトイレへ行きましょう。

くしゃみをしたり笑ったり、ふとした瞬間に尿もれをしてしまうのもよくある話です。生理的なことなので気にすることはありません。心配なときは尿もれパッドや生理用ナプキンをつけたり、替えの下着を持ち歩くようにしましょう。産後もしばらく尿もれが続くママがいますが、早く改善するには骨盤底筋を鍛えること。尿を途中で止めるようなイメージで、膣《ちつ》をキュッと締める運動を妊娠中からしておくといいでしょう。

足がつる

足先を温めたり
マッサージをして血行促進

就寝中に足がつって目が覚めるママは多いようです。原因として考えられるのは、体重が増えて足に負担がかかること。大きくなった子宮が血管を圧迫したり、運動不足や冷えにより血流が悪くなること。筋肉をスムーズに動かす働きをするカルシウムや、カルシウムの吸収を助けるマグネシウムが不足している可能性もあります。

足がつったときはふとんを掛けるなどして足を温め、つま先を手前に引っぱります。じきに痛みはおさまるでしょう。

予防するには、入浴やストレッチで足の血流をよくする、マッサージで疲労を和らげる、腹帯《はらおび》で足への負担を軽減するなど。カルシウムやマグネシウム対策には、乳製品や魚介類、大豆などを積極的にとり入れるといいでしょう。

眠れない

好きな音楽や香りに
包まれてリラックス

お産が近づくと、眠れなくなることが多々あります。おなかが大きくて寝づらいことに加え、お産への緊張や不安が重なることが原因にあるようです。また、ホルモンバランスの変化も関係しています。妊娠初期には眠りを促進する「プロゲステロン」、後期には睡眠を浅くする「エストロゲン」というホルモンの分泌が多くなります。これは、出産や産後の育児にそなえて覚醒《かくせい》しようとする、女性の本能による変化だと考えられます。

眠れないときには無理に眠ろうとしなくてもOK。心地よい音楽を聴いたり好きなアロマを焚いて(→P.29)リラックスをしましょう。寝る姿勢でおすすめなのはシムスの体位(→P.58)。おなかへの負担が減り、楽になります。昼間に散歩をしたり友だちとおしゃべりをしたり、生活にメリハリをつけることも良質な睡眠を導くカギになりそうです。

手がしびれる

妊娠中のむくみが
手指を動かす神経を圧迫

手指が動かしづらくなったり、しびれた感じがすることがあります。これは、妊娠中にむくむことによって、手指を動かす神経が圧迫されることが主な原因。「手根管症候《しゅこんかんしょうこう》群《ぐん》」といって、主に親指から薬指までの4本が動かしづらくなるのが特徴です。手首をブラブラと振ったり、手指をグーパーと開いたり閉じたりすることで、症状が緩和《かんわ》されることもあるようです。

予防としては、むくみの原因となる塩分のとりすぎに注意すること。また、血流をよくするために、手足を温めて体を冷やさないことも大切です。痛みやしびれがひどいときは医師に相談してみましょう。

恥骨痛

恥骨が痛いのは お産が近づいているサイン

恥骨は左右の骨盤をつなぐ役割を果たしており、胎児《たいじ》が大きくなって骨盤が開いてくるのと同時に、恥骨結合部《けつごうぶ》も広がっていきます。また、妊娠で増える女性ホルモンが靭帯《じんたい》や関節を緩める役割を持っているために、さらに骨盤や恥骨は開いていきます。そこに赤ちゃんが徐々に下りてくるため、恥骨に負担がかかって痛みを生じるのです。

産後は自然に痛みがなくなります。恥骨痛はお産が近づいているサインと思い、なるべく楽な姿勢をとって休養しながら乗り切りましょう。無理な運動は控えて、歩くときは小股で少しでも痛みのないように。腹帯やマタニティガードルでサポートすると、恥骨への負担も軽減されます。痛みが軽い日は、腰を回す運動をするのもいいでしょう。

手足のむくみ

むくみの予防には 塩分を控え、血行促進

手足のむくみは妊婦にとても多い症状。むくみは体の水分がたまって腫れることで、手足の「浮腫《ふしゅ》」ともいいます。皮膚を押したときになかなか戻らなければむくんでいる証拠。ひどいときは妊娠高血圧症候群（→P.140）の可能性もあるので注意しましょう。

妊娠中は赤ちゃんに栄養を運ぶために血液量が増え、血液量と水分のバランスが崩れることがむくみの原因といわれます。子宮が血管を圧迫したり、運動不足や冷えで血流が滞ることも原因に。

むくみを感じたら適度な運動をし、手足をマッサージしたり入浴をして血流をよくしましょう。寝るときに足を高くしたり、弾性《だんせい》ストッキングをはくのも効果的。塩分はとりすぎず、食生活にも気を配れるといいでしょう。

静脈瘤

足のマッサージや運動で 血液の循環をスムーズに

妊娠後期になると、ふくらはぎやひざの裏、ももなどの血管が浮き上がったり、ぽっこりと膨らみができることがあります。これが静脈瘤。大きくなった子宮が体の中心を通る大静脈を圧迫することで血流が悪くなり、下半身の血液が心臓に戻ることができずにたまってしまったり、血管が拡大したりするものです。

出産後には自然に治りますが、足がだるかったり重かったり、ときには痛みを伴うため、なるべく予防したいもの。一番の予防策は足の血流をよくすることです。足を温めたりマッサージしたり。弾性ストッキングをはいたり、足を高くして寝るのもおすすめです。長時間立ちっぱなしの姿勢は避けて、適度な運動で足の筋力を鍛えることも心がけましょう。

出べそ

妊娠中の出べそは もと通りになるので大丈夫

妊娠後期になり、いよいよおなかがぽっこりと膨らんでくると、おへそも前にせり出してきます。おへそのくぼみがなくなることで出べそになったり、おへそがないようにみえたりします。とても気にするママもいますが、出産後にはほとんどのママがもと通りのおへそに戻るので心配しすぎることはありません。大丈夫です。

産後ももとに戻らない場合は、「臍《さい》ヘルニア」かもしれません。痛みがないときはそのままにしてもよいですが、みた目がどうしても気になるなら、形成外科で手術して治すこともできます。しかし、痛みを伴う場合は、注意して。腹膜《ふくまく》に穴が開いて脱腸《だっちょう》をしている可能性があるので、外科手術が必要になります。医師に相談してみましょう。

心配なトラブル

妊娠中は流産や早産《そうざん》、妊娠高血圧症や糖尿病などトラブルの心配も。正しい知識をもち、体調を管理しましょう。

赤ちゃんがママのおなかの外では生きていけない妊娠21週以前に妊娠が終わってしまうことを「流産」といいます。

流産全体の約80％は、妊娠12週未満と早い時期で起こることが多く、赤ちゃん自体の染色体などの異常が原因といわれています。つまり、妊娠初期のママの仕事や運動などが原因で流産することはほとんどないということです。

一方、妊娠12週を過ぎると、母体側に原因のある流産が増えてきます。子宮の出口が緩《ゆる》んでしまったり、炎症を起こした場合や、子宮奇形《きけい》（→P.148）や子宮筋腫《きんしゅ》（→P.147）、子宮頸部円錐《けいぶえんすい》切除後の影響、膠原《こうげん》病《びょう》（→P.150）などの自己免疫《めんえき》疾患《しっかん》などから引き起こされることがあります。

症状は、自覚症状がない「稽《けい》留《りゅう》流産」と、出血から始まる「進行流産」とがあります。稽留流産の場合、赤ちゃんは死亡しているけれども、まだ出血・腹痛などがなく、診察ではじめて確認されます。進行流産は自覚症状があります。もし、出血や腹痛を感じたら、すぐに受診をするようにしましょう。

3回以上、流産を繰り返す場合は、父母の染色体異常や、免疫タイプの相性が合わない、母体の持病などが原因の「習慣流産」「不育症《ふいくしょう》」（→P.148）などが考えられますので、原因を究明し、必要があれば、治療を行う必要があります。

一般の流産は妊娠の継続は不可能ですが、「切迫流産」は赤ちゃんが子宮内に残っていて、流産のリスクがある状態をいいます。

主な自覚症状は性器出血や下腹部の痛みです。

妊娠12週未満の切迫流産には有効な薬剤などがないため、経過観察となりますが、赤ちゃんの心拍が確認できていれば、ほとんどの場合は落ち着いていきます。子宮の中に血のかたまりがあるような切迫流産では、安静にしておくように医師から指示を出される

稽留流産

腹痛や出血などの自覚症状はありませんが、胎芽または胎児がすでに死亡し、子宮内にとどまっている状態のこと。

進行流産

胎芽または胎児や胎盤はまだ排出されておらず、流産が進行中の状態。強い下腹部痛や出血があります。

不全流産

流産の際、胎芽または胎児や胎盤が完全には排出されず、一部が子宮内に残っており、出血などの症状が続いている状態。

完全流産

流産の際に胎芽または胎児や胎盤が、完全に排出されてしまった状態のことを指します。

ことが多いでしょう。

妊娠12週以降の切迫流産のケースは流産のリスクがやや高い状態となります。入浴や食事など、自分の身のまわりのことをするとき以外は横になっておくのが基本です。出血量が多くなったり、下腹部の張りが頻繁に起こる場合は、入院してしっかりと安静を保てるようにする必要があります。

性器出血があり下腹部に痛みを感じたら、まずは受診をしましょう。

超音波《ちょうおんぱ》で赤ちゃんの心拍の有無を確認したり、内診で出血の具合や子宮の出口が開いていないかなどを確認します。炎症があるような場合はおりものの検査も行います。

残念ながら流産と診断されると、通常は赤ちゃんや胎盤《たいばん》のもとになる組織を取り出す処置をします。出血は1週間程度でおさまり、生理は1〜2カ月で再開するでしょう。

生理が2〜3回訪れ、体調も整えば、次の妊娠の準備に入っても大丈夫です。

子宮頸管無力症

子宮口には、赤ちゃんがいる内《ない》子宮口（赤ちゃんがいる子宮の出口）と、外《がい》子宮口（膣《ちつ》につながる細い部分）があり、その間を子宮頸管《しきゅうけいかん》といいます。通常3〜4㎝程度の長さを保ち、妊娠中はしっかり閉じて子宮を支えますが、分娩《ぶんべん》時には開口して産道《さんどう》になるという柔軟性に富んだ部分です。

ところが、子宮口が開いてはいけない時期に、おなかの張りや陣痛《じんつう》などの自覚症状がないまま、子宮口が開くことがあります。これが「子宮頸管無力症」です。流産や早産、切迫流産・早産などの原因となります。

子宮頸管無力症は妊娠初期にみられる自然流産や妊娠後期の早産とは違って、体質的な「病気」も考えられます。原因は子宮頸管の組織の弱さのほか、子宮頸管の感染などが関与することもあります。

頸管が開大してきている場合は内診や経膣《けいちつ》式超音波で診断することができますが、たいていは病態が進行してから発見されることが多く、自覚症状もほとんどないことから、未然に予防することが難しい病気です。

前回の妊娠時に子宮頸管無力症で流・早産した場合、妊娠12〜16週に子宮頸管を特殊なテープで縛る子宮頸管縫縮《ほうしゅく》術《じゅつ》を行う場合がありますが、この方法で出産している人も多く、大きな心配はいりません。

妊娠12週以降の流産リスクを防ぐために気をつけたいこと

過労や睡眠不足を避ける

長時間の立ち仕事を続けたり、家事を頑張りすぎたり、睡眠を削って作業をしたりなど、体に無理をかけすぎないように。

ストレスをためこまない

不安や悩みは家族や友人、医師に相談して早めに解決しましょう。ストレスをためず、ゆったりした気持ちでいることが一番です。

性感染症にかからない

性器ヘルペス、クラミジアなど、妊娠中に注意が必要な性感染症は数多くあります。パートナーにコンドームの重要性を説明し、協力してもらいましょう。

体やおなかを冷やさない

冬場はもちろん、体やおなかを冷やさないよう、夏場でも冷房対策を忘れずに行いましょう。腹帯や靴下はいつも手元に用意しておくと安心です。

激しいスポーツは控える

運動量の多いスポーツのほか、体調がすぐれないときは旅行も控えておきましょう。判断に迷ったときは医師に相談を。

異所性妊娠(子宮外妊娠)

子宮以外の場所に受精卵が着床する異常妊娠

受精卵は子宮内腔《ないくう》の粘膜に着床《ちゃくしょう》するのが正常ですが、卵管や卵巣、まれに子宮頸管など、子宮内膜以外の場所に着床してしまうことを「異所性妊娠」といいます。一般には「子宮外妊娠」と呼ばれ、200〜500人の妊婦のうち1人に起こる確率の病気です。

異所性妊娠でも妊娠には変わりはないので、妊娠検査薬などによる尿中妊娠反応は陽《よう》性《せい》になります。つわりがあることもありますし、尿が近く感じるなど自覚症状は通常の妊娠とほとんど変わりません。1回の妊娠で起こる確率は約1%ですが、何度も繰り返すことがあるので注意が必要です。

正常な妊娠は、超音波《ちょうおんぱ》検査で子宮内に胎嚢を確認し、胎《たい》芽《が》と心拍を確認できますが、異所性妊娠ではそれらが子宮内にみえません。妊娠週数がはっきりわかっていて子宮内に胎嚢が確認されない場合は、hCG(ヒト絨毛性ゴナドトロピン)というホルモン量を測定します。ホルモン量が多い場合には、経腟《けいちつ》超音波検査で子宮外に胎嚢がないかを調べます。

異所性妊娠の9割は卵管部分に着床している

異所性妊娠の中でもとくに多いのが卵管に着床してしまうケースです。

卵管妊娠は、以前受けた開腹《かいふく》手術や掻爬《そうは》手術、クラミジアや細菌などの感染症による卵管の癒着《ゆちゃく》や搾取《さくしゅ》が原因と考えられています。

卵管に着床した場合、妊娠5〜6週あたりに少量の出血があり、下腹部に痛みを感じることがあります。

胎嚢が大きくなり、卵管の中に収まりきらなくなると、その場で流産するか、または卵管が破裂することになります。激痛が走り、大量な出血をするためにとても危険な状態です。破裂した部分を切除する場合と、卵管を残す保存手術とがありますが、状態をみて判断することになります。

もし手術の際に一つの卵管を切除した場合でも、もう一方の卵管に異常がなければ、再び妊娠をすることは可能です。

異所性妊娠の起こる位置

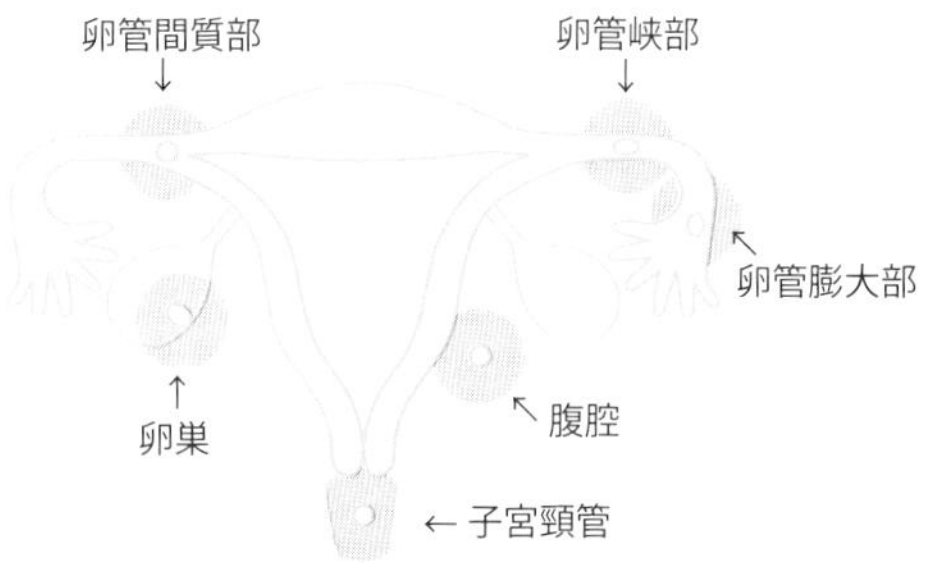

異所性妊娠の90%以上が、卵管に着床してしまう卵管妊娠です。そのままにしておくと流産や卵管破裂の可能性があるので、適切な処置が必要です。

早期発見のために

- 市販の妊娠検査薬で陽性反応が出たら早めに産婦人科で受診する
- 超音波検査で胎児の姿が確認されるまで、週1回のペースで受診を
- 妊娠中の出血や下腹部痛があったら、たとえ軽症でも受診して原因を明らかにしておく

胞状奇胎

胎盤をつくる絨毛が子宮内に異常増殖する

胎児《たいじ》が入っているはずの胎嚢の中に、胎盤をつくる絨毛組織が異常繁殖し、子宮内を満たしてしまう病気のこと。原因は受精卵の染色体異常といわれています。

胎児が消えてしまう場合と、一部残る場合があり、両方を合わせると、妊婦2000人のうち約3人の割合でみられる症状といわれています。

症状は性器出血や、妊娠初期なのに重いつわりがあることがあります。

妊娠初期に胎嚢や赤ちゃんが確認できないときは、超音波検査とともに尿中に出るhCGというホルモン量を測定しながら診断をしていきます。

胞状奇胎だった場合、なるべく早く子宮内の内容物を除去する掻爬手術を行います。その際、通常は2回に分け完全に胞状奇胎を除去します。

というのも、胞状奇胎は絨毛がんに移行する可能性があるからです。がん化は半年〜2年後が多いのですが、胞状奇胎と絨毛がんが同時進行するケースもあるので注意が必要となるのです。

その後、hCG値が少なくなって落ち着くまで、定期的に経過をみます。現在は半年過ぎれば妊娠可能とされており、次の妊娠で繰り返すことはほとんどありません。

胞状奇胎の状態

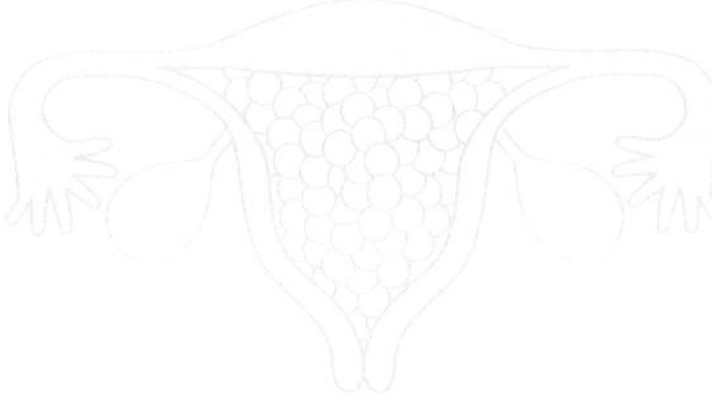

胎盤をつくるはずの絨毛組織が増殖し、子宮内に充満します。２回に分けて子宮内の内容物を取り除き、その後も定期的な検査が必要となります。

妊娠悪阻

病的に消化器症状がひどいつわり

つわりは妊娠初期に多くのママが経験しますが、消化器症状が病的に重いものを「妊娠悪阻」といいます。期間は5〜6週から始まり、7〜11週でピークを迎え、12〜17週ごろに徐々におさまることが多いようです。

代表的な症状は、嘔吐《おうと》、食べものへの嫌悪《けんお》、嗜好《しこう》の変化、眠気、胃のもたれ、便秘や下痢《げり》、頭痛、唾液過多症《だえきかたしょう》などがみられます。そして急激な体重の減少がすすみ、週に2〜3kg痩せてしまうことも。1日に何十回も吐いたり、水も飲めなくなったら要注意です。トイレの回数が目にみえて少なくなっていたら、脱水《だっすい》症状が起こっている可能性があります。母子ともに危険な状態になることもありますので、早めに受診しましょう。

病産院では「つわりがひどいです」というあいまいな説明ではなく、嘔吐の回数や尿の量など具体的に説明すると、症状の度合いを診断しやすくなります。

妊娠悪阻の治療は通院でも受けることができますが、精神的要因も関わってくるので、程度によっては入院治療をすすめられる場合もあります。

病産院では、電解質輸液やブドウ糖液、アミノ酸液などによる輸液を点滴注射で取り入れ、水分や栄養を補います。なお妊娠悪阻は病気として扱われますので保険が適応されます。

こんなときは病産院へ行こう

- 吐き気・嘔吐がひどくて食べられない
- トイレの回数が減ってきた
- 水分も受け付けない
- 急激な体重減少（目安は週2〜3kg）

妊娠が体に与える負荷は非常に大きく、体が適応できないことがあります。そこで発症する病気の一つが「妊娠高血圧症候群」。妊娠20週～分娩《ぶんべん》後12週までの間、高血圧がみられたり、高血圧と尿タンパクの両方がみられたりします。

妊娠8カ月以降の約1割程度の妊婦が発症しているといわれ、妊娠中期早めに発症すると重症化する可能性が。発症すると、胎盤《たいばん》の血流が悪くなり、赤ちゃんに送られる酸素や栄養が不足します。また、ママ自身が脳出血を起こしたり、子癇《しかん》(けいれん)、常位胎盤《じょういたいばん》早期剥離《そうきはくり》(→P.145)など重篤《じゅうとく》な症状に陥るリスクがあります。

健診のときには必ず血圧チェックをしますが、最高血圧が140mmHg以上、最低血圧が90mmHg以上になると高血圧と診断され、妊娠高血圧症候群が疑われます。

そもそも妊娠高血圧症候群は、妊娠によって引き起こされる病気のため、妊娠が終わることが何よりの治療といえます。

ごく少数ですが、後遺症として高血圧が慢性化する人もいます。しかし、基本的に産後3カ月くらい経つと、ほとんどの人は症状が改善します。

そうはいっても、無事に出産を終えなければならないので、発症した場合は安静を保つことと塩分摂取を控えるなどの食事の改善が治療の中心に。症状が重い場合は対症療法的に薬を使うこともあります。

自宅療法で症状がよくならない場合、入院することもありますが、容態は一進一退を繰り返すことが多く、回復に向けての努力が要されます。

ママの体調が悪化すると、おなかの赤ちゃんにもダメージを与えてしまいます。そのため病状によっては、赤ちゃんがまだ小さい早産の時期であっても、外に出してあげるという対処をする場合もあります。

妊娠前から体重が標準より多い人やBMI（→P.91）が25以上の人は注意が必要です。

双子や三つ子など多胎《たたい》妊娠の人は、母体への負担が大きくなります。

35歳以上で初産の人の場合、リスクが高くなります。

慢性腎炎《じんえん》や心臓病、高血圧症、糖尿病などの持病がある人は医師の指示を守りましょう。

過労やストレスは妊娠高血圧症候群を引き起こす大きな要因となります。

塩分をとりすぎると高血圧やタンパク尿につながります。１日7g未満を目安にしましょう。

収縮期血圧が140mmHg以上160mmHg未満、もしくは拡張期血圧が90mmHg以上110mmHg未満

収縮期血圧が160mmHg以上、もしくは拡張期血圧が110mmHg以上

味付けは心持ち薄味にして、塩分は控えめに。１日7g未満を目安にするとよいでしょう。

早寝早起きの習慣をつけ、３食の食事も決まった時間に食べるよう調整しましょう。

妊娠中の体はとてもデリケート。定期的に健診を受け、異常がないかを確認しておきましょう。

体重が一気に増えたりしないよう、毎日体重を量り、適正な体重を維持しましょう。

自分に合った方法で、気持ちがスッキリするようなストレスの発散を。

妊娠時でもできるマタニティヨガ、マタニティビクス、マタニティスイミングなど、適度な運動を取り入れましょう。

妊娠糖尿病

すい臓から分泌されるインスリンというホルモン作用がうまく機能せず、血糖値（血液中のブドウ糖量）が上がってしまう病気を「妊娠糖尿病」といいます。妊娠時には胎盤で血糖値を上げやすいホルモンが多くなりますが、通常はすい臓から多くインスリンを分泌して血糖値を上げないように調節します。しかし、この調節がうまくいかないと血糖値が上昇して妊娠糖尿病となるのです。

妊娠糖尿病になる原因は、肥満、遺伝的要因、35歳以上、尿糖陽性、流産・早産歴がある場合などといわれています。

健診では、尿検査で尿糖の有無を検査し、妊娠糖尿病の疑いがある場合は血液検査で血糖値を調べたり、さらに妊娠中期には糖負荷検査を行います。

進行を防ぐには、早期発見・早期治療で血糖値をコントロールする必要があります。そのためにも、健診は毎回欠かさず受けましょう。これは妊娠が原因なので出産後はほとんどの場合は治ります。ただし、将来的に糖尿病になりやすい傾向があるので、出産後も適度な運動を生活に取り入れて太りすぎを防ぐなどして、生活習慣を整えるようにしましょう。

- 親兄弟に糖尿病の人がいる
- 35歳以上の高年初産
- 妊娠前から太っている
- 妊娠後の体重増加が大きい
- 経産婦
- 巨大児(4000g以上)を出産した
- 糖代謝異常と診断されたことがある

現在の診断基準は厳しめで、あまり心配のない軽度のケースも含め、約10％のママが妊娠糖尿病と診断されます。ママの妊娠糖尿病が進行すると、赤ちゃんにも影響が出てしまいます。例えば、出産時には4000gを超える巨大児になることも。一方、産後は胎盤から離され、急に低血糖になってしまうので、脳にダメージを受けるおそれもあります。そのため、産後も注意が必要です。

母体側では、血糖値が高くなると、早産（↓P.142）、妊娠高血圧症候群（↓P.140）、羊水過多症《ようすいかたしょう》（↓P.145）、尿路《にょうろ》感染症などが起こりやすくなります。

これらのリスクを防ぐためには、妊娠糖尿病と診断されたら、血糖値をコントロールすることが大切です。最初は食事療法が行われます。それでも難しい場合は、インスリンを注射でコントロールすることになります。こうした対応を継続することでリスクをぐっと減らすことができます。

甘いもの、脂っこいものは食べすぎに注意して。野菜を意識的に多く食べるようにするとよいでしょう。

赤ちゃんが大きくなるのに比例して、体重管理はしっかり行って。食べすぎに注意し、毎日体重を量って確認しましょう。

過度のストレスは自律神経や内分泌機能に異常をきたす要因となります。ストレスをためないよう、上手に気分転換を。

朝食を抜いたり、不規則な食事時間は改めましょう。1日3食を決まった時間に食べるようにしましょう。

適度な運動

妊娠中は運動量が減り、基礎代謝が下がり気味になります。ウォーキングなど軽い運動で筋肉量を維持しましょう。

素材の味を生かし薄味に

味付けの濃いおかずだと、ご飯をついたくさん食べてしまいがちです。素材やダシの味を生かして、味付けは薄めにしましょう。

赤ちゃんが妊娠22週以降、37週未満で生まれてしまうことを「早産」といいます。早産は全妊娠の約5％に発生し、早産の約8割は子宮内感染が原因です。中でも多いのがGBS（→P.153）や腸炎球菌《ちょうえんきゅうきん》、クラミジア（→P.153）などの菌が原因となる絨毛膜羊膜炎《じゅうもうまくようまくえん》です。

そのほか、妊娠高血圧症候群（→P.140）、前置胎盤《ぜんちたいばん》（→P.144）、常位胎盤早期剥離《じょういたいばんそうきはくり》（→P.145）、胎児機能不全（→P.184）などは、子宮内では赤ちゃんが生きられない状態になり、人工的に早産せざるを得ない場合もあります。また、子宮収縮がないのに、子宮頸管《けいかん》が短縮したり、子宮口《しきゅうこう》が開いてしまう子宮頸管無力症《けいかんむりょくしょう》（→P.137）も早産の一因に。たとえ縫縮《ほうしゅく》術《じゅつ》を受けていても、体を休め極力負担をかけない生活を送りましょう。

1日10回以上のおなかの張りは要注意

早産の兆候には、頻繁なおなかの張りや出血、破水《はすい》などがあります。ところが、妊娠後期になると、誰もがおなかの張りを感じるもの。それが通常の張りなのか、早産の予兆なのかは、自分自身で見極めていく必要があります。

感じ方は人によって異なりますが、大まかな目安としては、おなかがキュッとかたくなる感じが1日数回であれば大丈夫。これは生理的なものとしてとらえてください。

一方、こうした張りが10回を超える頻度で起こるようであれば、要注意。念のために病産院へ連絡して、医師の指示に従ってください。

出血はおしるし程度の量で、そう多くありませんが、少量だからといって見過ごしてしまうと危険です。この場合も病産院へ連絡を入れましょう。

また、陣痛がこないのに破水してしまうと、赤ちゃんが細菌に感染する危険が高まるので、早産になることが多いです。破水した時点で、すぐに病産院へ。電車やバスなどを使わずに、できれば誰かに車を運転してもらうなどして、横になった姿勢で病産院へ向かいましょう。

- 双子や三つ子などの多胎妊娠
- 前置胎盤と診察された人
- 子宮筋腫と診断を受けた人
- 子宮頸管無力症の人や子宮頸管縫縮術を受けた人
- ストレスや疲れが過剰にある人

1日でも長くおなかにいられるようママも努力を

一般に、妊娠34週以降37週未満で生まれ、体重が1500g以上で、呼吸が安定していれば、普通の赤ちゃんと同じような生活は比較的早く送れるようになります。

ただ、早産の赤ちゃんの場合、産後の対応は、大きさや状態によってさまざまです。多くの赤ちゃんは低出生体重児であるため、NICU（新生児集中治療室）で治療を受けます。適切な処置を受けられれば、後遺症も残らず、数年後には正期産の子と変わらずに育つ可能性は高いといわれています。

それでも、体内にいる時間が短いほど、頭蓋内出血《ずがいないしゅっけつ》や黄疸《おうだん》などの異常が起こりやすくなることがわかっています。ママのおなかの中に1日でも長くいられるよう、早産は未然に防ぐことが大切なのです。

早産しやすい傾向の人は、体に気をつけて日々の生活を送りたいもの。妊娠後期の性交渉も、避けた方が安全です。

切迫早産しかけたら 的確な処置を

切迫早産は、早産になりかかっている状態をいいます。

その兆候は早産と同じく、おなかの張りや痛み、出血が現れます。子宮口が開き、破水してしまうこともあります。このような異常に気づいたらすぐに病院に連絡し、指示を受けてください。

- 頻繁な下腹部痛
- 破水
- 性器出血

このとき、おなかの中では子宮口が開き、子宮頸管が短くなるなど、分娩《ぶんべん》前の状態になっています。放っておくとお産が始まる可能性が高まります。

病産院では必要に応じて、早産にならないようにするために、「子宮収縮抑制剤※」を投与することも。切迫早産の原因である細菌による膣内感染を取り除く抗生剤《こうせいざい》を使用することもあります。子宮収縮の程度が軽くて子宮口があまり開いていない場合には通院で経過をみますが、子宮口が開いている場合は入院して子宮収縮抑制剤の点滴治療が現在は一般的です。また、子宮頸管無力症で子宮口を縛って対処する場合も、入院となります。

切迫早産の原因は、感染症による生殖器の炎症、子宮頸管無力症、子宮筋腫（→P.147）、妊娠高血圧症候群のほか、多《た》胎《たい》妊娠、羊水過多（→P.145）などがあげられます。高年出産や極度の疲労が引き金になることもあります。

過労やストレスを避けゆとりある生活を

切迫早産と判明した場合、そのまま入院となることもありますが、自宅安静をいい渡されることもあります。

仕事を持つママの場合、休みづらかったり、休むことに抵抗があったりすることもあるかもしれませんが、この大事な時期に無理をして、赤ちゃんに万が一のことがあったら、取り返しがつきません。ここは、思い切って休みをとってください。医師の診断書があれば、休職することができます。

また、妊娠後期になったら、仕事の有無にかかわらず、なるべく夫や家族に家事を手伝ってもらい、無理をしないことが大切です。活動量をこれまでの8割程度にとどめ、ゆったりとした生活を送りましょう。

ストレスや過労、冷えなどでも、子宮が収縮してしまうことがあります。十分に睡眠をとって体を休め、夏でも靴下をはくなどして、体を冷えから守ることも忘れずに。

早産を防ぐために

- ストレスをためない
- 体を冷やさない
- 過労に注意。適度な休息を
- 人混みを避け、重いものは持たない
- 長時間の立ち仕事など身体的負担を減らす
- セックスをするときは感染症予防のためコンドームを
- 体重をきちんと管理する
- おりものをチェックする

※子宮収縮抑制剤の効果は限定的で、動悸などの副作用もあるので、使用されなくなってきています。

胎盤は、ママから赤ちゃんに血液、酸素、栄養などを送る大切な組織です。その胎盤は通常、子宮の奥の方(子宮底《しきゅうてい》)につくのが正常なのですが、子宮口を覆ってしまったり、子宮口の近くについてしまったりする状態を「前置胎盤」といいます。

前置胎盤の問題は、赤ちゃんが子宮口から出られなくなってしまうこと。そのため帝王切開《ていおうせっかい》で外に出してあげる必要が出てきます。妊娠週数の浅い時期に前置胎盤と診断されても、妊娠が進むにつれて子宮が大きくなると、胎盤の位置が少しずつ上になり、経腟分娩《けいちつぶんべん》が可能になることもあります。このため、妊娠中期では「前置胎盤の疑い」と診断されます。

前置胎盤は、初産婦《しょさんぷ》より経《けい》産婦《さんぷ》、帝王切開や流産、人工妊娠中絶などの経験がある人がなりやすいといわれています。また、喫煙や高齢、多胎《たたい》妊娠や子宮筋腫(→P.147)、子宮の形状異常などが原因になると考えられています。

前置胎盤の場合、子宮口が開き始めると胎盤と子宮口の間がずれて、出血します。このとき痛みは伴いませんが、少量でも出血がある場合は必ず病産院で受診しましょう。

前置胎盤と診断された場合は、基本的には安静に過ごし、運動やセックスなどは控えた方がよいでしょう。病産院によって変わってきますが、妊娠32週ごろには管理入院をすすめることもあります。

出産は帝王切開が原則となり、通常は妊娠37週末までに帝王切開を行います。

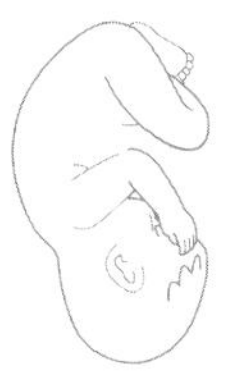

胎盤が完全に子宮口をふさいだ状態。

胎盤が部分的に子宮口をふさいでしまっている状態。

胎盤の下のふちが子宮口にかかっている状態。

通常よりも胎盤が子宮の下の方についていますが、子宮口には達しておらず、ふさいでいません。明確な定義ではありませんが、胎盤と子宮口との距離が2㎝以下の場合を低置胎盤といいます。

妊娠経過とともに胎盤の位置が上がり、出産前には正常な位置になることもあります。ただし、胎盤の位置が低い場合、出産時に大量出血をする危険も。安全を優先して帝王切開をするのが一般的です。

胎盤の位置が低い状態。状況によっては前置胎盤と同様のリスクとして扱われます。

常位胎盤早期剥離

出産前に胎盤がはがれてしまう

胎盤は赤ちゃんが生まれると子宮壁からはがれ、排出されます。ところが、赤ちゃんが生まれるよりも前にはがれ始めてしまうことがあり、これを「常位胎盤早期剥離」といいます。胎盤の位置は子宮の上の方が正常なため「常位」という言葉がついています。

初期症状は切迫早産と似ていて、少量の出血とおなかの張りが現れます。重症の場合は下腹部に激痛がおき、おなかが板のようにカチカチにかたくなります。胎動が少なくなったり、なくなったりするのも重要なサイン。胎盤がはがれ始めると大出血し、赤ちゃんへの酸素や栄養供給が減るので、母子とも危険な状態に陥ります。

このような症状がみられたら、一刻を争う状況です。まずは病産院に連絡し、すぐに救急車で病産院へ向かってください。ほとんどの場合、すぐに帝王切開となります。

こうしたことが起きる原因ははっきりしていませんが、妊娠高血圧症候群(↓P.140)の妊婦に多いことがわかっています。

交通事故や、転んだりおなかを打つなど、物理的な刺激で起こることもあり、突発的なアクシデントの後は、しばらく安静にし、心配な症状が現れないか観察することが大切です。

胎盤機能不全

胎盤機能の低下で

赤ちゃんは胎盤を通して、母体から酸素や栄養をもらって成長します。ところが、その胎盤の機能が低下し、低酸素・低栄養となり、発育悪化や仮死《かし》状態になることを「胎盤機能不全」といいます。

生まれてきた赤ちゃんは痩せて細長い体型になっていることが多く、皮膚のしわや剥《はく》離《り》、つめや髪の毛が長くなるなどの症状がみられます。多血《たけつ》症《しょう》や低血糖がみられる場合は、治療を行う必要があります。

母体が妊娠高血圧症候群や糖尿病、腎炎《じんえん》などの合併症を持つ場合や、高年出産、また予定日を過ぎてもお産が始まらない場合にも、胎盤機能の低下が心配されます。大抵は40〜41週で超音波《ちょうおんぱ》検査や胎児《たいじ》の心拍パターンを確認しながら、胎盤機能の低下の兆候がみられたら、分娩《ぶんべん》を誘発します。

羊水過多・過少

羊水８００ml以上が過多 １００ml以下が過少に

羊水は透明な弱アルカリ性の水で、そのほとんどは赤ちゃんの尿です。妊娠20週以降の赤ちゃんは、自分で羊水を飲み込んで排尿《はいにょう》したり、また余分な羊水は胎盤を通して母体から排泄《はいせつ》してもらいながら羊水の量を調節します。

妊娠後期の羊水量は約５００mlですが、これが８００ml以上になると「羊水過多」に。子宮が大きくなり、ママが子宮圧迫で呼吸が苦しくなる「羊水過多症」になったり、切迫早産や破水が起きやすくなります。

反対に妊娠後期の羊水量が１００ml以下になることを「羊水過少」といいます。羊水が少なすぎると、赤ちゃんが子宮内で活発に動けないばかりか、へその緒が圧迫されて酸素や栄養が母体から届きにくくなってしまいます。

超音波検査で経過観察 出産時期は医師に従って

羊水過多は特別な原因がないことが一番多いですが、消化管の狭窄《きょうさく》や閉鎖、筋肉の病気などがあり、赤ちゃんが羊水を飲みにくい場合があります。また母体の糖尿病や感染症も、羊水過多の一因となります。

一方、羊水過少は胎盤機能不全などが考えられます。妊娠中期の羊水過少は、胎児の腎臓に問題がある場合があります。

いずれの場合も、経過観察をしていく必要があります。

陣痛《じんつう》が起こっていない段階で赤ちゃんを包んでいる卵膜《らんまく》が破れ、羊水が外に流れ出すことを「前期破水」といいます。

通常は陣痛が起こり、分娩《ぶんべん》が進行して、子宮口が全開大になった後に破水しますが、正期産（妊娠37～41週6日）の場合でも陣痛が起こる前に破水する確率は3割程度あり、特殊な事態ではありません。

けれども、破水した時点で、赤ちゃんにはかなりの負担となるので、すぐに病産院に行かなければなりません。

前期破水の主な原因は、細菌感染で卵膜が弱くなっていることが考えられます。おりものの増加、かゆみや痛みがあったら早めの受診をしましょう。

前期破水した場合に気をつけなければならないのは次の4点です。

妊娠37週未満の場合は、早産で生まれる心配があります。赤ちゃんをケアできる病院へ搬送されることがあります。

卵膜が破れたため、子宮頸管《けいかん》と膣《ちつ》を介して外界と直接接することに。細菌感染の可能性が出てくるので、入浴は厳禁です。

羊水が減ることで、赤ちゃんを子宮の壁から守るクッション効果が薄れます。とくに陣痛が始まると、子宮収縮により直接赤ちゃんが圧迫され体力を消耗しやすくなります。

逆子や小さい赤ちゃんのときに起こる場合があります。子宮口の外にへその緒が出てしまうと、血流が妨げられ赤ちゃんが酸素不足に陥ってしまいます。大至急、帝王切開の必要があります。

その際、健康保険証、診察券、母子手帳を忘れずに。移動は徒歩や公共の交通機関ではなく車で。誰も頼れなければ救急車を呼んでもかまいません。できるだけ体を横にして水平の姿勢でいてください。

陣痛が起こってから子宮口が全開になるまでに破水することで、前期破水とは分けて考えられています。前期破水よりも管理が厳重ではないので、心配はいりません。

「血液型不適合」とは、ママにない血液型抗原が赤ちゃんに存在する場合をいいます。

多くは初回の妊娠でママに赤ちゃんの血液型抗原に対する抗体ができてしまい、次の妊娠でこの抗体が胎盤を通して赤ちゃんに移行し、赤血球を壊すことで、貧血や黄疸《おうだん》を引き起こします。

日本ではRh式とABO式の不適合がみられ、ABO式では主にママがO型、赤ちゃんがA型かB型という組み合わせで起こることがありますが、ABO式の不適合は一般に症状は軽く予後も良好です。

一方、Rh式の不適合は、ママがRh（－）、赤ちゃんがRh（＋）の場合に発生します。

Rh式の不適合は、症状が重篤になることがあるので、血液検査でママにこの抗体がなければ、抗体がつくられるのを防ぐことが大切で、妊娠中期と出産後にグロブリンの注射をします。

ママがRh（－）で最初の赤ちゃんがRh（＋）の場合、2人目に溶血症状を起こさないようにグロブリン注射で予防します。

持病の影響

妊娠時に悪化させない

気になる持病と妊娠の関係。どのように対応すべきか、あらかじめきちんと確認しておきましょう。

子宮筋腫

筋腫のできる位置によって妊娠への影響も変わってくる

子宮の筋層《きんそう》や頸部《けいぶ》にできる良性の腫瘍を「子宮筋腫」といい、とくに30～40歳代の女性に多くみられます。自覚症状がないことが多いです。

位置によって「頸部筋腫」「粘《ねん》膜下《まくか》筋腫」「筋層内筋腫」「漿膜《しょうまく》下《か》筋腫」に分類されます。

子宮の外側に向かって発育する漿膜下筋腫は妊娠継続にはほとんど影響はありません。それに対して、子宮筋層内で発育する粘膜下筋腫と筋層内筋腫の場合、妊娠している部分に直接的に関わってくることがあり、注意が必要です。妊娠初期では流産、中期～後期では早産の一因となることがあります。頸部筋腫は、産道をふさぐほど大きくなる場合には帝王切開をすることになります。

筋腫はエストロゲンという卵胞ホルモンによってなります。妊娠すると大量のエストロゲンが放出されるため、筋腫が育ちやすくなります。ただし、子宮全体が大きくなるので、あまり問題にはなりません。一方、妊娠中期に筋腫が強く痛むことがあります。入院することもありますが、1週間くらいで痛みはおさまるでしょう。

いずれにせよ、筋腫がない場合に比べると、筋腫があるということはトラブルを起こす危険性が高いということ。それを理解し、妊婦健診は定期的にきちんと受け、おなかの張りや痛みには十分注意しましょう。

頸部筋腫

子宮の入口の細い部分(子宮頸部)にできます。産道をふさいでしまうと判断されると、帝王切開になります。

粘膜下筋腫・筋層内筋腫

粘膜下筋腫は子宮内部に突き出た筋腫。筋腫内筋腫は子宮筋層内にできるもので、最も多くみられます。大きさや場所により対処が変わります。

漿膜下筋腫

子宮の外側に向かってできるタイプの筋腫。自覚症状はほとんどありません。

子宮内膜症

子宮内膜内にある組織が子宮内腔以外にできる病気

子宮内にしか存在しないはずの子宮内膜や子宮内膜様の組織が、子宮内腔以外の部位に発生し、増殖する疾患を「子宮内膜症」といいます。卵巣《らんそう》やダグラス窩《か》、S状結《けっ》腸《ちょう》などに発生し、その病変部は月経時に子宮内膜と同じようにはがれて出血します。まったく症状がない場合もありますが、大概は月経痛がひどくなる症状が出てきます。不妊の一因になるともいわれていますが、内膜症があっても妊娠する人もいます。

月経がなくなることが最大の治療法ともいわれているので、妊娠中は症状が安定します。

子宮が先天的に変形していることを「子宮奇形」といいます。子宮は、胎児《たいじ》期にミュラー管という2つの管状の臓器が1つになって形づくられますが、その融合がうまくいかないことが原因とされ、全女性の4～5％にみられます。

子宮奇形はその形態により「重複《ちょうふく》子宮」「単頸双角《たんけいそうかく》子宮」「双頸双角《そうけいそうかく》子宮」「中隔《ちゅうかく》子宮」など、さまざまです。

ほとんどが無症状で、不妊《ふにん》症《しょう》や習慣流産の検査時に判明することが多いようです。ただ、膣《ちつ》に通じていない機能性子宮があると、思春期に月経が始まった際、下腹部痛が現れることがあります。

妊娠後に子宮奇形が確認された場合、形によって胎児発育に影響したり、分娩《ぶんべん》時には子宮収縮がうまくいかず、微弱陣痛や胎児の回旋異常になることも。不育症《ふいくしょう》❶と診断された人の中には、子宮の奇形が原因で流産を繰り返す人もいます。

形別にいうと、双角子宮は、妊娠しても流産になる可能性があります。また中隔子宮の場合は、不育症になることが多く、早期流産や早産を引き起こしやすい形となります。中隔を取り除く手術で改善します。

こうしたリスクがあるため、健診回数を増やし、経過を見守ります。お産については、変形の状態によって、経腟分娩《けいちつぶんべん》にするか、帝王切開にするかを検討していきます。

ただし、子宮奇形でも正常な妊娠・出産は多いので、必ず治療が必要というわけではありません。

子宮の上部が分かれている状態

子宮が左右に分かれている状態

子宮内部が2つに仕切られている状態

子宮の上部から内部までが仕切られている状態

❶不育症

妊娠はするものの、流産や死産、新生児死亡などを繰り返し、結果的に子どもを持てない場合を不育症と呼びます。具体的に何回流産を繰り返すと不育症という定義はありませんが、一般的には流産や死産を3回連続すると、不育症と診断し、原因究明の検査や治療を行います。

卵巣の腫れ、卵巣腫瘍、卵巣嚢腫

妊娠に伴う卵巣の腫れは12週ごろまでにはおさまる

妊娠してから診察で「卵巣が腫れています」といわれることがあります。考えられる理由は、一つは腫瘍性の卵巣嚢腫、もう一つは黄体嚢胞《おうたいのうほう》（ルテイン嚢胞）といって、妊娠に伴い、現れるものです。

妊娠するとｈＣＧ（ヒト絨毛性ゴナドトロピン）ホルモンがたくさん放出されるようになります。このｈＣＧというホルモンは妊娠を維持するための環境をつくるために働くのですが、ときに黄体を刺激しすぎてしまい、黄体に水分を蓄積させて嚢胞を形成させてしまうことがあります。これが黄体嚢胞です。

ｈＣＧホルモンの過剰刺激により嚢胞ができているため、ｈＣＧホルモンが減少する12週ごろまでには嚢胞も減少し腫れもなくなるでしょう。小さくならなかった場合は、卵巣嚢腫か卵巣腫瘍を疑います。

しかし、黄体嚢胞でも卵巣が７cm以上の大きさになると、まれに卵巣の根元がねじれる茎捻転《けいねんてん》※を起こすこともあります。激痛が生じ、最悪の場合は卵巣破裂を起こして命に関わることも。目安としては、10cmを超えてきたら、手術を行う必要が出てきます。

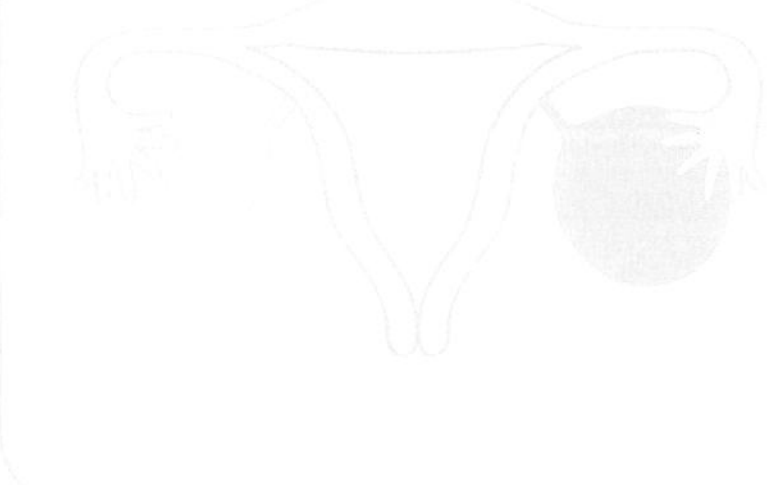

分泌液や水分がたまることで、卵巣が腫れてしまう病気。自然に消えるものもありますが、大きくなるようであれば、手術を検討する必要が出てきます。

卵巣の手術をしても妊娠に悪影響はほぼなし

卵巣にできる腫瘍には卵巣嚢腫と充実性腫瘍があります。

卵巣嚢腫は、卵巣内に液体や脂肪がたまってしまう、触るとやわらかい腫瘍のことです。中身によって「漿液性嚢腫《しょうえきせい》」「ムチン嚢腫」「デルモイド嚢腫」「チョコレート嚢腫」の４種類に分けられ、９割は良性であるといわれています。

もし外科手術で嚢腫を取ることになっても、経過に問題がなければ経腟分娩も可能です。

充実性腫瘍は、触るとかたい腫瘍のことで、悪性と良性とがあります。ただ、妊娠中に手術が必要な卵巣の腫れは１％弱。悪性かわからないものは、様子をみることが多いです。

卵巣嚢腫の主な種類

漿液性嚢腫

最も多くみられるタイプの症状で、卵巣から分泌される透明または薄黄色の液体がたまってできます。卵巣腫瘍全体の約3割を占めます。

ムチン嚢腫

閉経後の女性に多いゼラチン状の白、黄色、褐色などの粘液がたまったもの。放っておくとかなり大きくなるので、治療が必要となります。

チョコレート嚢腫

子宮内膜が卵巣内に発症したもので、月経のたびに出血した血液が卵巣内にたまり嚢腫となります。自然破裂を防ぐため、経過観察をしていく必要があります。

デルモイド嚢腫

腫瘍の中身は皮下脂肪、皮脂、髪の毛、歯、骨、軟骨などです。これらがたまってしまう原因はわかっていません。両方の卵巣に生じることも。

※茎捻転とは、卵巣と子宮をつなぐ細い軸がねじれること。

甲状腺の病気

のどの前面にある甲状腺は、代謝を促進するホルモンを分泌しています。

その過剰分泌を「甲状腺機能亢進症《こうしんしょう》」といい、代表的なものにバセドウ病があります。この持病がある人が妊娠した場合、流産や早産の危険が高くなることがあります。妊娠したら甲状腺ホルモンの濃度を正常にしておくことが大切です。

一方、分泌不足になることを「甲状腺機能低下症」といい、代表的なものに橋本病があります。こちらも流産や早産の危険、赤ちゃんの発達に影響することがあるので、薬を処方された場合は、きちんと服用するようにしましょう。

甲状腺の病気は、妊娠中自然とよくなることがありますが、産後悪化する例もあります。なお、薬などを飲む必要がある場合でも、授乳は可能です。

心疾患

妊娠すると、体を循環する血液量が通常時の約1・5倍に増えるため、心臓への負担が増し、健康な人であっても動悸や息切れが起こります。

心臓に持病がある人の場合、より一層の注意が必要です。産科と循環器科の主治医のもと、体重管理や必要な塩分制限を行ったり、病状によっては、心臓への負担が最も増える妊娠末期から入院をすすめられる場合もあります。今まで服用してきた薬については、服用の継続・変更を医師と相談して。

基本的に経腟分娩《けいちつぶんべん》で出産しますが、その場合、陣痛やいきみによる心臓への負担軽減のため、吸引や鉗子《かんし》分娩が行われることもあります。ただし、陣痛が心臓に負担をかけすぎて母体が危険と医師が判断した場合は、帝王切開になることもあります。

腎疾患

食事療法や生活管理で
腎臓への負担を軽減

妊娠中は、胎児《たいじ》が排出した老廃物の処理もママの腎臓が行っています。そのため、通常時に比べると、かなりの負荷がかかっているのです。もともと腎機能が低い人は、老廃物を処理しきれなくなり、腎不全や尿毒症になることもあります。

また、流産や早産、胎児の発育の遅れなどの頻度も高くなることから、重度の腎臓の持病がある場合は、妊娠を許可されないこともあります。考慮すべき腎疾患は、急性腎炎、慢性腎炎、ネフローゼ症候群、尿路感染症などがあります。

妊娠の許可が出た場合でも、妊娠中は、妊娠高血圧症候群（→P.140）を起こしやすくなるので、産科医や内科医とともに病状を管理する必要があります。食事療法や安静に生活するなど、過労やストレスを避けて過ごすようにしましょう。

膠原病

病状の安定を確認しながら
出産の計画を立てて

膠原病はアレルギー疾患の一種で、自己の組織を異物とみなし、臓器や組織を攻撃してしまう自己免疫疾患です。攻撃してしまう臓器によって病名が異なります。

全身性エリテマトーデスは、20〜30代の出産適齢期に多く発症します。ステロイド薬を使用するので妊娠を危惧《きぐ》する人も多いですが、病状がよい時期であればリスクを最小限に抑えて出産することが可能です。

妊娠可能の目安は、半年以上よい状態が続いていること、治療薬の使用量が抑えられていること、ひざの関節などの機能が保たれていること、重い内臓障害がないことなどです。

なお、「抗SS-A抗体」「抗リン脂質抗体」という自己抗体は注意が必要。医師の指示をしっかり聞いて治療をしていきましょう。

ぜんそく

医師と相談しながら薬の服用で状態維持を

ホルモンバランスや体内環境が大きく変化する妊娠中は、ぜんそくの症状も人によって重くなったり、軽くなったり、変化します。ただ、重症だった人ほど妊娠中に悪化しやすい傾向があるようです。

薬の副作用の赤ちゃんへの影響を心配しがちですが、発作による酸素不足も悪影響を与えます。ですから、医師が処方した薬はきちんと服用し、悪化させないようにしましょう。

陣痛促進剤のプロスタグランディンには気管支を収縮させる作用があるため、ぜんそくの人は使えませんので、医師には持病をあることを事前に忘れずに伝えましょう。

出産後、数カ月するとぜんそくの発作が再発しやすい状況になるので、授乳中の薬の影響など、医師と相談をしておくとよいでしょう。

アレルギー体質

自己判断で食事制限せずバランスのよい食生活を

免疫反応の一つを「アレルギー」といい、特定の物質や細菌、ウイルスに対して抗体がつくられ、免疫反応が過剰に現れることです。

アレルゲン(抗原《こうげん》)には食べもののほか、ダニやホコリ、花粉などいろいろあります。小まめに部屋を掃除して、アレルゲンとなるダニやホコリを排除するよう心がけましょう。

また、子どもがアトピー性皮膚炎になることを心配して食品の三大アレルゲンと呼ばれる卵、牛乳、大豆を摂取しないようにするママもいますが、アレルゲンの食事制限ではアレルギーを予防できないばかりか、かえっておなかの赤ちゃんの成長に悪影響を及ぼすことがあります。自己判断で極端な行動を起こさず、栄養バランスを考えて、まんべんなく食事をとるべきです。

アトピー性皮膚炎

妊娠中に症状が悪化したり、妊娠をきっかけに発症してしまうことがあります。保湿し、清潔に保つよう心がけて。

また、治療のために使用するステロイド剤の胎児への影響は、塗り薬、内服薬ともに心配ありません。安心して使用しましょう。どうしても気になる場合は、妊娠初期にはステロイドのランクの弱いものを必要最小限に使用し、症状を改善させてください。

アレルギー性鼻炎

妊娠中は血液量が増えるため、血管が拡張して鼻づまりがひどくなることがあります。入浴や蒸しタオルなどで鼻の周りを温めたり、マスクなどで潤して鼻粘膜の腫れを和らげるとよいでしょう。

抗アレルギー薬は妊娠中でも使用できますが、長期にわたり使用している人は、妊娠初期は使用を控えるよう指示される場合があります。しっかり医師と相談しましょう。

花粉症

花粉症は免疫反応の一つです。妊娠すると免疫のしくみが変わるため、症状が軽減する人も、悪化する人もいます。通常時と同様に、飛散時期は洗濯ものを室内に干すなど、できるだけ花粉を避けるよう工夫して。

薬には妊婦でも飲めるものがありますが、妊娠初期は避けた方がいいものも。目薬や点鼻薬を処方してもらうときも、妊娠していることを必ず伝えましょう。

Q 妊娠中に牛乳や卵は避けた方がいいの？

A 妊娠中にアレルギー抗原を摂取しないことが、赤ちゃんのアレルギー抑制になるわけではないことがわかっています。ママが食物アレルギーの場合を除き、特別な制限をする必要はありません。バランスのよい食事が赤ちゃんの発育に大切なのです。

気をつけたい感染症

妊娠中にウイルスに感染すると、赤ちゃんや今後の妊娠に影響が出る場合もあるので、予防が肝心です。

風疹

妊婦が注意すべき感染症の代表「風疹」は、風疹ウイルスによる感染症。春先から初夏にかけて流行する傾向にあります。発熱、全身に発疹、リンパ腺の腫れ、関節の痛みといった症状が出るのが特徴。3日程度で治ることから「三日ばしか」とも呼ばれています。

妊娠20週以降の感染に関しては、心配なしといわれていますが、感染時期が妊娠早期であるほど危険性が高まります。中には感染しても症状が出ない人もいますが、妊娠16週ごろまでにママが感染すると、胎盤を通して赤ちゃんも感染する可能性があり、非常に危険です。もし、赤ちゃんが感染した場合、心疾患、白内障《はくないしょう》、難聴、緑内障《りょくないしょう》といった障害（先天性風疹症候群／ＣＲＳ）を引き起こす危険性があります。

妊娠中は風疹の予防接種は打てません。予防接種を打ったことがないママは、とくに妊娠早期に人混みに出たり、感染者に接触したりしないよう、細心の注意を払いましょう。

過去に感染歴があるか、予防接種を受けたことがあれば抗体があるため、心配はないとされています。しかし、抗体の量が減ってしまっている可能性もあるので、抗体の有無を調べておくと安心です。

感染を避けるためには、ママ本人の予防はもちろん、家族や勤務先など周囲の協力も欠かせません。風疹の抗体のない家族がいる場合は、予防接種を受けてもらいましょう。

また、妊娠中に抗体の減少が判明した人は、次回の妊娠をみすえて、産後すぐに予防接種を受けておくとよいでしょう。

B型肝炎

B型肝炎ウイルス（ＨＢＶ）によって発症する病気で、肝《かん》炎《えん》から肝硬変《こうへん》、肝臓がんを引き起こすことがあります。

妊娠初期には血液検査で感染していないかを調べます。陽性だった場合は、赤ちゃんへの感染のしやすさの目安となるＨＢｅ抗原検査を受けます。

B型肝炎は出産時に血液を介して赤ちゃんに感染するリスクがあるため、ママがB型肝炎ウイルスを持っている場合、出生後すぐに免疫グロブリンを投与し、1カ月後から定期的にワクチンを打って感染防止策をとることで、母子感染を予防することができます。

産後、母乳から赤ちゃんへの感染は心配ありません。

C型肝炎

C型肝炎のワクチンはないが
母子感染率は10〜20%と低い

C型肝炎ウイルス（ＨＣＶ）によって発症し、B型肝炎同様、肝炎から肝硬変、肝臓がんを引き起こすことがあります。

C型肝炎はB型肝炎ほど感染力が強くありませんが、ウイルス量が多いと母子感染を起こすことも。ウイルスの量によっては帝王切開をすすめられる場合もあります。感染していても3歳ごろまでは陽性反応が出ないこともあるので、それ以降に検査、治療を行います。

接触 ATL
ママが感染している場合は母乳による感染に気をつけて

ATLは白血球の中のT細胞に、HTLV-1ウイルスが感染して起こる血液のがんです。ほかにもHTLV-1に感染すると神経の病気(HAM)や眼の病気(HU)を発症することもありますが、約95%の人は発症しません。

厚生労働省ではHTLV-1抗体検査を妊婦健診で行い、陽性とわかった場合の母子感染を阻止するようにしています。母乳から10～20%の確率で感染するためで、授乳方法を検討する必要があります。

母乳を与えなければ母子感染率を約1／6に減少することができるといわれていますが、人工栄養を行った場合でも、約2～3%は感染することがわかっています。

以下のような選択肢がありますので、どのような授乳法にするかは主治医と相談して決めましょう。

①母乳は一度も与えずに完全に人工栄養のミルクにする。

②短期間のみ母乳(生後3カ月まで)にし、それ以降は人工栄養に切り替える。

③24時間以上、冷凍庫で凍結させた母乳を解凍して37度程度に温めて与える。

GBS

GBSとは「B群溶血性《ようけつせい》連《れん》鎖球菌《さきゅうきん》」という細菌のことをいいます。この菌は常在菌《じょうざいきん》といって私たちの指や皮膚にいる細菌です。病原性がほぼないため、この菌を持っていてもとくに症状はありませんが、膣に常在している場合も多く、妊婦の10%程度はこの菌を保有しているといいます。

この菌を保有したまま経膣《けいちつ》分娩《ぶんべん》を行うと、稀ではありますが赤ちゃんに感染するおそれがあります。感染すると、細菌性髄膜炎《ずいまくえん》や敗血症《はいけつしょう》、肺炎などを起こすため適切な処置が必要です。治療が遅れると命にかかわることも。生後7日以降の発症では、精神発達障害や聴力障害、視覚障害が残る場合があります。

妊娠33～37週にGBSの有無を検査し、陽性であれば出産時に抗生物質を点滴投与し、母子感染を予防します。

接触 クラミジア
女性は自覚症状ほぼなし 出産までに抗生物質で治療を

クラミジアトラコマティスという菌に感染し、子宮頸管《しきゅうけいかん》などに炎症が起こる性感染症です。10代後半からの感染者が増加しており、コンドームを使用しないセックスが感染の原因。女性は自覚症状がほとんどないため、知らないうちに感染している病気です。

ママがすでに感染してから妊娠した場合、胎児《たいじ》を守っている羊膜《ようまく》に細菌が侵入すると前期破水(↓P.146)を引き起こす原因にもなってしまいます。通常、妊娠初期から中期にクラミジアの検査をします。もし、陽性の場合は、妊娠中に完治しないと、分娩時に赤ちゃんが産道で感染し、結膜炎や肺炎を起こしてしまう心配があります。

治療は抗生物質の内服で行います。今はアジスロマイシンという薬を1000mg1回飲む治療法が一般的。内服2週間以降に治癒検査を行い、再度陽性の場合は、別の薬が処方されます。なお、クラミジアは性感染症なので自覚がなくてもパートナーと一緒に治療することが大切です。

梅毒

感染力の強い梅毒トレポネーマという菌によって起こる性感染症が「梅毒」です。

皮膚や粘膜の小さな傷から病原菌が侵入し、血液中から全身に広がります。初期は感染部位にかたいしこりができますが、痛みなどはありません。その後、全身に赤い発疹、発熱、扁平《へんぺい》コンジローマなどがみられます。

通常、妊娠初期に血液検査で感染の有無を調べ、早期に治療を始めれば問題はありません。

ただ、妊娠中期以降の感染やママが梅毒の治療をしなかった場合、赤ちゃんへの感染率は40～70％と高確率に。また、流産、早産、子宮内胎児死亡の原因になることがあります。

赤ちゃんが胎内感染すると、骨膜炎《こつまくえん》や骨髄《こつずい》炎を発症したり、目や歯や耳に悪影響が出る場合があります。すぐに抗生物質を使い、治療を急ぎましょう。

トキソプラズマ

猫のフンや生肉から感染
ガーデニングにも注意

トキソプラズマは猫や人をはじめとするほ乳類や、鳥類に寄生する原虫です。

妊娠中、または妊娠直前にトキソプラズマに初感染すると、赤ちゃんに感染するおそれが。流産や早産の引き金となったり、赤ちゃんの目や血液に異常をきたす「先天性トキソプラズマ症」になることもあるので、早期に抗生物質で治療する必要があります。

感染源となる猫のフンは手袋をして即処理する、野菜や果物はよく洗う、生肉は食べない、園芸は必ず手袋をする、などの注意をして初感染を防ぎましょう。

サイトメガロウイルス

尿や唾液、膣《ちつ》分泌液、精液、血液などから感染します。感染してもほとんどの場合無症状で、特別な治療をしなくても自然に治ります。

ただし、妊娠中にママが初感染すると赤ちゃんに感染し、生まれてから難聴や脳の障害を引き起こすおそれがあります。健診時の超音波検査で赤ちゃんが週数の割に平均よりも小さい場合は、この病気である可能性も。本格的な治療は出産後に行われます。

2人目の妊娠時に、上の子どもの世話をしていて唾液や尿などから感染する可能性が多いので、手洗いなどは小まめにするようにしてください。

AIDS（後天性免疫不全症候群）

妊婦健診でＨＩＶ感染が
発覚することも

ＨＩＶ（ヒト免疫不全ウイルス）に感染して発症する病気で、精液、膣分泌液、血液を通して感染します。妊娠3カ月ごろ、ほとんどの産婦人科で感染の有無の検査を行います。妊娠初期に感染が発覚した場合、適切な対策をとれば赤ちゃんへの感染を1％以下に抑え、出産することができます。

具体的な対処法は、妊娠14週以降からの抗ＨＩＶ薬の服用、予定帝王切開、母乳を与えないことです。また、生まれてからは生後6週間までは抗ＨＩＶ薬のシロップを飲ませます。妊娠中にママに投与された抗ＨＩＶ薬の赤ちゃんへの影響はまだよくわかっていないので、定期的に小児科で受診する必要があります。

インフルエンザ

妊娠中は重症化しやすいので
予防対策を万全に

インフルエンザウイルスは母子感染しませんが、ママが重症化することによって赤ちゃんへの悪影響が考えられます。39度以上の急な発熱、関節炎、頭痛などが現れたら、すぐに受診を。抗インフルエンザ薬の内服も可能です。

インフルエンザの予防接種は生ワクチンではないので重篤な副作用はなく、胎児《たいじ》に影響はないと考えられています。ただ、卵アレルギーのある人は接種できないので主治医と相談を。

新型コロナウイルス感染症

妊娠後期の感染は早産の危険があるので注意

非常に感染力が強く、咳や発熱、倦怠感などの症状が現れます。妊娠初期・中期に感染した場合、基礎疾患がなければ同年代の妊娠していない女性と経過は変わらず、ウイルスが原因で胎児に先天異常が起きる可能性は低いと報告されています。しかし、妊娠後期に感染してしまうと早産率が高まり、重症化する例も。また、高年妊娠、肥満、高血圧、糖尿病などのママも重症化リスクがあるので、人混みを避ける、こまめに手を洗うなどの対策を。

※2023年1月現在

水痘（みずぼうそう）

妊娠後のワクチン接種は不可 感染しないように要注意

水痘・帯状疱疹《たいじょうほうしん》ウイルスの感染により発症。水疱内容物の接触や空気によって感染し、発症後顔や全身に発疹が出て、発症後2〜3日経過すると発疹が水疱になります。38度を超える高熱が出ることもあります。

水痘の予防接種は生ワクチンのため、妊娠中は接種できません。人混みを避け、感染しにくい環境をつくりましょう。

約95％のママは小児期に感染して抗体を持っていますが、妊娠中に感染した場合は重症化しやすく、肺炎などの合併症を起こすこともあります。

胎児が感染・発症した場合、脳や目に異常が出たり（先天性水痘症候群）、発疹跡が残ることもあります。妊娠の状態と症状の程度によって抗ウイルス薬を投与し、治療を行います。

また、分娩《ぶんべん》直前にママが感染・発症した場合、赤ちゃんに感染する危険性も。産前後の赤ちゃんは抗体を持っていないため重症化しやすく、死亡する例もあるので、細心の注意と高度な治療が必要です。

帯状疱疹

妊娠中は免疫力が下がり帯状疱疹にかかりやすい

水痘と同じく、水痘・帯状疱疹ウイルスが原因で起こる病気。多くの人は胸から背中にかけて帯状に発疹が出るのが特徴です。水痘に感染した場合、治っても、体内でウイルスは眠っています。そして、体力や免疫力が落ちたときに再活性化し、帯状疱疹となり痛みを伴った発疹として現れるのです。妊娠中は一般的に免疫力が低下していることが多いため、帯状疱疹にかかりやすい時期ともいえます。帯状疱疹自体は赤ちゃんに影響しませんが、症状が出たら、できるだけ早く抗ウイルス薬を使用します。

麻疹《ましん》（はしか）

非常に感染力が強く 流産・早産の危険性がある

感染力がとても強いウイルスで、周囲にかかっている人がいたら、発症後5日間は近づかないようにしましょう。感染すると数日間高熱が出たり、倦怠感《けんたいかん》や全身に赤い発疹が出たりします。大人になってからかかると、重症化する傾向があり、妊娠中の感染も心配です。

妊娠中に発症した場合、流産や早産の危険性があるので、入院して重症化を防ぐことがあります。特効薬はないため、安静にして体を十分休めることで回復を待ちます。

胎児への感染は心配ありませんが、ママが分娩直前に感染した場合は、出産時に赤ちゃんにうつしてしまう可能性が。その場合は子宮収縮抑制剤を使い、発症から7日間ほど分娩を遅らせることもあります。

なお、生ワクチンのため妊娠中の予防接種はできません。

ムンプスウイルスが耳下腺にある唾液腺《だえきせん》に侵入して発症する病気のことです。潜伏期間は2～3週間。症状は、発熱や全身倦怠《けんたい》感から始まり、数日後に耳下腺の痛みと腫れが出てきて、おたふくのようにみえるのが特徴で、数日で症状が改善します。

特効薬はなく、安静にして体を休めることで回復を待ちましょう。

感染力は弱めですが、妊娠初期に感染した場合、流産のリスクが多少高くなるといわれています。しかし、おなかの赤ちゃんに先天異常が出たという報告はありません。

ただし、出産直前にママが感染した場合、赤ちゃんに呼吸障害などの影響が出ることがあるので注意しましょう。

なお、生ワクチンのため妊娠中の予防接種はできません。

原因はパルボウイルスの空気感染で、「りんご病」といわれています。幼児がかかりやすく、一度感染するとその後は感染しません。成人の抗体保有率は75％ほどです。

感染すると頬がりんごのように赤くなり、手足に網目状の紅斑が出ます。伝染性紅斑が原因で死亡することはほとんどありませんが、妊娠中に感染すると事態が変わってきます。

とくに妊娠20週未満に感染すると、約1／3の赤ちゃんに影響があり、赤ちゃんの皮膚がむくむ胎児水腫《たいじすいしゅ》になったり、重症化すると子宮内胎児死亡となるおそれもあります。

感染者の頬が赤くなる前の潜伏期間に感染していくので、予防するのが困難です。周囲での流行状況に気を配り、感染者がいた場合は、しばらく接触を避けましょう。

カンジダ膣炎

カンジダ膣炎の原因となるカンジダアルビカンスは、もともと人間の口の中や皮膚に常在している身近な真菌《しんきん》(カビの一種)です。疲労していたり体調不良だったりすると、膣内に増殖して炎症を起こします。外《がい》陰部《いんぶ》のかゆみがとても強く、カッテージチーズのような白いおりものが出るのが特徴です。

妊娠中は、膣内が酸性からアルカリ性になり、おりものが増えるので、カンジダ菌の増殖を促すことに。抗真菌の膣錠で治療すれば、数日～1週間で症状はおさまります。

カンジダ真菌が増殖したままだと、分娩《ぶんべん》時に産道を通る赤ちゃんに感染してしまうおそれが。感染した赤ちゃんの舌には苔のような白いカビが発生したり(鵞口瘡《がこうそう》)、皮膚炎になるなどの症状が出て、治療が必要になります。

リステリア

リステリア菌は、食品を通して感染する食中毒菌です。高濃度の食塩にも強く、乾燥にも強いので、冷蔵庫でも増殖します。健康な成人はリステリアに汚染された食物を食べても発病しないことが多いのですが、妊婦は20倍も感染しやすいといわれています。

ママが感染すると、胎児が髄膜脳炎《ずいまくのうえん》や敗血症《はいけつしょう》を発病したり、死産したりするおそれも。出産時に膣内感染した場合も含めると、赤ちゃんの致死率は20～30％と高確率になります。

妊娠26～30週の間は、リステリア菌などに対する細胞性免疫が低下するので、とくに妊娠後期には気をつけましょう。

予防策としては、ナチュラルチーズ(加熱殺菌していないもの)、肉や魚のパテ、生ハム、スモークサーモンなどを控え、野菜や果物はよく洗いましょう。

接触

性器ヘルペス

免疫力低下で再発しやすい
分娩時までにきちんと治して

性器ヘルペスは口唇《こうしん》ヘルペスと同様に、単純ヘルペスウイルスの感染によって発症します。

性器の表面の皮がただれて、水ぶくれのようなつぶつぶとした潰瘍《かいよう》ができます。はじめて感染したときは、強い痛みを伴うことが多いようです。

セックスにより感染しますが、治ったあとも体内に潜伏し、体の免疫力が落ちたときに再発します。妊娠中はかかりやすいので注意しましょう。

出産までに治療をしないと、産道で赤ちゃんが感染してしまい、ヘルペス脳炎や新生児ヘルペスを発症することが。いずれも発症すると死亡する可能性の高い、とても危険な病気です。治療では抗ウイルス剤の注射や経口《けいこう》薬、軟膏《なんこう》などを使用します。もし分娩時に完治していない場合は、帝王切開を行い、母子感染を防ぎます。

淋病

母子感染すると
新生児結膜炎のおそれ

淋菌《りんきん》という細菌の感染症で、男女両方に感染し、炎症を起こします。男性は、排尿時の痛みやかゆみ、膿《うみ》や少量出血などの自覚症状が出やすいため、比較的早期に発見されます。しかし女性の場合は、膿の混じったおりものが出たり、かゆみがあったりはしますが、7割近くの女性に自覚症状が出てこないため、発見が遅れて放置されがちに。

淋病に感染したまま出産し、分娩時に膿が赤ちゃんの目につくと、新生児結膜炎《しんせいじけつまくえん》を起こします。最悪の場合、失明する可能性もあるので、出産までに完治させる必要があります。

症状の軽いうちに抗生物質で治療を行います。完治までに時間がかかることもありましたが、最近では抗生物質の単回点滴治療で、ほぼ100%の菌消失が期待できるようになりました。

接触

尖圭コンジローマ

カリフラワー状のイボは
塗り薬や手術で治療を

カリフラワーのような形をした小さなイボが、外陰部や子宮《しきゅう》頸部《けいぶ》、肛門などにできる性感染症です。イボの色は白、ピンク、茶褐色、黒とさまざまで、大きさも直径3㎜前後から数㎝大まであります。感染から発症までは、人によって期間の長短が異なり、3週間から8カ月かかります。

発症の原因となるヒトパピローマウイルスは、タイプによっては子宮頸がんの発生に関係することがあるので、発見したら子宮がん検査を受けるようにする必要があります。

感染中に妊娠しても、胎児には影響はありません。ただし、出産までに治らないと、産道を通るときに赤ちゃんに感染する危険があります。感染すると、赤ちゃんののどにイボができる喉頭乳頭腫《こうとうにゅうとうしゅ》を起こす可能性があるため、帝王切開になる場合も。

接触

トリコモナス膣炎

妊娠中は自浄作用が衰えがち
膣剤でしっかりと治して

膣トリコモナスという原虫が寄生することによって起こる膣炎です。健康な女性でも膣や膀胱《ぼうこう》に寄生していることが多く、感染していても体力があるときは無症状ですが、免疫力が低下していると膣の自浄作用が低下するため、発病します。

感染すると、黄色や緑に泡立った、においのきつい膿のようなおりものが増えます。また外陰部に強いかゆみや痛みを伴います。ひどくなると、排尿痛があったり、歩行時や入浴時にも痛むことがあります。

妊娠中は免疫力が低下するため、トリコモナス膣炎にかかりやすくなりますが、胎児への感染や影響はありません。

しかし、炎症がひどくなると流産や早産を引き起こすこともあるので、症状に気づいたら受診を。1週間ほどで完治します。

薬との付き合い方

妊娠中でも薬の服用が必要になることもあります。正しい知識を持って、上手に薬を活用しましょう。

とくに気をつけたい妊娠4〜7週目

「妊娠していることに気づかずに、薬を飲んでしまった」「妊娠中に医師に飲み薬を処方されたけど心配で飲めない」と薬剤への不安を持つママも多いことでしょう。薬剤が及ぼす赤ちゃんへの影響は、どの時期に、どんな薬剤を服用したかによって違ってきます。

一番気をつけたいのは、妊娠4~7週目。赤ちゃんの臓器の基本構造がつくられる器官形成期《きかんけいせいき》で、この時期の一定の薬剤投与は、臓器機能に障害や奇形を起こす可能性があるといわれています。しかし、この時期は妊娠しているかどうか本人が自覚していないことが多い時期でもあります。最終月経の開始日を0週0日として、薬を飲んだ期間が妊娠何週目になるのか、きちんと計算をする必要があります。

妊娠4週未満の場合は、胎児《たいじ》の器官形成は始まっていないため、薬剤投与の影響を受けた受精卵は着床《ちゃくしょう》しなかったり、流産したり、あるいは完全に修復された状態であると考えられます。

妊娠8週以降は、薬剤の器官形成への影響は少なくなりますが、発育面で影響を与える可能性があるので、自己判断での服用は避けましょう。

必要と処方された薬はためらわず服用を

器官形成期間に薬剤を飲んだからといって全てに影響が出るわけではありません。妊娠中に服用すると危険な薬というのはそれほど多くはないからです。市販の薬を通常量飲んだ程度なら、そう心配はいりません。医師の処方したものなら、なおさらです。

妊娠中は免疫力も弱くなり、誰もが病気にかかりやすくなっています。決して自分を責めることなく、医師と相談して処方された薬はきちんと服用しましょう。

服用するときのポイント

①自己判断で薬を使用しない	基本は処方薬を使用。市販薬は医師と相談の上で使用してください。
②妊娠中でも必要な薬はきちんと服用	病気の治療や症状の改善など、必要だからこそ処方される薬。むやみに心配しないで。
③使用量、回数、タイミングを守る	使用法を間違えればリスクが生じます。薬は最も効果的に使うのが一番。
④自分用の処方薬だけ使用	同じような症状にみえて違う病気の場合も。妊娠中は別の薬が必要なこともあります。
⑤医師の説明を理解し、納得して使用	薬の使用にリスクがあるなら、そのことも理解し、それでもメリットが勝ると納得できるなら使用を。

チェックしておきたい市販薬のこと

風邪薬

解熱鎮痛剤《げねつちんつうざい》は胎児の腎障害《じんしょうがい》や心疾患《しんしっかん》を引き起こす可能性があるとして、避けるべき成分があることがわかっています。軽い症状でも市販薬を服用せず医師から処方された薬を飲むようにしてください。

胃腸薬

基本的に用法・用量内で胃腸薬を飲むことは問題はありませんが、細粒と錠剤によって妊娠中や授乳中には避けるようにうたっているものもあります。できれば、医師に処方されたものを服用するようにして。

漢方薬

漢方薬は副作用がなくて安全というイメージがありますが、慎重に扱わなければいけない薬剤が入っている場合があります。直接的ではなくても子宮収縮作用があるものも。常用している漢方薬でも必ず一度医師と相談してから服用しましょう。

便秘薬

医師への相談なく、市販の便秘薬を飲むのはなるべく避けましょう。センナやダイオウなどの入った刺激性便秘薬は子宮収縮作用があるので注意が必要です。

整腸剤

基本的に用法・用量内で整腸剤を飲むことには問題はありませんが、下痢《げり》止めは極力飲まないようにしてください。ノロウイルスなどの食中毒で下痢止めを飲んでしまうと症状を悪化させる場合があります。重度の下痢の場合は、医師にかかるようにしましょう。

塗り薬

服用とは違うので油断しがちですが、消炎《しょうえん》鎮痛剤配合のものなど、胎児への影響が懸念される塗り薬もあります。また、抗真菌薬《こうしんきんやく》や抗生物質の種類の中にもいくつか注意が必要なものも。主治医に相談してから使うようにしましょう。

湿布、貼り薬

ケトプロフェンの貼り薬は、胎児の動脈管収縮などの症例が出たことから、妊娠後期の妊婦には禁忌になりました。また、妊娠中は肌が敏感になっていてかぶれる可能性も高いので、連続使用はなるべく避けるようにした方がよいでしょう。

ビタミン剤

基本的には、日々の食事から摂取するのが理想的です。つわりなどがひどくて食べられない場合などは、ビタミン剤に頼ることもあるでしょう。用法・用量内であれば、とくに問題はありませんが、ビタミンAとDは脂溶性《しようせい》のため体内に蓄積されやすいので、必要以上の摂取には注意しましょう。

栄養ドリンク

最近では、妊娠中にも飲めるように、カフェインゼロのものや低カロリーで体重管理しやすいものも出ています。連続服用は避けた方がよいですが、たまに疲れたときの栄養補給などはよいでしょう。

目薬

ドライアイやコンタクトレンズ用などに市販されている目薬は、薬効成分が微量なのでとくに問題はありません。花粉症などで処方してもらう際は、念のために妊娠していることを伝えるようにしましょう。

予防接種はNG?

種類により、妊娠中に受けても大丈夫なものと、NGなものがあります。まずは医師に相談して。中でも、新型コロナウイルス感染症やインフルエンザの予防接種は妊婦にも推奨されています。ワクチンの中には、防腐剤として有機水銀が入っているものがあります。妊婦や小児にも問題はないとされていますが、この物質が入っていないワクチンもあるので、病産院にあらかじめ確認しておくと安心です。

妊娠中の歯の治療とケア

妊娠中の口内トラブルは、安定している妊娠中期に、しっかり予防&治療しておきましょう。

妊娠中は口内トラブルが起きやすいもの。原因の一つがつわりです。つわり中は歯みがきがつらい人も多く、食事も一度にたくさん食べられず、少量をだらだらと食べ続けてしまう傾向があるからです。また、妊娠中は女性ホルモンが増えることで、唾液の分泌量が減る(増える人もいます)ことも大きな要因。唾液は口内をきれいにする自浄作用があるので、減ってしまうと虫歯や歯周病になりやすいのです。口内が酸性になると虫歯になりやすいのですが、唾液は口内を中性に保つ働きも持っています。

妊娠中のママの虫歯が胎児《たいじ》にうつることはありませんが、赤ちゃんが生まれたあとで、同じスプーンで食べものをあげたり、キスをするなど、虫歯をうつす機会が多くなるので注意が必要です。

妊娠中は歯周病にも要注意。妊娠で増えるホルモンは歯周病菌の栄養となるので、歯周病になりやすいのです。歯周病の炎症がひどいと「サイトカイン」という物質が血中で増加するのですが、この物質は出産の準備が整ったときにも増加するため、子宮収縮を促進して出産を早めてしまう危険性があります。実際、歯周病の人は、早産になる可能性が5～6倍あるともいわれています。

虫歯や歯周病のある人は、出産前に治療をしてしまいましょう。また、症状のない人も、歯科検診を受けておき、妊娠中の口内ケアについてアドバイスしてもらうことをおすすめします。歯石の除去やクリーニングをしてもらうと、虫歯や歯周病になるリスクも減らせます。妊娠後期はおなかが大きくなり、仰向けで治療を受けるのがつらくなってくるので、つわりが落ち着いてくる5～7カ月くらいの時期に歯医者さんへ行くとよいでしょう。歯科検診で使用するレントゲンは歯の部分だけを撮影し、体にはプロテクターをつけるので、胎児へ悪影響を及ぼす心配はありません。

妊娠中のセルフケアで大事なのは、歯みがき。フッ素入り歯みがき粉を使って、なるべく毎食後に行います。強くこすりすぎると歯ぐきを傷めるので、やさしく細かくブラッシングするのがコツ。できれば、歯間ブラシなどで歯の間の歯垢も取り除きましょう。つわりでつらいときは、水を飲んだり口をゆすいだりするだけでもOKです。唾液が減ると、虫歯のほか、口臭も気になってきます。唾液をなるべく多く分泌するために、食事はゆっくりとよく噛んで食べ、食間はキシリトールやリカルデント成分が配合されたガムを小まめに噛むといいでしょう。

Part 6

いよいよ出産！本番に備えて

ついにやってきたお産本番！ 準備は万端ですか？
臨機応変に対応して、ハッピーなお産を迎えましょう。

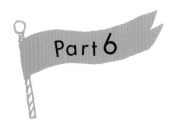

事前にチェック!

出産の方法&スタイル

出産の方法は一つではありません。ママの希望や状態に合わせて最適なスタイルを選びましょう。

大きく分けて「経腟分娩《けいちつぶんべん》」と「帝王切開《ていおうせっかい》」がある

お産には、大きく分けて「経腟分娩」と「帝王切開」の2種類があります。経腟分娩は、産道を通ってきた赤ちゃんを膣《ちつ》から産む方法。帝王切開は、ママのおなかを切開して赤ちゃんを取り出す方法です。

帝王切開は、医学的な理由により経腟分娩が難しいと判断されたときに行われるもので、事前に予定されている場合と、お産の進行具合により急遽《きゅうきょ》行われる場合があります(↓P.166)。

また、経腟分娩の中でも、自然の流れに沿って産む「自然分娩」のほか、独特な呼吸法やイメージトレーニングを行う方法、分娩台に乗らずに自由な体勢で産む方法、水中で産む方法、陣痛促進剤《じんつうそくしんざい》(↓P.180)を用いて事前に決めた出産日に産む方法、麻酔で出産の痛みを和らげる方法など、出産スタイルは多様化しています。

妊娠期間中から、自分はどのようなスタイルで出産したいのかをイメージし、家族で相談したり、病産院《びょうさんいん》選びの参考にしたりするとよいでしょう。

ただ、お産は必ずしも自分が思い描いていた通りに進むとは限りません。お産は「胎児《たいじ》」「産道《さんどう》」「娩出力《べんしゅつりょく》(陣痛といきみ)」の状態により進行具合が変わります。胎児の大きさや状態、産道の広さ、陣痛やいきみの強さなどにより、お産がうまく進まない、母子の健康に影響が出るということもあります。そのため、医療処置を施したり、帝王切開に切り替えたりする必要が生じることも。医療処置は必ずしも母体や赤ちゃんの命の危険を意味するわけではなく、元気な赤ちゃんを産むための手助けをしてくれるもの。動揺しすぎず、自分のイメージや希望にばかりとらわれることなく、赤ちゃんとママの健康を第一に考え、強い気持ちを持ってお産に臨みましょう。

経腟分娩　　帝王切開

経腟分娩

・自然分娩
・フリースタイル
・ソフロロジー法
・ラマーズ法
・水中出産　など

医療が介入する経腟分娩

・計画(誘発)分娩
・無痛・和痛分娩
・吸引分娩
・鉗子分娩

経膣分娩

リラックスして出産するために自分に合ったスタイルを選ぼう

陣痛(子宮の収縮《しゅうしゅく》)といきみにより、膣から赤ちゃんを産むのが経膣分娩。経膣分娩は、入院室や陣痛室で自然に陣痛が進むのを待ち、子宮口《しきゅうこう》が全開になったら医療機器が常備された分娩室に移動。分娩台に仰向けになって出産、というのが一般的なスタイルです。近年は陣痛～分娩～回復までを同じ部屋で過ごせるLDR(→P.173)を採用している病産院も多いです。しかし、同じ経膣分娩でも、産む場所や姿勢、呼吸法、医療処置による手助けなど、方法は多様化しており、病産院によって取り入れている出産スタイルも異なります。

フリースタイル

分娩台で仰向けになって産むことにこだわらず、ママの好きな体勢で分娩する方法。うつぶせ、横向き、両手両ひざを床につけた姿勢、座位《ざい》、立てひざ、立ったままなど、選ぶ体位はさまざまです。少しでも痛みが和らぎ、楽だと感じられる姿勢、いきみやすい体勢を自分で選ぶことができます。助産院《じょさんいん》のほか、病産院でも取り入れているところが多いです。病産院とよく相談しながら自分の希望のスタイルを考え、出産時も自ら楽な姿勢をみつけて主体的に取り組みましょう。

ソフロロジー法

ソフロロジーとは、「ソ(sos)調和・平安・安定」「フレン(phren)精神・意識・心気」「ロゴス(logos)研究・学術」という3つのラテン語が組み合わさってできた学問。その考えをもとに、妊娠中からイメージトレーニングをすることで、お産への恐怖心や陣痛の痛みを和らげる出産法です。ヨガや禅《ぜん》の瞑想《めいそう》を取り入れて、全身の筋肉をほぐしたり、リラックスしたりするトレーニングを行います。また、陣痛を「痛み」ではなく、「赤ちゃんを産み出すためのエネルギー」としてポジティブに受け止められるように導きます。妊娠中にこのトレーニングを指導してくれる病産院を選ぶとよいでしょう。

ラマーズ法

妊娠中からお産のプロセスをよく理解し、呼吸法を練習することで、リラックスした状態でお産に臨む方法。「ヒッヒッフー」という呼吸法が有名で、息を吐くことに集中することで力が抜け、緊張がほぐれるとともに、痛みの感じ方を和らげます。多くの病産院がラマーズ法をベースにしており、母親学級などで指導しているところもみられます。

水中出産

体温に近い、ぬるめのお湯を入れた浴槽やプールで分娩する方法。入浴効果で体の緊張がとれ、リラックスしながら出産ができます。また、浮力により陣痛や腰痛を緩和《かんわ》させるともいわれています。ただし、赤ちゃんが水中に産まれてくることによるリスクもあり、水中出産に対応できる病産院は少ないのが現状です。

医療が介入する経膣分娩

計画（誘発《ゆうはつ》）分娩《ぶんべん》

あらかじめ分娩予定日を決め、医療器具や薬を使って人工的に陣痛を促進して出産することを「計画分娩」または「誘発分娩」といいます。

計画分娩をする理由は、主に二つに分けられます。一つは医学的理由で医師が必要だと判断した場合です。予定日を1週間以上過ぎても陣痛が始まらず、胎盤《たいばん》機能が衰えてきた、赤ちゃんの健康に害を及ぼすと考えられる場合。または、妊娠高血圧症候群（→P.140）や妊娠糖尿病（→P.141）などにより、早く出産した方がよいと判断された場合などです。

もう一つはママの個人的な事情によるもの。例えば、立ち会い出産を希望しているが夫の立ち会える日が限られている、働いているために育児休暇期間を明確にしたい、上の子の学校や幼稚園の行事にスケジュールを合わせたいなど、さまざまなパターンがあります。

予定日に合わせて分娩するには、器具を使って子宮口《しきゅうこう》を広げたり（→P.179）、陣痛促進剤や子宮口をやわらかくする薬を点滴する方法（→P.180）があります。しかし、これらの処置をしてもお産がスムーズに進まない場合もあり、必ずしも予定日に分娩できるとは限りません。あくまでも「出産日」ではなく「出産予定日」だということを心に留めておきましょう。

無痛《むつう》・和痛《わつう》分娩

無痛分娩とは、麻酔を投与《とうよ》することでお産の痛みを軽減する分娩方法。妊娠高血圧症候群と診断された人のほか、体力に自信がない、痛みに弱い、お産への恐怖心が強い、パニックになりやすい、といった人が選ぶことが多い方法です。痛みが軽減されることで恐怖心や緊張感から解放され、産道の筋肉もやわらかくなるため、お産の進行がスムーズになります。また、トラブルが起こって緊急帝王切開になったときに、手術に移行しやすいというメリットも。

麻酔は、背中の脊髄《せきずい》にある硬膜外《こうまくがい》という場所に細いチューブを挿入し、麻酔薬を注入する「硬膜外麻酔」が主流です。腰から足先までの感覚が鈍るため、痛みを感じにくくなります。ただし、意識ははっきりとあり、子宮の収縮や赤ちゃんが産道《さんどう》を通る感覚は感じられるため、陣痛に合わせていきむことはできます。痛みを和らげながらも自力で出産し、産声《うぶごえ》を聞くこともできるのが魅力です。

無痛分娩をする場合、あらかじめ分娩日を決めて入院し、陣痛促進剤で人工的に分娩を促す「誘発分娩」をする人が多いようです。一方、自然に陣痛が始まってから入院し、陣痛が定期的になってから麻酔を投与する場合もあります。

心得ておきたいのは、無痛分娩といっても、まったく痛みを感じないわけではないということ。麻酔を打つタイミングにより陣痛を感じることもあるし、痛みの感じ方は個人差があります。また、無痛分娩を希望していても、お産中の母子の状態によっては麻酔の投与を中止し、通常の分娩に変更せざるを得ないこともあります。その場合は、母体と赤ちゃんの安全を第一に気持ちを切り替えましょう。なお、無痛分娩には、適量の麻酔薬を適度なタイミングで投与する高度な医療技術が必須。場合によっては母体の血圧が下がったり、微弱《びじゃく》陣痛になったりするなどのリスクを伴うことがあります。専門の麻酔科医が常駐しているか、どのタイミングで麻酔を打つか、緊急時の対応はどうするかなど、麻酔の方法やリスクについてよく説明を聞き、不安を取り除いておくことが大切です。

最近は「無痛分娩」のほかに「和痛分娩」という言葉もよく耳にします。硬膜外麻酔を使用する場合を「無痛」、呼吸法やリラクゼーション法などそのほかの方法で痛みを軽減する場合を「和痛」と呼ぶ場合もあるようですが、明確な取り決めはないのが実情。お産をする病産院では無痛や和痛をどう考えているのか、麻酔の種類や方法、リスクや緊急時の対応などをよく聞き、ママと病産院が共通の認識を持っているようにしましょう。

Q
麻酔が赤ちゃんや母体に影響を与えませんか？

A 大丈夫です

専門の麻酔科医が母子の状態をみながら麻酔量を調整するので、赤ちゃんへの影響はほとんどありません。ただ、子宮収縮が弱まり陣痛が微弱になるなど、うまくいきめないことはあります。その場合は陣痛促進剤や吸引分娩などで対応します。

吸引分娩

赤ちゃんが子宮の出口付近まで下りてきたのになかなか出られないとき、母子の安全上、早く出してあげたいときに、吸引カップを使って娩出《べんしゅつ》を補助する方法。シリコン製の丸いカップを赤ちゃんの頭に密着させ、ママのいきみに合わせて引き出します。産まれてきた赤ちゃんの頭にカップのあとがついていることがありますが、数日で消えるので大丈夫。赤ちゃんの頭はやわらかいので、自然に頭の形が細長くなることもありますが、目立たなくなります。脳などに影響が出る心配もほぼないので安心してください。

やわらかく丸いカップを赤ちゃんの頭につけ、中の圧力を下げることでぴったりと密着させて吸引します。

鉗子《かんし》分娩

鉗子とは、2枚のヘラを合わせたような形の金属製の器具。赤ちゃんを早く出してあげたいときに、子宮の出口付近まで下りてきた赤ちゃんの頭を鉗子ではさみ、ママがいきむときに合わせて引き出し、補助します。吸引分娩よりも素早く娩出できるので、より緊急性の高い難産のときに使用するとよいのですが、高度な技術が必要なため、熟練した医師のみが行える方法。行える病産院は限られています。鉗子ではさんだあとが赤ちゃんの頭に薄く残っていることもありますが、数日で目立たなくなるので心配することはありません。

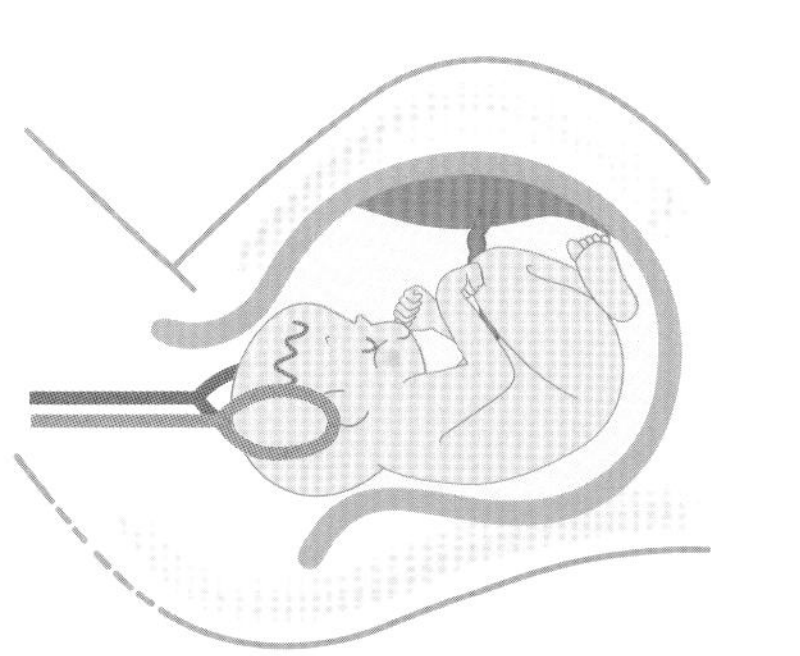

鉗子のヘラの部分で赤ちゃんのあごから頭のあたりをはさみ、ママのいきみと合わせて誘導。赤ちゃんが出てくるのを手助けしてあげます。

帝王切開《ていおうせっかい》

「予定」と「緊急」の2ケースがある

帝王切開とは、経腟分娩《けいちつぶんべん》をするのが難しいときに、おなかを切開して子宮《しきゅう》から直接赤ちゃんを取り出す手術のこと。ママや赤ちゃんの状態をみて、妊娠中から経腟分娩が難しいと判断されたときには、あらかじめ手術日を決めて行う「予定帝王切開」になります。また、経腟分娩の最中にママや赤ちゃんにトラブルが生じた場合、急遽《きゅうきょ》手術を行う「緊急帝王切開」になることもあります。

近年では、高年出産が増えている、産科の診断方法や診断技術が進歩している、より安全性を重視する傾向が高まっているなどの理由から、帝王切開による分娩をする人は年々増えているようです。しかし一方で、自然のままに自分の力で赤ちゃんを産みたいという思いから、経腟分娩を希望する人が多いのも事実。いずれにしても、帝王切開はママと赤ちゃんの命を守るために行うもの。妊娠中、お産中のトラブルは誰にでも起こり得ることなので、緊急時に備えて帝王切開についてよく理解しておくことが大切です。また、医師が帝王切開をした方がよいと判断したときには、「なぜ必要なのか」「どのように行うのか」「どんなリスクがあるのか」など十分な説明を受け、納得して手術を受けるようにしましょう。

帝王切開、手術、麻酔……。不安や疑問は事前に解消

帝王切開で使用する麻酔は主に「腰椎《ようつい》麻酔」や「硬膜外《こうまくがい》麻酔」といった局所《きょくしょ》麻酔です。下半身だけを麻痺《まひ》させるので、ママの意識ははっきりしていて、赤ちゃんの産声《うぶごえ》を聞き、すぐに対面することもできます。ただし、赤ちゃんが仮死状態になるなど超緊急手術の場合、麻酔ガスを吸う全身麻酔が使用されることもあります。その場合、胎盤《たいばん》を通して赤ちゃんに麻酔が届き、眠った状態で生まれることも。しかし、医師が適切な対処をし、赤ちゃんはすぐに元気になるので心配いりません。

硬膜外麻酔は術後も薬を追加できるので、傷口の痛みを緩和《かんわ》できます。腰椎麻酔は通常手術後2時間程度で切れますが、麻酔薬に少しの麻薬（鎮痛剤）を混ぜる方法で長時間痛みを緩和できるようになりました。いずれの麻酔も切れたあと、吐き気や頭痛を起こすことがありますが、時間が経つとおさまります。

初産で帝王切開をすると、二人目のお産はどうなるのかも気になるところ。帝王切開をすると子宮《しきゅう》に傷がつくため、子《し》宮壁《きゅうへき》が薄くなって子宮破裂《はれつ》を招くリスクがあるため、最近は二人目以降も帝王切開を選択することがほとんどになりました。しかし、リスクを理解したうえで経腟分娩にトライするケースもあります。希望する人は医師に相談してみましょう。

Letter from 竹内先生

帝王切開をした人の中には、自然分娩ができなかったことに喪失感《そうしつかん》やうしろめたさを感じる人が少なからずいるようです。「楽をしてお産した」「母としての実感が薄そう」といった心ない偏見に苦しむことも。帝王切開はママと赤ちゃんを守るための勇気ある決断。命懸けで赤ちゃんを産んだという誇りを忘れず、どうしてもつらいときは家族や友人、医師に心の内を打ち明けてみてください。

予定帝王切開

心と体の準備を整えて出産へ

妊娠中から経膣分娩が難しいと判断されたときには、予定帝王切開になります。例えば、胎盤が子宮口をふさぐ前置《ぜんち》胎盤《たいばん》（↓P.144）、重症な妊娠高血圧症候群（↓P.140）、胎児《たいじ》の頭がママの骨盤より大きい児頭骨盤不均衡《じとうこつばんふきんこう》（↓P.183）など。逆子《さかご》や、双子などの多胎児《たたいじ》の場合も帝王切開になることが多いです。予定帝王切開の場合は、事前に出産日を決め、前日に入院して手術前の検査を行います。心の準備も整えやすいので、不安や疑問はしっかり解決して出産に臨みましょう。帝王切開でも家族が立ち会える病産院もあるので、希望する人は相談してみましょう。

予定帝王切開になるケース

- 多胎妊娠
- 逆子
- 過去のお産が帝王切開
- 前置胎盤、低置《ていち》胎盤
- 児頭骨盤不均衡
- 重症の妊娠高血圧症候群
- 持病がある

など

緊急帝王切開

緊急手術に備える心構えが大切

経膣分娩の途中で問題が生じた場合、緊急帝王切開に切り替えられます。お産が長引く遷延《せんえん》分娩（↓P.182）、赤ちゃんが産道《さんどう》をうまく進めない回旋異常《かいせんいじょう》（↓P.183）、胎盤が先にはがれてしまう常位《じょうい》胎盤早期剥離《たいばんそうきはくり》（↓P.185）のほか、分娩途中に起こるトラブルはさまざまです。手術が決まると、ママとパパは承諾書《しょうだくしょ》にサインをしますが、パパが不在のときは電話で承諾を得ることも。連絡がつかないときはママだけの承諾で行います。緊急事態になってからあわてないよう、経膣分娩予定の人も、帝王切開についての理解は深めておきたいものです。

緊急帝王切開になるケース

- 胎児の心拍数が低下
- 胎盤の機能低下
- 回旋異常
- 遷延分娩
- 母体の急変
- 常位胎盤早期剥離
- 臍帯下垂《さいたいかすい》
- 臍帯脱出

など

切開の方法は2種類

横《おう》切開

恥骨のすぐ上を横に切開。痛みが軽く、傷あとが目立ちにくいので、通常は横切開をすることがほとんどでしょう。

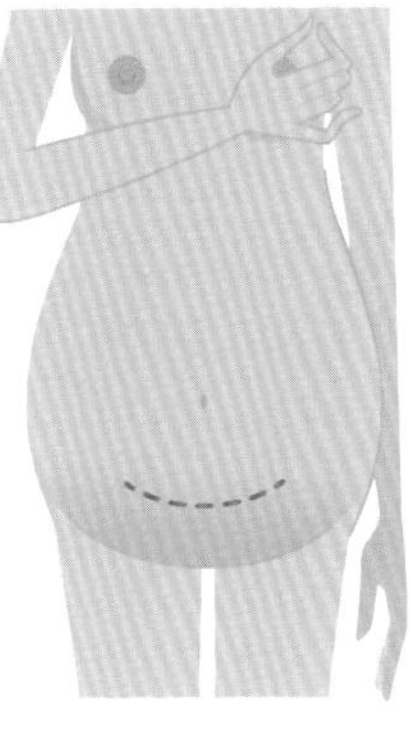

縦《じゅう》切開

おへそと恥骨《ちこつ》の間を縦に切開。赤ちゃんが取り出しやすいので、緊急度の高いときには縦切開にすることが多いです。なお、皮膚を縦に切っても、子宮は横に切ります。

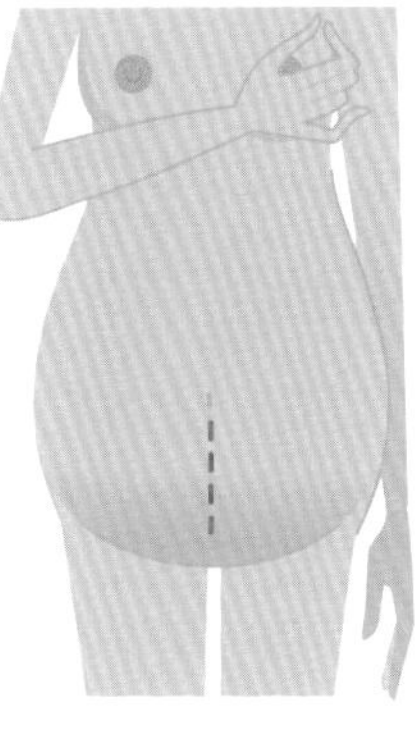

帝王切開の流れ

検査
超音波《ちょうおんぱ》検査、心電図《しんでんず》、血液検査、アレルギーテスト、ノンストレステストなどの検査をします。予定帝王切開の場合は、前日までに検査を行います。

前処置
剃毛《ていもう》や浣腸《かんちょう》、導尿《どうにょう》などを必要に応じて行います。緊急時にすみやかに輸血や投薬《とうやく》ができるよう、点滴で血管も確保します。

出産
麻酔をし、おなかを消毒して切開。切開してから赤ちゃんが取り出されるまでは5～10分程度です。へその緒を切り、胎盤《たいばん》や卵膜《らんまく》も取り出します。

縫合・安静
子宮《しきゅう》とおなかの傷を縫合《ほうごう》します。麻酔から縫合まで約1時間。術後は血圧、脈拍、出血などの異常がないかを確認し、入院室で安静に休みます。

入院中はしっかり休んで体力を回復させましょう

帝王切開の多くは局所《きょくしょ》麻酔で行われるので、赤ちゃんを取り出すときにママの意識ははっきりしています。産声《うぶごえ》も聞こえますし、計測などの検査を終えたら、赤ちゃんはママのそばに。ママの体がつらくなければ、すぐに抱っこすることもできます。ただ、手術後は傷の痛みに加え、子宮が収縮する後陣痛《こうじんつう》も重なるので、すぐに体力が回復しないママもいます。つらいときは無理をせず、鎮痛剤で痛みを和らげてもらいましょう。

手術当日は、まだ内臓にも麻酔が効いているため飲水は許可されても食事はNG。点滴で栄養を補給します。トイレも、手術時につけたカテーテルで導尿します。病産院の方針やママの状態にもよりますが、食事、トイレ、シャワーなどは翌日から開始します。

入院期間は経膣分娩よりも長く、5～7日程度。退院後の生活は経膣分娩とほとんど変わりません。なお、次の出産も帝王切開であれば、次の妊娠まで半年あければよいと考えられています。

＼立ち会い出産／

立ち会い出産は妊娠中からスタート！

パパが出産に立ち会うかどうかは、夫婦ふたりの意向で決めるとよいでしょう。「なぜ立ち会いたいのか」「なぜ立ち会ってほしいのか」をしっかり話し合うことが大切です。何もわからずに興味本位で立ち会っているだけでは、かえってママの負担になることも。立ち会い出産をすると決めたら、妊娠中から健診に同行したり、両親学級に参加したりして、パパにもお産のしくみや流れについて理解を深めてもらいましょう。当日は、マッサージや声がけでサポート。お産の大変さを分かち合えば、赤ちゃんが誕生した喜びも倍増することでしょう。

※病産院によっては感染症予防のため、立ち会い出産を中止している場合も。まずは分娩予定の病産院に確認しましょう。

私が描く「理想のお産」
バースプランを立ててみよう

赤ちゃんをどのように迎えたいのか。妊娠、陣痛、出産、産後……自分の希望を書き出してみましょう。

自分らしいお産をするために まずは病産院選びから

バースプランとは、自分がどのようなお産をしたいのかを考えること。理想のお産をイメージすることで、お産をポジティブに受け止められるようになります。また、数ある病産院の中からどこを選ぶかを決めるヒントになることも。

考えるポイントは「場所」「産み方」「産後」。例えば、「医療体制が万全な病院がよい」「家から近い産院がよい」「分娩台ではなく自由な姿勢で産みたい」「パパに立ち会ってほしい」「なるべく自然分娩で」「無痛分娩がよい」「産後は母子同室で」など。ママや赤ちゃんの状態、病産院の方針により、すべてが実現できるとは限りませんが、家族や病産院と話し合うことで、どうしても譲《ゆず》れないことや現実的に難しいことなどが明確になり、より安心してお産を迎えることができるでしょう。

バースプランの内容例

赤ちゃんが生まれたら、すぐにカンガルーケア※をしたい
母乳指導をしてくれる病産院がよい
へその緒はパパに切ってほしい
出産費用はこれくらいにおさえたい
陣痛室ではお気に入りの音楽を聴きたい
産後はすぐに母子同室に
パパに立ち会ってもらいたい
無痛分娩にしたい
医療体制の整っている病院がよい
個室がよい

※生まれたばかりの新生児をママの胸に抱き、肌と肌を触れ合わせる保育法。

いざ！という日に備えて確認

お産のサインから入院・出産の流れ

お産はいつ始まるかわからないからこそ、お産の流れを把握し、あわてないようにしたいものです。

お産の兆候《ちょうこう》がみられたら落ち着いて心の準備を

はじめての出産を控えるママは、「お産が始まるときって自分でわかるの？」「ひとりのときに陣痛《じんつう》がきたらどうしよう」など、不安がたくさん。お産の始まりや進み方には個人差がありますが、おおよその流れを知っておけば、当日に落ち着いて判断や行動ができるでしょう。

お産の兆候を知る手がかりの一つが「おしるし」。子宮《しきゅう》が収縮して赤ちゃんを包む卵膜《らんまく》と子宮壁《しきゅうへき》がこすれ、卵膜の一部がはがれたものです。茶色や赤っぽいおりもののようなものをみつけたら、「そろそろかも」という心構えを。

「前駆《ぜんく》陣痛」といって、陣痛のような痛みや張りを感じる場合もあります。痛みはまだ不規則で、痛みが強くなったり、なくなったり。痛みを感じたときの時間や状態をメモしておくとよいでしょう。

お産の流れ

	お産の兆候
目安時間	
赤ちゃんの様子	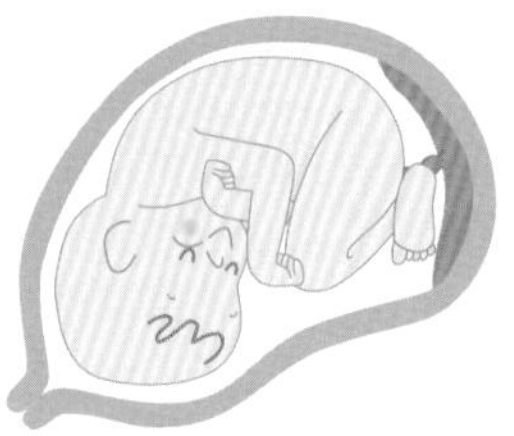
陣痛	不規則な痛みやおなかの張りがある
ママの状態	●少量の出血（おしるし）があることも ●不規則なおなかの張り（前駆陣痛）を感じることも ●いつでも病産院へ行けるように入院グッズを用意し、家族に連絡。陣痛が定期的になるまで自宅で待機
子宮口	0〜2cm
病産院の処置	●電話でママの状態を尋ね、病産院へ来るタイミングなどを指示

病産院への交通機関をチェックしておこう！

どの手段を使う？

移動は自家用車かタクシーがベター。タクシー会社の電話番号は事前に控えておきましょう。ただし大量出血や激痛がある場合はすぐに救急車を。

誰と行く？

家族が付き添える場合は、同行してもらって。ひとりのときは自分で運転せず、必ずタクシーを利用して。

どのルートで行く？

タクシーの運転手さんに説明できるよう、病産院への道順を確認しておくこと。渋滞しそうな道は、迂回ルートもチェックしておくと安心です。

悪天候や災害に備えて

大雪や台風、災害などで、自家用車で行くのが難しかったり、いつもより時間がかかることも。複数の交通手段やルートを考えておきましょう。

Check! 陣痛タクシー

陣痛タクシーサービスのあるタクシー会社に出産予定日や病産院を登録しておくと、当日に場所の説明をしなくてもすぐに駆けつけてくれます。緊急対応マニュアルも常備しているので安心。

準備期、進行期

初期の陣痛は、グッと強い張りのような痛みを感じますが、しばらくすると痛みが遠のきます。これが定期的に繰り返されるようになったら、痛みを感じ始める時間をチェック。10分間隔くらいになったら病産院へ連絡を。ただし経産婦《けいさんぷ》はお産の進行が早めなので、電話をするタイミングは医師と相談しておきましょう。

人によっては、陣痛が始まる前に破水《はすい》することがあります。破水とは、赤ちゃんを包んでいる卵膜が破れて羊水《ようすい》が流れ出ること。この場合、細菌が入って赤ちゃんに感染する恐れがあるため、お風呂はNG。すぐに病産院に連絡して入院します。病産院への移動中もなるべく横になっているように心がけて。

病産院では問診や内診、血圧測定、超《ちょう》音波《おんぱ》検査などでママと赤ちゃんの様子を確認。入院室または陣痛室へ入ります。出産までは平均すると初産で9〜12時間、経産で7〜8時間かかり、ここからが長《なが》丁場《ちょうば》。陣痛の合間はなるべくリラックスして過ごして。この間に院内を歩いたり、食事や入浴をしたりする人もいます。

準備期	進行期
初産で6〜10時間／経産で2〜5時間	初産で5〜7時間／経産で2〜4時間
ママの骨盤に入りやすいように斜め横向きに体勢を変えます。手足を縮めてあごを引き、体を丸めながら、少しずつ子宮口へ下りてきます。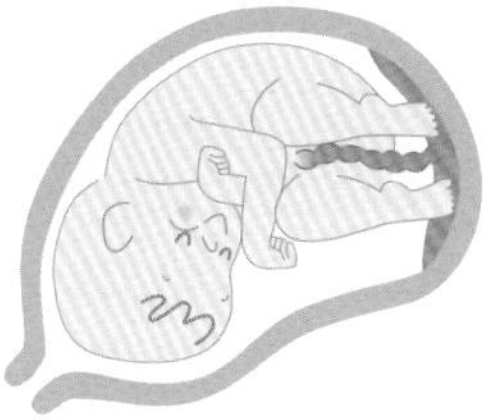	ママの骨盤を通りやすいように少しずつ体の向きを変えていきます。腕を胸の前で合わせ、体を縮めながら少しずつ下りてきます。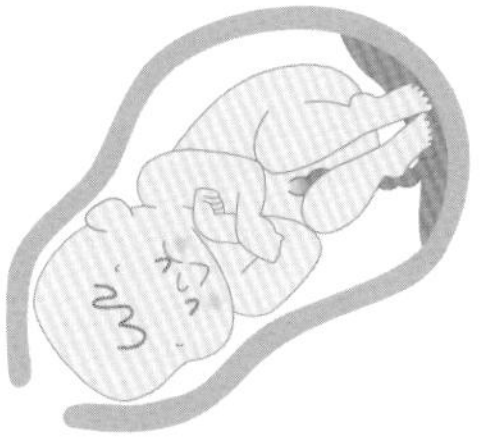
陣痛の間隔　8〜10分 1回の収縮時間　30秒〜1分	陣痛の間隔　5〜6分 1回の収縮時間　45秒〜1分
●10分間隔くらいで定期的な陣痛がくるようになる ●電話をしてから、病産院へ向かう	●陣痛の強さや痛む場所、進行具合は人それぞれ ●なるべく楽な姿勢をみつけながら痛みを逃がし、子宮口が開くのを待つ ●痛む場所が腰からお尻へとだんだん下がってくる
1〜3cm	4〜7cm
●問診 ●血圧や体温を測定 ●内診で子宮口の開き具合や赤ちゃんの下がり具合をチェック ●分娩監視装置をつけて、赤ちゃんの心拍や子宮の収縮具合を確認 ●必要に応じて浣腸、血管の確保などの前処置をすることも	●分娩監視装置や内診で子宮口の開き具合、赤ちゃんの下がり具合、心拍、子宮収縮の様子などを確認 ●ママの様子をみながら声を掛けたり、痛みを和らげる手助けをする

←172ページへ

移行期

赤ちゃんが少しずつ下りてきて子宮口《しきゅうこう》が開いてくるのに伴い、陣痛の痛みが増し、間隔も狭まってきます。痛みがくると、思わず体に力を入れたり息を止めたりしてしまいますが、力を抜いた方が痛みは和らぎます。息を吐くことに集中し、なるべく力を抜きましょう。助産師《じょさんし》さんやパパに腰をマッサージしてもらったり、陣痛に合わせて肛門《こうもん》部分を押してもらうと痛みが和らぐことも。あぐらをかく、股《また》を開いてイスの背側にもたれる、うつぶせになる、横向きになるなど、人によって痛みを逃がしやすい姿勢があるので、いろいろな姿勢や方法を試しながら陣痛を乗り切りましょう(→P.174)。

娩出《べんしゅつ》期

子宮口が全開になったら、いよいよラストスパート。分娩台《ぶんべんだい》へ移動します(LDR※の場合はそのままベッドが分娩台に)。陣痛のタイミングに合わせて助産師さんが声を掛けてくれるので、しっかりいきんで赤ちゃんが下りてくるのをサポート

	移行期	娩出期
目安時間	初産で1〜3時間／経産で30分〜2時間	／経産で30分〜1.5時間
赤ちゃんの様子	ママの背中側を向くように、少しずつ回旋しながら下りてきます。頭が骨盤の出口あたりまでくると子宮口はほぼ全開大(10cm)になります。 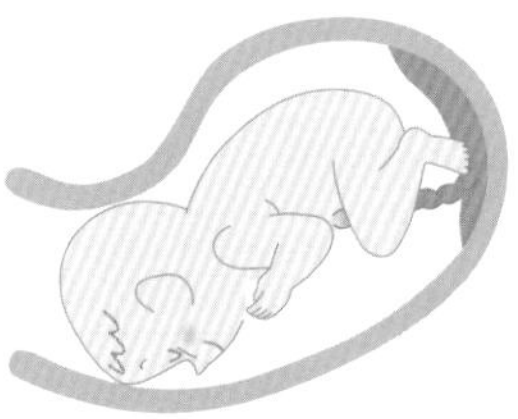	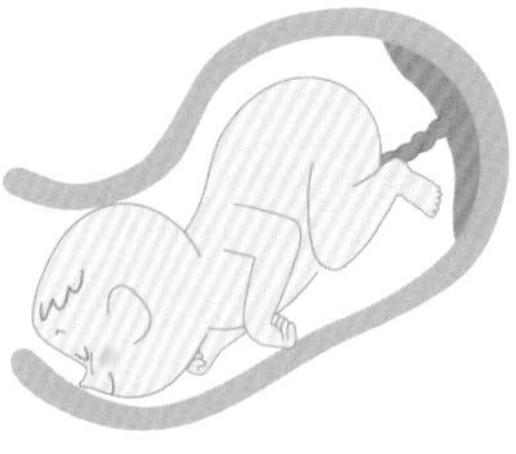
陣痛	陣痛の間隔　2〜3分 1回の収縮時間　1分〜1分30秒	陣痛の間隔　1〜2分 1回の収縮時間　1分〜1分30秒
ママの状態	●陣痛の間隔が狭まり、痛みも強くなってくる ●呼吸法やマッサージで痛みやいきみを逃がす ●いきみたくなったら、「ヒッヒッ」と2回息を吸い、「フー」と長く吐き出す	●分娩室へ移動 ●破水する場合も ●陣痛の合間が短くなり、いきみたい感じが強くなる ●陣痛のタイミングと助産師の合図に合わせていきむ
子宮口	8〜10cm(全開大)	10cm(全開大)
病産院の処置	●引き続き、内診や分娩監視装置でママや赤ちゃんの様子を確認 ●ママにいきみ逃がしのアドバイスをしたり、痛みを和らげる手助けをしたりする	●破水をしていない場合は器具を使って人工的に破水させる ●必要に応じて導尿(→P.178)や会陰切開などの処置をする ●ママに声を掛けながら、陣痛に合わせていきむタイミングを指示

します。陣痛の間隔はどんどん短くなっていきますが、少しの合間でも赤ちゃんに酸素をたっぷり送るように深呼吸を。

赤ちゃんの頭が出てきたら、いきむのをやめて、「ハッハッハッ」という短い呼吸に切り替えます。いきみや力を抜くタイミングは、その都度助産師さんが声を掛けてくれるので心配いりません。あとはスルリと赤ちゃんの全身が出てきて、待ちに待った誕生です。

後産期《あとざん》

無事に誕生したらへその緒を切り、赤ちゃんの健康状態をチェックしたり、計測したりします。その間、ママは分娩台で安静に。10～20分くらいの間に胎盤が子宮壁からはがれ、へその緒とともに出てきます。そのときに子宮の収縮で軽い陣痛のようなものがありますが、陣痛を乗り切って出産したばかりなので、痛みを感じないママも多いようです。その後、卵膜や胎盤が子宮内に残っていないかを調べ、会陰切開《えいんせっかい》した人は縫合《ほうごう》処置を行います。2時間ほど分娩台の上で様子をみて、異常がなければ入院室へ移動します。

初産で1～3時間

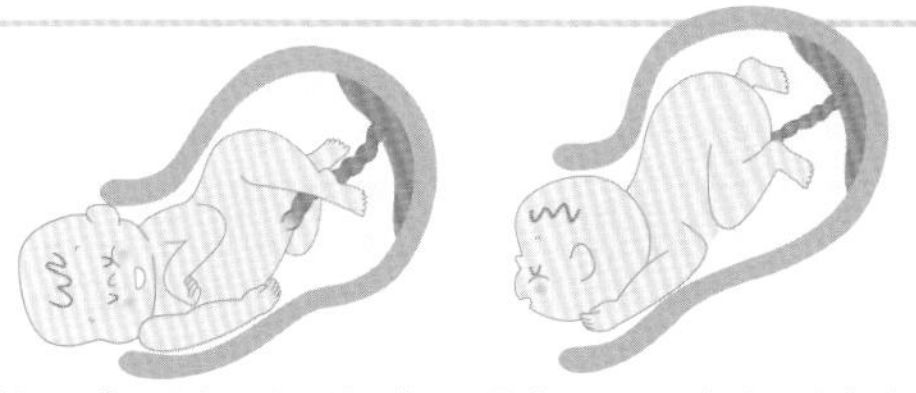

あごを上げて頭を反らせながら恥骨をくぐり、会陰から顔を出します。そのまま体を横向きにして、肩や体が出てきます。

- 赤ちゃんの頭が出てきたら(発露)力を抜いて、胸に手をあて、「ハッハッハッ」と速く短い呼吸へ

排臨と発露

赤ちゃんの頭のてっぺんがみえ隠れしている段階を「排臨《はいりん》」と呼び、頭が完全にみえたままの状態になることを「発露《はつろ》」と呼びます。

※LDRとは

LDRは「Labor(陣痛)」「Delivery(分娩)」「Recovery(回復)」の略語。入院室のベッドがそのまま分娩台になるので、分娩室に移動せずに部屋で出産し、産後もそこで過ごせます。家族も一緒に過ごしやすく、自分の部屋のようにリラックスできるのが魅力。費用はやや高めです。

- 必要に応じて吸引分娩や鉗子分娩の処置

出産！赤ちゃん誕生！

後産期

初産で15～30分／経産で10～20分

ようやく誕生！ 待ちに待ったママとの対面です。へその緒を切り、体や顔をきれいにしてもらったら、健康状態をチェックします。

- 赤ちゃんと待望の対面！
- すぐに抱っこできる場合が多い
- 子宮の収縮で軽い陣痛のような痛みがある場合も
- 胎盤が子宮壁からはがれて出てくる
- 2時間程度様子をみてから入院室へ移動

- へその緒を切る
- 赤ちゃんの顔や体をきれいにふき、健康状態をチェックして測定
- 胎盤を取り出す
- 会陰切開した場合は縫合
- 子宮収縮薬を投与
- 2時間程度、経過を見る

知っておくと心強い

陣痛を乗り切るコツ

「もうすぐ赤ちゃんに会える」という前向きな気持ちを原動力に、陣痛を乗り切りましょう。

少しでも楽な姿勢をみつけて深呼吸も忘れずに

陣痛《じんつう》は、まさに今、赤ちゃんがママの産道《さんどう》を通って生まれてこようとしている証《あかし》。「痛い」「つらい」という思いにとらわれずに、「もうすぐ赤ちゃんに会える」「赤ちゃんと一緒に頑張る」というポジティブな気持ちで乗り切りたいものです。

痛みを和らげる一番のコツは「呼吸」。痛いとつい体に力が入って息を止めてしまいがちですが、息を止めてしまうとおなかにいる赤ちゃんに十分に酸素が届きません。陣痛は波のように、痛みが押し寄せてはまた引いて、を繰り返します。痛みが引いている間はなるべくリラックスして深呼吸。たくさんの酸素を赤ちゃんに送ってあげることをイメージしましょう。痛みがきているときも呼吸は止めず、「フー」と長く息を吐くことを意識するといいでしょう。

もう一つのポイントは「姿勢」。痛みを逃がしたり、お産の進行を早める手助けになります。効果的な姿勢は、あぐらをかく、股《また》を開いてイスの背にもたれる、横向き、うつぶせで体を丸める、立ったまま両手で壁を押すなどさまざま。いろいろ試しながら、自分が楽だと感じるポーズを探しましょう。お産の進行により、痛み方や痛む場所も変わってくるので、それに合わせて姿勢もどんどん変えていくといいでしょう。

お産は長期戦。ベッドで痛みに耐えるばかりではなく、動き回ることも効果的です。気晴らしになりますし、重力で陣痛が促進されることもあります。フットバスや入浴で体を温めることをすすめる病産院もあります。水分補給はもちろん、食べられる人は食事をして体力を温存するのもいいでしょう。助産師《じょさんし》さんや付き添いの家族と話をすると気が紛れ、リラックスできるかもしれません。

陣痛アプリを使うと便利!

陣痛がきているなか、痛みの間隔をしっかりと覚えていられるか不安。そんなときはアプリに頼ってみるのもひとつの手です。痛み出したときと、痛みがおさまったときに画面をタップするだけで、陣痛間隔や陣痛の持続時間を記録してくれるので非常に便利です。

Letter from 竹内先生

陣痛と聞くと、とても怖い感じがしますが、僕の友人は陣痛のことを「赤ちゃんが産まれてくる波」で「産波(サンバ)」と名づけました。お産は、きばって産み出すのでなく、体をゆるめて「赤ちゃんを通す」のが理想です。簡単ではないかもしれませんが、サンバのリズムでお産の波に乗る。イメージだけでもそう思っていてくださいね。

●陣痛を乗り切る方法●

楽な姿勢を探す

ベッドに横向きになったり、体を丸めてお尻を上げたり、イスに座ったり立ってみたり。積極的に動きながら、楽な姿勢をみつけましょう。

おなかをやさしくマッサージ

楽な姿勢で、おなかを上下にやさしくゆっくりさすってみましょう。深く呼吸をすることも忘れずに。力が抜けて、赤ちゃんが下りてきやすくなります。

階段を上り下りしたり、スクワットする

階段の上り下りやスクワットをすると股関節が開き、重力がかかることで陣痛が促進されます。行うときは、手すりにつかまりながらゆっくりと。

呼吸を整える

痛みが引いている間は体の力を抜いて呼吸を楽に。痛みがきたら長く深く息を吐きます。呼吸に意識を集中することで、痛みを緩和する効果もあります。

食事をとる

お産を乗り切るには体力も必須。食べられる人は食事をとるのもよいでしょう。食欲がなければ、ジュースやゼリーなどで糖質をとるだけでも元気が出ます。

ずっと同じ姿勢や横になっているのはNG！

ずっと同じ姿勢でいると、陣痛にばかり意識が集まり、体にも力が入ってしまいます。姿勢を変えたり少し歩いたりすると血流もよくなり、力も抜きやすくなるでしょう。

おしゃべりで気を紛らわす

助産師さんや付き添いのパパと会話をするのも気が紛れます。マッサージなどしてほしいことがあれば、遠慮なくお願いしましょう。

ボールで押す

腰や肛門など痛みを感じるところをテニスボールなどで押してもらうと楽になります。

痛いところを押す

横向きに寝た姿勢や座った姿勢で、腰や背中など痛いところを押してもらうと楽になることも。手のひらでさすってもらうのも効果的です。

骨盤を左右から押す

骨盤が中から押し広げられるような痛みを感じる場合は、左右から骨盤を押してもらうと痛みが和らぎます。

正座してかかとで押す

正座をして、かかとで肛門のあたりを押さえるように体重をかけると痛みを逃がしやすいといわれています。

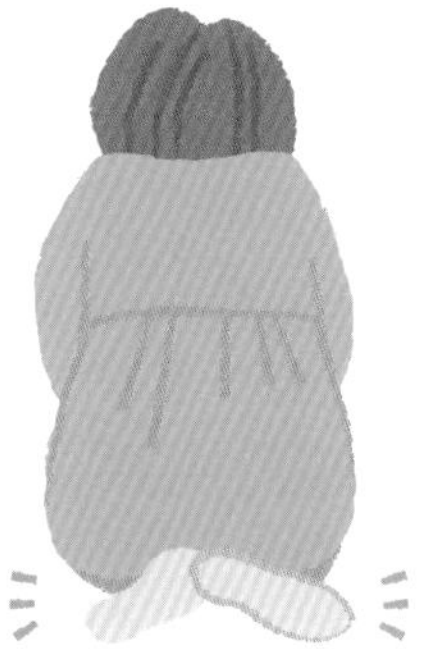

シムスの体位で太もものマッサージ骨盤つかみ

横向きに寝て、上の足を軽く曲げるシムスの体位(→P.58)はリラックスしやすい体勢。太ももや骨盤を揉むとさらに楽に。

肩のマッサージ

痛みが続くと肩に力が入ってしまいます。陣痛の合間にマッサージをしてもらい、緊張をほぐすとよいでしょう。

＼お役立ちグッズ／

飲みもの、ストロー
水分補給はとても大事。どんな姿勢でも飲みやすいストロー付きの水筒やペットボトルを用意するとよいでしょう。

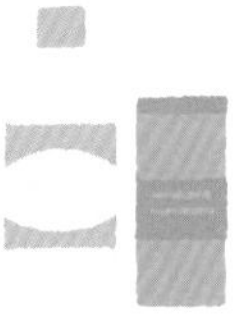

うちわ
陣痛中は暑くて汗だくになることも。うちわであおいでもらうと、気持ちよくてリラックスできそう。

使い捨てカイロ
おなかや腰を温めると痛みが治まり、リラックス効果も。血行がよくなり、お産も促進します。

リップクリーム
口呼吸を繰り返すので唇が乾きやすくなります。気になる人は持参すると◎。

靴下
足を温めると体全体の血流がよくなり、お産の進行にも効果的。

ボール
テニスボール大のボールは陣痛を逃がすのに何かと便利。腰や肛門を押してもらうと楽になります。

タオル
汗をふくのはもちろん、陣痛のときに握りしめると痛みを逃がしやすくなったり、安心感を感じたりすることも。

ラストスパート！

分娩台でのいきみ方

「いよいよ赤ちゃんに会える」という喜びを胸に、赤ちゃんをサポートする気持ちでいきみましょう。

赤ちゃんが下りてくるのをあと押しするイメージで

子宮口《しきゅうこう》が全開大になったらいよいよお産もクライマックスです。上手にいきんで、赤ちゃんが産道から下りてくるのをあと押ししてあげましょう。

陣痛がきたら助産師《じょさんし》さんの指示に合わせていきみます。陣痛の波が引いたら助産師さんの合図で力を抜いて。これを繰り返すうちに赤ちゃんが徐々に下りてきます。会陰《えいん》から頭が出たら、全身の力を抜いて「ハッハッハッ」という短い呼吸に。赤ちゃんの全身がスルスルと出てきてくれることでしょう。

当日は、助産師さんが常にいきみ方やいきむタイミングを指示してくれます。助産師さんのリードに合わせて最後の力を出し切りましょう。

グリップやバーは軽めに握る

強く握りすぎると力が分散してしまいます。なるべく軽めに握り、いきむときは手前に引くと、体が丸まりいきみやすい体勢になります。

目を開け、目線はおへそ

目を閉じると痛みに意識が集まり、赤ちゃんを押し出す力が入りにくくなります。目を開けて、落ち着いていきみに集中しましょう。

かかとをしっかりつけて踏ん張る

台に足の裏をぴったりとつけ、いきむときにはかかとをグッと踏ん張ります。つま先で踏むと足がつってしまうことがあるので注意を。

体を丸めて、産道を出てきやすくする

産道は少し上向きにカーブしています。あごを引いて上体を少し丸めると産道に沿った体勢になり、赤ちゃんが出てきやすくなります。

お尻や背中は分娩台にしっかりつける

上体は少し丸めますが、背中やお尻は分娩台につけておくこと。浮かせると体がよじれてしまい、力の向きが変わってしまいます。

どんなことをする？

出産のための医療処置

お産をスムーズに進めるために行われる医療処置には、どんなものがあるのか確認しておきましょう。

医療処置を施すか否かは病産院の方針次第

医療処置は、お産を安全かつスムーズに進行するために行われるもの。どの処置をどのタイミングで行うかは、病産院の方針や医師の判断により異なります。最近は「なるべく医療処置は行わず、自然のままに出産を」という方針を持つ病産院も増えています。妊娠中から病産院の方針を確認し、気になるものや拒否したいものがあれば相談しておきましょう。お産の進行状況により、ママや赤ちゃんの安全のために急遽《きゅうきょ》、医療処置を施す場合は、その場で医師や助産師さんから説明があります。その場合も落ち着いて話をよく聞き、納得してから受けるようにしましょう。

剃毛《ていもう》

細菌の感染を防止し、縫合《ほうごう》や消毒もスムーズに

会陰切開《えいんせっかい》や会陰裂傷《れっしょう》をしたときに傷口の消毒や縫合をしやすいよう、あらかじめ陰毛《いんもう》を剃《そ》っておく処置のことをいいます。会陰の周囲の毛だけを剃ったり、短くカットしたりします。陰毛についた細菌がママの会陰の傷についたり、赤ちゃんに感染したりするのを防ぐ目的もあります。必ず全員に行う病産院もありますが、まったく行わない病産院が多いようです。また、帝王《ていおう》切開《せっかい》の場合は、切開するまわりの毛を処理します。処置をするのかどうか気になる人は、事前に病産院の方針を確認しておきましょう。

導尿《どうにょう》

トイレに行けないときに尿の排出を手助け

膀胱《ぼうこう》と産道《さんどう》は隣り合わせにあるため、尿がたまっていると産道を圧迫し、陣痛《じんつう》が弱まったり、赤ちゃんが下りてきづらい状態になったりします。そこで、陣痛が強すぎてトイレまで歩けない、尿意を感じないといったときには、尿道《にょうどう》にカテーテルを挿入して尿を排出させます。

カテーテルはシリコン製でやわらかく、先端に潤滑ゼリーを塗ってから挿入するので、多少の違和感はあっても痛みはほとんどありません。産後や、産後と同じような状態になった場合にも導尿することがあります。

浣腸《かんちょう》・坐薬《ざやく》

腸をきれいにしてお産を進みやすく

直腸に便がたまっていると、産道を圧迫して赤ちゃんが下りてくるのを妨げることがあります。また、お産のいきみとともに便が出てしまうと、会陰の傷口や赤ちゃんに細菌が感染してしまうおそれもあります。そのために行うのが、事前に排便を促す浣腸や坐薬の投与。浣腸や坐薬による刺激で子宮の収縮が促進され、お産が進みやすくなることもあるようです。ただ、分娩《ぶんべん》前に自然と排便できたり、浣腸に抵抗があるママもいるので、あえて行わない病産院が多いです。事前に確認しておくとよいでしょう。

点滴

いざというときに備えて あらかじめ血管を確保

お産の途中でトラブルが生じ、輸血や薬の投与が必要になった場合、すみやかに対応できるように血管を確保しておくのが目的。お産の経過が順調な場合は、ママや赤ちゃんのエネルギーになるブドウ糖や電解質液などを注入します。陣痛がある程度進んでから点滴を始め、産後しばらく様子をみて異常がなければ外されます。通常は使用せず、トラブルが起きる可能性が高い分娩のときにだけ点滴をする病産院もあります。

子宮口《しきゅうこう》を開く処置

人工的に子宮口を広げて 陣痛を誘発する準備

お産が近づくと、ホルモンの働きで子宮口はやわらかくなり、自然と開きやすくなります。ところが、出産予定日を過ぎてもなかなかお産が始まらなかったり、妊娠高血圧症候群や胎盤機能不全などの理由で、分娩を誘発するときに、まだ子宮口がかたくて十分に開いていない場合、陣痛を起こす前に医療器具を使って人工的に子宮口を広げる処置を行います。主な方法は、スティック状の「ラミナリア」、風船のようで通称バルーンと呼ばれる「メトロイリンテル」など。どれを使うかはそのときの子宮口の状態をみながら医師が判断します。

最近は、子宮口をやわらかくする「子宮頸管熟化剤《しきゅうけいかんじゅくかざい》」の腟錠を使うようになっています。

子宮頸管熟化剤

子宮口をやわらかくする薬。主に予定日を過ぎてもお産の兆候がないときに使用する、腟内に留置するタイプの腟錠です。

ラミナリア

海藻成分からつくられた木の棒のような器具。水分を含むと2〜3倍に膨らむ性質があり、子宮口に挿入すると少しずつ子宮口を広げていきます。化学繊維からつくられた「ラミセル」も同様の器具。

メトロイリンテル

子宮口がある程度やわらかくなってから使う、水風船のような器具。しぼんだ状態で子宮口に挿入し、滅菌水《めっきんすい》を入れて膨らませることで子宮口を開かせます。最近は40ml注入の「ミニメトロ」がよく使われます。

吸引《きゅういん》分娩・鉗子《かんし》分娩

吸引カップや鉗子で 赤ちゃんを誘導

赤ちゃんが下りてきているのになかなか出てこられないときには、赤ちゃんの酸素不足や心拍低下が心配されます。そんなときには、吸引カップや鉗子を使い、ママのいきみに合わせて赤ちゃんを誘導。すみやかに赤ちゃんを引き出してあげる方法です（→P.165）。

分娩監視装置

陣痛の進み具合と 赤ちゃんの様子を確認

センサーをつけたベルトをおなかに巻き、陣痛の強さと間隔、赤ちゃんの心拍と胎動の様子を調べる装置です。お産の進み具合や異常の有無がわかります。病産院の方針やママの状態により、お産中ずっとつけている場合と、断続的につける場合があります。

陣痛促進剤《じんつうそくしんざい》（誘発《ゆうはつ》剤）

安全なお産をするために陣痛をコントロール

　陣痛促進剤（誘発剤）は、人工的に陣痛をコントロールする薬です。例えば、出産予定日を1週間以上過ぎても陣痛が起こらず、胎盤《たいばん》機能が低下するおそれがある、前期《ぜんき》破水《はすい》してしまったので早く分娩《ぶんべん》した方がよい、重度の妊娠高血圧症候群（→P.140）や合併症がある、計画分娩（→P.164）をしたい、といった場合には、まだ起きていない陣痛を起こすために使用します。また、陣痛は起きているのに弱すぎてお産が進まない場合にも使用します。使用時の目的によって「陣痛誘発剤」という名称で呼ぶこともありますが、要は促進剤と同じ薬です。

　陣痛促進剤には「オキシトシン」と「プロスタグランジン」という2種類があり、どちらも女性の体から分泌《ぶんぴつ》されるホルモンを合成してつくられています。内服《ないふく》と点滴の方法がありますが、万が一異変が生じたときにすぐに投与《とうよ》を中止できるよう、点滴を使用するのが一般的です。

ママと赤ちゃんの様子をみながら投与量を調整

　陣痛促進剤は投与量を慎重に調整する必要があるため、安全な使い方に関するガイドラインが決められています。投与するときには必ず分娩監視装置をつけ、赤ちゃんの心拍や胎動、陣痛の強さや間隔を絶えず観察し、薬の注入量やタイミングを個々の状態に合わせて調整していきます。また、投与している間に万が一トラブルが生じた場合には、すぐに点滴を中止して帝王切開に切り替え、適切な処置がとられます。

　人工的に陣痛を起こすことに不安を感じるママも多いかと思いますが、お産が長引くことでママや赤ちゃんに危険が生じる場合、陣痛促進剤は命を救う有効な手段となるのです。使用した方がよいと判断されたときには、なぜ必要なのか、どのように投与するのかという説明をよく聞き、納得したうえで承諾することが大切です。

　なお、もし投与中に急激な痛みを感じたり異変を感じたりした場合には、すぐに助産《じょさん》師《し》さんに知らせましょう。投与を中止し、適切な処置が行われます。

陣痛促進剤を使うケース

合併症がある

妊娠高血圧症候群や妊娠糖尿病などの合併症があると、長時間のお産がママや赤ちゃんへの負担となり、危険を招くことがあります。

微弱《びじゃく》陣痛

陣痛が弱すぎたり、回数が減ったりしてお産が進まない状態。ママも赤ちゃんも体力が消耗し、より陣痛が弱まる悪循環に陥ることもあります。

前期破水

陣痛が始まる前に破水してしまうこと。羊水が流れてしまい、赤ちゃんが細菌感染するおそれがあり、24時間以内に分娩しなければなりません。

予定日を大幅に過ぎた

予定日を過ぎても陣痛が起きないと、胎盤機能が低下したり羊水量が減ったりして、赤ちゃんに十分な栄養が届かなくなることがあります。

遷延《せんえん》分娩

初産で30時間以上、経産で15時間以上かかっても赤ちゃんが産まれず、ママの体力低下がみられるときは、促進剤を使ってサポートします。

軟産道強靭《なんさんどうきょうじん》

赤ちゃんが通る子宮頸管、膣、会陰の部分を軟産道といいます。この軟産道がかたくて伸びが悪いのが軟産道強靭。お産が長引く原因になります。

Q 危険な薬ではない？

A 正しく使えば有効な薬です

陣痛促進剤で心配されるのは、過強陣痛（→P.183）などの副作用。しかし、投与する場合には分娩監視装置をつけ、ママと赤ちゃんの様子を絶えず観察し、薬の投与量を慎重に調節しています。正しく使えば、お産のトラブルを解消するのに大変有効な薬です。

会陰切開《えいんせっかい》

なかなか出てこられない赤ちゃんをサポート

会陰とは、膣口《ちつこう》から肛門《こうもん》までの間と、その周囲のこと。直径約10㎝ほどの赤ちゃんの頭が膣口から出てくるとき、会陰部分の皮膚は徐々にやわらかくなり、薄く伸びていきます。しかし、人によってはうまく伸びなかったり、時間がかかったりすることも。そういった場合に、赤ちゃんが出てきやすくするために、会陰を3〜4㎝ほど切開し、出口を広げる処置を行います。

想像するととても痛々しい感じがしますが、実際は局所《きょくしょ》麻酔をして行うので切開の痛みはありません。また、陣痛に耐えている真っ最中なので、麻酔の注射をしたことや切開したことにも気づかないママが多いようです。

切開をするのは、赤ちゃんの頭が出たままになる「発露《はつろ》」の状態のとき。会陰の内側と赤ちゃんの頭の間に手を入れてはさみで切開するので、赤ちゃんを傷つける心配はありません。切る場所は、膣から肛門に向けて垂直に切る「正《せい》中《ちゅう》切開」、膣の下側から斜め下に切る「正中側切開」があり、いずれか1カ所を医師が判断して切ります。

切開した場所は産後に縫合《ほうごう》。これも麻酔が効いているので痛みはあまり感じないでしょう。ほとんどの場合溶ける糸を使いますが、溶けない糸の場合は4日目くらいに抜糸をします。退院後もしばらく、つれている感じや違和感を感じるママもいますが、1カ月ほどで気にならなくなるでしょう。

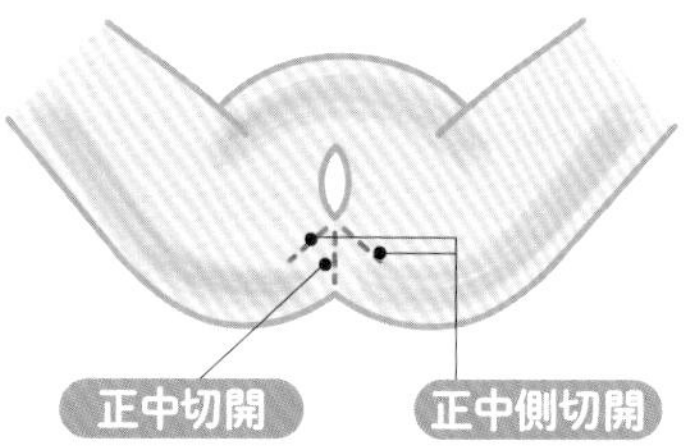

2カ所のうちどこを切るかは、赤ちゃんの頭の大きさや状況で医師が判断。

会陰切開にはメリットもデメリットもあります

会陰切開については、病産院により方針が異なります。会陰部が十分に伸びていても補助的に必ず切開をするところもあれば、時間をかけても自然に会陰部が伸びるのを待つ病産院もあります。切開をしない場合は、助産師さんがゆっくりと会陰を保護しながら会陰を伸ばしていきます。縫合もしないので産後の回復は早いです。ただ、会陰部が伸びていない状態でいきんだり、赤ちゃんが出てきてしまうと、会陰裂《れっ》傷《しょう》を起こしてしまいます。産後に縫合すれば問題ないですが、傷が大きかった場合、会陰切開をした方が楽だったということもあります。

会陰切開をしたくない人は事前に相談を。ただし、赤ちゃんの心拍が下がったり、早く分娩する必要があるとき、大きな会陰裂傷が予想される場合などは、切開せざるを得ないと心に留めておきましょう。

Letter from 竹内先生

「できるだけ自然で産みたい」というママにとって、陣痛促進剤や会陰切開などの医療処置は不安でしょうし、できれば避けたいでしょう。お産は自然の流れにそって進んでいきますが、すべてが同じ経過ではありません。予期せぬことが起こることもあります。医療処置とは、できるだけお産をスムーズに、しかも万が一に備えて、赤ちゃんとママの安全を確保するために行われるものです。そのときの状況によって、病産院によって行われる処置は少し違います。ただし、多くの病産院では、できるだけママの意見を尊重して努力してくれるでしょう。疑問に思ったことは遠慮なく尋ねてください。

誰にでも起こり得る

出産のトラブル

トラブルが生じても、適切な対処をすれば大丈夫。弱気にならず、前向きに出産に挑みましょう。

いざというときの心構えが大切です

お産は一つの命をこの世に産みだす大仕事。必ずしもマニュアル通りにはいかず、トラブルが生じることもあります。子宮《しきゅう》、胎盤《たいばん》、陣痛《じんつう》、産道《さんどう》、へその緒、ママや赤ちゃんの容態など、トラブルが起きるケースはさまざまです。

しかし、近年は医療技術が発達し、いずれの事態でも適切な対処をすれば無事に出産することができます。お産が始まる前からいろいろと心配しすぎると、母体にストレスがかかり、かえってよくありません。いざというときにあわてたり動揺したりしないためにも、比較的多いトラブルとその対処法を知っておくと心強いでしょう。

微弱陣痛《びじゃくじんつう》

陣痛が弱いままでお産がなかなか進まない

陣痛は、子宮が収縮することで起こる痛み。順調な場合、最初は不規則だった痛みが定期的におとずれるようになり、次第に痛みが強くなって、それが赤ちゃんを押し出す力になります。しかし、長時間ずっと陣痛が弱いままだったり、途中で回数が減ってしまったりすることがあります。これが微弱陣痛。原因は、ママの太りすぎ、巨大児、羊水過多《ようすいかた》(→P.145)などにより子宮の筋肉が疲労していること。また、妊娠高血圧症候群(→P.140)や睡眠不足、体力不足なども影響するといわれます。

微弱陣痛と診断された場合、まずは点滴で栄養を補給してママの体力を回復させるほか、歩く、階段を上り下りするなど軽い運動をしてみます。子宮を収縮させる効果があるため、浣腸《かんちょう》や、乳頭《にゅうとう》を刺激する場合も。赤ちゃんを包む卵膜《らんまく》を破って人工的に破水させる「人工破膜《じんこうはまく》」という処置で、陣痛を促進させることもあります。それでも陣痛が強まらず、ママや赤ちゃんの体力消耗が心配される場合は、陣痛促進剤の投与や帝王切開《ていおうせっかい》などが検討されます。

微弱陣痛を防ぐためには、妊娠中に経過が順調であれば、軽い運動をして体力を維持しておくとよいでしょう。また、出産予定日が近づいたら、なるべくリラックスしてよい睡眠をとり、体調を整えておくよう心がけましょう。

遷延分娩《せんえんぶんべん》

お産がスムーズに進まず長時間が経過

本格的な陣痛が始まってから、初産で30時間、経産《けいさん》で15時間以上かかっている場合を遷延分娩といいます。ママと赤ちゃんに異常がなく、体力がもちそうであれば、そのまま自然分娩を継続しても大丈夫。体力低下や危険が生じた場合は、お産を早めるための処置を行います。

お産を長引かせている原因には、微弱陣痛、児頭骨盤不均衡《じとうこつばんふきんこう》、回旋《かいせん》異常、軟産道強靭《なんさんどうきょうじん》(→P.184)など、いくつかの要因が考えられます。その原因により、陣痛促進剤、吸引《きゅういん》分娩や鉗子《かんし》分娩、帝王切開など、適切な処置が選択されます。

児頭骨盤不均衡《じとうこつばんふきんこう》

赤ちゃんの頭がママの骨盤を通れない

赤ちゃんの頭蓋骨《ずがいこつ》はまだ離れていて、それらを重ね合わせて頭を変形させながら、産道を通過してきます。しかし、たまに、ママの骨盤に対して赤ちゃんの頭が大きすぎて、産道をうまく通過できないことがあります。これが児頭骨盤不均衡。単純に頭や骨盤の大きさで決まるのではなく、ふたつの大きさのバランスにより診断されます。例えば、4000gの赤ちゃんでもママの骨盤が大きければ経腟《けいちつ》分娩は可能。逆に、3000gでもママの骨盤が小さければ児頭骨盤不均衡と診断されることもあります。

臨月近くの超音波《ちょうおんぱ》検査や内診で通過できないと判断されると、予定帝王切開になる場合があります。しかし、お産中はホルモンの働きで骨盤は緩《ゆる》み、赤ちゃんの頭も変形するので、通過できる可能性が少しでもある場合は経腟分娩にトライすることも可能です。そのときは、お産の進行状況をみながら、経腟分娩が難しいと判断された時点で帝王切開に切り替える準備をしておきます。

児頭骨盤不均衡が疑われるケース

- 母体の身長が150cm以下
- 子宮底長が36cm以上で胎児が大きめ
- 超音波検査で児頭の横幅が10cm以上
- 尖腹《せんぷく》※の場合
- 以前の分娩が吸引分娩や鉗子分娩だった
- 初産婦で37週以降、児頭の下降がみられない
- 陣痛があっても分娩の進行が1〜2時間まったく進行していない　など

※赤ちゃんがママの骨盤にきちんとはまっておらず、子宮（赤ちゃん）が骨盤より前に突き出てしまっている状態。経産婦や多産婦のように子宮筋が伸びやすい人にみられる。

過強《かきょう》陣痛

異常に強い陣痛によりママや赤ちゃんに負担

子宮口の開き具合に対して陣痛が強すぎる状態が過強陣痛。急激な陣痛が続くと子宮に負担がかかり、子宮破裂《はれつ》を起こすおそれがあります。ママの体力や気力も低下。産道が圧迫され、赤ちゃんが酸素不足になる心配もあります。

過強陣痛が起きる原因は、巨大児、回旋異常、軟産道強靭（→P.184）など。うまく産道を進めない赤ちゃんを押し出そうとして、陣痛が強くなると考えられます。また、陣痛促進剤の量が適切でないときにも起こる可能性があります。

急激な強い痛みを感じたら、すぐに助産師さんに知らせましょう。分娩監視装置で、赤ちゃんの心拍や陣痛の様子をチェック。異常を感じた場合は、陣痛促進剤の投与を中止したり帝王切開に切り替えたり、必要な処置が施されます。

回旋《かいせん》異常

うまく回旋できず産道を下りてこられない

赤ちゃんはママのおなかの中で、あごを胸につけた状態で丸くなり、産道の中を回旋しながら下りてきます。まずは横向きになり、骨盤の出口に近づくとママの背中側に顔を向けます。出口ではあごを上げて反らせた状態で頭を出し、その後横向きに回旋しながら肩から全身を出してきます。この回旋がうまくいかないのが回旋異常。児頭骨盤不均衡による場合が多いですが、子宮筋腫《きんしゅ》（→P.147）、子宮の形態異常（→P.148）、巨大児や低出生体重児などが原因になることもあります。

お産は長引きますが、ママと赤ちゃんに問題がなければそのまま自然分娩することも可能。赤ちゃんが弱ってきたときには吸引分娩や鉗子分娩でサポートする、帝王切開に切り替えるなどして対応します。

軟産道強靭《なんさんどうきょうじん》

軟産道がかたくて赤ちゃんが下りられない

産道のうち、子宮頸管《しきゅうけいかん》、膣《ちつ》、会陰《えいん》の筋肉と靭帯《じんたい》からなる部分を「軟産道」、その周囲の骨盤部分を「骨産道《こつさんどう》」といいます。

通常、軟産道は赤ちゃんが下りてきやすいように、臨月《りんげつ》あたりから徐々にやわらかくなり、分娩《ぶんべん》時には伸びて広がりやすくなっています。しかし、いつまでも軟産道がかたく、赤ちゃんがスムーズに進めないことがあります。これが軟産道強靭です。高齢になると筋肉がかたくなり、この症状が現れやすいといわれます。

対処法は、まずはリラックスして筋肉を和らげること。それでも変化がみられないときは、人工的に子宮口《しきゅうこう》を広げたり、麻酔をして緊張をとったりすることも。あまりにお産が長引いて赤ちゃんが弱ってきた場合、帝王切開《ていおうせっかい》になることもあります。

胎盤《たいばん》機能不全

赤ちゃんに栄養を届ける胎盤の機能が低下

胎盤《たいばん》は、赤ちゃんがおなかの中にいる間、ママの血液から栄養や酸素を受け取って赤ちゃんに届けたり、ホルモンを分泌して赤ちゃんの成長を助けたり、ママの体からくる細菌やウイルスを防いだりと、たくさんの働きをしています。その胎盤の機能が衰え、赤ちゃんに十分な酸素や栄養が届かなくなってしまうことを胎盤機能不全といいます。

原因として多いのが、妊娠42週を過ぎてもお産が始まらない過期産《かきさん》。また、妊娠高血圧症候群（↓P.140）、妊娠糖尿病（↓P.141）などの病気も要因になることがあります。

胎盤機能不全と診断されたら、陣痛促進剤などでなるべく早めの分娩を促します。また、赤ちゃんの容態が悪くなっている場合は、帝王切開で早急に取り出すこともあります。

胎児《たいじ》機能不全

心拍数の乱れは赤ちゃんからのSOS

おなかの中の赤ちゃんの呼吸や循環機能にトラブルが生じ、低酸素状態になることを胎児機能不全といいます。赤ちゃんの心拍数が少なくなったり乱れたりして、弱っていく非常に危険な状態です。ママに酸素を供給しながら、吸引分娩、鉗子分娩、帝王切開などで早急に赤ちゃんを救い出します。

ママに妊娠高血圧症候群や妊娠糖尿病があるとき、42週を過ぎた過期産、前置胎盤《ぜんちたいばん》（↓P.144）や常位胎盤早期剥離《じょういたいばんそうきはくり》（↓P.185）、へその緒のトラブル、児頭骨盤不均衡《じとうこつばんふきんこう》（↓P.183）、軟産道強靭、微弱《びじゃく》陣痛（↓P.182）など、機能不全になる原因はさまざまあります。分娩監視装置で赤ちゃんの様子を随時チェックして、心拍の異常があれば早急に原因をみつけて対処することが大切です。

臍帯《さいたい》のトラブル

意外と経験者が多いへその緒のトラブル

臍帯とはへその緒のこと。へその緒が赤ちゃんの首や手足に巻きつくことを臍帯巻絡《けんらく》といいます。臍帯巻絡はよくあること。分娩監視装置で赤ちゃんの心拍を確認しながら、ほとんどが自然分娩で産むことができます。へその緒が圧迫されて酸素不足になったり、お産が長引いて状態が悪化したりした場合は、吸引分娩や鉗子分娩で手助けします。

一方、このトラブルで心配なのが、赤ちゃんより先にへその緒が下りてきてしまうこと。破水《はすい》前に下りている状態を臍帯下垂《かすい》、破水後を臍帯脱出といいます。この場合、へその緒が赤ちゃんと産道の間で圧迫され、赤ちゃんに酸素が届かなくなってしまうのでとても危険。へその緒の位置を直せなければ、早急に帝王切開を行います。

常位胎盤早期剥離《じょういたいばんそうきはくり》

生まれる前に胎盤がはがれてしまう緊急事態

赤ちゃんが生まれるより先に、胎盤がはがれてしまうのが常位胎盤早期剥離です。赤ちゃんへ酸素や栄養を届ける大事な役割を果たしている胎盤がはがれるというのは緊急事態。赤ちゃんが酸素不足になってしまいます。また、胎盤がはがれた部分から大出血をするので、ママの体にも危険が及びます。

常位胎盤早期剥離は、少しでも早くその兆候に気づくことが大切。主な症状の一つがおなかの激痛。陣痛のように定期的に押し寄せる痛みではなく、激痛が絶え間なく続きます。また、おなかがカチカチにかたくなるのも特徴的。

大出血はするのですが、血液は子宮の中にたまるので、外に出てくる出血量は少なめ。少量の出血でも油断せずに、気づいたらすぐに助産師さんに知らせましょう。

妊娠中であれば、胎動が急に減ったり、なくなったりするという兆候もあるようです。妊娠高血圧症候群（↓P.140）の人や、切迫早産の人はなりやすいともいわれるので、注意しておきましょう。

常位胎盤早期剥離が判明したら、すぐに帝王切開が行われることがほとんどです。

常位胎盤早期剥離の状態

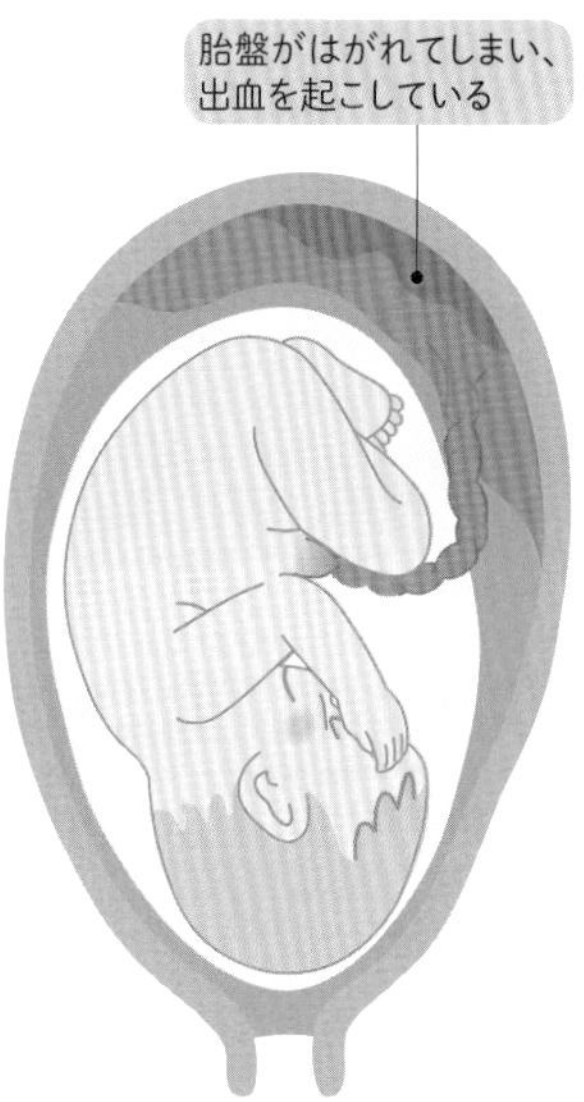

子宮の中で大出血しているので、ママが自覚する出血量は少なめ。少量でも異常があれば、すぐに報告を。

切迫子宮破裂《せっぱくしきゅうはれつ》

子宮が破裂すると大出血を伴い、危険

切迫子宮破裂とは、その名の通り、子宮がいまにも破裂しそうな状態を指します。原因としては、巨大児や多胎児《たいじ》のために子宮が大きくなりすぎていたり、過強《かきょう》陣痛（↓P.183）により子宮に過度の圧力がかかった場合などが考えられます。また、過去に子宮筋腫や帝王切開の手術をしたことがあると、傷口付近の子宮《しきゅう》筋《きん》が弱くなっているため、陣痛のときにその部分が伸びて破裂する可能性があります。

切迫子宮破裂では、外出血と腹腔内《ふくくうない》出血が起こり、大量に出血するため、早急に対応しないとママと赤ちゃんの命にも関わる緊急事態です。症状としては、出血のために顔面は蒼白になり、血圧低下によるチアノーゼや、赤ちゃんの心拍に異常が現れます。また、陣痛とは違う強い腹痛が継続的に起こります。

陣痛中に激痛や出血などの異常を感じたら、すぐに助産師さんに知らせましょう。子宮破裂の疑いがあれば、帝王切開に切り替えられます。

Letter from 竹内先生

お産がスムーズに進まず、トラブルが発生する場合があります。トラブルには妊娠中から予測できるものと、できないものがあります。頭で考えてしまうと不安になりますが、そうしたことにあまりとらわれず、自分と赤ちゃんを信じて、お産の流れに身をゆだねる。それがいいと思います。大丈夫です！

弛緩《しかん》出血

子宮の収縮が進まず 出血が止まらない

分娩《ぶんべん》したあと、子宮壁《しきゅうへき》の胎《たい》盤《ばん》がはがれた部分からは出血がありますが、通常は子宮が急激に収縮することにより止血されるようになっています。しかし、子宮の収縮が進まないために子宮壁の血管が開いたままになり、出血が止まらないことがあります。これが弛緩出血。体質にもよりますが、長時間のお産による子宮の筋肉の疲労のほか、巨大児や多《た》胎児《たいじ》、羊水過多《ようすいかた》(→P.145)で子宮が伸びきってしまった場合などに起きやすい症状です。

早期に出血を発見するためにも、産後は分娩台の上で2時間は安静にし、異常がないかを見守ります。出血が認められたら、子宮を圧迫するマッサージをしたり、子宮収縮剤を投与したりして止血します。出血量が多ければ輸血をして対処することもあります。

癒着《ゆちゃく》胎盤

胎盤が子宮に癒着し 自然にはがれてこない

胎盤の一部、またはすべてが子宮壁に癒着している状態が癒着胎盤。通常は、分娩後10～20分すると胎盤は子宮壁から離れ、自然に膣《ちつ》から出てきます。しかし、子宮壁に癒着してしまっている場合ははがれることができません。

癒着胎盤が判明すると、おなかのマッサージや医師が手を入れて人工的にはがすことを試みます。その際、はがれた部分からの大量出血を引き起こすおそれがあるので注意が必要です。また、最終的にはがれない場合、子宮摘出をすることもあります。

癒着胎盤は妊娠中の検査ではみつけられず、分娩後に判明することがほとんど。発症するケースは非常にまれなので心配しすぎることはありませんが、万が一のときは早急な処置が求められます。

子宮頸管裂傷《けいかんれっしょう》・会陰《えいん》裂傷

赤ちゃんの通り道である 子宮頸管や会陰に傷

赤ちゃんが下りてくる際、子宮頸管が傷ついてしまうことを子宮頸管裂傷といいます。少し切れた程度なら出血もありませんが、大きく切れると出血し、早急に縫合《ほうごう》する必要があります。

子宮頸管とは、内子宮口から外子宮口までの間の部分で、分娩前は指1本も入らないほど閉じています。それが分娩時には、直径10cmくらいの赤ちゃんの頭が通れるほどに開かれます。そのため、急激にお産が進んだときなど、極端な圧力がかかると裂《さ》けてしまうことがあるのです。

裂傷を起こしやすいのは、赤ちゃんの頭が大きいとき、分娩が急速に進行したとき、子宮口が全開大になる前に吸引《きゅういん》分娩や鉗子《かんし》分娩を行ったときなど。陣痛促進剤で陣痛が過《か》強《きょう》になったり、子宮口が開く前にいきんでしまったりしたときにも裂けてしまいます。

もう一つ、子宮頸管と同じく分娩時に傷つきやすいのが会陰です。会陰とは膣と肛門の間の部分。分娩のとき、会陰は赤ちゃんの頭に押されて、薄く大きく引き伸ばされます。しかし、高齢や初産のママは比較的伸びが悪い傾向があり、うまく会陰が伸びずに裂けてしまうことがあります。分娩が急速に進んだり、赤ちゃんの頭が大きいことも裂けやすい原因です。

軽い傷の場合は簡単な縫合で済みますが、ひどいときには傷が肛門や直腸にまで及ぶことも。その場合は、縫合も長時間になります。そのため、分娩中に重度の裂傷が予想されるときには、医師の判断で会陰切開(→P.181)することもあります。

会陰裂傷をなるべく避けるには、妊娠中からあぐらやストレッチなどで股関節を柔軟にしておくことをおすすめします。

お産の不安Q&A

Q 陣痛はおなかだけが痛いの？

A 人によって痛む場所はさまざま

陣痛は、子宮が収縮する痛みとともに、赤ちゃんが産道《さんどう》を下りてくる痛みでもあります。痛みは赤ちゃんとともに、おなかのまわりから徐々に下がり、恥骨《ちこつ》や腰、最終的には肛門や会陰部が痛いと感じる人も。おなかよりも骨盤が痛かったという人もいて、感じ方には個人差があるようです。

Q おしるしと危険な出血の違いは？

A 形状も、状況も異なります

おしるしは、おりものに茶褐色の血液が混ざったようなもので、少し粘り気があります。ごく少量のときもあれば、生理初日程度に出ることも。異常な出血の場合は鮮血で、大量であったり、強い腹痛を伴ったりします。判断が難しいときは、病産院へ電話をして相談してみましょう。

Q 分娩中に排便してしまわないか不安…

A まったく心配なし！

いきんだ拍子に便が出てしまうのはよくあるケース。まったく心配ありません。スタッフがすぐに処理してくれるので、赤ちゃんにも影響はありません。病産院によっては、浣腸《かんちょう》や坐薬《ざやく》で先に便を出してしまうところもあるので、気になる人は確認しておくとよいでしょう。

Q 自宅で破水したときはどうしたらいい？

A 家族に車を運転してもらうか、タクシーを使ってすぐ病産院へ

破水をしたら、すぐに病産院へ連絡を。落ち着いて状況を伝えます。細菌感染を防ぐため、シャワーや入浴は厳禁。生理用ナプキンやお産用（産褥《さんじょく》）パッドをあて、家族が運転する車かタクシーで病産院へ向かいましょう。車内ではタオルを敷いて横になり、安静に過ごしましょう。

Q 陣痛に耐えられるか不安…

A 大丈夫、みんな乗り切れています

出産したママたちが陣痛を乗り切れたのは、「赤ちゃんのために頑張ろう」という気持ちがあったから。陣痛はずっと痛いわけではなく、痛みがきたり引いたりを繰り返します。引いたときはなるべくリラックスを。どうしても不安な人は無痛分娩（→P.164）も検討してみてください。

ママ生活のスタート！

出産から退院までの入院生活

赤ちゃんが生まれるとはじめてのことばかり。焦らずにゆっくりと新しい生活に慣れていきましょう。

ママの体の回復も入院中の大事なお仕事

いよいよ赤ちゃんとの新しい生活が始まります。お産で長時間眠れなかった人や、ご飯を食べられなかった人も多いはず。まずはママの体を休めることを第一に考えましょう。産後の興奮で眠れないママもいるかもしれませんが、目を閉じて横になるだけでも休養になります。

２日目からは、少しずつ赤ちゃんのお世話が始まります。抱っこの仕方、授乳《じゅにゅう》の仕方、おむつの替え方、沐浴《もくよく》の仕方など。はじめてのことばかりで嬉しい反面、疲れることもあるかと思います。子宮や会陰《えいん》、乳房などに異常を感じたり、体や心の不調を感じたりしたら、遠慮なくスタッフに相談しましょう。

入院部屋は、病産院によって個室と大部屋の２タイプがあります。個室は、自分のペースで生活できることがメリット。

入院中の過ごし方例（経膣分娩の場合）

	ママ	赤ちゃん
出産当日	●入院室でゆっくりと休養 ●食事をとる ●産後はじめてのトイレはスタッフと	●母乳に不足しているビタミンK_2シロップを投与 ●体温や体重を測定&出生時診断 ●授乳スタート
2日目	●抱っこ、授乳、おむつ替え、着替えの仕方などを教わる ●シャワーを浴びる ●子宮や悪露の状態を診察	●ママにはじめてのお世話をしてもらう ●小児科医による健康診断
3〜4日目	●沐浴の仕方を教わる ●子宮の収縮具合、会陰の傷、悪露の状態などの診察 ●母乳の様子をみながら、乳頭マッサージなどの授乳指導を受ける	●沐浴 ●足の裏から少しだけ採血して先天性代謝異常の有無を検査 ●ビタミンK_2シロップを投与 ●黄疸《おうだん》やその他異常がないか診察
退院	●退院前健診 ●退院後の生活指導を受ける ●退院手続き&精算	●退院前健診 ●肌着から退院用の服に着替えてはじめての外出

家族や友人がお見舞いに来ても、周囲を気にせずおしゃべりできます。一方、大部屋のメリットは、個室に比べて費用が安いこと。また、同時期に出産したママたちの様子もわかり、「大変なのは自分だけではない」と育児の不安を払拭できるきっかけになることも。予算も含め、自分に合った部屋を選びましょう。

また、病産院の方針により、母子同室の場合と母子別室の場合があります。母子同室は、いつも赤ちゃんと一緒に過ごせるので、お世話や授乳のリズムに慣れやすいでしょう。別室は、赤ちゃんは新生《しんせい》児《じ》室で過ごし、決まった時間にママが授乳などのお世話をしに行きます。少し寂しいかもしれませんが、ママは体をゆっくり休めることができます。昼間は同室で夜は別室、という病産院もありますので、病産院選びの参考にするとよいでしょう。

なお、入院中の生活やスケジュールはお産の経過や病産院の方針などにより異なります。帝王切開の場合、数日は食事や赤ちゃんのお世話ができないこともあります。その都度、病産院のスタッフがアドバイスしてくれるので、焦ることなく自分のペースで体を回復させてください。

産後に病産院で教えてくれること

おむつの替え方

赤ちゃんは1日に10回以上、おしっこやうんちをします。おむつが汚れたときの合図やお尻のふき方、おむつの替え方などを教えてもらいます。はじめは赤ちゃんに話しかけながらゆっくりと。徐々に手早く替えるコツをつかんでいきましょう。

授乳の仕方

授乳するときの抱っこの仕方、ゲップのさせ方、ミルクのつくり方、母乳を出やすくするマッサージなどを教えてもらいます。母乳は最初はあまり出ない人も多いので心配しないで。赤ちゃんにたくさん吸ってもらうことでだんだんと出やすくなっていきます。

抱っこの仕方

生まれたばかりの赤ちゃんはとても小さく、まだ首もすわっていないので、はじめて抱っこするときはママもドキドキ。上手な抱っこの仕方を教わって、たくさん抱っこしてあげましょう。教わったことは、パパにもぜひ伝授してあげてください。

退院指導

退院してから1カ月健診までにママの体がどのように回復し、赤ちゃんがどのくらい成長するのかについて教えてもらいます。赤ちゃんのお世話やママの生活、産後の避妊などについてのアドバイスも。不安や疑問に思うことは、どんどん聞いておきましょう。

沐浴の仕方

沐浴のさせ方を習います。着替えの用意、頭と体と顔の洗い方、沐浴後の肌の手入れ、おへその処置などひと通り教えてもらったら、ママも実践してみます。泣いてしまう赤ちゃんもいるかもしれませんが、やさしく話しかけながら洗ってあげましょう。

妊娠・出産レポ
念願叶っての妊娠！
今日のエコーだよ～
人間の形になってきたね～
経過は人それぞれですが、私の場合をご紹介！
妊娠初期
吐きつわり
においつわり
頭痛つわりも…
ハァ…ハァ…
コレなら食べられる…
大量買いした翌朝
やっぱムリだった…
食べられるモノが毎日変化！？
こんにゃくゼリー
だし巻き卵
デカフェ緑茶
なぜかタコヤキが食べたくなる日も！
少量の出血がおさまった！！
つわりも終わった～！！
妊娠中期
先生からOKをもらって自宅でマタニティヨガ開始
謎の肌トラブルが増えたくらい
平和！！！
安産祈願や実家帰省、歯科検診へ行ったり
親知らず抜いたよ！！
妊娠後期
順調！！
このまま出産まで…と思ってたら！？
ドコ ドコ
巨大児！？
妊娠糖尿病疑い！！
糖負荷検査
あまい…
尿たんぱく＋2で妊娠高血圧症候群疑い！！！
明日血圧が高く出たら緊急帝王切開しましょう
ホッ…
血圧大丈夫でした！
後期に入り、いろいろ雲行きが怪しくなることもありつつ問題なく出産予定日へ！
赤ちゃん下りてきてますね
もう少しかかるかな？
出産予定日の健診
その日の夜…
下痢っぽい腹痛なのに出ない…
？
トイレ
まさかコレは…
陣痛きた！？
ドキドキ
とりあえず秒数カウント…
その後、痛みは定期的に続け…
ホントに波があるんだな…
もしもし…陣痛が…
深夜に病院へGO！
翌朝にはLDRへ移動
イタイイイイイ！！！
子宮口5cm！！
その後、微弱陣痛になり陣痛促進剤を投与！
ヒイイイイイー！！！
子宮口7cmでストップ！！
促進剤で無事お産が進み…
9センチ…手で広げちゃいますねー
なんでもOKですッ
そして…
くわっ
いきみタイムSTART！
我が子なかなか出ず…

かなこさん聞こえる？

ドッドッドッ…

赤ちゃんの心音遅くなってるからゆっくり呼吸してみて！

そう！いい感じです！

フゥウゥ〜

フゥウゥウゥ〜

ドッドッドッドッ
ちょっと赤ちゃん苦しそうなのでおなか押して補助しますね
押してもらうも、まだ産まれず…

赤ちゃんも頑張ってるんだ…

ふぬっ…

そして会陰切開し吸引分娩することに
カップ急いで
はい、いきんで！

んぐッ…!!

今が人生で一番の頑張りどころだ…！

…もうチカラ抜いて大丈夫！

痛みが消えた…

ん…

んぎゃ…

んぎあー!!

んぎあー!!

ハァハァ
…おぉぉ〜

頑張ったねぇ…

ホントに頑張った…

あったかいなぁ…

へその緒が首に巻きついて苦しかったようですが何とか無事に産まれてきてくれました！

真面目で一生懸命な先生、お産から産後まで近くで支えてくれた助産師さんたちのおかげで入院生活も無事終わり…

幸せな3人の生活へ…

マタニティブルー
出ない母乳
寝不足
貧血
会陰とおしりと乳首痛
夫婦ゲンカ
と、うまくもいかないですけど!!

病気とちがってゴールはあるからこそ陣痛も妊娠のマイナートラブルも耐えられるよ！

時間がかかっても赤ちゃんを無事抱っこできたならそれが一番！

赤ちゃんを笑顔で抱っこできる日が訪れますように！

はじめての妊娠は想定外なことばかり！コロナ禍でも前向きに妊娠・出産に挑みました

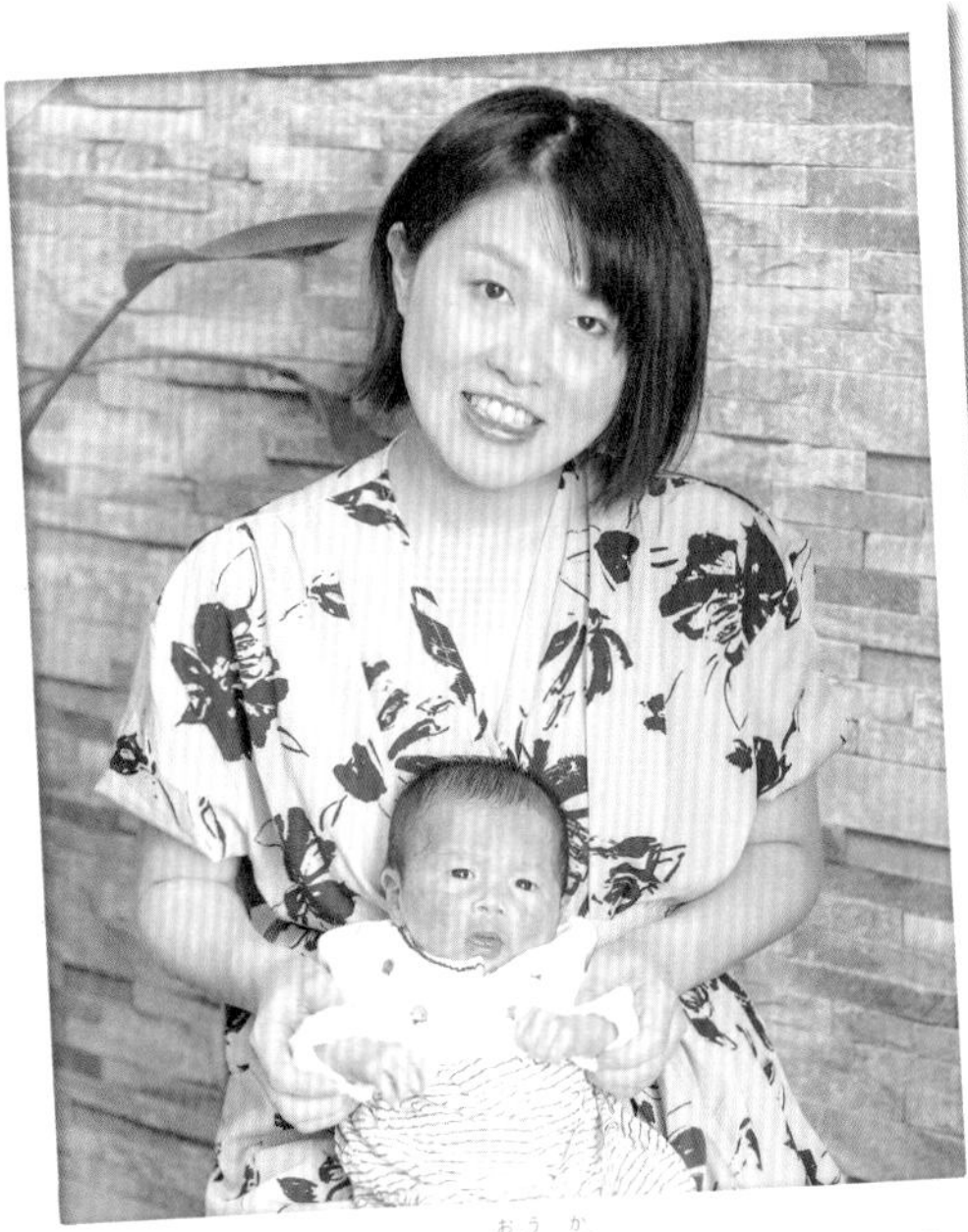

山本唯さん（32歳）　逢禾《おうか》ちゃん（0歳0カ月26日）

自然分娩　個人産院　産後里帰りあり

コロナで予定が大幅変更！夫も陽性になりショック

妊娠が発覚したのは、新たに保育園で勤務を始める3日前のこと。すぐに勤務先に伝え、無理のない範囲で働き始めましたが、妊娠初期の段階で園の階段で転んでしまい……。結局妊娠3カ月になる前に辞職することに。赤ちゃんクラス担当で、「育児の勉強もできる！」と気合いを入れていたので少し落ち込みましたが、その後つわりで寝込んだり、引越しをしたりとめまぐるしい環境の変化があり、さらに勤務していた園で新型コロナウイルスが大流行。辞めた判断は正解だったかも……と思いました。

私自身、1回目の新型コロナワクチンを接種した際に、アナフィラキシー反応を起こし救急搬送されたので、それ以降のワクチンは打っていません。妊娠中ということもあり、市街地や人混みはなるべく避け、手洗い、うがいを徹底するなど自分なりに努力していました。

そんななか、24週になったゴールデンウィークに、夫と隣県の大きな公園へ。車で移動し、さらに人と距離をとって屋外にいたので大丈夫だろうと思っていたのですが、その直後の妊婦健診で、県外への往来があったことを理由に受診を拒否されてしまいました。「1週間後に来てね」と言われ、エコーで赤ちゃんに会えるのを心待ちにしていたのですが、そのタイミングでなんと夫がコロナ陽性に！幸いすぐに隔離して生活したこともあり、私は感染を免れたのですが、2週に1回のはずだった妊婦健診は結局1カ月も受診できず。その間赤ちゃんが無事なのかとても不安でした。

さらに同じ時期に出席予定だった両親学級もキャンセルに。沐浴やおむつ替えなどを夫と一緒に学びたいと思って楽しみにしていたので、ショックが大きかったです。

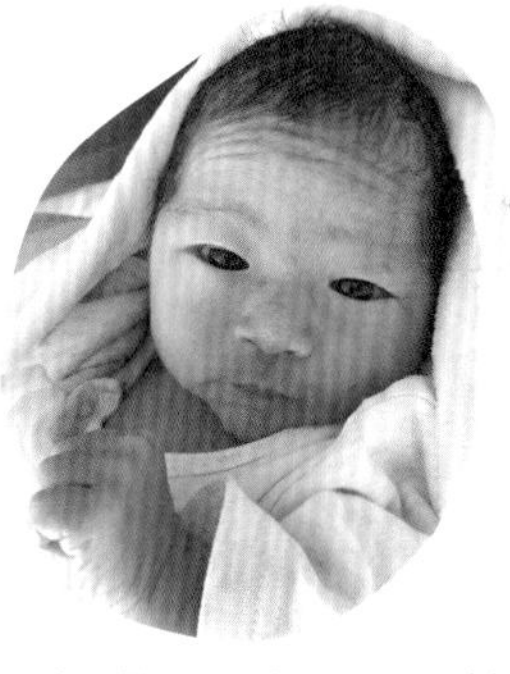

家に帰ってからのイメージをつけたかったので、最後の2日間は母子同室に。赤ちゃんとじっくり向き合えました。

お産のサインから誕生まで

- 3日前 12:00 おしるし、前駆陣痛
- 1日前 6:00 10分間隔の陣痛
- 1日前 13:00 5分間隔の陣痛、入院
- 1日前 19:00 LDRに移動、子宮口1.5cm
- 1日目 2:00 子宮口7cm。分娩台へ
- 1日目 3:18 破水、子宮口全開
- 1日目 3:35 逢禾ちゃん誕生！

出生時の体重▶3038g
身長▶49.5cm
出産週数▶41週0日

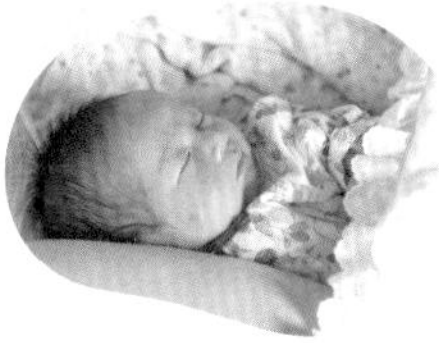

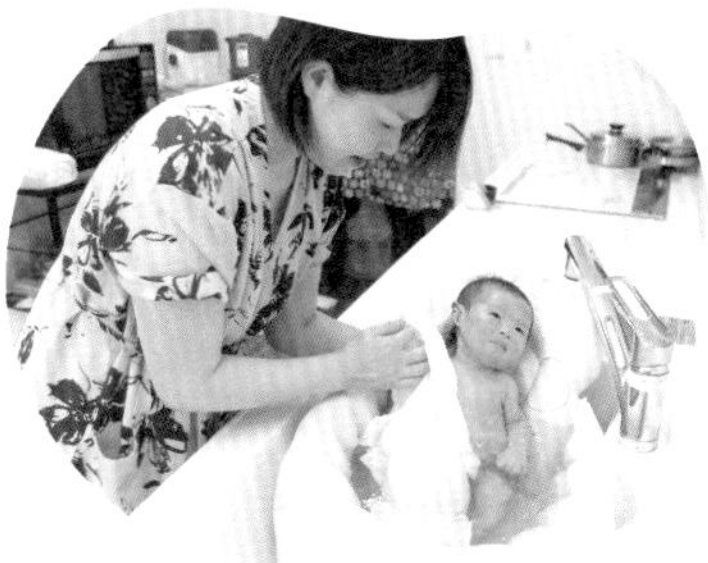

壮絶な出産で坐骨神経痛に。産後もなかなか治らず、沐浴がつらいです！

長引く前駆陣痛に体力消耗 3日かけてようやく誕生！

もともと夫の立ち会いを希望し、バースプランにも入れていたのですが、出産1カ月ほど前に県内の感染者が急増してしまい、立ち会いや面会は一切禁止に。「こうなったら一人で産むしかない！」と覚悟を決め、YouTubeなどで情報を集めてイメージを膨らませました。

赤ちゃんの推定体重が出産予定日前で3700gと言われていたので、「まだ産まれないのかな」と少し焦り始めていましたが、予定日の妊婦健診では子宮口がまだ0.5cmしか開いておらず……。その4日後におしるしがあり、30分間隔の前駆陣痛が始まりました。

前駆陣痛は2日間続き、40週6日の朝、ようやく陣痛間隔が10分に！「これで入院できるかも」と産院に電話しましたが、まだ家で待機するように言われ絶望。その後お昼過ぎまで痛みと闘い、間隔が5分になったので再度電話し、入院が決定。あまり眠れていなかったので、入院時に体力がほぼ残っていなかったのは誤算でした。送迎は夫にしてもらえましたが、玄関へは一緒に入れないので、産院の入り口でハイタッチをして別れました。

入院中、本来なら夫に腰をさすってもらったり、水を飲ませてもらったりできたのですが、それも叶わず…。母に電話して「痛い！痛い！」と叫んでいました（笑）。1時間おきに看護師さんが様子を見にきてくれたのは何よりの救いでした。その後、日付が変わった夜中に赤ちゃんが誕生。「はじめまして」と声をかけたのを覚えています。

これからコロナ禍で出産を迎える方も、いろいろ不安はあるかもしれませんが、信頼できる助産師さんや看護師さんがいてくれます！ 陣痛は終わりが必ず来るので、かわいい我が子に会えるのを楽しみに頑張ってください。

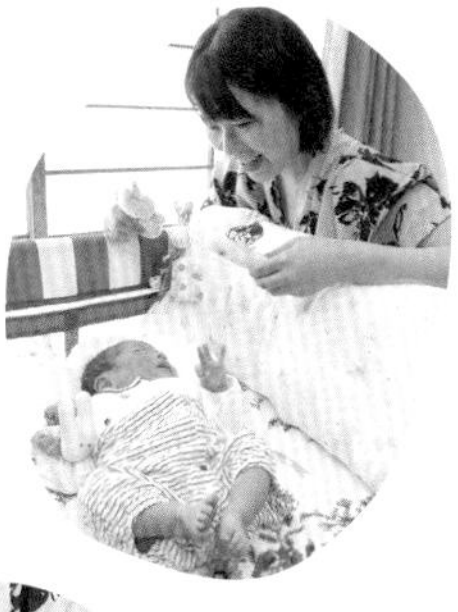

退院後は実家でお世話になっています。授乳とおむつ替えで毎日寝不足ですが、日中はおもちゃであやす余裕も少しずつ出てきました。

授乳は母乳とミルクの混合で。ミルクは母乳と違い、飲んだ量がひと目でわかるので安心できます。

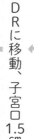

コロナの影響で早めの里帰り出産。産前・産後と実家のサポートを受けられました！

和田華林さん（39歳）　莉緒《りお》ちゃん（0歳8カ月）

自然分娩　個人産院　里帰り

毎日赤ちゃんの心音を聞き安心して過ごせました

妊娠がわかったとき、35歳を過ぎると染色体異常の可能性が高くなるということを聞いていたので、まず出生前診断について調べました。調べるうちに費用が高額なことが判明し、「万が一赤ちゃんに異常があったら産むのをやめる」という選択肢も考えられず、通っていた産院からも特に検査を受けるよう勧められなかったこともあり、診断は受けずに妊娠を継続しました。その後の妊婦健診でも赤ちゃんには異常がみられず、産院の先生からも毎回「問題なく成長していますよ」と言ってもらえたので、妊娠中期からは安心して赤ちゃんと向き合えました。

つわりもあまりひどくはなく、これといったトラブルのない穏やかな妊婦生活でしたが、25週ころの胎児スクリーニングで「へその緒が真ん中ではなく、端の方についているから、赤ちゃんに栄養が行きにくくなっているかもしれない」という診断を受け、急に不安を感じるように。おなかの中でちゃんと成長しているのか、心拍は止まっていないかと心配していましたが、医師から「これまでの成長を見る限り問題ない」と言ってもらえてふっと不安が和らぎました。当時、心拍を自分で確認しておきたいと思い、市販の「エンジェルサウンズ®（おなかの赤ちゃんの心音を聞くアイテム）」を購入。気になったらいつでも心音を聞けたので買ってよかったなと思っています。

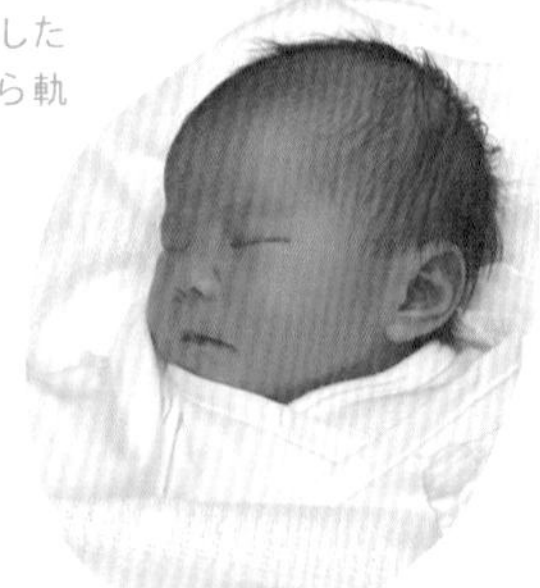

産後1日目。最初はなかなか母乳が出ず苦労しましたが、3カ月目あたりから軌道に乗り始めました。

実家の両親は待望の赤ちゃんに大喜び！ 家族や親族など、いろんな人から声をかけてもらえた里帰り生活でした。

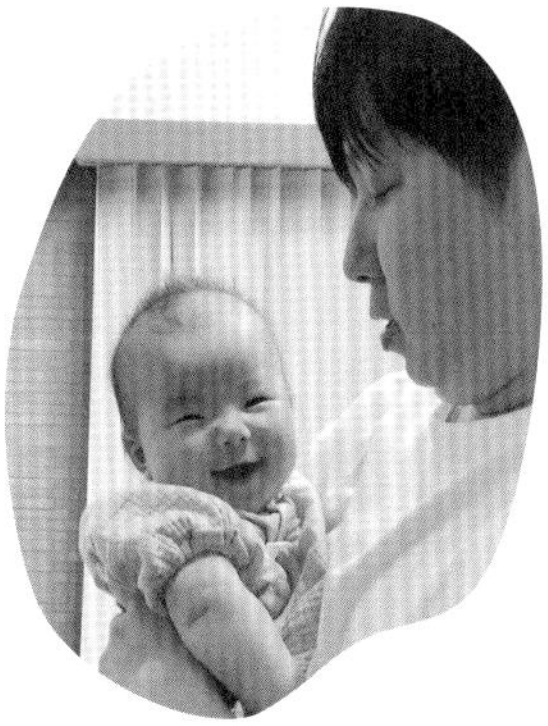

赤ちゃんのお風呂は夫の担当。なついているので、夫に預けやすい環境が整っています。

お産のサインから誕生まで

1日前 9:00 入院。バルーンを入れる

1日目 10:30 陣痛促進剤投与

1日目 12:00 お昼ご飯

1日目 14:00 1〜2分おきの痛み。子宮口6cm

1日目 17:00 子宮口全開に

1日目 18:20 莉緒ちゃん誕生！

出生時の体重 ▶3286g
身長▶51cm
出産週数▶41週1日

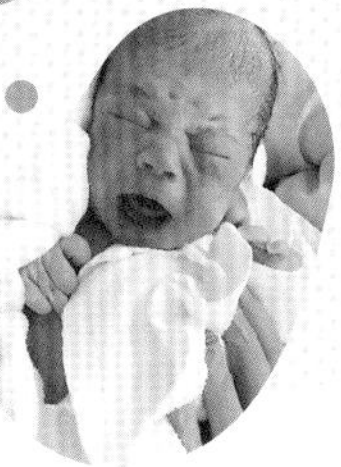

里帰りは早めの帰省がカギ！ 産後も長めに滞在しました

里帰り先の産院は32〜34週頃までに一度受診が必要だったのですが、当時は新型コロナウイルス対策で、県外から帰省した人は2週間の待機期間がありました。そのため32週までに帰省し、実家で残りの仕事を片付けつつ、34週にようやく受診。それからは実家でお世話になりながら、快適に過ごせました。

41週に入り、赤ちゃんも大きくなっていたので、促進剤を使って誘発分娩をすることに。前日にバルーンを入れて、子宮口が開くのを待ちました。翌日、朝の診察で子宮口が4cmになったので、促進剤を投与。私は痛みに強い方なので陣痛も平気だろうと思っていましたが、予想を遥かに超える痛みに悶絶！ 自分の体をつねったりして、痛みを分散させるよう努力しましたが、その時点で子宮口はまだ6cm。果てしない激痛に帝王切開に切り替えたくなりましたが、両隣の部屋からも分娩中の方の叫び声が聞こえ、「自分も頑張らなきゃ！」となんとか一人で痛みに耐えました。自然なお産をモットーにしている産院だったので、布団の上で、自分の好きな体勢で陣痛を乗り越えられたのも大きかったと思います。

出産後は痛みからの解放感や達成感でいっぱいに。会陰も切ったり裂けたりしなかったので、翌日からほぼ体調が回復しました。

退院してからは、実家の母が大活躍。5人の子育てをしたエキスパートなので、栄養満点のごはんや赤ちゃんの沐浴など、たくさん頼らせてもらいました。そのため1回目の予防接種は里帰り先で済ませ、産後3カ月ほど経ってから、赤ちゃんがしっかりとしてきたタイミングで里帰りを終えました。

6カ月になったタイミングで、ハーフバースデーをお祝い。赤ちゃんが生まれ、どんどん記念日が増えていきます。

8カ月の今では、赤ちゃん用のお菓子も食べられるように。

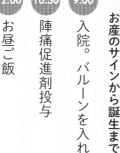

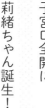

「産めたー！」と叫んだ！助産師さん、家族みんなが一緒に産んでくれた気持ちのいいお産！

石田麻奈さん（38歳）　慈大《じお》ちゃん（0歳3カ月）

自然分娩　助産院　里帰りせず

「自分の力で産みたい」と助産院を希望しました

母から昔、出産時の辛い医療体験を聞いていたので、自分がもしお産をする時には、可能な限り自分の力で産めるところにしたいと思っていました。

長女のときは、自然分娩に力を入れている総合病院で産みました。無事出産を終え、「病院でこんなにいいお産ができたなら、助産院ではどうだろう」と思い、次女を授かったとき、助産院を選択。

以前、東京都国分寺市にある矢島助産院のイベントに参加した際、ここで出産経験のある方から「おおらかで家族的な雰囲気の助産院だよ」と聞いていたので、妊娠10週頃に助産院に連絡して、妊娠20週のときに夫とともに初回説明会へ。助産院の特徴や大事にしているモットー、費用、医療連携や過去数年分の提携病院への搬送率まで、とても丁寧に教えてくださり、助産院での出産に不安を感じていた夫も納得してくれました。

また、お産は子どもに「命」について伝えられる最大のチャンスではないかと思い、当初から家族の立ち会い出産を希望していました。そのため、妊婦健診には毎回長女も同席。健診を通じて、助産師さんと言葉を交わし、相談する機会もたびたびあるので、お産までにはすっかり娘も私も信頼しきった関係に。

ママ同士の交流も盛んで、助産院が企画するマタニティサークルや上の子向けの学習会もありました。出産を通じて、あたたかい人間関係が築けるのも、助産院の大きな魅力ではないかと思います。

一方、妊娠9カ月のときにインフルエンザから副鼻腔炎を併発。さらに抗生物質の影響でカンジダ膣炎になってしまいました。助産院は医療行為ができないので、別の婦人科で治療する必要があり、そこだけは助産院の大変なところでした。

みんなに囲まれた温かいお産 達成感でいっぱいでした

出産予定日から3日が過ぎた朝におしるしがあり、その日の18時に不規則な陣痛が始まりました。次の日のお昼に陣痛が10分間隔になったので、助産院に電

長女と姪は陣痛中もおにぎりや水をくれたり、手を握ってくれたり。一番見やすい場所から誕生の瞬間を見届けてくれました。長女はその後も妹のそばを離れません。

お産のサインから誕生まで

- 1日前 7:00 おしるし
- 1日前 18:00 陣痛
- 1日目 12:00 陣痛が10分間隔に。助産院に連絡
- 1日目 15:30 入院、内診
- 1日目 16:00 分娩室へ移動
- 1日目 16:27 慈大ちゃん誕生！

出生時の体重 ▶2780g
身長▶50㎝
出産週数▶40週4日

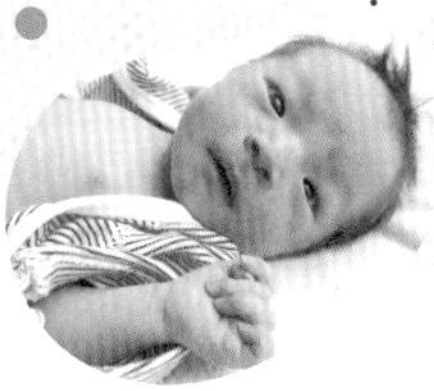

話してお風呂に入り、長女を連れて入院しました。到着して助産師さんたちの顔を見るなり、「ここまで来た！　もう大丈夫」とすっかり安心して、産むモードに。

お産が進むようにとおにぎりを食べさせてもらっていると、急に陣痛の間隔が縮まりました。助産師さんは痛いところを押したり、手を握ったり、私が痛みで何を叫んでも「痛いね、苦しいね」とすべて受け入れて励ましてくれました。そうしながらも赤ちゃんの状況を伝え、的確にリードしてくれるのはさすがお産のプロ。四つ這いで夫にしがみつき、みんなで声を合わせて呼吸法をし、どんどん陣痛の波に乗っていきます。生まれる直前には「頭が出ているよ」と赤ちゃんの頭を触らせてもらいました。赤ちゃんが下りてくる力を体中で感じ、「出てくるよ！」の声に、夢中で青紫色の体を取り上げました。ひと声泣いて、みるみる真っ赤になっていく姿に歓声があがり、ああ、なんて気持ちのいいお産だろうと感じていました。

陣痛を共に耐えてくれた夫、産前から一部始終を見ながら小さな手で支えてくれた長女、そして常に寄り添ってくれた助産師さんたち。誕生後には、「私が産んだ、産めた！」という達成感と共に、「みんなが一緒に産んでくれた」という大きな感動に包まれました。今、振り返れば、自分は多くの人に受け入れられ、大切にされているという自信につながったようにも思います。

また、会陰切開をせず、助産師さんの手技で上手に保護していただいたおかげで、産後の体がとても楽でした。毎日じっくり時間をかけておっぱいのケアなどをしてもらう間に、助産師さんと話す何げない会話も、助産院ならではの幸せな時間だったと思っています。「何かあったらいつでもおいで」と言ってくれる、私たちのふるさとです。

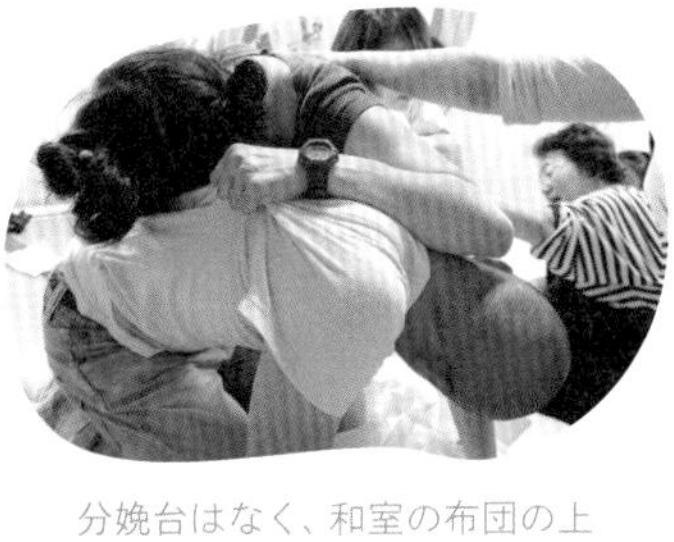

分娩台はなく、和室の布団の上で好きな姿勢で産みます。陣痛の合間にはみんなでおしゃべりして和やか。子どもは応援しに来たり、遊んだりしています。

体力の消耗が少ない無痛分娩だったことで我が子と会えた喜びに心から浸れました！

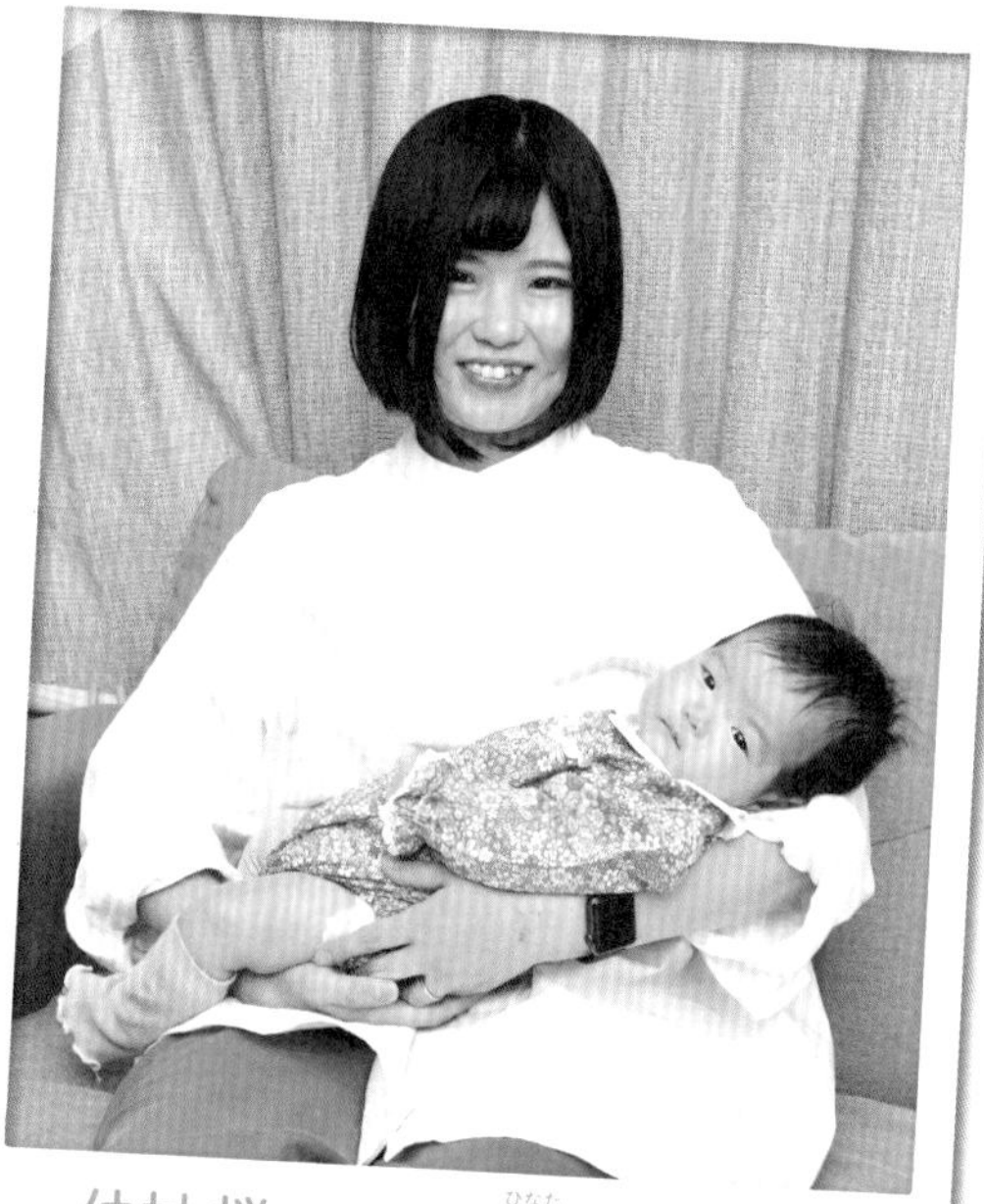

仲村 桜さん（27歳） 陽《ひなた》ちゃん（0歳3カ月）

無痛分娩　産科専門病院　里帰りせず

痛みが少ないだけじゃない！ 計画無痛分娩のメリット

自分の母親や、周囲の友人たちの壮絶な出産体験を聞いていたこともあり、将来子どもを産むことになったら、無痛分娩がいいな……と漠然と思っていました。住まいのある東京には無痛分娩ができる病院も多く、自然な流れでの選択となりました。

小学校の教員をしているので、授業に影響が出ないよう、担任しているクラスには早めに伝えることにしました。どう受け入れられるだろう……と、ドキドキしましたが、生徒が気遣ってくれたり、保護者の方々がアドバイスをくれたりと、心身ともに安定的な妊婦生活を過ごしました。妊娠中はつわりも軽く、安定期に入ってからふっと体が楽になり、「今までの食べにくさが、つわりだったのか！」と、後から気づくほど（笑）。その後も特に問題もなく、予定どおり産休に入りました。

産院では、入院予定日をあらかじめ決めておく計画無痛分娩を行っていました。はじめての出産なので、医師から計画無痛分娩の特徴やお産の流れについて、いろいろと話しを聞きました。自然分娩と大きく違うのは、入院当日に陣痛促進剤と麻酔を使うこと。薬剤による赤ちゃんへの影響をずっと心配していたのですが、医師によるていねいな説明を受けて、安心して無痛分娩を選ぶことができました。精神的な不安も受け止めてくれる産院を選ぶことも重要だなと思います。また、幸運だったのは、当時、新型コロナウイルス感染症の対策で、立ち会いに制約をもうける医院がほとんどだったなか、事前の検査で陰性ならば、家族の立ち会いが許されたこと。主人に休暇を取ってもらうなど、出産日に合わせて準備ができるのも、計画無痛分娩のメリットだなと感じました。

生まれた直後は麻酔も効いており、私も元気で余裕がありました。我が子誕生の余韻をしっかりかみしめました。

お宮参り。家の近所以外で初のお出かけでした。家族写真も撮れて、いい思い出になりました。

お産のサインから誕生まで

- 1日前 8:00 入院
- 1日前 8:30 バルーンを入れる
- 1日前 12:00 分娩室へ移動。硬膜外腔に注射
- 1日前 18:00 夕食を取る
- 2日目 2:00 麻酔が効き過ぎ、一時休止
- 2日目 4:00 麻酔の再開
- 2日目 5:30 出産

出生時の体重
▶2550g
身長▶48.5㎝
出産週数▶38週0日

強い痛みは麻酔注射のときだけ 産後の回復も順調でした

出産日が決まり、予定どおり38週目に入院となりました。当日は午前中に病院へ行き、昼頃には分娩室に移動し、背中の硬膜外腔部分に、麻酔を入れるための針を刺しました。この処置はかなり痛かったのですが、医師から「このお産で一番痛い場面だからね」と言われ、ぐっと我慢。事実、この麻酔がもっとも痛みを感じたタイミングでした。以降、1時間ごとに陣痛促進のための錠剤を飲み、陣痛の間隔を測るモニターを見ながら、出産を今か今かと待っていました。この時間帯は痛みもなく、「本当に陣痛がきてるのかな？」と心配になったほどでした。

様子が変わったのが翌日の深夜2時ごろ。麻酔が効きやすい体質なのか、寒気や頭痛などが強くなり、一度、麻酔を休止。すると、徐々に重い生理痛のような痛みと重だるさが続き、自然分娩の痛みを想像しながら、苦しい時間をやり過ごしました。

明け方に麻酔を再開してまもなく、助産師さんが陣痛の間隔をモニターで計り、子宮口が全開になったところで分娩を開始。再開した麻酔のおかげで痛みはほぼなく、助産師さんからの「いきんでください！」の声でいきみ、合わせて主人も私の背中をぐーっと押してくれました。最後、4回目にいきんだときに先生が赤ちゃんを吸引し、無事に誕生！元気な産声が聞こえました。おなかの中でずっと存在を感じていた我が子にやっと会えたうれしさで、胸がいっぱいになりました。

入院から出産まで20数時間かかりましたが、この間、激しい痛みはほとんどなく、順調なお産でした。計画的に入院することで夫も立ち会うことができ、最後に夫婦で力を合わせた分娩は、とてもいい思い出です。

最近は、何でもおもちゃを口に入れるのでハラハラしっぱなし。目が離せません。

お食い初めのときはかわいい着物を着せられました。料理は無理せず、宅配に頼りました。

帝王切開の痛みは やっぱり壮絶。周りに頼ることで なんとか乗り越えました！

赤塚光子さん(34歳)　志織《しおり》ちゃん(0歳7カ月)

帝王切開　大学病院　里帰りせず

多嚢胞卵巣からの妊娠。働き方を変えて正解でした

今回の妊娠は2回目。1回目は多嚢胞性卵巣症候群(PCOS)からの不妊治療による妊娠でした。上の子たちは双子で帝王切開だったので、今回の出産も帝王切開を選びました。

3人目を迎えたいなと思ったのは、上の子たちがきっかけ。保育園で他のご家庭のきょうだいの話を聞いてくるようになり、「ぼくたちも赤ちゃんが欲しい！」と……(笑)。私ももう一度出産を経験したい気持ちがあったので、妊活のリミットを1年と決めて排卵誘発剤(クロミッド)を服用し、妊活を再開しました。

ちょうどそのころ、子どもたちとの生活に合わせて、フルタイム勤務から時短勤務に変更。時間に追われることが少なくなり、心にゆとりが持てるようになったおかげか、割と早いタイミングで妊娠しました。

今回の妊娠は食べづわり。小さめのゼリーやグミを常にカバンの中に入れて、隙あらば食べていました。なぜかヨーグルトやキウイを食べると腹痛が起きるようになり、怖くて食べられなくなってしまいました。

また、妊娠中も子どもたちのお世話は待ったなし！　そのせいか7カ月ごろからから頻繁におなかが張るようになりました。仕事は時短で続けていましたが、新型コロナウイルスの感染者が増え不安になり、医師に書いてもらえる「母性健康管理指導事項連絡カード」を活用。「コロナ感染予防」を理由に職場に提出し、妊娠6〜7カ月ごろから自宅勤務にしてもらったため、ゆっくりと出産を待つことができました。

前回も今回も、里帰りはせず夫婦で乗り切りました。夫は1週間の育休を取ってくれて、子どもたちとたくさん遊んでくれました。また入院時には、子どもたちの大好きなレゴブロックをプレゼント。毎日の楽しみになったようで、ママを寂

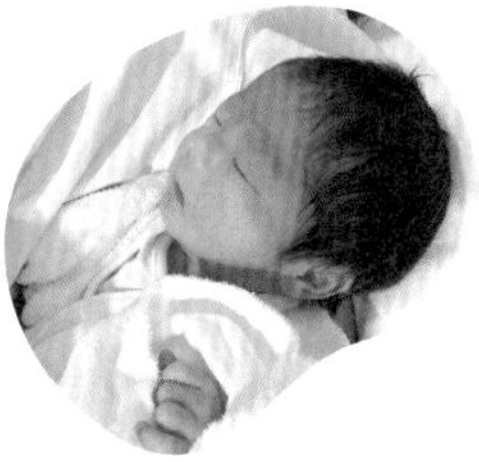

出産した日の夜、私は絶対安静でしたが、看護師さんが赤ちゃんを部屋に連れてきてくれたのでカンガルーケア以来の対面を果たせました！

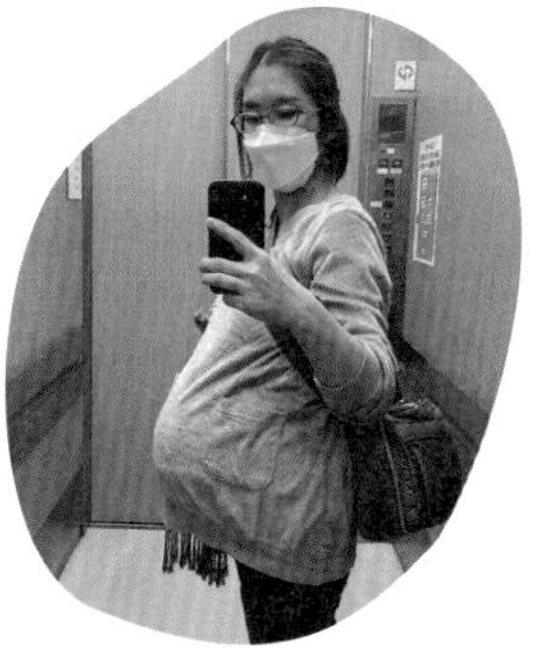

出産目前のおなかを記念に撮りました！ もう少しで生まれるのだと思うと、不思議な気持ちでした。

お産のサインから誕生まで

- 1日前 16:00　入院。ノンストレステスト（→P.23）を受ける
- 1日前 3:00　点滴を入れる
- 1日前 6:00　浣腸、ノンストレステストを受ける
- 1日前 8:30　歩いて手術室へ。麻酔注入
- 1日目 9:00　手術開始
- 1日目 9:30　志織ちゃん誕生！

出生時の体重▶2914g
身長▶50㎝
出産週数▶37週5日

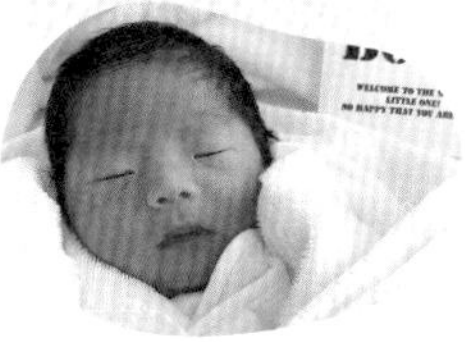

しがることもなかったそうです（笑）。

帝王切開は術後が激痛！できるだけ周りを頼りました

37週で予定帝王切開に。前日に入院し、翌日に手術を行いました。双子の帝王切開の際、麻酔の影響か出産後に頭痛や寒気、さらに血圧が170㎜Hgまで上がってしまうトラブルがあり、今回そのことを麻酔科医に相談したところ、頭痛を起こしづらい針や術後眠くなる薬の使用を提案してくれました。そのおかげか、術中、術後は全くトラブルがなく、その分赤ちゃんが生まれる感動を感じられたように思います。

帝王切開で一番大変なのは産後でした。出産翌日の朝から歩行練習が始まったのですが、おなかの傷が痛すぎてベッドから足を下ろすこともできない！ 立つのも精一杯の状態でしたが、とにかく力を振り絞って必死に歩きました。最初に頑張って歩いたからか、産後3～4日目にはスムーズに歩けるようになりました。

出産翌日のお昼からは母子同室がスタート。まだ立つのもつらく、おむつ替えや授乳などは腰を曲げながらなんとか乗り切りました。

夜の母子同室は控え、看護師さんに赤ちゃんを預けて母体を回復させることを最優先しました。少し罪悪感がありましたが、帝王切開はとにかく母体の回復を早めるのが大事！ これから帝王切開で出産する人は、産後無理をせず、ぜひ周りの看護師さんや助産師さんにたくさん頼ってほしいと思います。

お兄ちゃんたちは妹がかわいくてしかたない様子。おむつを取ってくるなど、いろいろと手伝ってくれて感謝！

お宮参りへ。カメラマンはもちろん、家族もたくさん写真や動画を撮ってくれていい思い出になりました。

出生届の書き方・出し方

期限前にあわてないように余裕を持って手続きを

出生届は、出生日を含む14日以内に提出します。用紙は役所の戸籍係やHPで入手できますが、病産院で用意してくれることもあるので確認を。提出先は、父母の住んでいる地、本籍地、子どもが生まれた地など。里帰り出産の場合は、滞在先の役所でも構いません。届出書の「届出人」の項目に父母本人の署名があれば、役所に提出するのは代理人でも大丈夫です。出生届は、児童手当や医療費の助成などにもつながる大事な書類。不備のないよう、余裕を持って準備しましょう。

提出に必要な書類

- □ 医師の証明がある出生証明書と記入済の出生届
- □ 届出人の印鑑
- □ 母子健康手帳
- □ 国民健康保険証
- □ 身分証

など

記入欄

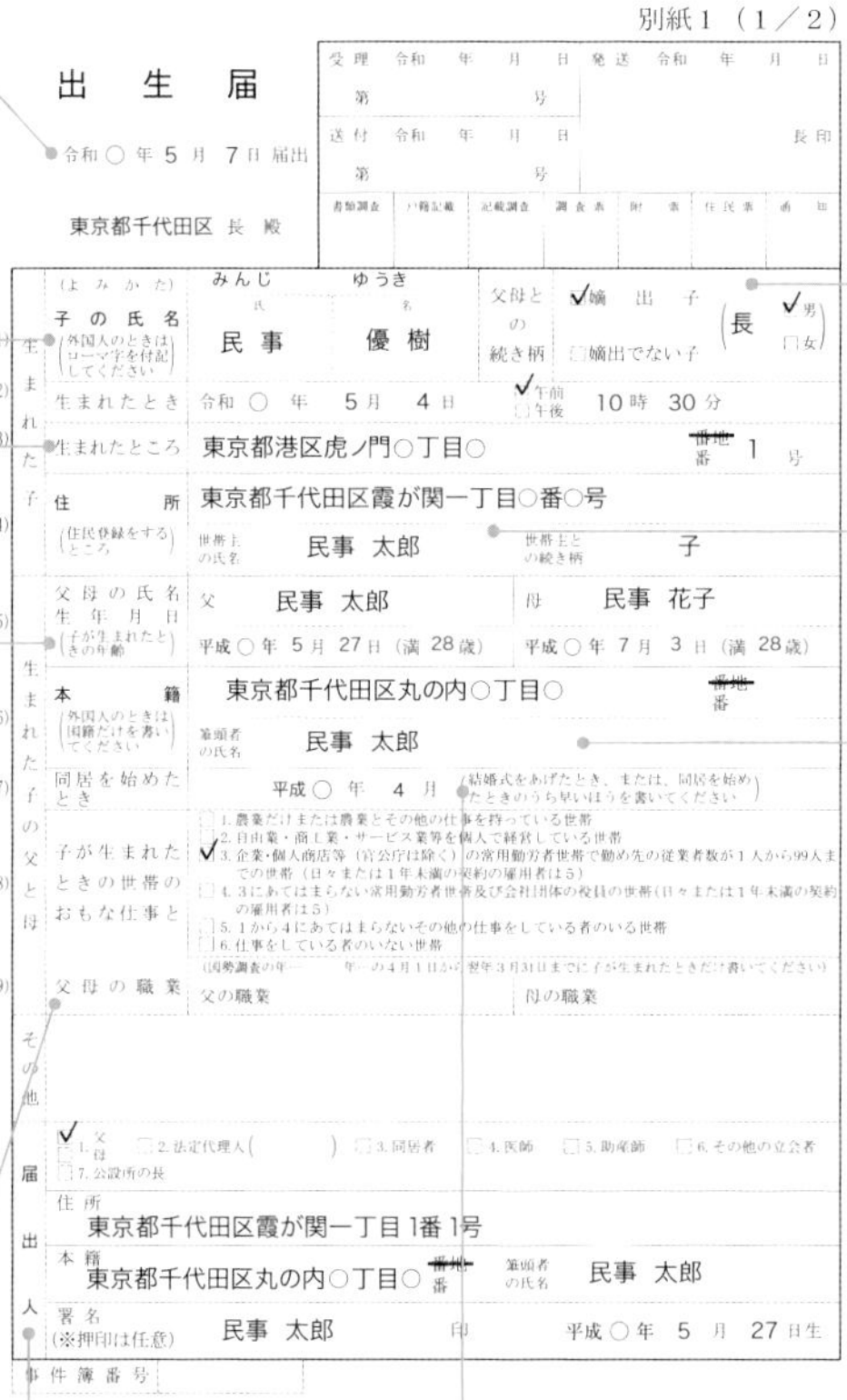

右ページ（出生証明書）は病産院に記載してもらう

届出日、届出先、宛名

出生届を提出する日付けを記載。届出先は父か母の本籍地、子の出生地、届出人の住民票が登録されている地、そのほか滞在地の市区町村長宛てに。

子の氏名

戸籍に記載される名前です。一度提出すると変更するのは難しいので、間違いがないか、家族の同意を得ているかなど、最終確認を忘れずに。

生まれたとき、生まれたところ

出生届の右側に病産院が記載する出生証明書があり、「生まれたとき」「出生したところ及びその種類」の項目があるので、その内容に合わせて記載。

父母の氏名、生年月日

嫡出子の場合は、父母両方の氏名、生年月日、子どもが生まれた時点での年齢を記載します。非嫡出子の場合は、母の氏名や生年月日のみを記載します。

父母との続き柄

婚姻届を出した夫婦の子どもは「嫡出子」、それ以外は「嫡出でない子」です。長男長女は「長」、次男次女は「二」と書き、男か女にレ点をつけます。

世帯主の欄

住民票に記載されている世帯主の氏名を書きます。世帯主が父母ではなく祖父母の場合は、祖父母の名前を書き、続き柄は「孫」とします。

本籍

父母の本籍地と戸籍筆頭者（戸籍の一番はじめに記載されている人）の氏名を記載。本籍と現住所（住民票の住所）は異なることが多いので注意を。

父母の職業

ここは、5年に1度実施される国勢調査のある年の4月1日から翌年3月31日までに子どもが生まれた人のみが記載。該当しない人は空欄のままで。

届出人

出生届を提出する人ではなく、法律で定められた「届出義務者」のこと。父母が一般的。届出義務者本人が署名していれば、提出は代理人でもOK。

同居を始めたとき

父母が「結婚式をあげたとき」「婚姻届を出したとき」「同居を始めたとき」のうち、もっとも早いときの年月を記載します。表記は和暦（令和）で。

出生日を含めて14日以内に提出！

Part 7

ドキドキ！はじめての赤ちゃんのお世話

慣れない育児にドギマギ。はじめは誰だって初心者です！
基本を覚えて少しずつ慣れていきましょう。

気になるあれこれ！

新生児の体と特徴

生まれたばかりの赤ちゃんのお世話ははじめてのことばかり。焦らずゆっくりと慣れていきましょう。

やさしく話しかけて抱っこしてあげましょう

新生児《しんせいじ》とは、生後4週間以内の赤ちゃんのこと。新生児はとても小さくて首もフニャフニャ。最初は抱っこするのも緊張してしまうかもしれません。でも、毎日赤ちゃんと触れ合ううちに、あっという間に慣れてしまうことでしょう。

赤ちゃんは、ママのおなかの中にいるときからママの声が聞こえています。また、視力も20〜30cm先はぼんやりみえています。反応はなくても、たくさん抱っこしてやさしく話しかけてあげましょう。

新生児は昼も夜も関係なく、おっぱいを飲んではねんねして、の繰り返し。赤ちゃんに吸ってもらうと母乳の出もよくなるので、欲しがるときはどんどん授乳《じゅにゅう》してあげましょう。また、1日に10〜20回はおしっこやうんちをするので、おむつ替えも忘れずに。おっぱいも飲んでおむつも替えたのに泣いているときは、暑い、寒い、どこか痛いなど、不快なことがあるのかもしれません。ときにはママ以外の人が抱っこしたり、部屋の中をお散歩すると、気晴らしになってウトウトし始めるかもしれません。

神経質になりすぎず気がかりなことは相談を

はじめてのことばかりで、ママは些細《ささい》なことでも心配になるもの。例えば、授乳後ミルクを吐いてしまうのはよくあること。熱があったり、1日に何度も吐いたりするようでなければ心配ありません。湿疹《しっしん》や赤いあざができることもありますが、たいていは自然に消えていきます。気になることは、1カ月健診のときに相談してみましょう。明らかな異常や、健診まで待てない不安なことは、病産院に電話して聞いてみてもいいでしょう。

新生児の五感

視覚

生後すぐの視力は0.02ほどで、20〜30cm先がぼんやりみえる程度。光は感じるので、寝るときの照明は暗めにしましょう。

味覚

ママのおっぱいのような甘い味が好き。苦味や酸味を嫌います。ママが食べたものによる母乳の味の変化もわかるようです。

聴覚

聴覚はおなかの中にいるときから発達。ママやパパの声も聞こえています。大きな音がするとビクッとすることも。

嗅覚《きゅうかく》

においも感じています。目がよくみえていなくても、肌やおっぱいのにおいでママの存在がわかるようです。

触覚《しょっかく》

触覚も発達していて、ママやパパに触れてもらうと安心します。また、触覚による刺激でさまざまな感覚や能力が発達します。

体温

体温調整ができないので室温や服装に気をつけて

赤ちゃんの平熱は少し高めで37度前後。大人の微熱くらいでも心配ありません。まだ自分で体温調節ができないので、室温や服装、寝具で調整してあげましょう。

呼吸・脈

ぐんぐん成長するためにたくさん呼吸しています

呼吸は1分間に約40回、脈拍は約120回。大人の2倍ほどの速さで、成長に必要な酸素をたくさん取り入れています。まだ胸式呼吸ができず、腹式呼吸をしています。

手足

両手をあげてグーが赤ちゃん特有のポーズ

腕は両ひじを上に曲げてW字に、足は股関節《こかんせつ》を開いてひざを曲げたM字形にしています。手指は軽く丸めてグーの形に。足はまだ土踏まずがないので偏平足です。

頭

産道《さんどう》を通りやすいようにやわらかくなっています

頭蓋骨同士がまだくっついておらず、頭頂部の骨と骨のすき間（大泉門《だいせんもん》）も開いていてやわらかいです。分娩《ぶんべん》により細長い形をしていることもありますが、徐々に治っていきます。

皮膚

薄いピンク色の肌で顔や体には産毛も

何日かすると薄皮がポロポロむけたり、皮膚の色が黄色くなる黄疸《おうだん》がみられます。乳児《にゅうじ》性湿疹《せいしっしん》という湿疹ができることも。いずれも自然に治ることが多いので心配いりません。

体型

母乳やミルクでスクスクと成長します

生後3～4日後に一時的に体重が減る「生理的体重減少」がありますが、母乳やミルクで自然に増えるので大丈夫。1カ月後には約1kg増加、身長も3～4cm伸びます。

おなか・おへそ

ママとつながっていたへその緒は自然にポロリ

腹式呼吸をしているので、呼吸のたびにおなかが上下に動くのがわかります。分娩後に切られたへその緒の残りの部分は、1～2週間すると乾燥して自然にポロッと取れます。

原始反射《げんしはんしゃ》

生後3カ月くらいまでみられる無意識の反応。口に触れたものを吸ったり、大きな音に反応して両手を上げたり、手に触れると握り返したりする。

 モデル／馬場智博くん（生後1カ月）

お産という大仕事を終えて

産後の母体の変化

ママの体が妊娠前の状態に少しずつ戻っていく大切な時期。体の回復を第一に考えて過ごしましょう。

ホルモンバランスと体が急激に変化する不安定な時期

出産を終えると、ママの体は6～8週間かけて少しずつ妊娠前の状態に戻っていきます。この時期を「産褥《さんじょく》期」と呼びます。出産時に約10倍の大きさになっていた子宮はもとの大きさに戻るために収縮。そのときに生じる痛みが後陣痛《こうじんつう》です。授《じゅ》乳《にゅう》をすると子宮の収縮が促進されて痛みが増すこともありますが、これは子宮が回復するためのいい痛みなので心配ありません。また、子宮や膣《ちつ》から分泌される悪露《おろ》も1カ月ほど続きます。

産褥期はママの体を回復させる大切な時期。昔は産後21日目を「床《とこ》上《あ》げ」と呼び、その日から布団を片付けて普段の生活を始める目安にしていました。最近は1カ月健診までは安静に過ごすママが多く、産後無理をして動きすぎると悪露がなかなか止まらなかったり、体の不調が続く原因になることも。家族やパパに頼れるところは甘え、赤ちゃんが寝ているときはママも横になるなどして、なるべく心と体を休めましょう。

はじめてのお世話で多いのが、授乳にまつわるおっぱいのトラブル（↓P.224）。母乳があまり出なかったり、乳管《にゅうかん》に母乳が詰まって炎症を起こしたり。赤ちゃんに母乳を飲ませることはとても大切ですが、痛みがあったり疲れがたまったりしてつらいときは無理をせず、ミルクなどを併用することも考えましょう。

この時期はホルモンバランスも急激に変化します。睡眠不足や疲労も重なり、情緒不安定になったり、心のバランスを崩したりするママも少なくありません。赤ちゃんの体調はもちろん、ママ自身の体や心に不調を感じたら、家族やパパに相談を。1カ月健診までがまんせずに、不安があれば産婦人科などに相談してみるのもいいでしょう。

産後１カ月の過ごし方

1週目

なるべく横になって体を休めましょう

お産の疲れが残り、会陰《えいん》の痛みや多量の悪露が続きます。退院後も食事で栄養をしっかりとり、家族の協力を得ながらなるべく横になっていましょう。シャワー浴で陰部を清潔に。

2週目

赤ちゃんのお世話の合間はなるべく休養

寝不足が続いて疲れが出るころ。精神的にも不安定になりがちです。家事はパパや家族に協力してもらい、赤ちゃんのお世話の合間はなるべく横になって過ごしましょう。

3週目

少しずつなら家事を始めてもOK

悪露の量も減り、新生活に慣れてくるころ。短時間の散歩や軽い家事を少しずつ始めてもいいですが、無理は禁物。合間に休むことを忘れずに。重いものは持たないように注意しましょう。

4週目

1カ月健診後は少しずつ日常生活に

1カ月健診で許可が出たら、湯船に入っても大丈夫。赤ちゃんと外に散歩に行くこともできます。ママの体も回復してくるので、少しずつふだんの生活に戻していきましょう。

産後の体のトラブル

子宮復古不全《ふっこふぜん》

産後、もとの大きさに戻るはずの子宮が収縮せず、悪露が長く続く症状。子宮内に胎《たい》盤《ばん》や卵膜《らんまく》の一部が残っている、巨大児や多胎児で子宮が伸びきっている、遷延分娩《せんえんぶんべん》（↓P.182）や大量出血による子宮の疲労、子宮筋腫《きんしゅ》など、原因はさまざまです。授乳で乳頭を刺激したり、産褥運動をしたりすると子宮の収縮に効果的。子宮収縮剤を投与することも。

悪露《おろ》

胎盤がはがれた部分からの出血や、膣からの分泌物が混ざって出てくるものが悪露。産後すぐは赤褐色で多量のため、悪露専用のナプキンを使います。量は徐々に減り、色は黄色から白色へと変化し、1カ月後には透明のおりもの状になります。赤色や多量の悪露が続いたり悪臭がしたりする場合は、子宮復古不全や感染症の疑いがあるので、受診して。

産褥熱《さんじょくねつ》

産後10日以内に38度以上の熱が2日以上続く状態を産褥熱といいます。原因は子宮内や膣の細菌感染。重症化しないうちに早めに受診を。

会陰切開《えいんせっかい》の傷

傷の痛みは1週間ほど、引きつれた感じは1カ月ほどでなくなります。痛む間はドーナツ型クッションなどで傷口をケア。細菌感染を防ぐため、清潔に保つことも大切です。

尿もれ

産後に尿もれをしやすくなるのは、妊娠中に重い子宮を支えることで骨盤底筋群《こつばんていきんぐん》が弱ってしまうため。肛門や膣をキュッと引き締める体操をすると回復効果が期待できます。

乳房・乳頭のトラブル

授乳したあとも乳房が張って痛い場合は、乳管が詰まる「乳汁うっ滞《たい》」や、乳腺が詰まったうえに細菌感染して炎症を起こす「乳腺炎《にゅうせんえん》」かもしれません。痛みや発熱があれば早めに受診を。赤ちゃんに吸われることで乳頭が切れてしまう「乳頭亀裂《きれつ》症」もつらい症状。ひどい場合は、塗り薬を処方してもらうと痛みが和らぎます。

恥骨痛《ちこつつう》

お産で緩《ゆる》んだ骨盤がもとに戻るときに恥骨が痛むことがあります。自然に治りますが、コルセットなどで固定すると痛みが和らぎます。

手首の痛み

抱っこで手首が腱鞘炎《けんしょうえん》になることも。抱っこするときに赤ちゃんの頭を左右反対にする、沐浴はパパに頼む、抱っこひもを活用するなど、なるべく負担を減らしましょう。

抜け毛

妊娠中に増えた女性ホルモンが一気に減るため、産後は抜け毛が多くなりがち。一時的なものなので心配いりません。

便秘・痔

出産時のいきみが原因で痔になる人も。また、産後は会陰切開の傷が気になって排便の回数が減ったり、母乳育児による水分不足で便秘になる場合もあります。産後は水分や食物繊維をしっかりととり、便秘や痔がひどい場合は医師に薬を処方してもらいましょう。

肩こり・腰痛

おむつ替えや授乳、抱っこ、沐浴など赤ちゃんのお世話は腰や肩への負担が大きく、さらに産後無理をして動くと骨盤がゆがむ原因にもなります。産褥期はできるだけ安静にして、体がつらいときはお世話を代わってもらうことも必要です。骨盤ベルトも腰痛改善に役立ちます。

無理せず、始めよう
産後の体形戻し

産褥《さんじょく》期は体が回復する大切なとき。安静にしながらも、少しずつ運動をして筋力をつけていきましょう。

産後6カ月を目安に急がずゆっくり

妊娠中に増えた体重や脂肪、伸びたおなかの皮膚がもとに戻らないことが気になるママも多いはず。でも、妊娠中に増えた脂肪は、産褥期のママの体や授乳に必要なものなので、無理なダイエットはしないでください。母乳から赤ちゃんに栄養を届けるためにも、ママの体力回復のためにも、バランスのいい食事を1日3食しっかりと食べることが大切です。

体重は、授乳や赤ちゃんのお世話、家事をしているうちに、ある程度は自然に戻っていきます。でも、妊娠中に体重が増えすぎた人は、完全に戻すのに多少の努力が必要。また、体重が戻っても、下腹やお尻がたるんでしまい、体形が変わってしまうのもよくあることです。これは、出産により骨盤底筋《こつばんていきん》や腹筋などの筋肉が弱ってしまったことや、骨盤の緩《ゆる》みやゆがみが原因です。体形を戻すには、エクササイズや有酸素運動で筋肉をつけて代謝を高め、エネルギーを消費しやすい体をつくること。そして骨盤のゆがみを治すことが大切です。

産褥期はママの体を回復させる大切な時期。なるべく横になって安静に過ごすのが第一です。ただ、無理のない範囲で体を動かすことは、子宮の収縮や授乳の分泌を促す効果があり、気分転換にもなります。また、産後は体がもとに戻ろうとする力が大きく、骨盤や脂肪も流動的。エクササイズの効果が出やすい時期です。半年を過ぎると骨盤や体形が定着して変化しづらくなるので、産後6カ月を目安にゆっくりと矯正《きょうせい》していきたいものです。

産後すぐは、ベッドで寝たままできる足先の体操からスタート。自分の体と相談しながら、できることを少しずつ増やしていきましょう。おなかの張りや疲れを感じたら休むことも忘れずに。

産後の体形戻しのポイント

下着

産後用の下着には、骨盤や下腹部のたるみを引き締める効果があります。ショーツ、ガードル、ベルトなど回復度に合わせた補正下着がさまざま市販されているので、自分の悩みに合ったものを探してみるとよいでしょう。

運動

体重だけでなくボディラインももとに戻すには、筋力をつける運動が効果的。妊娠、出産で緩んだおなかやお尻を中心に引き締めていきましょう。ただし、過度な運動は厳禁。少しずつゆるやかに始めましょう。

食事

食べる量を極端に減らすダイエットはNG。量よりも質が大事。脂肪や糖分を控え、野菜、海藻、大豆などでビタミン、ミネラル、タンパク質をたっぷりととりましょう。手軽につくれるスープやホイル焼きなどがおすすめです。

産褥運動で体を整えよう！

産褥運動は、お産で弱った筋力を鍛えて体のゆがみを治すとともに、子宮の回復や母乳の分泌もサポートしてくれます。体調がよいときを選んで無理をせず、ゆっくりと進めましょう。

退院後

1

2

3

応用編

足を引き締める

仰向けでひざを曲げたら、片足を持ち上げて5秒キープ。その後、ゆっくり足を伸ばして5秒キープして、ゆっくりと戻します。勢いをつけずゆっくりと。もう一方の足も同じように行って。両足を45度程度に同時に持ち上げてもOK。

1

2

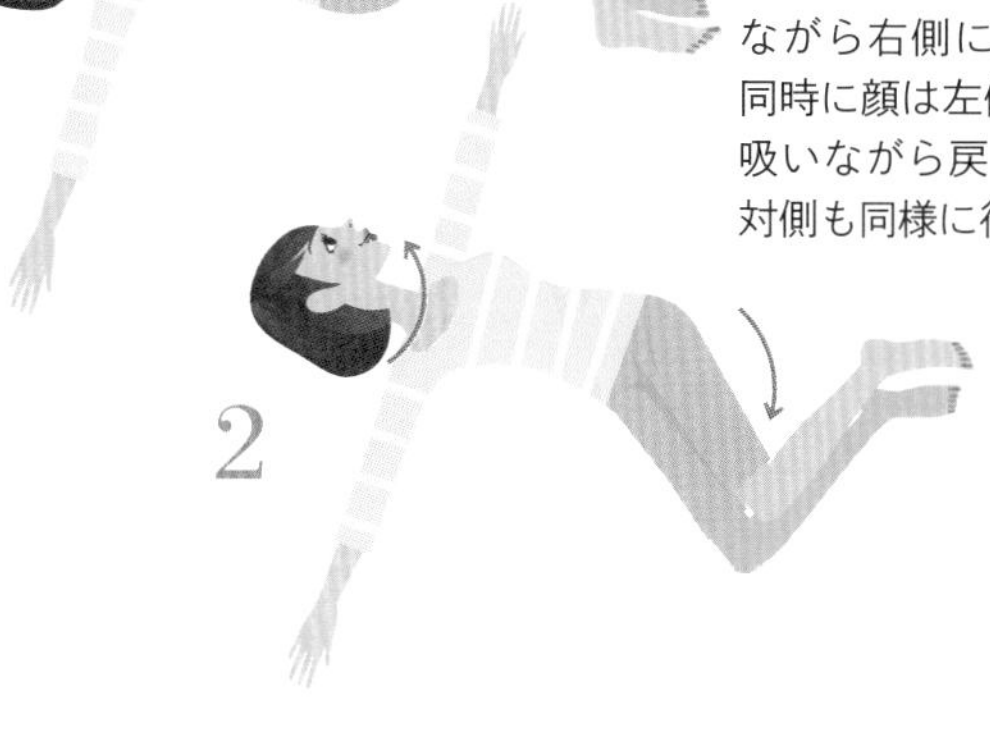

骨盤のズレを正す

両手を広げて仰向けに。両ひざを立ててそろえたら、ゆっくりと息を吐きながら右側に倒します。同時に顔は左側へ。息を吸いながら戻したら、反対側も同様に行います。

産後1日目～

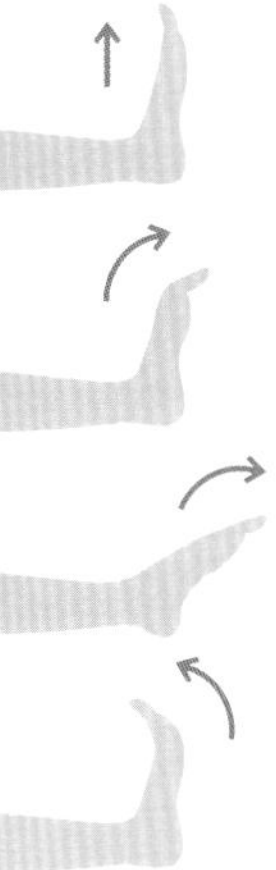

足の運動

寝たまま足の血行を促進します。仰向けで両手両足を伸ばし、かかとをつけたまま、つま先を丸めたり上や前に伸ばしたり反らせたり。ゆっくりと10回ずつ行いましょう。

産後3日目～

腹筋を鍛える

ひざは軽く曲げて仰向けに。両手を胸の前で組み、おへそをみるように頭と上半身を持ち上げます。肩甲骨《けんこうこつ》が床から離れるくらいでストップしたらゆっくり戻しましょう。

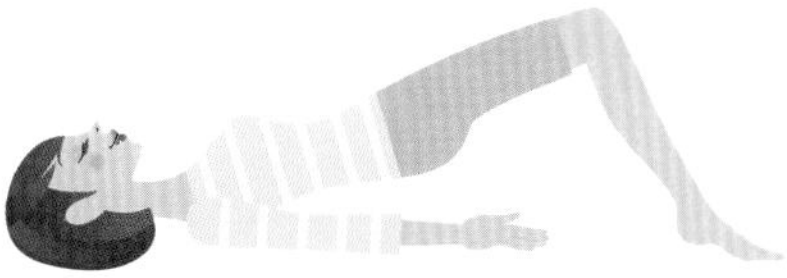

腹筋と膣《ちつ》を引き締める

ひざを軽く曲げて仰向けに。肛門と膣をキュッと締めながら腰をゆっくり持ち上げます。両手を床についたまま腰を左右に揺らしたら、ゆっくり下ろしていきましょう。

赤ちゃんの基本的なお世話 1

抱っこする

抱っこは赤ちゃんとママが触れ合える大切な時間。はじめは緊張しますが、すぐに慣れるので大丈夫。

ママのやさしい抱っこで安心感と愛情が育まれます

抱っこは赤ちゃんとの信頼関係を築くのに最適な行為。赤ちゃんに安心感を与えてあげましょう。抱っこしてもらっているときはママの顔もぼんやりみえていますし、ママの声やぬくもりはしっかりと赤ちゃんに届いています。やさしく話しかけながらたくさん抱っこしてあげて。

生まれたばかりの赤ちゃんは首がすわっていなくて頭がグラグラ。体も小さいので、はじめはママも緊張してしまうでしょう。でも、コツをつかめば大丈夫。ママの胸にしっかりと密着させて、温かく覆ってあげるように抱っこして。

抱きぐせがつくことを心配するママもいますが、抱っこができる時期はほんのわずか。手首を痛めないように抱き方を変えたり体勢を変えたりしながら、抱っこタイムを存分に楽しんでください。

横抱き

はじめての抱っこは横抱きがおすすめ。首がすわっていない赤ちゃんでも安心できる、安定感のある抱き方です。

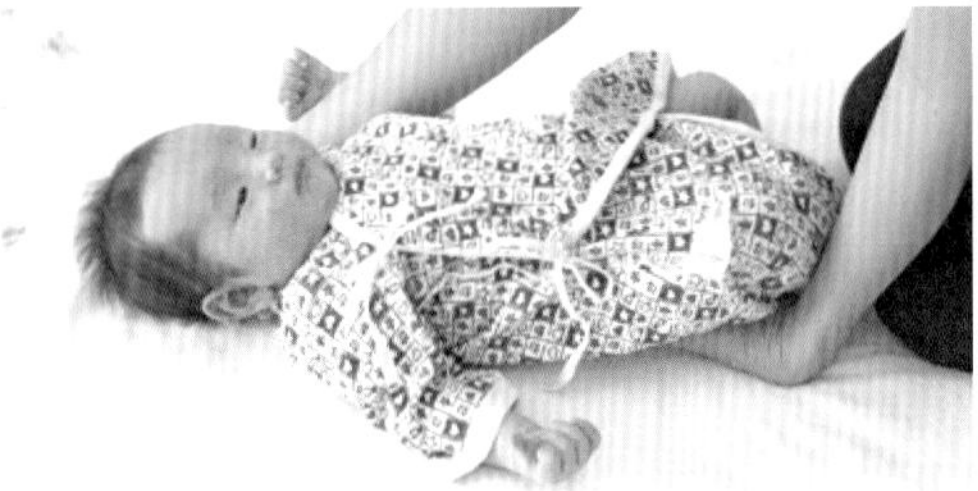

1 頭とお尻の下に手を入れる

少し前かがみになって赤ちゃんに顔を近づけ、頭とお尻の下にやさしく手を差し入れます。目を合わせながら「抱っこしようね」と話しかけてあげましょう。

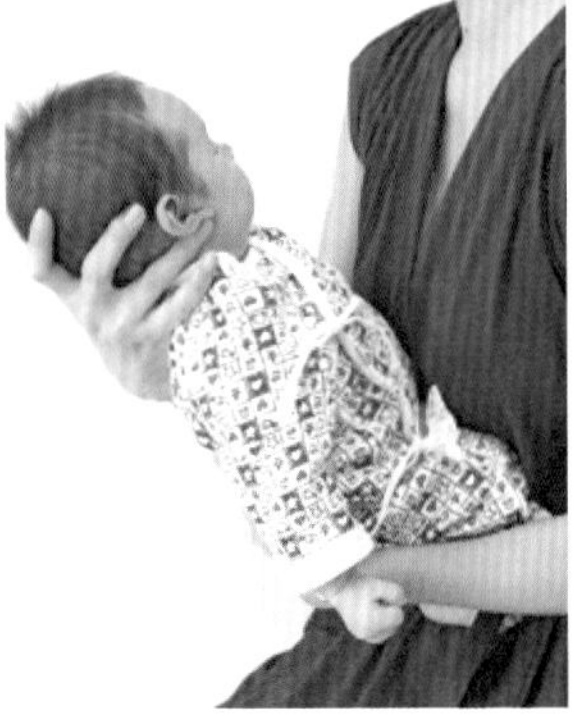

2 そっと抱き上げ胸に引き寄せる

頭をしっかり支えながらゆっくりと抱き上げ、ママの胸に引き寄せてあげましょう。腕だけでなく、ママの体ごと持ち上げるようにすると負担も少なく安定します。

3 背中とお尻を包むように

手で支えていた頭をひじの内側にずらします。背中とお尻を腕で包むように抱いてあげましょう。

注意

首をしっかり支える

首がすわっていないので、頭の下部から首までを手のひらで覆うようにしてしっかり支えること。

抱っこする

抱き換え

ずっと同じ向きで抱っこしていると、ママの腕や手首にも負担がかかります。疲れたら、反対の腕に抱き換えて。

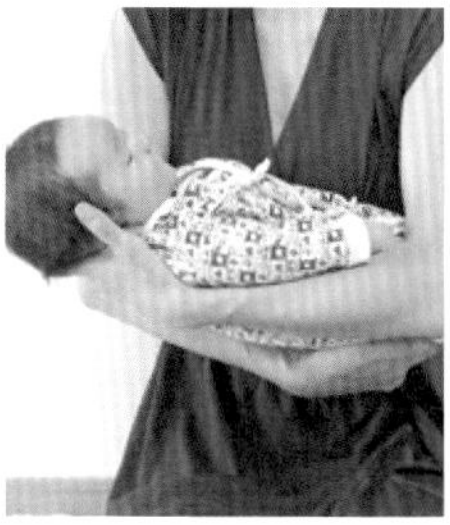

1 お尻を支えていた手を首の下に移動

頭を支えていた側の手のひらをお尻の下へずらし、片腕で全体を支えます。お尻を支えていた手をはずして首の下に移動します。

2 お尻を軸にして頭をゆっくり回す

お尻を軸にして、頭を反対側にゆっくりと回します。お尻をママのおなかにつけておいてあげると、赤ちゃんも安心します。

3 向きを反対側に変えてしっかり抱っこ

首の下をしっかり支えて、ゆっくりと頭と体の向きを変えたら、赤ちゃんの頭がママのひじの内側にくるようにずらしましょう。

たて抱き

首がすわっていないと不安に感じますが、しっかりと支えてあげれば大丈夫。ゲップをさせるときにも役立ちます。

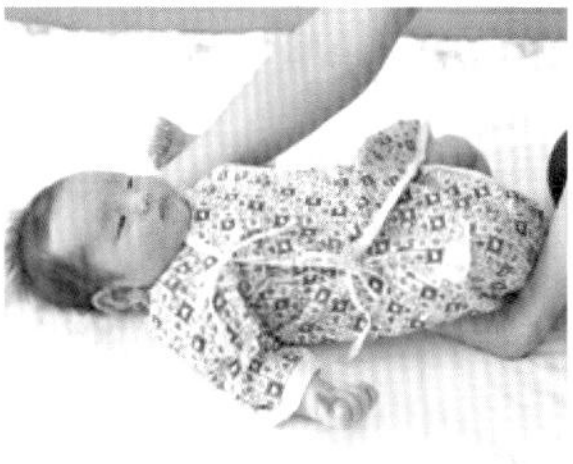

1 頭とお尻の下に手を差し入れる

前かがみになりながら、赤ちゃんの頭とお尻の下に手を差し入れます。やさしく話しかけて、安心させてあげるのを忘れずに。

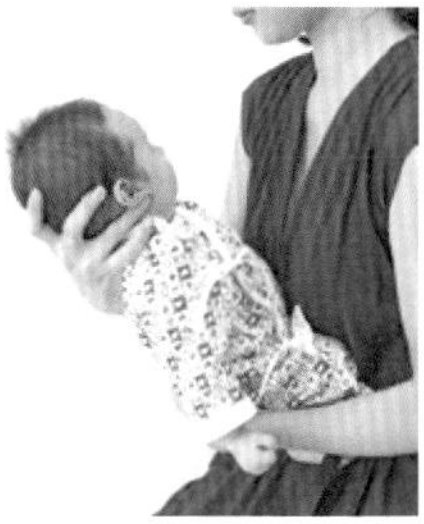

2 そっと抱き上げて胸に引き寄せる

ママの体ごと起き上がる感じで、ゆっくりと抱き上げます。ママの顔と赤ちゃんが向き合うように、頭と首を支えて胸に引き寄せます。

3 首と背中とお尻をしっかり支える

お尻を支えていた手をゆっくりずらして、腕全体で支えると安定します。頭を支える手が疲れたら、腕を回して支えてもOK。

下ろし方

抱っこをしていると、気持ちよくて赤ちゃんが寝てしまうこともしばしば。眠ったら、布団にそっと下ろしてあげましょう。

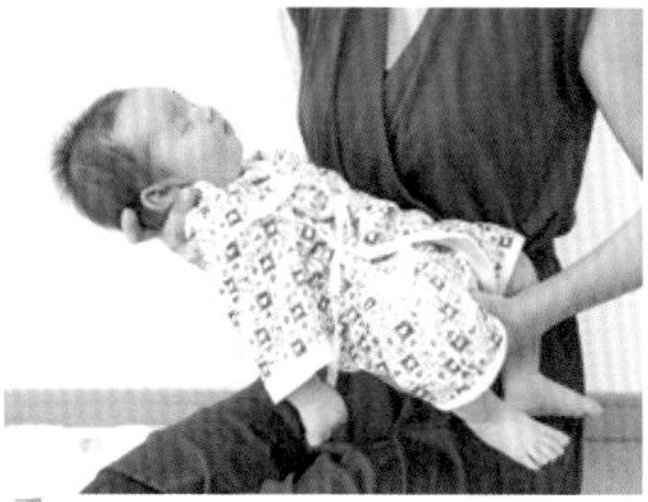

1 手のひらを頭の下にずらす

抱き上げるときと逆の手順。ひじや腕全体で支えていた赤ちゃんの頭とお尻を手のひらにずらします。

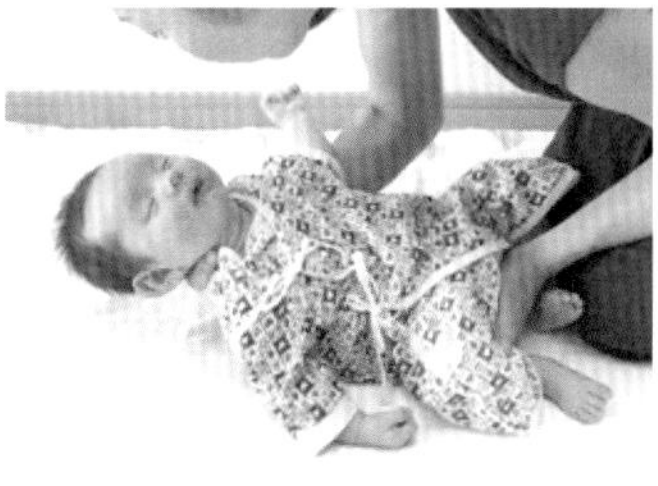

2 体を離さずにお尻から下ろす

赤ちゃんとママの体をつけたまま、お尻からゆっくりと下ろします。ママの体ごと下ろすイメージで。

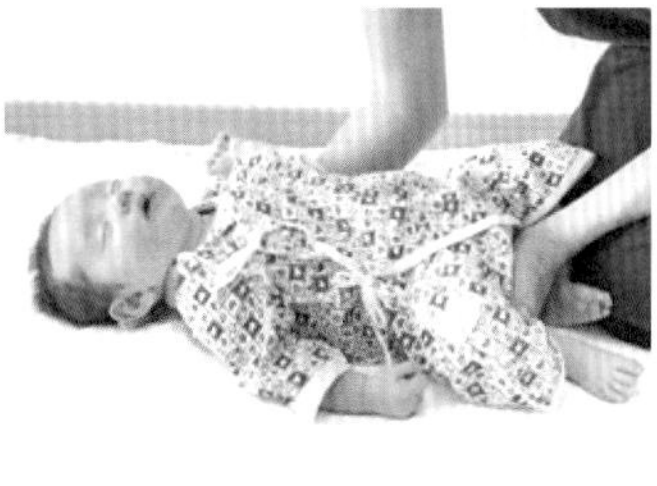

3 頭を下ろしてそっと手を抜く

頭をそっと下ろしたら、しばらくそのまま。頭がガクンとならないように注意して、そっと手を抜きます。

 モデル／馬場智博くん

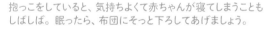

おむつ替え

おむつ替えは手順を覚えてしまえば大丈夫。話しかけながら、手早く取り替えてあげましょう。

小まめにおむつを替えて サラサラお尻に

赤ちゃんはおっぱいを飲んで、おしっこやうんちをして、ぐっすり眠るのが仕事。おしっこを濃縮したり、直腸《ちょくちょう》にうんちをためたりする機能が発達していないため、1日に10〜20回はおむつを汚します。授乳《じゅにゅう》をしたばかりなのに泣く、眠っていたのに泣き出した、というときは、おむつが汚れているサインかも。赤ちゃんの肌はとってもデリケートなので、汚れたままのおむつをつけていると、かぶれてしまいます。汚れたらすぐに取り替えて清潔に保ってあげましょう。

取り替えた直後におしっこをした、取り替えている最中におしっこをしてママにかかった、というのもよくある話。そんなドタバタも楽しみながら繰り返すうちに、おむつ替えのタイミングや手早く替えるコツも覚えていくことでしょう。

布おむつ

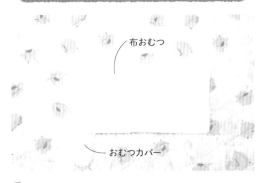

1 おむつをカバーにセットする

新しいおむつを準備します。輪型おむつ(写真)の場合、カバーに合わせて縦半分、長さ半分に折ります。おむつカバーの上に新しいおむつをのせたら準備完了。

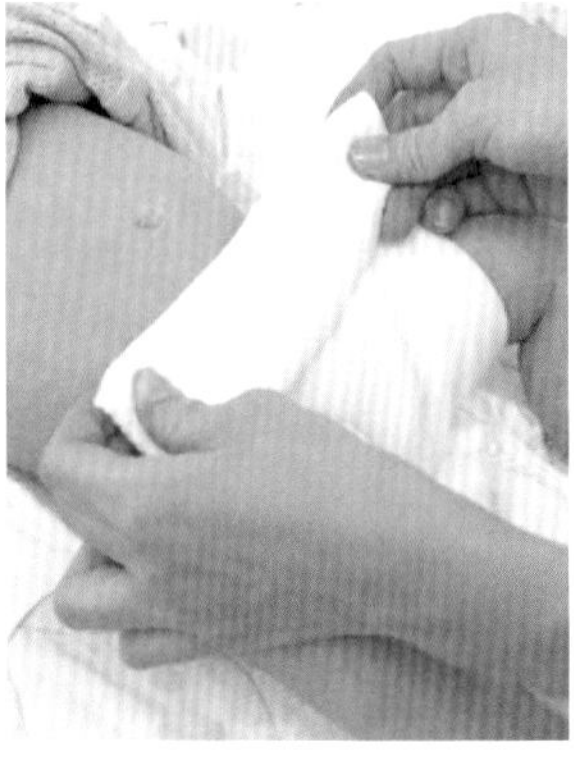

2 新しいおむつをあてる

新しいおむつを下に敷いてから汚れたおむつを外します。お尻をきれいにふいたら、新しいおむつを。男の子は前、女の子は後ろが厚くなるように折り返します。

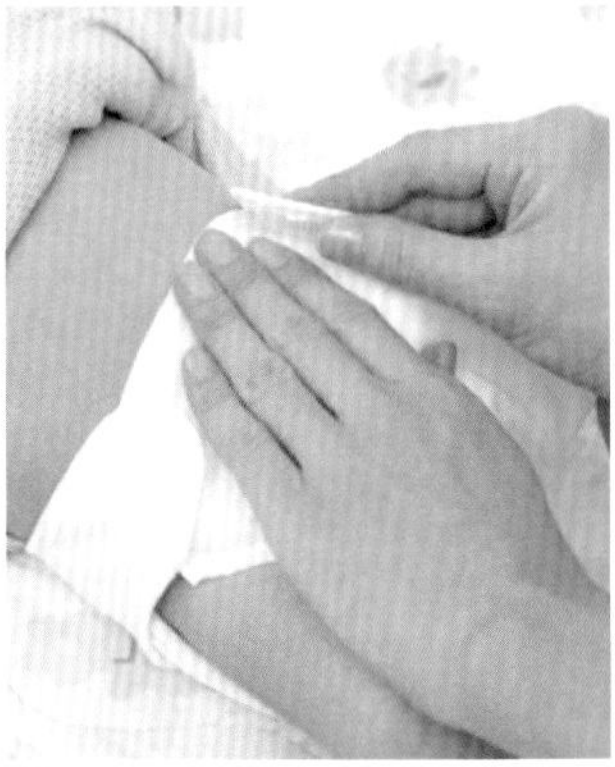

3 カバーのベルトを留める

おむつがカバーからはみ出さないように収めたらベルトを留めます。ウエストには指2本分の余裕を。

おむつかぶれしてしまったら

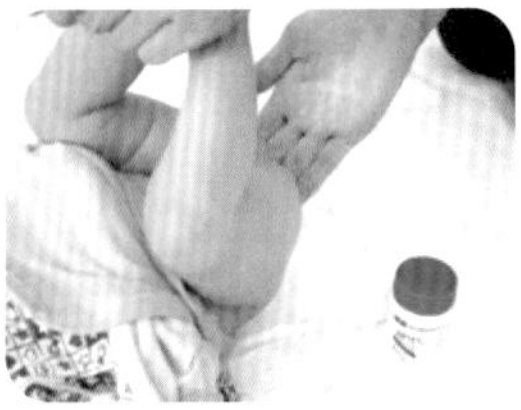

汚れはふき取らずにぬるま湯で流します。ドライヤーの弱風やうちわで乾かし、ワセリンを塗ってあげるといいでしょう。

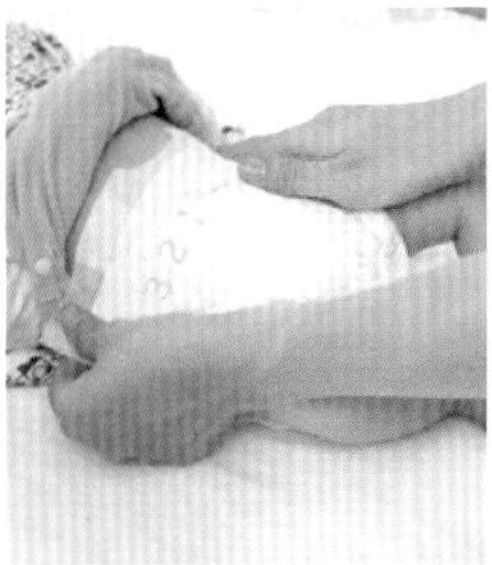

4 新しいおむつをあてる

内側のギャザーを立てながら新しいおむつをあてます。まだおへそがジュクジュクしているときは、おむつがあたらないようにしてあげましょう。

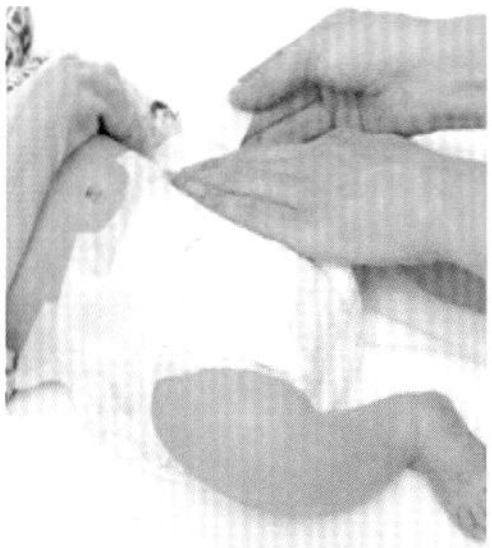

5 テープを留めて形を整える

おむつとおなかの間に指2本分の余裕を持たせて、左右対称にテープを留めます。脚まわりのギャザーが折り込まれないように整えて完成です。

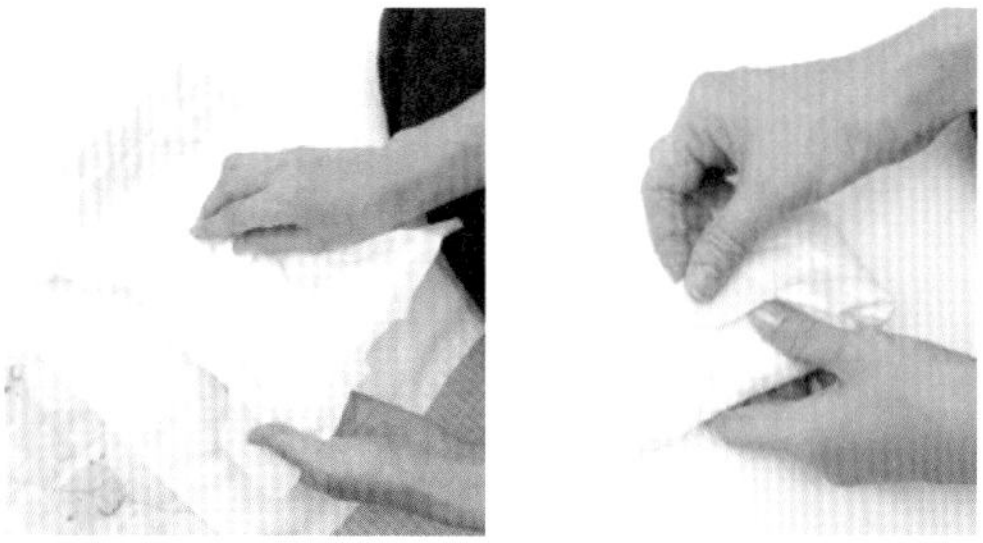

6 汚れたおむつをコンパクトに処理する

汚れた面を内側にして丸め、テープで留めて処理します。消臭袋に入れて捨てると、臭いも軽減。

紙おむつ

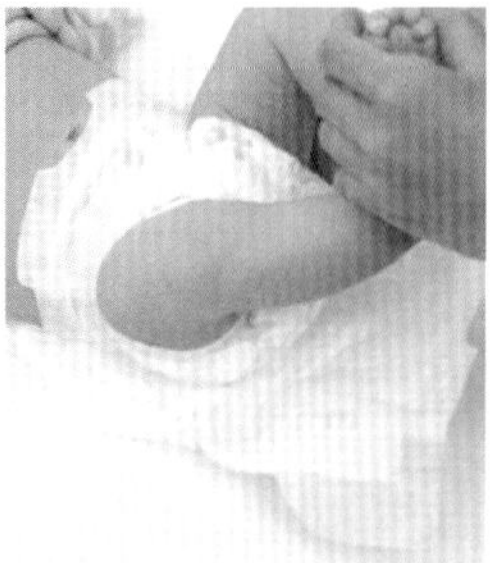

1 新しいおむつをセットする

新しいおむつを汚れたおむつの下に敷きます。赤ちゃんの両足をやさしく持ち上げ、おむつのウエスト部分がおへそのあたりにくるように入れます。

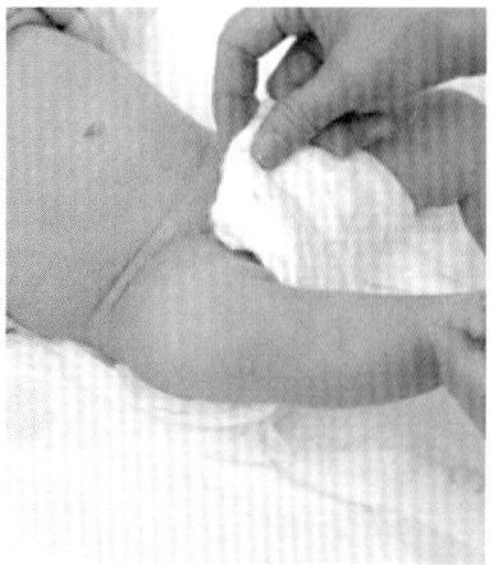

2 汚れたおむつをふき取る

汚れたおむつを開き、前面のきれいな部分で大まかな汚れをふき取ります。汚れた面を内側にクルクルと丸め、軽くお尻を持ち上げて抜き取ります。

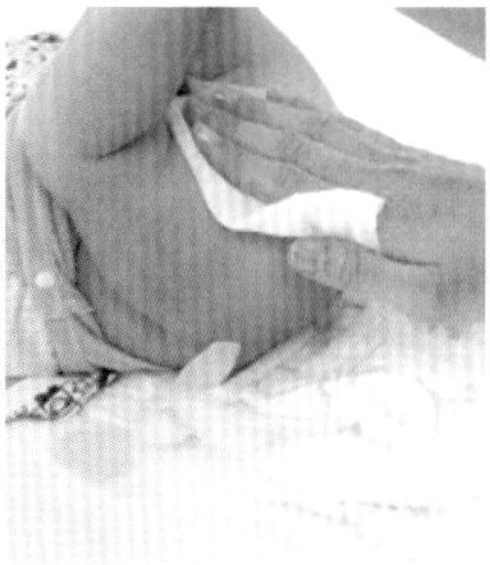

3 お尻の汚れをきれいにふき取る

お尻ふきできれいにします。ゴシゴシこすらずていねいに、しわの間もやさしくふきます。背中側は両足を軽く持ち上げながらふきましょう。

お尻のふき方

男の子と女の子では汚れのつき方が違います。それぞれの特徴に合わせてきれいにふいてあげましょう。

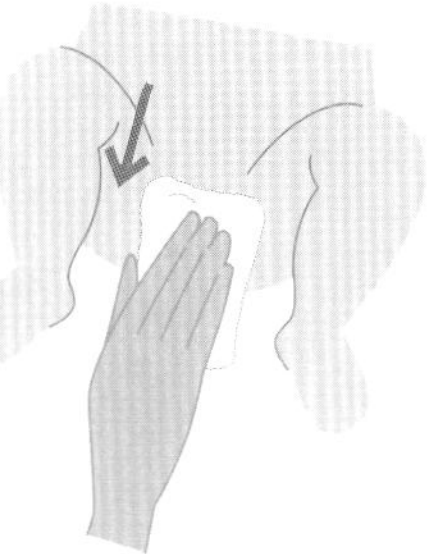

女の子

女の子は尿道口《にょうどうぐち》と肛門が近いため、細菌感染しないように注意が必要。会陰《えいん》から肛門に向かって、前から後ろにふきます。ひだの間の汚れもていねいにふき取ってあげましょう。

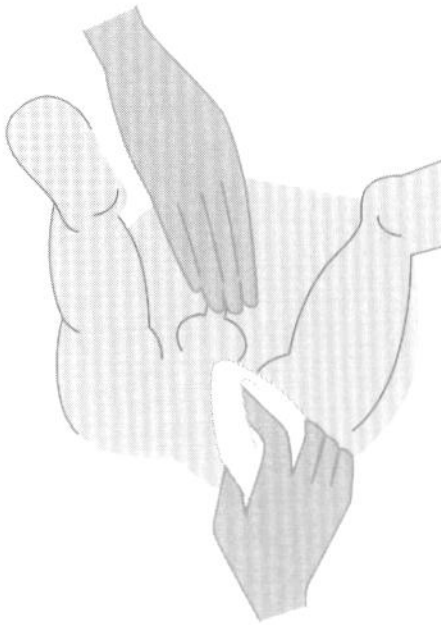

男の子

男の子はおちんちんや陰嚢《いんのう》に汚れがつきやすく、時間が経つとこびりついてしまいます。裏側をめくったり、しわの間を開いたりして、ていねいにふき取ってあげましょう。

おむつ替え

授乳（母乳）

たくさん吸わせることで母乳の量は増えてきます

母乳には、赤ちゃんに必要な免疫《めんえき》物質や栄養がたくさん含まれています。また、ママと赤ちゃんがぴったりと寄り添って授乳《じゅにゅう》することで、愛情や絆《きずな》も育まれます。ただ、産後すぐに母乳がたくさん出るわけではなく、赤ちゃんも最初は上手に吸うことができません。そのために乳房が切れたり張ったりするトラブルが生じたり、頻繁に授乳することで疲れてしまったり、苦戦するママが多いのも事実。

母乳は、母乳の分泌を促す「プロラクチン」と、母乳を押し出す「オキシトシン」というホルモンの働きで出てきます。このホルモンは赤ちゃんが乳頭を吸う刺激によって分泌されるもの。最初は母乳の出が悪くても、小まめに吸わせてあげましょう。だんだん母乳の量も増え、赤ちゃんも上手に飲めるようになるでしょう。

授乳はママだけにしかできない特権。栄養を与えるだけでなく、愛情をたっぷり注いであげましょう。

授乳時の抱き方

たて抱き

ママの太ももをまたぐように赤ちゃんを座らせます。赤ちゃんの背中が丸まらないように、首と背中とお尻をしっかり支えてあげましょう。

横抱き

ひじの内側で赤ちゃんの頭を支え、反対の手はお尻に添えます。腕に負担がかからないように、クッションなどで高さを調整しましょう。

添《そ》い寝《ね》抱き

赤ちゃんと一緒に横になって授乳します。赤ちゃんの背中をクッションなどで支えると安定します。そのまま寝てしまうと窒息などの心配があるので注意を。

ラグビー抱き

ラグビーボールのように、赤ちゃんをわきの下に抱えます。高さはクッションで調整。帝《てい》王切開《おうせっかい》でおなかの傷が痛む人などにおすすめです。

授乳の仕方

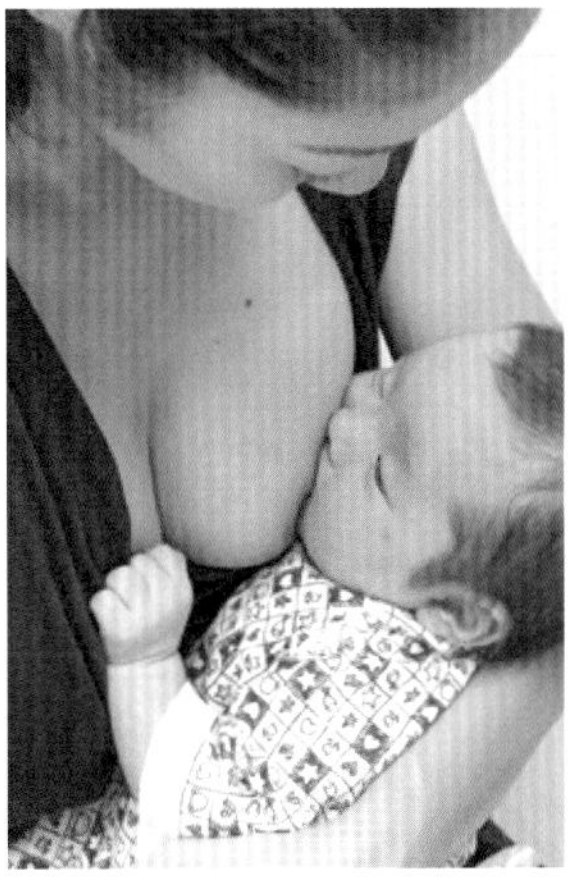

1 乳首を深くくわえさせる

赤ちゃんの頭が胸のあたりにくるように調整したら、おっぱいの下側で赤ちゃんの唇を刺激し、口を大きく開かせます。乳首が赤ちゃんの上あごの方を向くように奥まで含ませます。

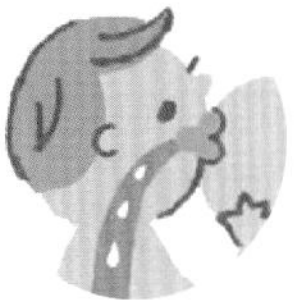

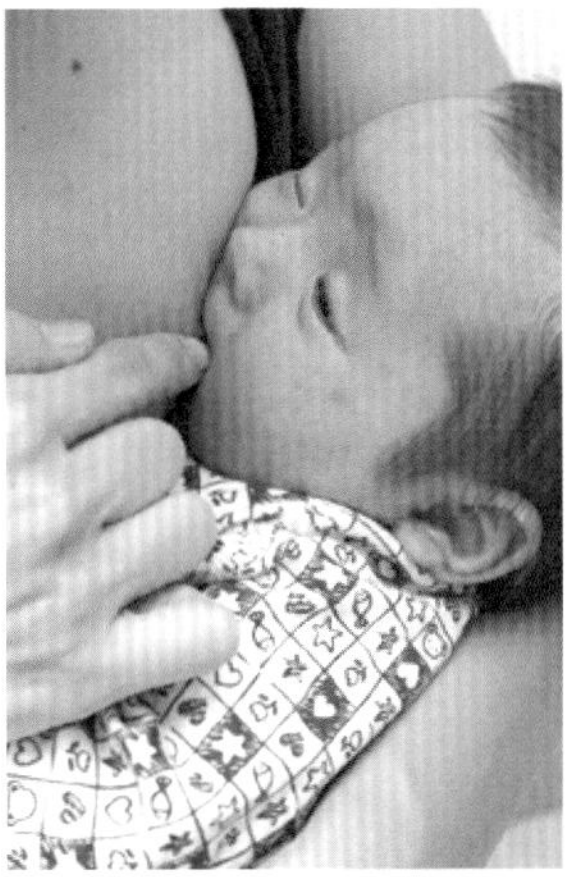

2 すき間をつくって乳房から口を離す

5〜10分飲んだら、指で乳輪部を軽く押してくぼませて、赤ちゃんの口から離します。いつも途中で寝てしまうようなら、左右交代する時間を早めましょう。

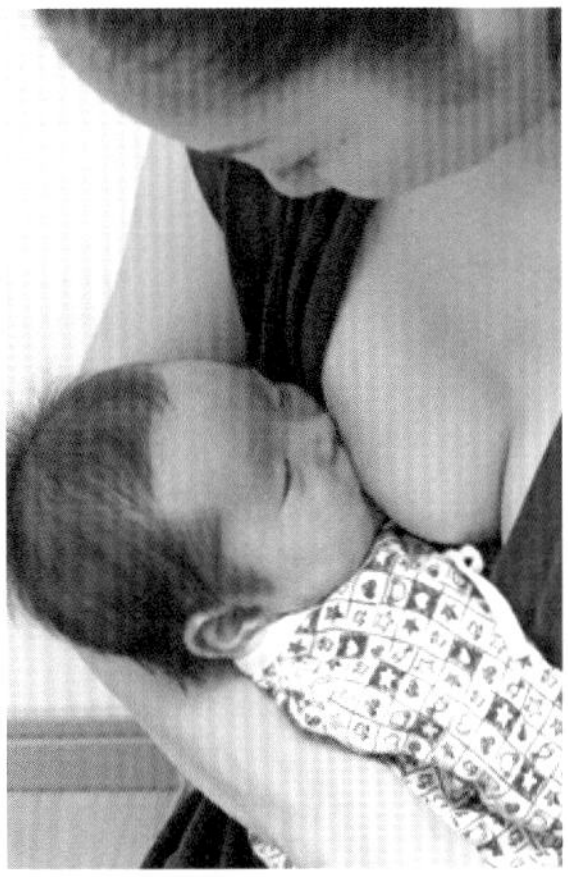

3 反対側の乳首も吸わせる

赤ちゃんの体の向きを変えて、反対側も同じように飲ませます。授乳は大切なコミュニケーション。赤ちゃんをしっかりみながら飲ませてあげましょう。

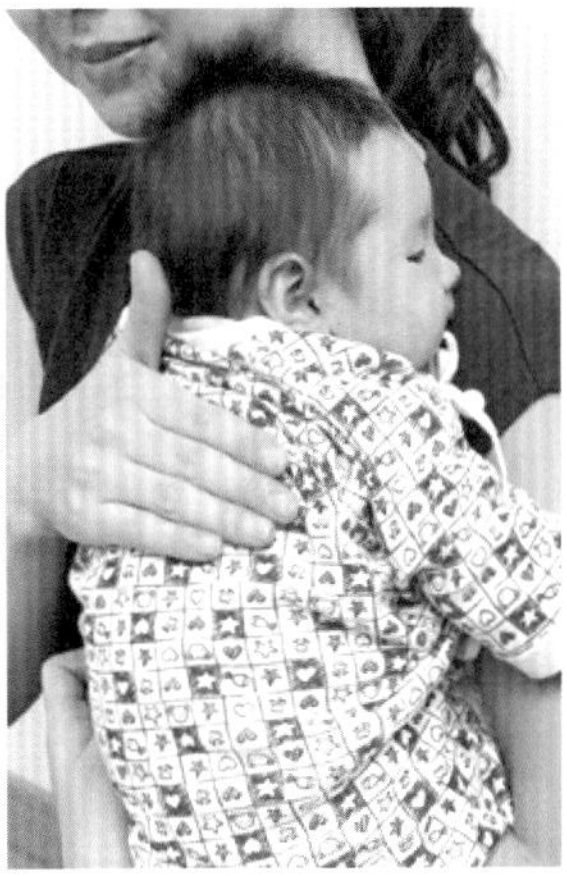

4 たて抱きにしてゲップさせる

赤ちゃんは母乳と一緒に空気を飲み込んでいます。肩にかついだりたて抱きにしたりして、背中をさする、軽くトントンたたくなどして、ゲップを出してあげましょう。

ゲップが出ないときは

ゲップがなかなか出ないときは、しばらくたて抱きをしたままで。寝かせるときは、赤ちゃんの頭と背中が少し高くなるようにクッションをあてておきましょう。母乳を吐き出すかもしれないので、しばらく様子をみておくと安心です。

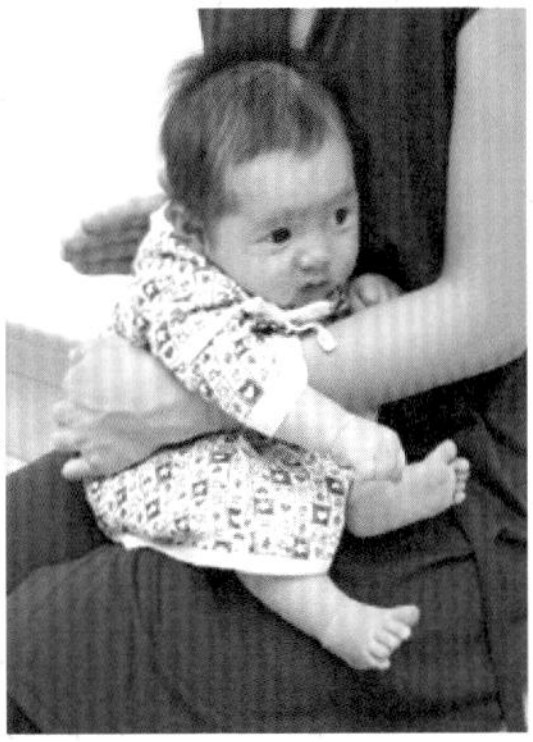

座らせてゲップさせる方法も

赤ちゃんをひざの上に座らせてゲップさせる方法もあります。ゲップと一緒に少量の母乳を吐き出すこともあるので、タオルを用意しておくと安心です。

赤ちゃんの基本的なお世話 4

授乳（ミルク）

ミルクをあげるときにも先に授乳《じゅにゅう》するのを忘れずに

ママの体調が悪かったり、母乳があまり出なかったり、乳頭や乳房にトラブルが生じたときには、ミルクを足すこともあるでしょう。ミルクでも母乳と同じように十分な栄養を与えられますし、抱っこして話しかけながら飲ませてあげることで、スキンシップもはかれます。母乳をあげられないことで自分を責めたり、考えすぎてストレスをためたりしないようにしましょう。

　ミルクをあげるときは、まずは両方の乳房をくわえさせて授乳することが大切。赤ちゃんに吸ってもらう機会を減らすと、余計に母乳が出なくなってしまいます。母乳が足りているか不安だったり、いつどのくらいのミルクを足したらいいかわからなかったりしたときには、病産院や母乳相談室で相談してみましょう。

調乳

1 ミルクの量を計って哺乳びんへ

缶に付属している計量スプーンでミルクの量を計り、消毒済みの哺乳びんに入れます。缶の口のすり切りで正しく計ることが大切。

2 沸騰後、冷ましたお湯を注ぐ

一度沸騰させてから70〜80度に冷ましたお湯を注ぎます。ミルクの量に合わせてお湯の量も正確に計りましょう。

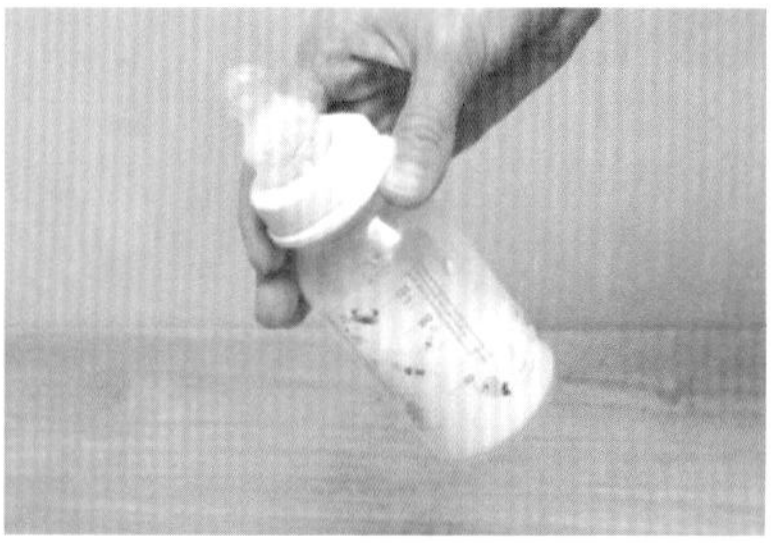

3 哺乳びんを回してミルクを溶かす

哺乳びんの底で円を描くようにゆっくりと回しながらミルクを溶かします。上下に激しく振ると泡立ってしまうので注意を。

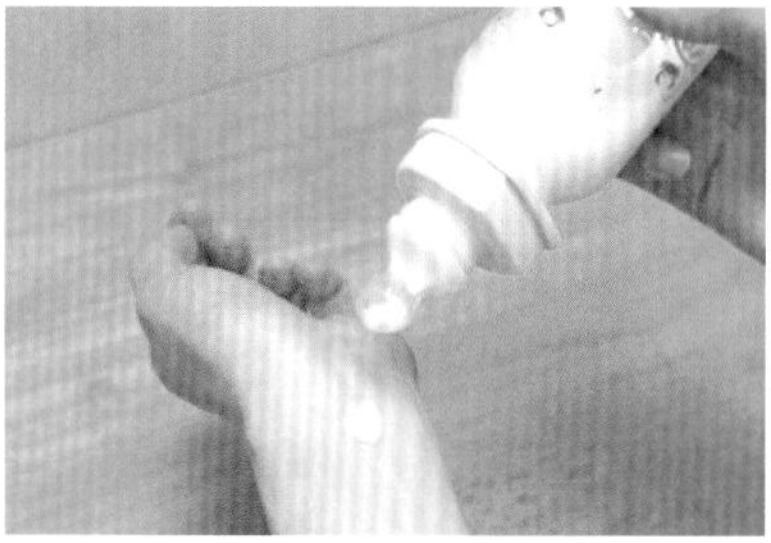

4 人肌になるように温度を調整

哺乳びんに流水をかけるなどして、人肌になるまで冷まします。腕の内側に1滴たらしてみて、生温かいと感じるのが適温です。

母乳があげられないときは無理をせず、ミルクを足しても大丈夫。愛情をかけて飲ませてあげましょう。

授乳

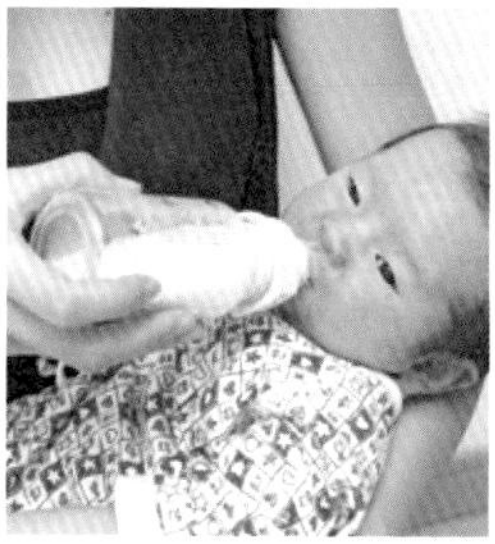

1 抱っこして乳首を口元にあてる

「ミルクを飲もうね」などと声をかけながら、ひざの上に抱っこをします。腕で赤ちゃんの頭を支えて、哺乳びんの乳首を赤ちゃんの口に軽くあてます。

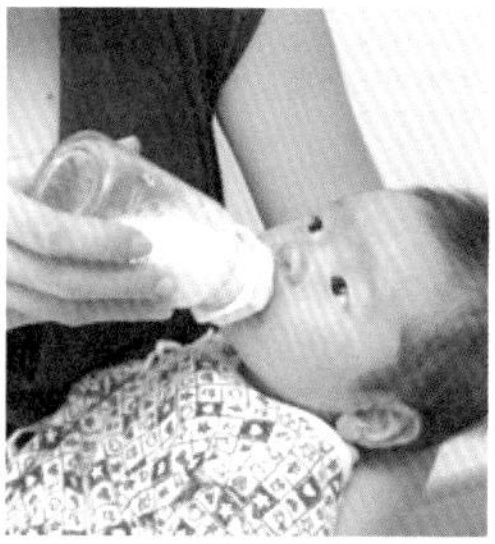

2 乳首の根もとまで深くくわえさせる

乳首に吸い付いたら哺乳びんを深く入れて、乳首の根もとまでくわえさせます。先端を吸うだけでは出てこないので、しっかりくわえさせましょう。

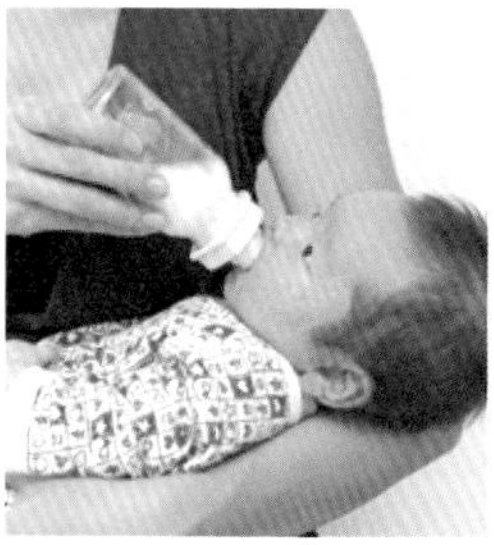

3 哺乳びんを傾けて飲ませる

空気が入らないように、哺乳びんの底が上向きになるように傾けて、最後まで飲ませます。乳首の部分に空気が入るとむせたり、ゲップが多くなったりします。

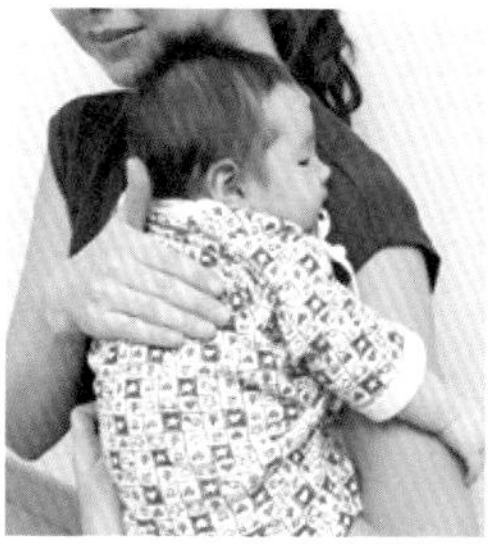

4 背中をさすってゲップを出す

飲み終わったらたて抱きにして、背中をさすってゲップを出してあげます。なかなか出なければ、しばらくたて抱きのままで様子をみましょう。

●ミルクの量の目安

下表は、ミルクだけで授乳する場合の目安量です。個人差があるので、赤ちゃんの様子をみながら調整を。飲み残したミルクは持ち越さずに処分しましょう。

月齢の目安	体重の目安	できあがり量の目安	授乳回数の目安
～1/2カ月	3.1kg	80ml	7～8回
1/2～1カ月	3.8kg	80～120ml	6～7回
1～2カ月	4.8kg	120～160ml	6回
2～3カ月	5.8kg	120～180ml	6回
3～4カ月	6.5kg	200～220ml	5回
4～5カ月	7.1kg	200～220ml	5回
5～6カ月	7.5kg	200～240ml	4+(1)回
6～9カ月	7.7～8.4kg	200～240ml	3+(2)回

※各社調乳表を参考に編集部作成。この表はあくまでも目安です。
（　）内は離乳食後の授乳回数の目安です。

洗浄・消毒

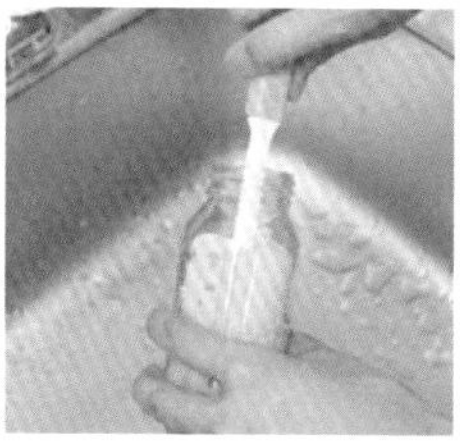

1 哺乳びんを洗う

ミルクがついたままだと雑菌が繁殖します。ブラシやスポンジで、洗剤を使ってよく洗い、流水でよくすすぎます。

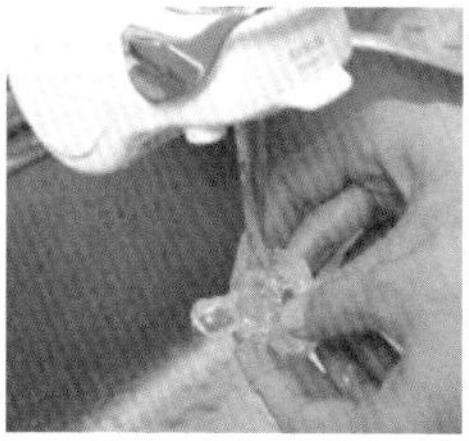

2 哺乳びんの乳首を洗う

乳首の内側にミルクの残りがたまりやすいので、専用のブラシやスポンジでていねいに洗い、流水でよくすすぎます。

3 消毒する

哺乳びんの消毒には、鍋で煮沸、電子レンジ専用ケースを使う、消毒液につけ置きする、などの方法があります。

赤ちゃんの基本的なお世話 5

沐浴

赤ちゃんは汗っかきなので、毎日の沐浴《もくよく》はとても大事。話しかけながら手際よく洗ってあげましょう。

毎日同じ時間帯に沐浴をして生活リズムを整えましょう

生まれて間もない赤ちゃんは抵抗力が弱いため、細菌感染しないようにベビーバスで沐浴させてあげましょう。1カ月健診を終えたころから、大人と一緒のお風呂に入っても大丈夫です。

沐浴は手際よく進めることがポイント。時間をかけてしまうとお湯の温度が下がってしまい、赤ちゃんも疲れてしまいます。あわてることはないですが、10分以内で済ませられるといいでしょう。

沐浴する時間は朝夕どちらでもよいですが、なるべく毎日同じ時間に入れると生活のリズムが整います。授乳直後はミルクを吐いてしまうかもしれないので、授乳と授乳の間で、機嫌のいい時間帯を選びましょう。パパのいる時間帯を選んで、沐浴はパパにお願いしてみるのもいいでしょう。

沐浴の準備

お湯

きれいに洗ったベビーバスにお湯を入れておきます。湯温は、夏は38度、冬は40度くらいが適温。上がり湯用のお湯は少し熱めにして、洗面器や手桶に入れておきましょう。

石けん・ガーゼ

赤ちゃん用石けんや低刺激の石けんを用意。固形、液体、泡状など使いやすいものを選びましょう。ガーゼは体にかける大きめのものと、洗うときに使う小さめの2枚を準備します。

着替え

お風呂上がりにすぐに着せられるように、着替えの服と下着は重ねて準備しておきます。服と下着の袖を通して広げておくと便利。おむつも広げておくと、手際よく着替えができます。

その他

お風呂上がりに体をふくバスタオルは、水分を吸収しやすく肌触りのいいものを。おへその消毒液や綿棒、保湿クリームなどを用意しておくと、入浴後のケアもスムーズです。

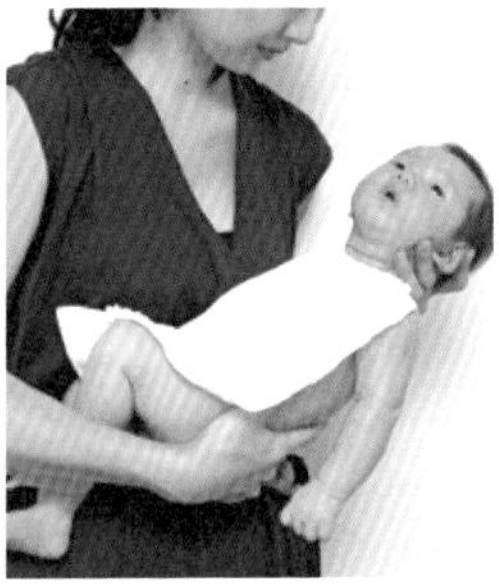

1 ガーゼをかけて抱き上げる

服を脱がせたら、ガーゼをかけてあげます。こうすると赤ちゃんは安心するよう。片手は首、もう片方はお尻を支えて抱き上げます。

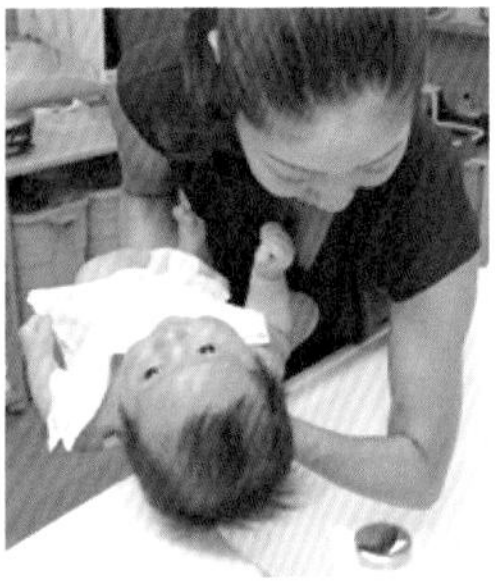

2 ママのひじで湯加減をチェック

赤ちゃんを支えたまま、ママのひじで湯温をチェック。人肌くらいがベストです。判断しづらいときは、湯温計を使うと便利です。

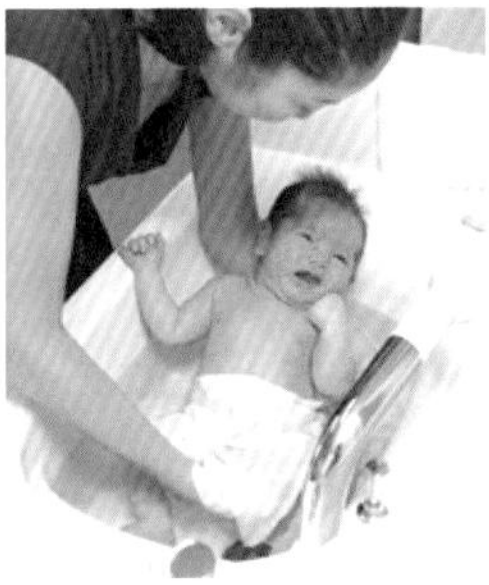

3 足からゆっくりお湯に入れる

「お風呂に入ろうね」と声をかけながら、足からゆっくりとお湯に入れます。足先がベビーバスの底に触れるようにすると安定します。

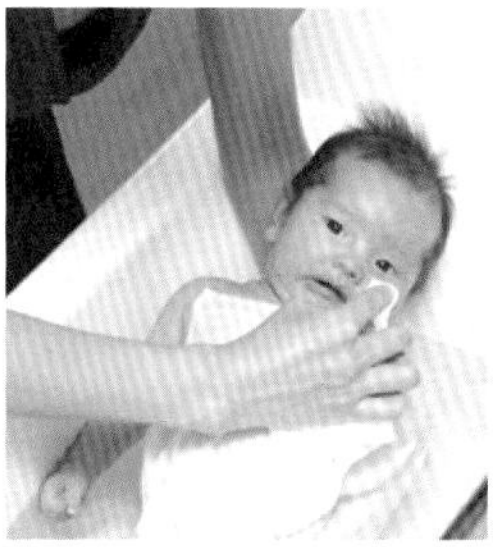

4 絞ったガーゼで顔を洗う

首を支えたまま肩までお湯につからせたら、ぬらして絞ったガーゼで顔をふきます。目をふいたら、額、頬、鼻、口まわりと、上から下にふいていきます。

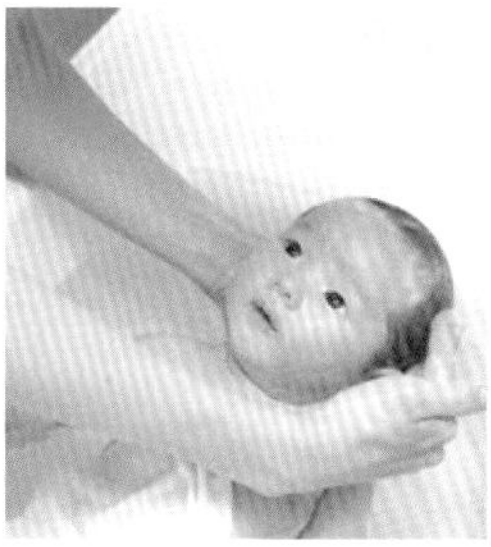

5 石けんで髪と頭を洗う

石けんで頭を洗ったら、お湯で流します。お湯が耳に入らないように、首を支えている手の親指と中指で耳をふさいであげましょう。

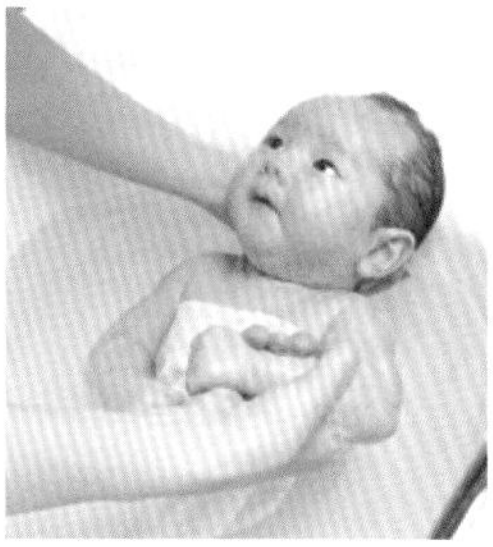

6 首、わきの下、腕を洗う

首やわきの下は汗がむれて汚れやすいので、くびれの中までていねいに洗います。腕は軽くにぎり、ママの手をクルクル回すように洗いましょう。

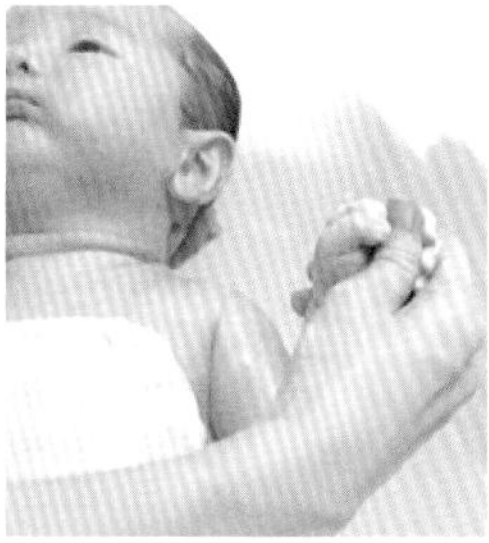

7 手のひらを開かせて洗う

赤ちゃんはギュッと手をにぎっていることが多いので、ママの親指をすべりこませて、そっと手を開かせながら、なでるようにやさしく洗います。

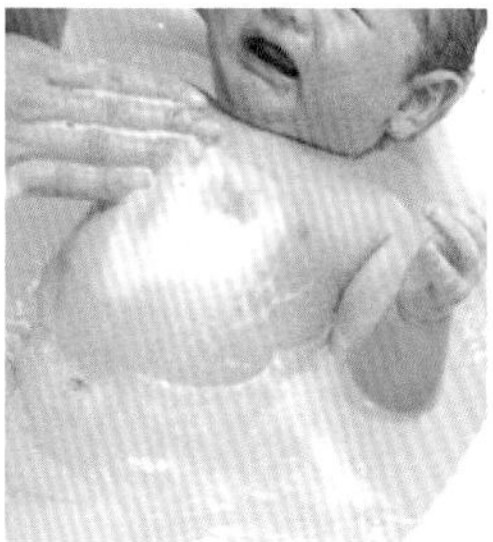

8 胸とおなかを洗う

胸とおなかに泡をつけて洗います。ガーゼを外すと泣いてしまう赤ちゃんもいるので、流したらすぐにまたガーゼをかけてあげましょう。

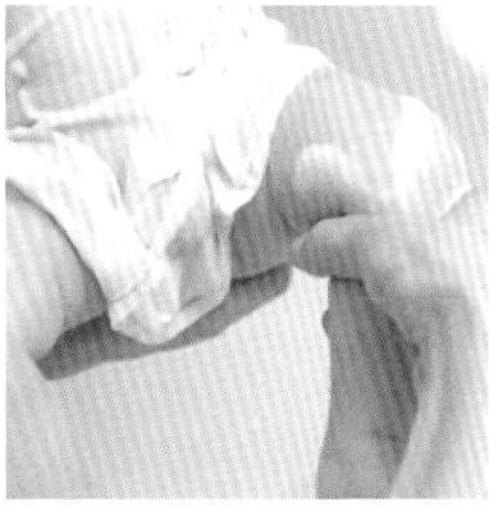

9 太ももから足先までを洗う

お湯から少し上げて、ももから足先までを洗います。足を軽くにぎり、ママの手をクルクル回すように。つけ根のくびれもていねいに洗いましょう。

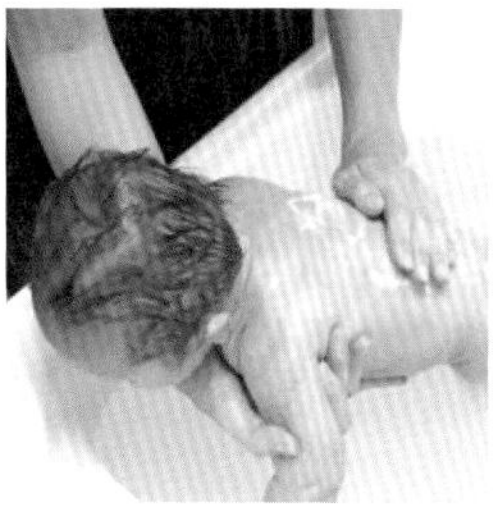

10 うつぶせにして背中を洗う

両手で赤ちゃんを回転させてうつぶせに。すべらないように注意して、赤ちゃんのわきの下に腕を入れて支えます。背中や首の後ろを洗いましょう。

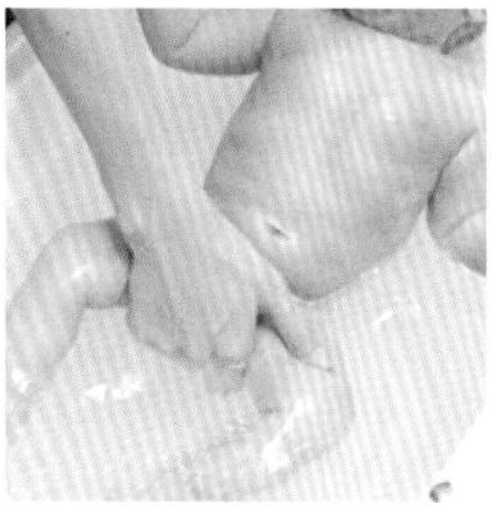

11 お尻と性器を洗う

再び回転させて仰向けに戻したら、お尻や性器を洗います。しわやくびれの中も、指の腹を使ってやさしく洗ってあげましょう。

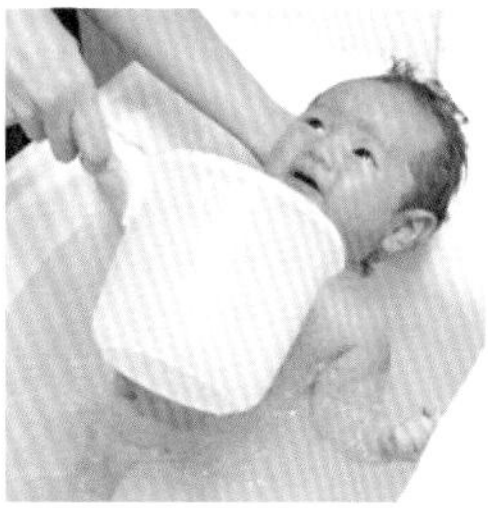

12 上がり湯をかける

最後に体全体をお湯につからせて温めながら、残った泡を流します。上がる前に、上がり湯を頭と体全体にそっとかけてあげましょう。

服の着せ方

広げておいた服の上に寝かせて手早く着せます。おしっこが出ないうちに、おむつは早めにつけましょう。

体のふき方

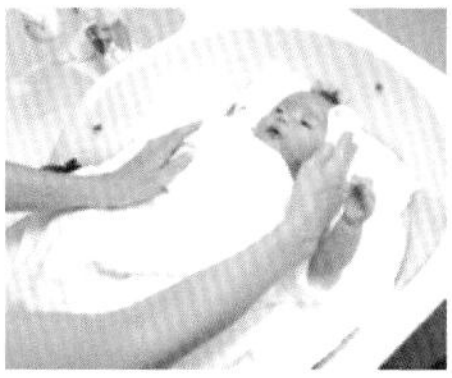

お湯から上げたら、バスタオルで赤ちゃんをくるみます。やさしく押さえるように、水分をふき取ります。

赤ちゃんの基本的なお世話 6

体のお手入れ

少し湿っていると細かい汚れなどがふきやすいので、沐浴《もくよく》のあとに体のお手入れをしてあげましょう。

赤ちゃんに話しかけながら楽しくお手入れ

沐浴で頭も体もさっぱりしたあとは、目のまわりや耳、鼻など、細かい部分のケアをしてあげましょう。すべてを毎日行わなくてもいいので、赤ちゃんの機嫌がよいときに汚れが気になるところだけをササッとお手入れしてあげましょう。

おへそは、分娩《ぶんべん》後にへその緒を切ったあとがしばらく残っています。2〜3週間すると乾燥して自然にポロリと取れますが、それまでは毎日消毒をする必要があります。おへそが清潔になっている沐浴のあとに行うのがよいでしょう。

赤ちゃんの指はとても小さく、つめがすぐに指先よりも長く伸びてしまいます。自分の顔をひっかいてしまうこともあるので、伸びていたら小まめに切ってあげましょう。赤ちゃんが嫌がる場合は、寝ている間に切ってしまうのも手です。

おへそ

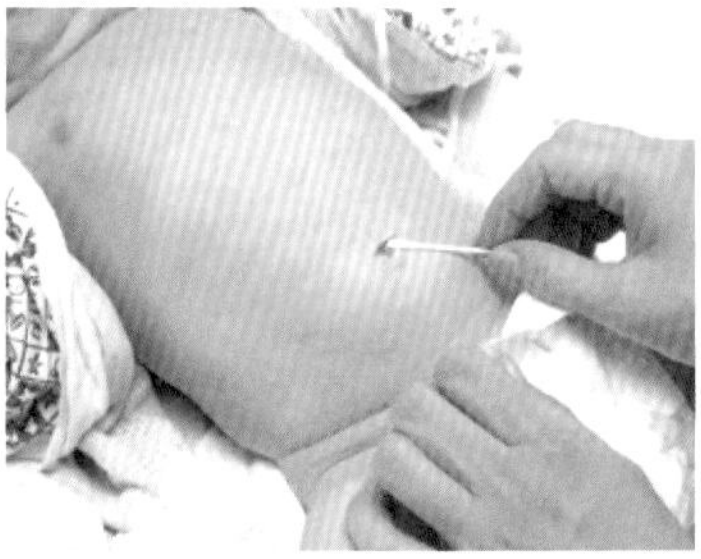

おへその奥の汚れは綿棒で

おへその奥のアカや汚れは、沐浴では洗いきれません。気になる汚れがあれば、少し湿らせた綿棒でやさしくクルクルとふき取ってあげましょう。

完全におへそが乾くまでは消毒を

へその緒が自然に取れて乾燥するまでは、毎日消毒を。退院時に病産院でもらう消毒液を綿棒につけ、へその緒のつけ根にクルクルと回して塗ります。

耳

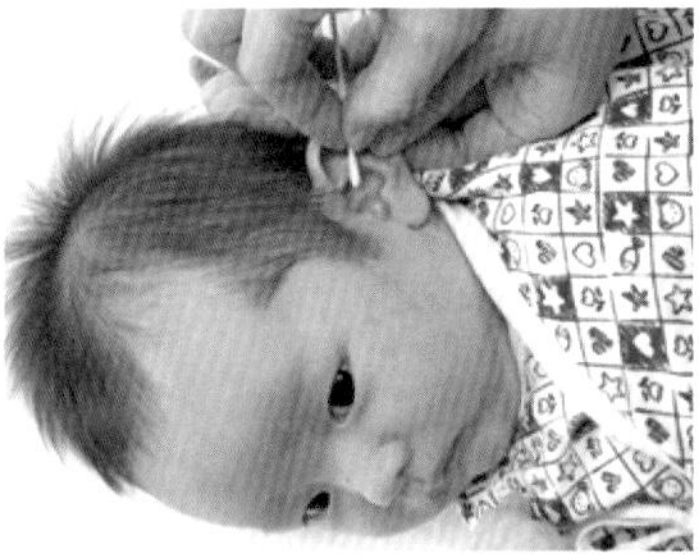

1 綿棒で耳の穴まわりをきれいに

沐浴のあとは耳あかが湿っているので取りやすいです。綿棒で水分をふき取るついでにお手入れを。綿棒は耳の奥まで入れず、入口付近だけで十分です。

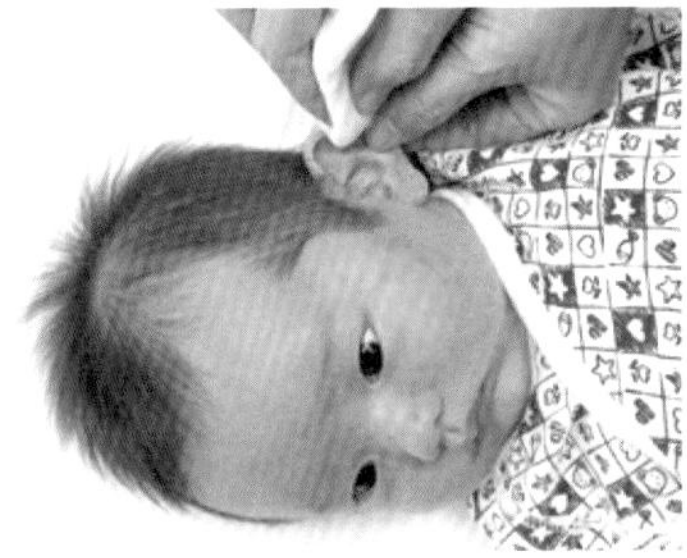

2 ガーゼで耳の裏やくぼみをふく

耳の裏やくぼみは、湿らせたガーゼでやさしくふきます。毎日行わなくてもいいので、汚れが気になるときにケアしてあげましょう。

目

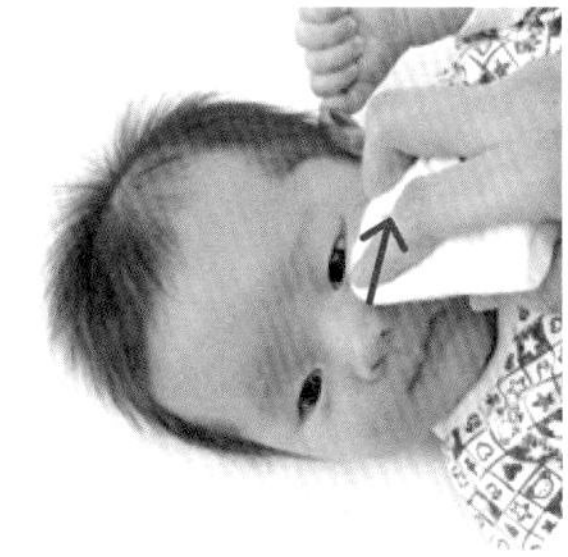

1 目がしらから目じりをふく

湿らせたガーゼを人差し指に巻きつけて、目がしらから目じりにかけてふきます。目やにがついたらガーゼを裏返しましょう。

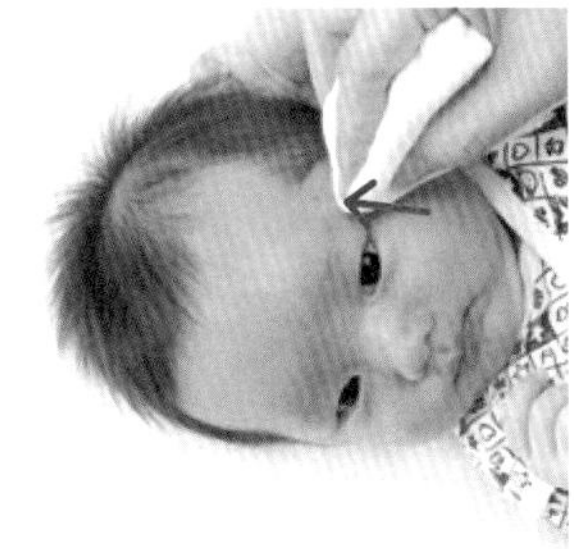

2 上まぶたを引き上げてふく

ママの指で上まぶたをやさしく引き上げて、目じりのしわを伸ばしながら、斜め上に向かってふきます。

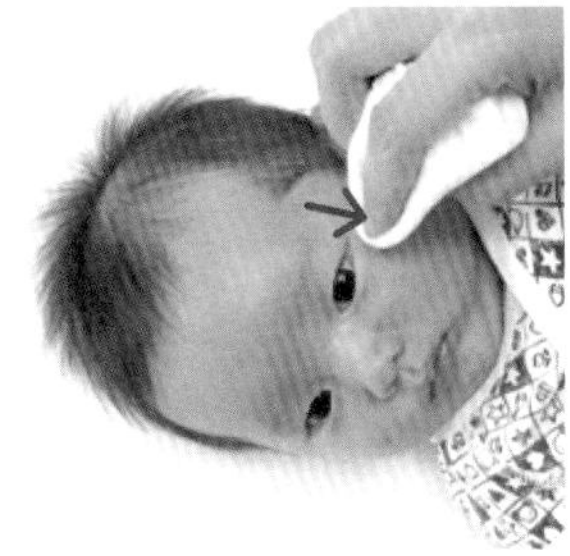

3 下まぶたを引き下げてふく

下まぶたを引き下げて、今度は斜め下に向かってふきます。片目をふいたら、ガーゼを裏返すか新しいものに変えましょう。

鼻

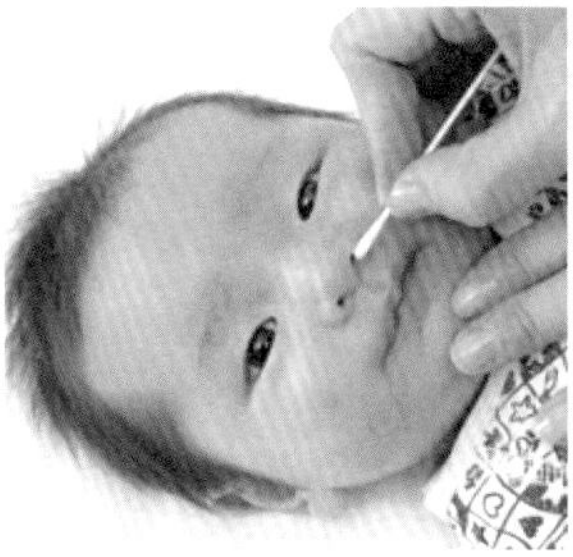

みえる汚れだけを取る

綿棒で鼻の穴まわりにみえる汚れだけを手早く取ります。鼻の奥まで入ってしまわないように、綿棒は短くにぎりましょう。

鼻水・鼻づまりのときは

病院に行くほどではないけれども、鼻水や鼻づまりがあるときは、市販の鼻吸い器を。手軽に吸い上げることができて衛生的です。

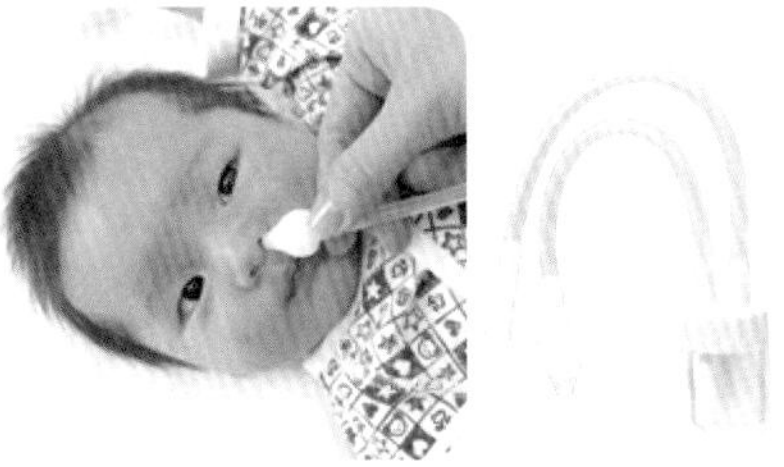

つめ

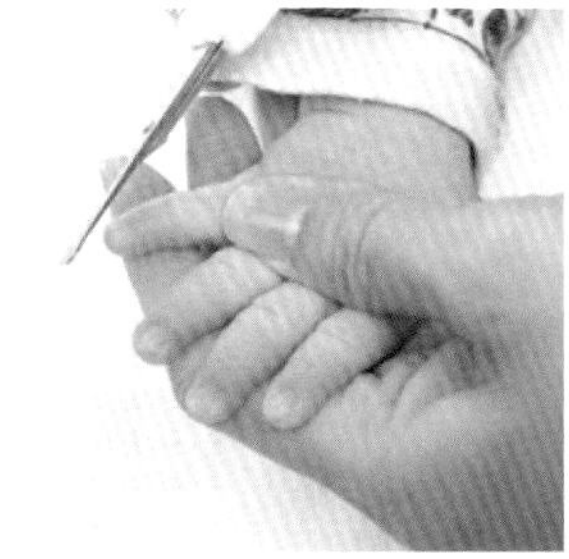

1 動かないように固定する

動かないように、ママの親指と人差し指で、赤ちゃんの指かつめのつけ根をはさみます。赤ちゃん用のつめ切りを使って。

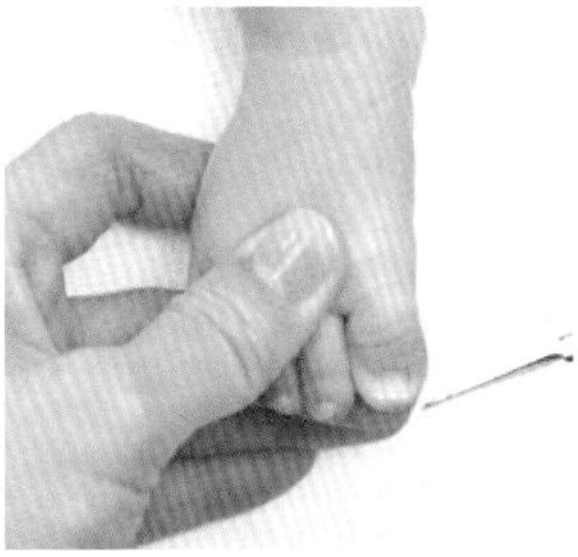

2 はさみをつめと皮膚の間に

足のつめは手よりも少し切りづらいです。つめと皮膚の間につめ切りはさみを差し入れて手早く切りましょう。

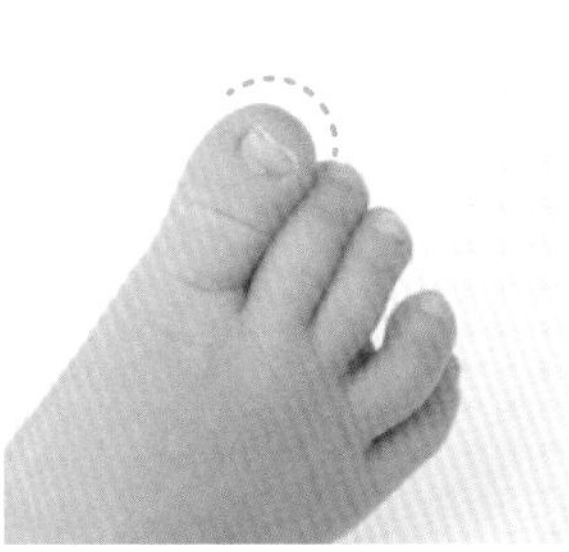

3 丸く切って深づめ防止

パチンと一直線に切ると、深づめになりやすくなります。一つのつめでも数回に分けて、丸く切りそろえましょう。

赤ちゃんの基本的なお世話 7

服の調整

室温と衣服に気を配り、赤ちゃんに心地よい環境を

赤ちゃんは自分で体温調整ができないので、ママが室温や衣服を調整してあげることが大切です。生まれてすぐは大人よりも1枚多め、生後1カ月を過ぎて寝返りをするようになったら大人と同じ、4カ月を過ぎたら大人より1枚少なめ、というのが目安です。ただし、環境や個人差もあるので、赤ちゃんの様子をみながら随時、調整してあげましょう。

服のデザインもいろいろですが、首がすわっていない時期は、かぶりタイプより前開きの服がよいでしょう。また、おむつ替えを頻繁にするので、お尻まわりが開閉しやすいものが便利です。手足を活発に動かすようになってきたら、はだけないように足元にスナップがあるものがおすすめ。赤ちゃんの成長に合わせて着せ替えしやすいものを選びましょう。

赤ちゃんは「暑い」「寒い」という表現ができません。赤ちゃんの様子をみて、調整してあげましょう。

季節別　組み合わせ例

POINT

赤ちゃんの様子をみて、調整する

赤ちゃんが激しく泣き出したり、おなかや背中がひんやりしたりしているときは寒いのかも。背中が汗ばんでいるときは温めすぎ。手足だけでなく、おなかや背中を触って調整しましょう。

●サイズの選び方

新生児は室内で寝て過ごすことが多く、おでかけできるころにはワンサイズ大きくなっていることも多いようです。新生児用サイズの服は、室内で過ごす肌着を中心に。おでかけ用の服や防寒具は、60以上を中心にそろえましょう。

サイズ	月齢	体重
50	0〜2カ月	3〜6kg
60	3〜5カ月	6〜9kg
70	6〜11カ月	9〜11kg
80	1〜2歳	11〜13kg

赤ちゃんのお世話Q&A

Q

なぜ泣いているのかわからない

A いろいろ試してダメなら気分転換を

赤ちゃんが泣く理由はおなかが空いた、暑い、寒い、おむつが汚れた、どこかが痛いなど、さまざま。どれも思い当たらないときは、ママに甘えたいだけなのかもしれません。抱っこしたり、室内を散歩したり、外の空気に触れさせたり、気分転換をさせてあげるといいでしょう。

Q

スキンケアはどうしたらいい？ 発疹《ほっしん》が出たときは？

A 清潔と保湿を心がけて

スキンケアは清潔が第一。汗をかいたら肌着を小まめに取り替えて。皮脂の分泌が盛んな新生児は「乳児性湿疹《にゅうじせいしっしん》」という発疹が出やすくなります。沐浴で顔や頭、わきの下や手足のくびれなど、皮脂がたまりやすい部分をしっかり洗ってあげましょう。沐浴《もくよく》後の保湿クリームもおすすめです。

Q

母乳をよく吐き出しますが大丈夫ですか？

A よくあることなので様子をみて

赤ちゃんは胃の入口の筋肉が未発達のため、胃に入ったものが逆流しやすくなっています。授乳後にゲップと一緒に出たり、口からタラタラと流すのは心配ありません。噴水のように勢いよく吐き出したり、発熱して元気がなかったりするときは、すぐに受診しましょう。

Q

抱っこしていないと寝てくれない

A 少しの時期のことと割り切って

抱きぐせを心配するママもいますが、抱っこで寝るのは赤ちゃんの時期だけ。ママは少し疲れるかもしれませんが、なるべく抱っこしてあげましょう。ママが焦ったりイライラしたりすると、その緊張が伝わって泣くことも。まずはママが気持ちを落ち着けることが大切です。

Q

授乳したばかりなのに、また欲しがる

A はじめは欲しがるだけあげて大丈夫

はじめは、ママの母乳の分泌量も少なく、赤ちゃんも一度にたくさんの量を飲むことができません。欲しがるようなら、小まめに何度も授乳してあげましょう。そうするうちに母乳の分泌量も増えて、赤ちゃんも一度にまとまった量を飲めるようになり、授乳の回数は減ってきます。

悪化する前に対処したい
おっぱいのトラブル

はじめての母乳育児ではトラブルが起きやすいもの。無理をしないで助産師《じょさんし》さんに相談しましょう。

乳房や乳頭のトラブルは がまんせずに早めに対処

母乳育児では、乳房や乳頭にトラブルが生じることがよくあります。ときには乳房がかたく腫れあがり、激しい痛みや発熱を伴うことも。乳房に痛みやトラブルがあると、せっかくの授乳の時間も苦痛なものになってしまいます。少しでも痛みや不調を感じたら、早めに助産師さんや母乳相談室(母乳外来《がいらい》)などに相談しましょう。乳頭マッサージや母乳の分泌をよくする体操のほか、食生活などのアドバイスを受けることもできます。

睡眠不足やストレスで母乳の出が悪くなることもあるので、簡単なエクササイズや気分転換をしながら、なるべくストレスをためないようにしたいものです。乳房のトラブルがあるときは、母乳にこだわらず、一時的にミルクを足してあげてもいいでしょう。

●授乳《じゅにゅう》のためのエクササイズ●

背中の血行をよくする

1

姿勢を正して立ったら、鼻から息を吸いながら両手を背中の後ろへ。胸を開くように大きく反らします。両手をつないで遠くに引っ張られるように反らしてもOKです。

2

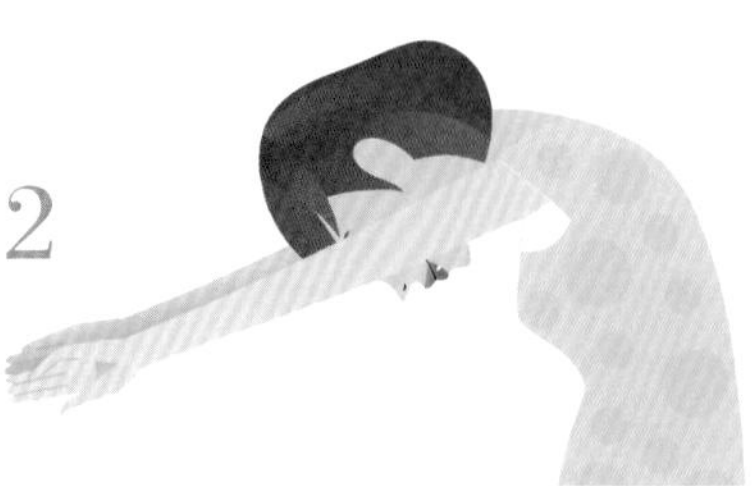

息を吐きながら、両手を伸ばしたままゆっくり前へ。両手の甲を寄せても、つないでもOK。そのまま腰と背中は丸めて、後ろへ引っ張られるように伸ばします。

乳房をやわらかくする

1

姿勢を正したら、両腕を肩の高さまで上げます。ひじを曲げて手は両肩の上に。肩甲《けんこう》骨《こつ》を寄せるように、ひじを大きく前から後ろに回したら、そのままキープ。

2

両肩に手をのせたまま、ひじで乳房をすくいあげるようにグッと寄せます。そのままひじを大きく回してまた寄せて。これを10回ほど繰り返しましょう。

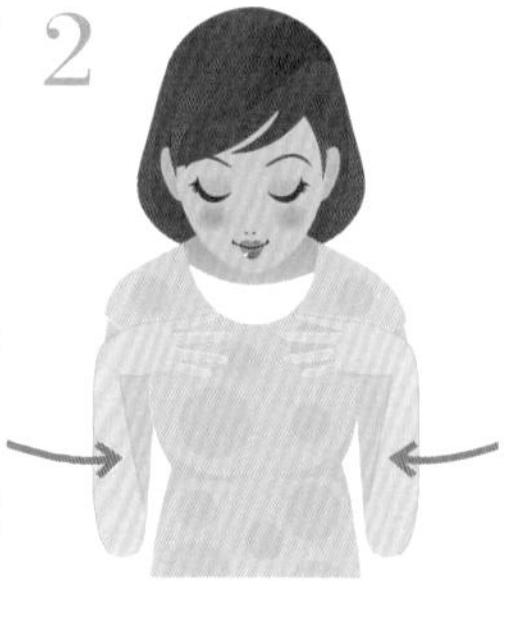

●よくあるおっぱいのトラブル●

乳腺炎《にゅうせんえん》

悪化する前に早めに受診して

母乳が乳腺にたまり、そこに細菌が侵入して炎症を起こします。乳房がかたくなり、激痛とともに発熱することも。悪化する前に早めに受診して、抗生物質や消炎剤をもらいましょう。

ケア 赤ちゃんが母乳を飲み残したら搾乳《さくにゅう》したり、授乳感覚を短くしたりするなどして、母乳をためておかないこと。乳頭マッサージ(→P.121)も効果的。胸が熱を持ってしまっていたら、冷やすようにしましょう。

乳管の詰まりチェック！

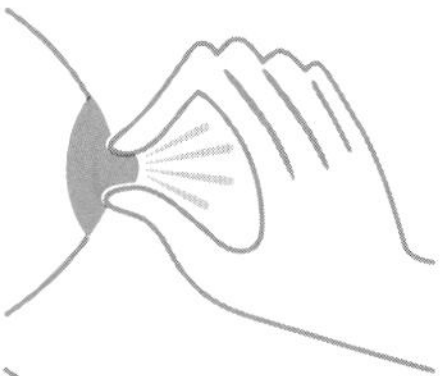

親指と人差し指で乳頭のつけ根をつまんだときに、母乳が放射状に飛び出したら、乳管は詰まっていません。

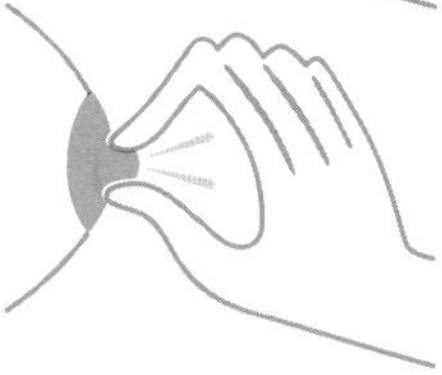

乳頭をつまんだときに母乳が数本しか飛ばなかったり、痛みがあったりするときは、乳管が詰まっている可能性があります。

乳頭《にゅうとう》亀裂《きれつ》

乳輪部まで深くくわえさせて

赤ちゃんが乳頭を吸う刺激で、乳頭が切れたりひび割れたりしてしまう症状。赤ちゃんが乳頭だけをくわえるとなりやすいので、乳輪部まで深くくわえさせるようにしましょう。また、1回の授乳時間が長いことが原因になることも。1回5〜10分を目安にして、もう一方のおっぱいに変えるようにして。

ケア 飲ませ続けるうちに乳頭が丈夫になり、自然に治ることもありますが、痛みがひどいときは受診して塗り薬をもらいましょう。ほかに、馬油やオイルを塗る、ラップで保湿する、ジャガイモ湿布(すりおろしたジャガイモと小麦粉をガーゼに包んで患部に貼る)なども効果的です。

うつ乳《にゅう》

ひどくなると乳腺炎に

乳管が開いていないために、母乳が乳房にたまってしまうもの。乳房がかたくなり、激しい痛みや発熱を伴うこともあります。悪化すると乳腺炎になるので、早めにケアすることが大切です。

ケア とにかく赤ちゃんに吸ってもらうのが一番の対処法。また、乳首をつまんだり回したりする乳頭マッサージ(→P.121)で、乳管の詰まりをなくします。はじめは助産師さんに教えてもらって。

＼ 二人目どうする？ ／

授乳している間は排卵が再開しない人も

「早く二人目も欲しいな」と考えているママもいるのでは？ ママの子宮や体は産後6～8週間かけて妊娠前の状態に戻りますが、排卵の再開は人それぞれ。母乳をあげていても、産後すぐに再開する人もいますし、卒乳するまで再開しないという人もいます。排卵の再開は年齢など関係なく、自分がどのタイプかは、そうなってみないとわからないというのが実情です。

「〇歳差で産みたい」という希望があるママもいるでしょうから、夫婦で話し合い、自分の体の様子もみて、次回の妊娠の計画をしましょう。

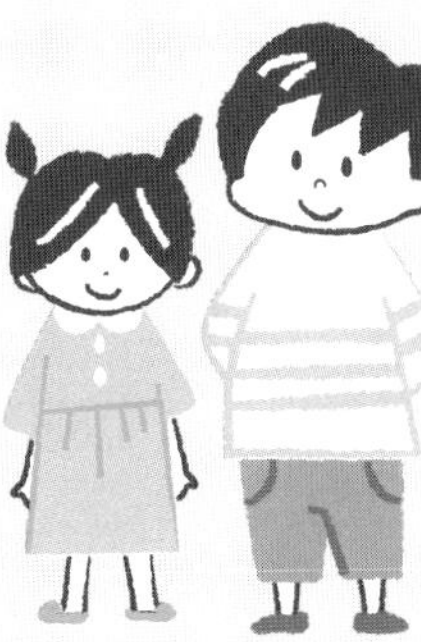

どうすれば乗り切れる!? 産後クライシス

赤ちゃんが生まれて幸せ絶頂の時期に訪れる夫婦の危機。産後クライシスはなぜ起こるのでしょうか。

知っておきたい！ 産後クライシスに陥る原因

産後クライシスとは、出産を機に夫婦の愛情が冷めて不仲になること。あるテレビ番組がつくった造語です。「出産後2年以内に夫婦の愛情が急速に冷え込む状況」を定義としています。厚生労働省の調べでも、子どもが0～2歳の時期に離婚しているケースが多いことがわかっています。赤ちゃんが生まれて幸せなはずの時期に、なぜ夫婦愛は冷めてしまうのでしょうか。

そのきっかけの多くは、何げないパパの言動にあるようです。産後のママはホルモンバランスが急激に変化し、情緒不安定になりがち。それに加え、睡眠不足、赤ちゃんのお世話、家事に追われ、自分の時間を持てません。

そんなママに向けて発せられるパパのこんなセリフが問題です。「泣いてるよ」「おむつぬれてるよ」「ごはんまだ?」「部屋散らかってるね」「毎日子どもと遊んでいられていいね」。ふだんなら聞き流せるかもしれない言葉でも、弱ったママの心には深く刺さり、パパへの嫌悪感や恨みに変わってしまうのです。今は男性も一緒に育児をする時代。「友だちの夫はみんな協力的なのに……」という妬みや疎外感が、産後クライシスをあと押ししてしまうこともあるようです。

育児の喜びも苦労も 夫婦で一緒に分かち合う

産後クライシスに陥らない一番のコツは、パパとのコミュニケーションです。パパの言動は「悪気がない」ところがミソ。つまり、パパはママが何に悩み、怒っているのかがわからないのです。

ママは妊娠・出産・育児を通して、生活も気持ちも自然と親になっていきます。でもパパは、親としての意識がすぐには芽生えにくいもの。パパに変わってもらうには、ママが大変なこと、手伝ってもらいたいことを言葉ではっきりと伝えましょう。「少しは手伝ってよ」ではなく、「洗濯ものを干してもらえる?」「おむつを替えてあげてくれる?」と具体的に伝えること。そして「助かった」「ありがとう」という気持ちを伝えましょう。この当たり前に思えるやりとりが夫婦の溝を埋めてくれるのです。

月経前に体調や気分に不調が現れるPMS(月経前症候群)がひどい人は、パパにそのことも伝えましょう。症状がひどい場合は、産婦人科で漢方薬やピルを処方してもらう方法もあります。仕事の都合などでパパに頼れない場合は、親や地域のサービスに頼るのもいいでしょう。

これから妊娠・出産を迎えるのなら、出産前に夫婦で産後クライシスについて知っておくことも大切です。産後、ママにどのような変化が起きるのか、それを乗り切るために夫婦でどうすればよいのか、話し合っておけるといいでしょう。

Part 8

妊娠・出産・育児にまつわるお金の話

安心して出産、育児ができるようにさまざまなお金の補助が用意されています。もらさず情報をキャッチしておいて。

焦らないよう事前にチェック

妊娠・出産・育児でかかるお金

元気な赤ちゃんを産むために、妊娠・出産に出費は付きもの。おおよその内容を把握しておきましょう。

高額出費となるので補助制度を賢く活用

妊娠・出産では妊婦健診や分娩《ぶんべん》のほかにも思わぬ出費が重なり、その額に驚く人も多いようです。一方で、健康保険や自治体からの補助金で、妊婦健診費やそれにかかる交通費、分娩費の全額または一部を賄ってもらえる制度も充実してきました。妊娠がわかったら、まずは何にどのくらいのお金が必要なのか、どのような補助が受けられるのかを把握し、おおよそのお金の出入り額をイメージしておくことが大切です。

妊婦健診費や分娩費はお世話になる病産院により異なります。出産後、個室にするか大部屋にするかなど、条件により差もあります。また、補助金の額も各自治体によってまちまち。自分が利用する病産院や自治体に足を運んで、内容を確認しておくと安心です。

健診・分娩以外にも必要なものが意外と多い

妊娠中にまず必要になる出費が妊婦健診。過去には、経済的な理由で妊婦健診を受けず、陣痛が始まってから病産院に駆け込む「飛び込み出産」が問題になりました。妊娠中の経過がわからない妊婦の出産はリスクが大きいため、どこの病産院にも受け入れてもらえないという事態に。母子ともに安全に出産をするために、妊婦健診は必ず受けましょう。

分娩にももちろんお金がかかります。通常の分娩費はもちろん、分娩中にトラブルが生じた場合には、帝王切開《ていおうせっかい》やさまざまな医療処置を施すことになり、プラスで医療費が発生します。もしものときの出費も頭に入れておきたいものです。

妊娠中には、だんだんとおなかの大きくなるママの体形に合わせてマタニティ用の下着や洋服も用意するでしょう。入院中に重宝する前開きのパジャマや産褥ショーツを購入する人も多いはず。里帰り出産には交通費や生活費が別途に必要ですし、産後には内祝いやお宮参りなども続きます。育児グッズももちろん必要。必需品のほか、各家庭の環境や状況に応じて、さまざま買いそろえなければなりません。嬉しい出費とはいえ、できれば節約もしたいもの。レンタルやお下がりなども活用しながら上手にやりくりしていきましょう。

妊婦健診

妊娠は病気ではないので医療保険を使えず、健診は全額自己負担です。健診費は1回5000円から1万円ほどで、一般的に出産までの健診は14回。総額で10万円前後となります。ただし、一部、自治体からの助成があります(↓P.231)。

妊婦健診では、病産院までの交通費も必要。また、出生前診断などの特別な検査を受けたり、高血圧や糖尿病などの合併症で検査費や治療費が別に発生したりすることもあります。交通費や治療費は医療費控除《こうじょ》の対象になるので領収書は必ず保管しておきましょう(↓P.233)。

分娩費

分娩費や入院費も医療保険は使えず自己負担。金額は病産院によりかなり差があり、一般的には、私立病院や個人産院、助産院、国公立病院の順で高い傾向にあります。個人産院は入院中のエステや産後のママのサポートなど、独自のサービスが充実。総合病院は分娩中にトラブルが発生した場合の安心感があります。助産院はアットホームな雰囲気が魅力。価格と特徴を見比べ、自分に合った場所を選びましょう。また、個室、無痛《むつう》分娩、立ち会い出産など、個々の希望により追加費用が発生することもあるので、事前によく確認しておくことが大切です。

分娩費は、出産育児一時金(↓P.232)で一部を負担してもらえることも忘れずに。

●全国の平均的な出産費用

(令和元年度)

国公立病院 国公立大学病院	443,776円
私立大学病院 個人産院など	481,766円
診療所 (助産院を含む)	457,349円

厚生労働省保険局資料より

育児グッズ

赤ちゃんのお世話に必要なものは、おむつ、洋服、哺乳びん、ベビーバス、ベビーベッド(布団)など。おくるみやタオル、沐浴《もくよく》用石けんやガーゼなど、細かく挙げるとかなりの数になります。おでかけではベビーカーや抱っこひもも、チャイルドシートも活躍。個人差はありますが、5～10万円は予算に入れておきましょう。

赤ちゃんが生まれると嬉しくて、つい新品を購入したくもなりますが、使う時期の短いベビーバスやベビーベッド、A型ベビーカーなどはレンタルし、衣類やグッズはお下がりを活用するのもおすすめです。お財布と相談しながら上手に育児グッズをそろえましょう。

その他

妊娠・出産にまつわる出費はまだあります。まずはママのマタニティ用品。下着や洋服のほか、腹帯やスキンケアグッズをそろえる人もいます。産後には産褥《さんじょく》ショーツやリフォーム下着、授乳用ウエアやマザーズバッグなども役立ちます。ビデオカメラや空気清浄機などの家電を新しく購入する家庭も多いようです。

里帰り出産をする人は、交通費やパパの生活費が別途必要。お祝いをしていただいた気持ちにお返しをする内祝いも忘れずに、余裕を持って準備しておきましょう。

とっても助かる!

妊娠・出産・育児でもらえるお金

ママや子どもを経済的にサポートしてくれるさまざまな制度。積極的に申請して活用しましょう。

妊娠をしたら勤務先や役所で情報収集

妊娠や出産では、妊婦健診費や分娩・入院費だけでもかなりの出費。さらにトラブルが発生し、帝王切開《ていおうせっかい》や医療処置を施すことで、思わぬ出費が加わることもあるでしょう。赤ちゃんが誕生したあとは、育児にも何かとお金がかかります。働いていたママは仕事を休むことで収入がなくなってしまう心配も。そんなママやパパ、赤ちゃんの生活をサポートしてくれるのがさまざまな補助制度。妊婦健診費、出産費用、医療費、養育費など、あらゆる側面から自治体や健康保険などがカバーしてくれます。

しかし、支給されるのを黙って待っているだけではだめ。妊娠、出産をしたら自分で申請をすることが大切。働いている人は勤務先に、専業主婦の人は最寄りの役所へ、まずは相談してみましょう。

どんな手続きや申請が必要か大まかにチェックしておこう

妊婦健診費の助成のように、母子健康手帳と一緒に誰もが支給してもらえるものもあれば、児童手当のように産後に申請しないともらえないものもあります。出産育児一時金や高額療養費は健康保険(または共済組合、協会けんぽ)に加入していないともらえませんし、出産手当金や育児休業給付金は、産後も仕事に復帰する予定のママだけが支給されます。医療費控除に至っては、家族全員分の1年分の医療費の領収書が必要です。

まずは難しく考えすぎず、さまざまな補助制度の概要を知り、自分に関係ありそうなものをチェックしておきましょう。産後、ママはあまり自由に動き回れないかもしれないので、パパとも話し合っておくといいでしょう。具体的な手続きの仕方や詳しい内容は、役所や健保、勤務先の担当窓口で相談すれば大丈夫です。

もらえるお金の一覧

○=もらえる
×=もらえない
△=条件を満たせばもらえる

	専業主婦・パート	会社員・公務員	雇用保険加入のパート・契約社員
妊娠・出産時にもらえるお金			
妊婦健診費の助成	○	○	○
高額療養費	△	△	△
出産準備金	○	○	○
出産後にもらえるお金			
出産育児一時金	○	○	○
児童手当	△	△	△
乳幼児医療費助成	△	△	△
医療費控除	△	△	△
未熟児養育医療制度	△	△	△
児童扶養手当	○	○	○
働いているママがもらえるお金			
出産手当金	×	○	×
育児休業給付金	×	○	△
傷病手当金	×	△	△

産前

妊婦健診費の助成

安心・安全な出産のために国が妊婦健診費を補助

妊娠をしたら役所で母子健康手帳をもらいますが、そこに添付されているのが「妊婦健康診査費用補助券」。妊婦健診を受けたときに病産院の窓口で提出すると、健診費が無料、もしくは一部を負担してもらえるというものです。

一般的に妊婦健診は、出産までに約14回行います。補助券の枚数は自治体により異なるので確認を。引っ越しや里帰り出産で役所が変わった場合は、変更の手続きが必要なので役所に問い合わせを。

妊婦健診費の助成について

●支給対象者
医療機関で妊娠の診断を受け、役所に妊娠届を提出した人

●支給金額
妊婦健診14回分程度
（自治体により異なる）

●申請期間
出産日から1年以内など、自治体により異なる

●受け取り時期
妊娠届を提出したときに母子健康手帳とともにもらうことが多い

●問い合わせ先
居住している、もしくは出産をする市区町村の役所

出産準備金

2023年より開始した新しい妊娠・育児支援制度

妊娠・出産した女性に、現金や育児グッズの購入など使えるクーポンなど計10万円相当を支給する制度。2023年1月から支給が開始し、妊娠届を提出すると5万円、出生届を提出するとさらに5万円を支給。妊娠届の提出が制度開始前だった場合でも、出産日が2023年1月以降であれば、さかのぼって妊娠時の5万円を受給できます。なお、現金かクーポンかは自治体によって異なります。

ワーキングママのみ 傷病《しょうびょう》手《て》当《あて》金《きん》

切迫《せっぱく》流産で入院しても給与の3分の2を支給

傷病手当金は、業務外の病気やケガにより無給で仕事を休んだ場合に、休んだ日数に応じて給与の一部を支払ってもらえる制度です。妊娠中でいうと、例えば切迫流産や早産で入院すると、産休に入る前でも仕事を休まなければなりません。長いときには数カ月に及ぶことも。そんなときに、傷病手当金で給与の一部を支払ってもらえるのです。

支給額は、標準報酬月額を30日で割った日給の3分の2相当額。休んだ日数分だけ支給されます。休んだ日数は、連続して3日休んだあとの4日目を1日目と数えます。

勤務先の健康保険組合や共済組合に入っていることが条件。また、出産手当金の支給と時期が重なるときは出産手当金が優先されることもあるので、詳細は勤務先や健康保険組合に問い合わせましょう。申請は2年以内に行えばよいので、入院中や安静中は無理をせず、産後に落ち着いてから手続きをしても大丈夫です。

傷病手当金について

●支給対象者
勤務先の健康保険の加入者で、業務外のケガや病気により、医師が安静・入院が必要だと診断し、連続3日休業したあと、4日目以降も無給で休んだ人

●支給金額
標準報酬日給の3分の2に相当する額

●申請期間
3日休業したあと
4日目以降から2年以内

●受け取り時期
申請後、約2週間～2カ月

●問い合わせ先
勤務先の人事・総務、もしくは健康保険組合

産後

出産育児一時金

退院時に支払う入院費を大幅にサポート

妊娠・出産で一番お金のかかる分娩《ぶんべん》費と入院費をサポートするために、健康保険から支給されるのが出産育児一時金。働いているママなら勤務先の健康保険組合や共済組合から、夫の扶養に入っているママなら夫が加入する健康保険から支給されます。働いていたけれど退職したというママは、退職後6カ月以内の出産なら退職前に加入していた健康保険に請求しましょう。

支給額は子ども1人当たり※42万円で、双子や三つ子など多胎児の場合は人数分。死産してしまった場合も、妊娠4カ月(85日)以降なら支給対象となります。

産後に健康保険組合に申請書を提出する「産後申請方式」もありますが、最近は「直接支払制度」を導入している病産院が多いようです。これは、健康保険組合から病産院に出産育児一時金を直接支払ってもらう制度。退院時にママが分娩・入院費の全額を支払う必要がなく、出産育児一時金を超過する分だけを支払えばよいのです。逆に分娩・入院費が支給額に満たない場合は、後日、差額分を健康保険組合に請求すれば、振り込んでもらえます。病産院によっては直接支払制度を導入していないところもあるので、その場合は「受取代理《うけとりだいり》制度」を利用。ママが出産前に健康保険組合に必要書類を提出しておけば、病産院に直接支給額が支払われます。この方法だと医療機関への手数料支払いが不要になるので、少し安く済むという利点があります。出産する病産院がどの方式を利用しているか事前に確認しておきましょう。

出産育児一時金の手続きの流れ

直接支払制度

1. 妊娠中に、病産院からもらう直接支払制度の承諾書に署名をして提出
2. 退院時に病産院の会計窓口で、支給額を超えた差額を支払う
3. 分娩・入院費が支給額に満たなかった場合、退院後に健保に差額を申請すると、健保から指定口座に振り込まれる

受取代理制度

1. 妊娠中に健保から受取代理用の申請書をもらって記入する
2. 病産院に申請書の必要事項を記入してもらい、健保へ提出
3. 退院時に病産院の会計窓口で、支給額を超えた差額を支払う
4. 分娩・入院費が支給額に満たなかった場合、健保から指定口座に差額が振り込まれる(申請は不要)

産後申請方式

1. 妊娠中に健保から産後申請用の申請書をもらい、書ける部分だけ記入する
2. 入院中に、病産院に申請書の必要事項を記入してもらう
3. 退院時に病産院の会計窓口で、分娩・入院費の全額を支払う
4. 退院後に申請書や分娩費の領収書などをそろえて健保に提出すると、2週間以降に指定口座に支給額が振り込まれる

出産育児一時金について

●支給対象者
国民健康保険、勤務先の健康保険や共済組合の加入者

●支給金額
子ども1人当たり※42万円。産科医療補償制度未加入の医療機関で出産の場合は40万8000円

●申請・問い合わせ先
直接支払制度の場合は病産院、受取代理制度や産後申請方式の場合は健康保険組合

※2023年4月より50万円に増額予定

医療保険の確認を！

民間の医療保険の中には、帝王切開に対して手術給付金が支給されるものもあるので、自分が加入している医療保険の契約内容をよく確認しておきましょう。

産科医療補償制度とは?

制度に加入している医療機関で生まれた赤ちゃんが、分娩時に何らかの原因で重度脳性麻痺になり、所定の要件を満たした場合に、子どもと家族の経済的負担を補償するもの。

医療費控除

妊娠・出産による高額医療費を確定申告で取り戻そう

家族全員が1年間に支払った医療費が合計10万円を超えた場合、所得税の一部を返金してもらえる制度です。医療費には分娩費や妊婦健診費のほか、通院のための交通費なども含まれます。また、出産育児一時金や生命保険などから支給された補助金、給付金などは差し引きます。

控除《こうじょ》を受けるには、税務署に確定申告をすること。計算方法や提出物などでわからないことがあれば、最寄りの税務署に相談しましょう。日頃から、家族全員の医療費に関わる領収書は整頓して保管しておくといいでしょう。

医療費控除について

●支給対象者
家族全員の1年間（1～12月）に支払った医療費が10万円を超えた人。
所得が200万円以下の場合、医療費が所得の5%を超えた人。

●支給金額
（「1年間の家族全員の医療費」−「出産育児一時金などで補てんされた金額」−10万円）＝「医療費控除額」
「医療費控除額」×所得税率＝戻ってくるお金

●申請期間
翌年1月から5年以内

●受け取り時期
申告後1～2カ月後

●問い合わせ先
居住する地域の税務署

手当に必要な書類

- 確定申告書
- 医療費の明細記入用紙
- 医療費の領収書
- 領収書のない交通費についてのメモ書き
- 源泉徴収票（会社員、公務員のみ）
- 健康保険や保険会社から支給された金額を証明できるもの
- 医師の証明が必要な場合は証明書
- 印鑑
- 申告者本人名義の通帳　など

医療費として認められるもの

妊婦健診費、分娩・入院費、診療・治療費、通院のための交通費、治療のための薬代、市販の薬代（ビタミン剤などはNG）、不妊症の治療費 など

医療費として認められないもの

妊娠検査薬、妊婦用下着、通院のためのガソリン代や駐車場代、入院中のパジャマや生活雑貨の購入費、おむつやミルク代、サプリメントやビタミン剤・予防接種代 など

児童手当

赤ちゃんが生まれたらすぐに申請手続きを

中学生以下の子どもがいる家庭の養育費をサポートするために、国民年金や厚生年金から支給されます。申請した翌月から支給対象となるので、出生届を提出したらすぐに申請手続きを。

支給額は子どもの年齢により異なります（左記参照）。2月、6月、10月の年3回、前月までの4カ月分が支給されます。2022年10月から制度が変更され、例年6月に提出していた現況届は提出不要に。また、所得上限額が設けられています。

児童手当について

●支給対象者
中学生以下の子どもがいる世帯

●支給金額
3歳未満……月1万5000円
3歳～小学校卒業前……月1万円
（第3子以降は月1万5000円）
中学生……月1万円
※所得制限限度額以上、所得上限限度額未満の家庭は年齢に関わらず、月5000円。
所得上限限度額以上の家庭は支給されません。

●申請期間
赤ちゃん誕生後なるべく早く

●受け取り時期
2月、6月、10月の年3回

●問い合わせ先
居住している市区町村の役所
（公務員は共済の窓口）

※2023年1月現在

乳幼児医療費助成

何かと病気やケガの多い子どもの医療費を自治体が負担

子どもの医療費を自治体が負担してくれる制度。「15歳以下は無料」「未就学児は自己負担500円」など、対象年齢や助成金額は自治体によりさまざまで、所得制限があることも。自分の住んでいる自治体の内容を確認しておきましょう。

助成対象は健康保険に加入している子どもだけなので、出生届を提出したらすぐに健康保険加入の手続きを。健康保険加入後に役所で手続きをすると乳幼児医療証がもらえるので、病院を利用したときに窓口で提出します。医療証を発行せず、診療代を後日申請する方式の自治体もあります。

乳幼児医療費助成について

●支給対象者／支給金額
自治体により異なる

●申請期間
赤ちゃん誕生後、なるべく早く

●受け取り時期
乳幼児医療証は申請後すぐに交付、または後日郵送。自治体によっては、医療費を自分で支払い、事後申請して後日振り込まれるケースもある

●問い合わせ先
居住している市区町村の役所

出産手当金

働いているママのみ

産休中に収入のないママを健康保険がサポート

産休中のママのために、健康保険から支給されます。勤務先の健康保険に加入していて、産後も仕事を継続するママが対象です。標準報酬日給の3分の2相当額を休んだ日数分だけ支給。支給対象となるのは産前42日(多胎児は98日)、産後56日で、その期間中に出勤した場合は、出勤日数分だけ減額されます。出産予定日より遅れて出産した場合は、遅れた日数分は加算されます。

申請書には勤務先に記入してもらう欄があるので、産休後に記入してもらい、提出するといいでしょう。

出産手当金について

●支給対象者
勤務先の健康保険の加入者で、産後も仕事を続ける人

●支給金額
標準報酬日給の3分の2相当額×休んだ日数

●申請期間
支給対象日の翌日から2年以内

●受け取り時期
申請後2週間～2カ月後

●問い合わせ先
勤務先の健康保険組合、共済組合、協会けんぽの担当窓口

●出産予定日、もしくは出産予定日より早く出産した場合

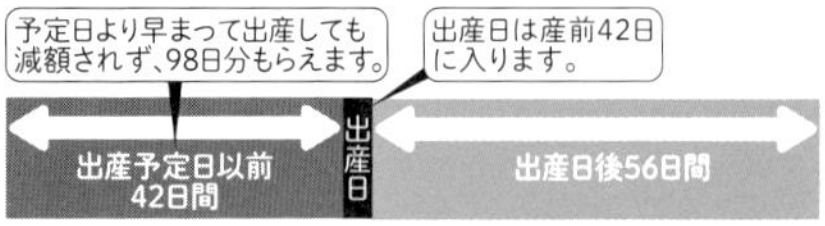

42日 ＋ 56日 ＝ 98日

支給対象は出産予定日以前42日から出産日後56日。出勤するとその分だけ減額。

●出産予定日より3日遅く出産した場合

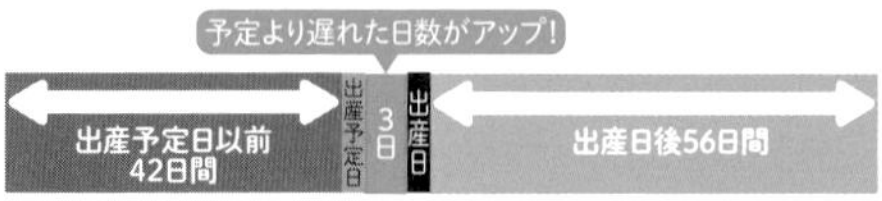

42日 ＋ 3日 ＋ 56日 ＝ 101日

出産予定日以前42日から出産日後56日+出産予定日から実際の出産日までの日数。

育児休業給付金

働いているママとパパ

育児休業中の生活も雇用保険がサポート

育児休業中のママやパパに、雇用保険から給付金が支払われます。雇用保険に加入していて、育休前の2年間に11日以上働いた月が12カ月以上あることが条件。2回まで分割して取得でき、最初の180日は月給の67%、それ以降は50%相当額を休んだ日数分支給されます。

支給期間は子どもが1歳になるまでですが、特例で1歳6カ月または2歳まで

延長可能。産後パパ育休を取得すると出生時育児休業給付金も受け取れます。

育児休業給付金について

●支給対象者
雇用保険に加入していて、育休前2年間に11日以上働いた月が12カ月以上ある人

●支給金額
月給の67%(181日目からは50%)×休んだ日数(上限額あり)

●申請期間
申請書類を育休開始前に勤務先に提出(育休中は2カ月おきに追加申請)

●受け取り時期
初回は育休開始から2〜5カ月後。その後は2カ月おき。

●問い合わせ先
勤務先の担当窓口

●育児休業給付金　支給額のイメージ

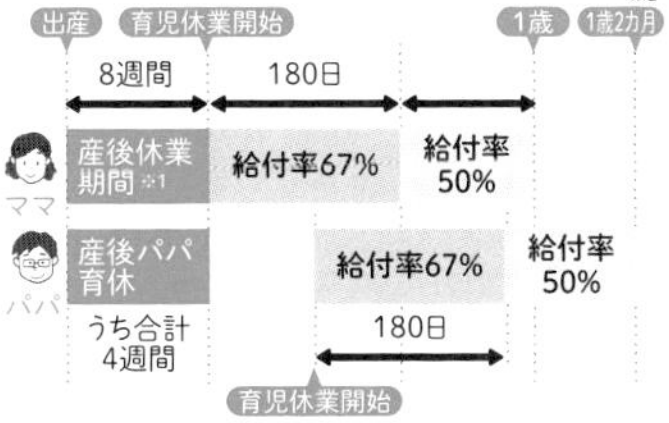

※1 産後休業期間(出産翌日から8週間)は、給付金の支給対象期間に含まれない。
※2 父親も育児休暇を取得する場合、後から休業する人は子どもが1歳2カ月になる日の前日までの休業に対して最大1年まで支給される。保育所に入所できない場合は最長2歳まで延長可能。

●支給額<上限／1カ月>
67%の場合 305,319円　50%の場合 227,850円

●支給額<下限／1カ月>
67%の場合 53,405円　50%の場合 39,855円

未熟児養育医療制度

入院治療が必要な赤ちゃんの医療費を免除

医師が入院養育が必要だと判断した赤ちゃんが、指定の医療機関で入院・治療を受ける場合に、医療費を公費で負担してもらえる制度。対象となるのは、出生体重が2000g以下であったり、黄疸《おうだん》やそのほかの症状で入院治療が必要だと医師が診断した赤ちゃん。親の所得によっては一部自己負担になりますが、その分は乳幼児医療費助成の対象になります。

高額療養費制度

医療処置をした場合、健康保険が医療費の一部をカバー

妊娠・出産は病気ではないので、基本的には医療保険は使えず自己負担。でも、切迫《せっぱく》流産や帝王切開《ていおうせっかい》などで、医療処置を施した場合、健康保険が使えます。さらに、入院が長引くなどして医療費が自己負担限度額を超えた場合、高額療養費として払い戻されます。自己負担限度額の算出方法は収入により異なります。健康保険組合や勤務先の窓口に相談してみましょう。あらかじめわかっている人は、入院前に手続きをする「事前認定」を受けておくのもいいでしょう。

健康保険が適用される場合

●妊娠中
重症妊娠悪阻(つわり)、切迫流産・切迫早産、流産・早産、子宮頸管無力症、妊娠高血圧症候群、死産、逆子、合併症 など

●出産・入院中
微弱陣痛などで陣痛促進剤を使用、止血のための点滴、吸引分娩、鉗子分娩、帝王切開、低出生体重児などにより新生児集中治療室(NICU)への入院 など

児童扶養手当

シングルのパパやママの養育費をサポート

離婚や死別、未婚などによるひとり親の家庭を援助するために自治体から支給されます。支給額は、所得や養育する子どもの人数により異なります。子どもが1人の場合、全部支給で月4万3070円、一部支給で月1万160円〜4万3060円(2023年1月現在)。子どもも2人目は1万170円、3人目以降は1人につき6100円が加算されます。申請した翌月から支給対象になるので、赤ちゃんが生まれたらすぐに申請しましょう。

もらえるお金

あ

赤ちゃんが大きめ(小さめ) 62
赤ちゃんが下がり気味 63
赤ちゃんのお尻のふき方 213
赤ちゃんの体のお手入れ 220
赤ちゃんの服のサイズ 222
赤ちゃんの服の調整 222
足がつる 96・134
足のつけ根が痛む 133
後産期 173
アトピー 102・151
アフガン 125・127
アレルギー 89
アレルギー性鼻炎 151
アレルギー体質 151
アロマ 29
安産エクササイズ 98

い

いきみ方 177
育児休業給付金 234
育児支援サービス 116
移行期 172
異所性妊娠 49・138
イスに座る 59
一絨毛膜一羊膜 74
一絨毛膜二羊膜 74
胃腸薬 159
一卵性 74
戌の日 53
医療費控除 233
インスタント食品 88
インフルエンザ 155

う

ウォーキング 97
内祝い 125
うつ乳 225
産毛が濃くなる 103

え

映画 47
AIDS 154
HIV検査 22
hCGホルモン 138・149
HCV 23・152
HBs抗原検査 23
HBV 23・152
栄養ドリンク 89・159
栄養補助食品 89
会陰切開 181
会陰切開の傷 207
会陰裂傷 186
AGE 41
ATL 23・153
APTD 41
エドワーズ症候群 39
NICU 37・57
NIPT 39
NST 21・23
エネルギー摂取基準 81
FL 41
LDR 37・163・173

お

横切開 167
黄体嚢胞 149
起き上がる 58
おくるみ 125・127
お酒 25
お産の流れ 170
お尻ふき 123
おしるし 71・170・187
おたふくかぜ 156
おっぱいケア 121
おっぱいのトラブル 224
おなかの張り 133
おむつ替え 212
重い荷物を持つ 59
おりもの 132
悪露 207
温湿度計 124
温泉 46
温度 114

か

ガーゼ 124
外回転術 64・65
外子宮口 137
外食 88
外診 21
海水浴 46
回旋異常 183
階段の上り下り 58
かがむ 59
過期産 24
過強陣痛 183
かさつき 102
家事代行 116
風邪薬 159
肩こり 93・132・207
褐色脂肪 51
カバーオール 123
カフェイン 25
花粉症 151
紙おむつ 123・213
かゆみ 102
カラーリング 25
カルシウム 85
カンガルーケア 169
環境づくり 114
カンジダ腟炎 62・156
鉗子分娩 165・179
完全破水 70
完全流産 136
浣腸・坐薬 178
漢方薬 159

き

器官形成期 17・158
基礎体温 18
キックゲーム 109
灸 65
吸引分娩 165・179
胸膝位 65
緊急帝王切開 167
筋層内筋腫 147

く

クアトロテスト 39
薬 25・158
果物 84
靴下やブーツを履く 59
クラミジア 23・153
車 25・46

け

計画(誘発)分娩 164
経産婦 49
経腟プローブ 41
経腟分娩 162
茎捻転 149
頸部筋腫 147
稽留流産 136
血圧 21・34
血液型・不規則抗体検査 22
血液型不適合 146
血液検査 21
月経様出血 12
血腫 48
血清マーカー検査 39
血糖値検査 23
ゲップ 215
ケトン体 48
原始反射 205

こ

高位破水 70
高額療養費制度 235
膠原病 150
口臭がきつくなる 104
甲状腺機能検査 22
甲状腺機能亢進症 150
甲状腺機能低下症 150
甲状腺の病気 150
後陣痛 206
後天性免疫不全症候群 154
口内の不快 131
高年出産 73

公費補助券 22
コーヒー 88
股関節 92
腰をひねる 59
個人産院・クリニック 37
子育て支援センター 116
子育て相談窓口 116
骨盤位 35・62・64
骨盤X線検査 22
骨盤高位 65
骨盤底筋を鍛える 100
粉ミルク 123
混合 120
コンビ肌着 123

さ

臍帯 15・184
臍帯下垂 184
臍帯巻絡 184
臍帯脱出 184
サイトメガロウイルス 22・154
臍ヘルニア 135
細胞分裂 14
逆子 62・64
逆子体操 65
搾乳器 127
里帰り 53・128
サプリメント 25・89
産科医療補償制度 232
産科専門病院 36
産後クライシス 226
産後の体形戻し 208
産後の母体 206
産後パパ育休 78
産褥運動 209
産褥期 206
産褥ショーツ 122
産褥熱 207
産褥パッド 122

し

痔 207
CRL 41
GS 41
C型肝炎 152
C型肝炎ウイルス検査 23
子宮底 56
GBS 23・153
子癇 140
弛緩出血 186
色素沈着 102
子宮外妊娠 49・138
子宮奇形 148
子宮筋腫 48・147
子宮頸管 62
子宮頸がん検査 22
子宮頸管熟化剤 179
子宮頸管縫縮術 137
子宮頸管無力症 137
子宮頸管裂傷 186
子宮口 63
子宮口を開く処置 179
子宮底長 21・35
子宮内腔 14
子宮内出血 49
子宮内膜 14
子宮内膜症 147
子宮復古不全 207
時差通勤 29
自宅出産 37
膝位 64
湿疹 102
湿度 114
湿布、貼り薬 159
自転車 25・46
児童館・児童センター 116
児頭骨盤不均衡 183
児頭大横径 41
児童手当 233
児童扶養手当 235
シミ 102
シムスの体位 58
ジャンクフード 88
13トリソミー 39
縦切開 167
18トリソミー 39
絨毛検査 39
絨毛膜下血腫 48
主菜 83
主食 82
受精 14
受精卵 13・14
出産育児一時金 232
出産準備金 231
出産手当金 234
出産報告 125
出産予定日 24
出生届 202
出生前診断 38・73
授乳 120
授乳クッション 123
授乳用ブラジャー 122
準備期 171
常位胎盤早期剥離 145・185
漿液性嚢腫 149
消毒器具 127
傷病手当金 231
漿膜下筋腫 147
静脈瘤 135
食事バランスガイド 82
職場 47・111
食品添加物 88
食物繊維 85
助産院 37
ショッピング 47
初乳 66
出生前診断 39
新型コロナウイルス感染症 78・155
進行期 171
進行流産 136
心疾患 150
腎疾患 150
新生児 204
陣痛 71・171・174・187
陣通アプリ 174
陣痛促進剤（誘発剤） 180
陣痛タクシー 170
心拍 49
心拍が落ちてきている 63

す

水銀含有量の多い魚介類 87
水族館 47
水中出産 163
水痘 155
頭痛 132
スポーツ 25・47
3Dエコー 40
スリング 125

せ

正期産 24
性器ヘルペス 157
精子 14
成人T細胞白血病検査 23
性生活 30
正中切開 181
正中線 103
正中側切開 181
整腸剤 159
切迫子宮破裂 185
切迫早産 142
切迫流産 136
背中のこり 93
背伸びをする 59
遷延分娩 180・182
前期破水 70・146・180
前駆陣痛 71・170
尖圭コンジローマ 157
全前置胎盤 144
ぜんそく 151
前置胎盤 144
尖腹 183

そ
早期破水 146
双頸双角子宮 148
総合病院 36
早産 24・142
掃除機をかける 59
桑実胚 14
双胎 74
双胎間輸血症候群 75
足位 64
側臥位 65
側切開 181
そばかす 102
ソフロロジー法 163

た
ダイエット 25
体温計 127
胎芽 13・17・24
大学病院 36
胎教 108
胎脂 69
胎児 27
胎児機能不全 184
胎児性アルコール症候群 25
胎児超音波検査 39
胎児ネーム 52・109
体重 34
体臭がきつくなる 104
体重管理 90
体重測定 21
帯状疱疹 155
大腿骨長 41
胎動 52・54
胎嚢 13
胎動カウント 54
胎盤 15・17
胎盤機能不全 145・184
胎便 51
胎毛 43
体毛が濃くなる 103
ダウン症候群 38
抱きぐせ 118
多胎妊娠 74
立ち会い出産 168
立ちくらみ 26
抱っこ 59・210
抱っこひも 125
タバコ 25
単頸双角子宮 148
ダンス 47
単臀位 64
短肌着 123

ち
痔 130
恥骨痛 135・207
チャイルドシート 125
着床 14
中隔子宮 148
超音波検査 21
超音波写真 40
調乳器 127
重複子宮 148
チョコレート嚢腫 149

つ
ツーウェイオール 123
2Dエコー 40
疲れたときの姿勢 101
つわり 26・28

て
DEL 41
TTD 41
帝王切開 65・75・162・166
低出生体重児 25・90
低置胎盤 144
剃毛 178
手がしびれる 134
手首の痛み 207
鉄 85
出べそ 135
デルモイド嚢腫 149
電磁波 25
伝染性紅斑 156
点滴 179

と
頭位 35・64・75
動悸、息切れ 133
頭殿長 17・27
導尿 178
動物園 47
トキソプラズマ 22・25・87・154
床上げ 206
トリコモナス膣炎 157
ドレス 127

な
内子宮口 137
内診 21
長肌着 123
名づけ 117
軟産道強靭 180・184

に
21トリソミー 39
二絨毛膜 74
二絨毛膜二羊膜 75
入院生活 188
乳管 121
乳管洞 121
乳管の詰まり 225
乳製品 84
乳腺 42
乳腺炎 225
乳腺葉 121
乳頭亀裂 225
乳頭マッサージ 121
乳房・乳頭のトラブル 207
乳幼児医療費助成 234
尿検査 21
尿タンパク 21・34・63
尿糖 21・34・63
尿もれ 207
二卵性 74
妊娠 14
妊娠悪阻 26・139
妊娠帯 44
妊娠検査薬 17
妊娠高血圧症候群 140
妊娠週数 12・24・35
妊娠・出産・育児でかかるお金 228
妊娠線 45・104
妊娠線予防のマッサージ 45
妊娠糖尿病 56・141
妊婦健診 20
妊婦健診費の助成 231
妊婦保健（訪問）指導 33

ぬ
抜け毛 103・207
布おむつ 123・212
塗り薬 159

ね
眠気 130
眠れない 134
粘膜下筋腫 147

の
農薬 88
のどの渇き 133
ノンストレステスト 21・23

は
バースプラン 169
ハーブティー 88
パーマ 25
梅毒 23・154
排卵 14
排臨 173
ハイローチェア 124
バウンサー 124
パサつき 103
はしか 155
破水 15・70・171・187
発露 173
パトー症候群 39

鼻吸い器 124・221
歯の治療とケア 160
歯のトラブル 131
母親学級 33・53・106
腹帯 44
鍼 65

ひ

BMI 91
B型肝炎 23・152
B群溶血性連鎖球菌 23・153
BPD 41
飛行機 46
微弱陣痛 180・182
ビタミンA 87・89
ビタミン剤 159
ビタミンD 89
ヒト絨毛性ゴナドトロピン 138・149
病産院 36
貧血 23・130
頻尿、尿もれ 134

ふ

ファミリー・サポート・センター 116
不育症 148
風疹 22・48・152
4Dエコー 40
腹囲 34
副菜 83
複臀位 64
副乳 131
腹部横径 41
腹部前後径 41
フケが増える 104
父子手帳 33
浮腫 21・34・135
不全流産 136
双子 74
腹筋を鍛える 99
布団 124
部分前置胎盤 144
フリースタイル 163
プレオール 123
分娩監視装置 23・179
分娩所要時間 35
分娩費 229
分離胎盤 75

へ

へその緒 15・63・184
ペット 25
ベビーカー 125
ベビーシッター 116
ベビーソープ 124
ベビーバス 124
ベビーベッド 124・127
ベビー用綿棒 124
ベビーローション 124
辺縁前置胎盤 144
娩出期 172
便秘 130・207
便秘薬 159

ほ

保育園 116
保育ママ制度 116
胞状奇胎 139
胞胚 14
母子健康手帳 32
母性健康管理指導・事項連絡カード 111
母乳 120・214
母乳パッド 122
哺乳びん 123
哺乳びん消毒グッズ 123

ま

前かがみになる 59
麻疹 155
マタニティウエア 44
マタニティエクササイズ 92
マタニティガードル 44
マタニティ下着 44
マタニティスポーツ 51
マタニティパジャマ 122
マタニティブルー 73
マタニティベルト 44
マタニティマーク 110

み

未熟児養育医療制度 235
水ぼうそう 155
三日ばしか 152
ミトン 127
ミニメトロ 179
耳鳴り 131
ミルク 120・216

む

むくみ 34・96・135
無侵襲的出生前遺伝学的検査 39
ムチン嚢腫 149
無痛・和痛分娩 164

め

目薬 159
メトロイリンテル 179
めまい 26
免疫グロブリン 61

も

沐浴 218
沐浴布 127
問診 21

や

休む・寝る 58

ゆ

遊園地 47
湯温計 124
床に座る 59
癒合胎盤 75
癒着胎盤 186

よ

葉酸 13・85・89
羊水 15
羊水が多め(少なめ) 62
羊水過多・過少 145
羊水検査 39
幼稚園の預かり保育 116
腰痛 94・132・207
ヨガ 47
予定帝王切開 167
予防接種 159

ら

ライブ 47
ラマーズ法 163
ラミナリア 179
卵黄嚢 17
卵管 14
卵管采 14
卵管膨大部 14
卵巣 14・15
卵巣腫瘍 149
卵巣嚢腫 149
卵巣の腫れ 149
卵膜 15

り

リステリア 87・156
流行性耳下腺炎 156
流産 24・136
両親学級 33・53・106
療養援助 33
旅行 25・46
りんご病 156
淋病 157

る

ルテイン嚢胞 149

れ

レントゲン検査 25

ろ

ろっ骨の痛み 95

わ

わきの痛み 131
わきの下が黒ずむ 104

STAFF

編集制作
志澤陽子（株式会社アーク・コミュニケーションズ）

取材・文
西田明佳、武田純子、日高良美、堀実希、岡田光津子

カバーデザイン
岸麻里子

カバーイラスト
Kyoko Nemoto

本文デザイン・DTP
岸麻里子
佐藤琴美（ERG）

本文マンガ
HYPかなこ、リコロコ

本文イラスト
pai、石山綾子、たはらともみ、yoshi

撮影
森山祐子、清水亮一（株式会社アーク・コミュニケーションズ）

取材協力
東峯婦人クリニック、矢島助産院

校正
木串かつこ、関根志野、曽根歩

企画・編集
端 香里（朝日新聞出版 生活・文化編集部）

※本書は、当社『この1冊であんしん はじめての妊娠・出産事典』（2015年3月発行）に加筆して再編集したものです。

改訂新版《かいていしんぱん》
この1冊《さつ》であんしん
はじめての妊娠《にんしん》・出産事典《しゅっさんじてん》

2023年3月30日　第1刷発行
2023年8月30日　第2刷発行

監　修　竹内正人

発行者　片桐圭子

発行所　朝日新聞出版
〒104-8011　東京都中央区築地5-3-2
（お問い合わせ）infojitsuyo@asahi.com

印刷所　図書印刷株式会社

©2023 Asahi Shimbun Publications Inc.
Published in Japan by Asahi Shimbun Publications Inc.

ISBN　978-4-02-334112-8

定価はカバーに表示してあります。

落丁・乱丁の場合は弊社業務部（電話03-5540-7800）へご連絡ください。送料弊社負担にてお取り替えいたします。

本書および本書の付属物を無断で複写、複製（コピー）、引用することは著作権法上での例外を除き禁じられています。また代行業者等の第三者に依頼してスキャンやデジタル化することは、たとえ個人や家庭内の利用であっても一切認められておりません。